0.7%의 기적

비호飛虎의 등에 탄 대통령!

President on Running Tiger's Back!

'국민은 총명하고, 똑똑하고, 현명하다!'

박의신 에세이(수필)

비호^{飛虎}의
등에 탄 대통령!

펴 낸 날 2024년 1월 10일

지 은 이 박의신
펴 낸 곳 북트리뱅크출판사
출판등록 제 2015-000001호
주 소 경기도 수원시 팔달구 권광로 276번길 9
전 화 010-6323-3788

• 책값은 표지 뒷면에 표기되어 있습니다.
  ISBN 979-11-954469-5-7(03340)

하나님이시여!
대한민국의 국운을 보듬어 주세요

이 책은 정치 발전을 고민하며 제시한 글이다.
독자님! 의견과 뜻이 다를 수 있겠지만,
두세 번 탐독하시면 생각의 철학이
긍정의 시간으로 바뀌게 될 거라고 본다.

※ 출판사에서 출간을 꺼려했던 책?!
(이 책은 저자의 의견이며 출판사와 무관합니다.)

덕담^{德談}입니다.

20 년 월 일

_____ 님께

_____ 드림

사람이 하는 일! 하늘이 보고! 땅이 안다!

✔ coffee break time!

　윤석열 대통령은 비호飛虎(달리는 호랑)의 등에 타고 있다.

　수사자가 영역을 지키기 위해서 천둥소리로 포효하며 달리는 호랑이 등에서 뛰어 내리지도 못하는 처지다. 이는 무너진 대한민국을 바로 세우고 지켜야 하는 야수의 호령이다.

　좌파 대통령이 유체이탈 화법으로 국민을 희망 고문하고 우롱하는 의견충돌 대립할 때도 절대로 물러서지 않았다. 야당(국민의 힘)의 대통령 후보로 무너지는 대한민국을 지키기 위해서 눈물겹도록 뛰었다. 국민의 힘이 집안 싸움에 빠져 우왕좌왕 헤매고 있을 때도 국민을 믿고 하늘의 뜻에 따라 움직였다.

　호랑이의 목덜미를 잡고 눈썹이 휘날리도록 달려야 하는 새로운 패러다임의 선봉장이다. 어쩌면 큰 부상을 당하게 될지 모르겠지만, 국민과 자유 우파 여러분께서 도와주어야 한다. 수구 좌파 꼴통이 대통령을 비난하는 것은 '어불성설語不成說'(말이 조금도 사리에 맞지 않음, 말이 되지 않음)이고 꼴불견이다.

　여기에서 자유 우파 동지가 대통령을 험담하며 옳고 그름을 따지고 잡음을 내면 '국민이 차려준 밥상!'에 재를 뿌리는 격이다. 윤석열 대통령에 의해서 수구 좌파 정권은 무너지고 자유 우파 정권을 잡았으니 이보다 더 큰 가치를 어디에서 찾을 수 있겠습니까?

✔ coffee break time!

윤석열이 어떠한 사람이었습니까?

청와대 민정수석이던 간악한 ㅈㄱ과 대치하며 법의 원칙을 지키며 수사하였고, 악독한 ㅊㅁㅇ 법무부장관과 싸우며 검찰의 위상을 지켜야 했다. 형 동생 하며 우정을 나누던 ㅂㅂㄱ와 적이 되어 무너지는 법 질서를 바로 세우는 데 헌신하였다.

여당(민주당)의 대통령 후보 ㅇㅈㅁ과 경쟁하며 갖은 모략을 꾸미고 억지 논리로 뒤집어씌우기 선수였지만, "이봐요! 대통령 선거가 초등학교 반장 선거입니까?"로 반박하며 이겨냈다.

대통령의 선출은 상대적으로 평가해서 선택하는 거다.

A와 B 중 누가 더 깨끗하고 국민을 위해서 봉사할 것인가?

비교 분석해서 투표한다. 부정부패로 썩어빠진 정치꾼을 좋아하겠나? 국민은 비전과 희망을 제시해줄 지도자를 찾는다. 사법 리스크에 빠져 허덕이는 범죄자가 공권력을 우습게 보고 공갈 협박하는 머저리를 지지해 달라고 말하면 어불성설이다.

정치는 화려하고 현란한 언변의 기술이 아니다.

수구 좌파의 궤변에 속아 넘어갈 국민은 어디에도 없다. 국민은 개, 돼지가 아니며, 총명하고 똑똑하고 현명한 가치를 간직하고 있는 보물 같은 귀중한 존재다.

목차

Reading 1 국민의 존엄을 지켜 주어야 할 책무!

우리 역사를 이끌어온 대통령님!　　　　　　　19

좌파 정권은 꼼수 정치로 희망고문 기술자!　　79

정치와 행정은 국민(주민) 서비스 직업!　　　103

국민은 총명하고, 똑똑하고, 현명하다　　　　129

고희古稀에 느끼는 삶의 지혜와 철학!　　　　145

Reading 2 우리 민족의 혼魂과 얼!

유구한 역사를 지켜온 선열의 흔적!　　　　　175

수구좌파가 죽어야 대한민국이 산다　　　　　181

역사는 자유우파와 수구좌파의 대결!　　　　205

이름값을 못하는 머저리 정치꾼의 심판!　　　227

선진 일류 정치를 구현하는 길!　　　　　　　251

Reading 3 스페셜 대한민국 시스템으로 혁신!

애국가와 국책 연구기관의 개혁!   275

의회 제도를 상하 양원제 개선!   283

세종시에 행정수도 정착!   295

법인택시를 자치단체에서 공영제 운영!   303

도청을 폐지하고 행정 체계 개편!   317

Reading 4 정치는 국민의 생명과 재산을 보호하는 것!

자치단체와 공공기관(관변단체)의 혁신!   331

삶은 뿌린 대로 거둔다(사필귀정)   343

리더는 국민의 가슴을 뛰게 하는 요술쟁이!   361

수신제가修身齊家 치국평천하治國平天下!   375

운명運命을 창조創造하는 삶!   387

『비호^{飛虎}의 등에 탄 대통령!』을
집필하면서!

정치인은 정치하기 이전에 인성을 갖춘 인간이 되어야 한다.

삶은 경험을 비추어 볼 때 '인과응보^{因果應報}, 권선징악^{勸善懲惡}, 사필귀정^{事必歸正}'에 따라 운명이 결정된다. 뿌린 대로 거두게 돼 있다는 진리다. 이것을 알지 못하면 인생은 불행해 질 수밖에 없다. 『비호^{飛虎}의 등에 탄 대통령!』은 대한민국의 정치 발전을 어떻게 이끌어야 국민이 안전하고 편안하게 지낼 수 있을까? 고민하며 심혈을 기울여 집필한 작품으로, 역사의 기록으로 남기고 싶다.

좌파의 흉악한 악마 카르텔에 염증을 느낀 국민은 화가 치민다.

대한민국을 지켜야 할 자유 우파 정치인이 정신 차리고 국정을 이끌어주기 바라는 마음에서 진심을 담았다. 고희^{古稀}가 되면서 국가를 위해서 무엇을 해야 할 것인가? 심혈을 기울였다.

자유 우파 윤석열 대통령이 집권했는데 아직도 정신을 차리지 못하는 뻐꾸기 같은 내부 총질 자는 정계를 떠나야 한다. 우리는 사회 지도층, 가진 자, 배운 자, 권력층이 부정부패를 저지르니 화이트컬러 카르텔이 문제를 일으켜 국민은 화딱지가 난다.

또다시 '수구 좌파'의 '망월폐견^{望月吠犬}' 짖어대는 헛소리에 흔들리면 절대로 아니 된다. 또한, 난봉꾼 양아치 또라이가 꾸며대는 유체이탈 화법에 당하지 말고 국정을 안정적으로 지켜야 한다. 대한민국은 좌파의 놀이터가 아니기 때문이다.

'수구 좌파' 정치꾼에 무너진 나라의 기강을 바로 세워야 한다.

지금 윤석열 대통령은 수구 좌파와 전쟁 중이다. 반 헌법 세력, 부정부패 비리 정치꾼과 치열한 전쟁을 치르며 대한민국의 국운을 좌우할 건곤일척의 전투를 벌이며 사활을 펼치고 있다. 미숙하게 보일지 모르겠지만, 노련한 놈이 국민을 기만하는 것 보다 났다. 여기에서 타협하고 물러서면 청년의 미래는 암울해진다.

국가 발전을 이루기 위해서 지도자의 자세가 중요하다.

탐욕에 가득한 정치꾼이 구독하기에 기분 나쁘게 다가올 수 있겠지만, 깊이 사색하고 반성하는 시간을 가졌으면 좋겠다. 나는 아니라고 말하고 싶겠지만, 국민의 눈으로 바라보면 그 밥에 그 나물이다. 자유 우파와 수구 좌파로 갈려 극단으로 치닫고 있으니 나라가 두 쪽으로 나누어져 망하게 생겼으니 큰일이다.

국민은 총명하고, 똑똑하고, 현명해서 잘 알고 있다.

수구좌파首狗左派 패륜의 정치가 거짓 선동과 흉악한 악마 카르텔 집단에 의해서 대한민국이 무너지는 현상을 두고 봐서는 절대로 안되겠다. 정치 발전을 이루는 '마중물'이 되고 싶다.

갑진년甲辰年 새해 벽두 독자에게 희망을!

著者 朴義信倫

수구좌파首狗左派들아! 너희들은 어느 나라 국민인가?

수구꼴통 놈팽아! 제발 정신을 차리고 세계를 보아라!

시리아의 지진과 내전, 러시아와 우크라이나의 전쟁, 중국의 패권 정치 등 지구촌이 요동치는데 말꼬리나 잡으며 정쟁을 일으켜야 되겠나? 국민은 너희들의 패악질에 치가 떨린다.

국정에 동참해서 무엇을 어떻게 해야 나라에 도움이 되는지 생각하고 행동으로 옮겨봐라! 이 못난 것들아! 선량한 국민을 끌어들여 정쟁에 이용하지 말고 내버려 두어라! '무너진 대한민국을 법치로 바로 세워야 한다.' 국민은 너희보다 똑똑하고, 총명하고, 현명하므로 좌파의 꼬임에 말려들지 않는다.

좌파가 정권을 잡고 있을 때 우파는 이러지 않았다.

어떻게 눈만 뜨면 대통령과 정부를 공격하며 못된 짓만 할까?

매일 거리에서 시위를 벌이며 사회 질서를 어지럽히는 족속이 대한민국 국민인가? 눈만 뜨면 대통령을 '탄핵하라! 퇴진하라! 규탄한다.'라고 습관적으로 탄핵(노무현 대통령, 박근혜 대통령, 이상민 장관) 지랄병에 걸려 발광하며 날뛰는 정당이 정상적인 집단입니까?

지랄병에 걸리지 않고, 미치지 않았으면 이러지 못하는 짓이다.

국위선양을 위해서 불철주야 열심히 일하는 대통령에게 호들갑을 떨어야 합니까? 이들은 '시위를 위한 시위! 집회를 위한 집회! 비난을 위한 비난!'이다. 수구좌파가 저지르는 지랄은 인과응보因果應報, 사필귀정事必歸正의 결과를 맞이하게 될 거다.

✔ coffee break time!

자유우파는 대한민국을 지켜온 뿌리이며 미래를 개혁할 가치다.

수구좌파의 실체를 모르고 당하면 얼마나 억울하겠는가? 가면의 얼굴을 벗겨버리고 새로운 세상을 이끌어 나가야 한다. 몰상식한 수구좌파^{首狗左派}가 나라의 기강을 무너뜨리고 엉망진창으로 만들어 놓도록 내버려 두면 안 되겠다. 국민이 행복한 정부를 이끌어가려면 '비호^{飛虎}의 등에 탄 대통령!'의 책임이 너무나 무겁다.

0.7%의 기적을 이룬 대통령에 대한 인성을 평가하였으며!

좌파 또라이, 머저리, 멍청이의 실체를 언급하고 고발하였으니 끝까지 탐독하시면 참고가 될 것이다. 국민은 총명하고, 똑똑하고, 현명하니 좌파의 꼬임에 빠져 말려들지 않는다.

대통령님!
법치로 대한민국의 명예를 지켜주세요.

You의 얼굴은 어디에 있습니까?

대한민국을 빛낸 영광의 얼굴!

세계 최고의 우수한 언어 한글을 창제하신 세종대왕!
임진왜란 때 왜군을 물리치고 조선을 지킨 이순신 장군!
대한민국 독립운동으로 목숨을 바친 안중근, 서재필 의사!
일제 식민치하에 올림픽 마라톤에서 맨발로 우승한 손기정!
대한민국 건국과 국가 발전에 헌신하신 이승만, 박정희!
세계적인 전설의 트로트 가수 대부 이미자, 김용림, 남진!
즐거움과 웃음을 선물해 주시는 국민 배우 고두심, 윤여정!
법치 실현에 열정을 바치는 최고 엘리트 법무부 장관 한동훈!
눈과 귀를 호강시켜주는 슈퍼맘 트로트 가수 양지은, 정미애!
아시아 최초로 100호 골을 넣은 토트넘 축구선수 손흥민!
올림픽에서 금메달로 국위 선양해준 김연아, 황영조, 신유빈!
콩알 트로트 가수로 어른께 기쁨 주는 귀염둥이 김유하!

물론 대한민국을 빛낸 얼굴은 부지기수로 많다.
자유우파는 역사 이래 최고의 인적구성으로 대한민국의 국정을
수행하고 있으며 미래발전을 위해서 노력한다. 오직 나라와 국민을
위해서 봉사하는 지도자로 헌신을 해주었으면 좋겠다.
사심의 욕심이 없이 국민의 즐거움을 위해서 열심히 노력하는 일꾼
으로! 주변 사람에게 해피 바이러스를 샘솟게 해주어 엔돌핀이 철철
넘치게 하고! 이들의 이름만 들어도 기분이 좋아지고 왠지 좋은 일이
있을 것 같은 느낌에 즐거운 하루가 기대된다.

대한민국을 망친 악질의 얼굴!

구한말 나라를 팔아먹은 한·일 합방의 주역 이완용!
김일성 주석과 손잡은 종북 좌파 대부 박헌영, 이관술!
수구좌파를 이끌며 부정부패와 비리로 배를 채운 ㅎㅊ, ㅇㄱ!
수구좌파 대통령으로 국가의 기틀을 무너트린 ㅈㅇ!
좌파의 대법원장으로 사법질서를 망가뜨린 ㅁㅅ!
범죄 전과자가 좌파 대통령 선거에 나섰던 ㅈㅁ!
입만 열면 거짓말 궤변으로 일삼는 ㅅㅁ, ㅎㄱ, ㅁㅈ, ㅎㅂ!
눈뜨면 뻔뻔하게 정부와 대통령을 공격하는 ㅊㄹ, ㄴㄱ, ㅁㅅ!
위안부 할머니의 후원금(지원금)을 부정수급 사용한 ㅁㅎ!
좌파 나팔수 유튜버로 거짓 유언비어 제조자 ㅇㅈ, ㅈㅇ!

이들뿐만이 아니라 지금의 좌파는 역사 이래 최악의 인적구성으로 대한민국의 미래 발전을 저해하는 시련의 주역이다. 하루빨리 우물 안의 개구리에서 빠져나와야 한다. 조국의 미래를 망치는 인간이 너무 많기 때문에 안타까워 말하는 거다.

이들은 욕심으로 가득해 뻔뻔한 얼굴로 주변 사람에게 스트레스를 유발하는 언행으로 국민을 힘들게 한다. 왜 이들은 역사의 전면에 나서서 여론을 짜증 나게 하는지 모르겠다.

청년이여! 그대는 대한민국의 빛나는 얼굴로 남고 싶은가?

아니면 망치는 인간으로 남을 것인가? You의 일거수일투족이 역사의 기록으로 남는다. 첫 페이지에 이러한 글을 올리는 것은! You는 어떠한 얼굴과 인간으로 후세에 남기려고 정치에 관심을 가지고 있는지? 질문하면서 글을 쓰려고 한다.

국민의 존엄을
지켜 주어야 할 책무!

◆ 우리 역사를 이끌어온 대통령님!

◆ 좌파 정권은 꼼수정치로 희망고문 기술자!

◆ 정치와 행정은 국민(주민) 서비스 직업!

◆ 국민은 총명하고, 똑똑하고, 현명하다

◆ 고희(古稀)에 느끼는 삶의 지혜와 철학!

우리 역사를 이끌어온 대통령님!

대통령은 영榮의 자리인가? 욕辱의 자리인가?

대한민국을 이끌어온 위대한 대통령의 영욕榮辱이 있다.

사람이 태어나면 운명에 따라가야 할 길이 있다. 물론 엄청난 노력과 희생으로 만들어가는 길이기는 하겠지만, 운명을 거스르면 탈이 나고 불행해질 수 있다. 수만 가지 직업으로 법률가, 예술인, 운동선수, 연예계, 가수, 공무원, 정치인, 기업인, 사업가 등 있지만, 사람의 성격과 인성에 따라 그 길을 찾아가게 돼 있다. 말과 행동은 그 사람의 인품이므로 축적되고 쌓여 운명으로 다가오게 한다. 역사를 이끌어온 대통령의 인생사를 들여다보면 그 자리에 오르기까지 고난과 여정이 있었다는 거다. 즉, 가야 할 길이 아니고, 그릇이 작은데 욕심내면 화를 당한다.

대통령의 그릇이 되지 못하는데 억지로 그 길을 택하려고 헛된 꿈에 빠지면 화를 당하게 된다. 무엇을 하든지 운명에 맡겨진 책무가 있기 때문에 벗어나지 못한다는 이야기다.

지금까지 13명(이승만, 윤보선, 박정희, 최규하, 전두환, 노태우, 김영삼, 김대중, 노무현, 이명박, 박근혜, 문재인, 윤석열)이 대통령을 지냈다. 대통령의 이름과 얼굴을 매치시키면 업적과 실정이 그려진다.

마음속 깊이 존경하고 위인전을 펼쳐 보일 대통령이 몇 명 있을까? 앞으로 수십 명의 대통령이 영榮의 자리에 올라 나라를 다스리게 될 것인데 어떠한 자세로 국정을 이끌어야 할까?

물론 열정을 바쳐 구국의 일념으로 나라를 지켜낸 분도 있다.

하지만 어딘지 모르게 자신의 안위와 권세를 유지하려고 강권 통치했던 지도자가 있어 아쉽다. 역사를 단편적인 측면만 바라보고 평가하고 재단할 수 있을까?

국내 정세와 국제적 여건이 뒤죽박죽 혼재된 상황에서 헤쳐 나가려면 어려움이 많았다. 숨이 막히게 요동치는 격변의 시대를 이끌어가려고 갈등했을 지도자가 있을 거라고 여겨진다. 이 과정에 자신의 뜻과 국민의 뜻에 부흥하지 못한 측면이 있었을 겁니다.

왜! 국민의 호응을 받지 못하고 외면을 받아야 했을까?

이제 정치인은 특권을 내려놓고 오기와 탐욕의 정치를 끝내고 순리와 정도로 국정을 수행해야 한다. 정치는 국민이 원하는 것을 바보처럼 들어주고 해결해주면 된다. 장관은 물론이고 공공기관장과 임원이 부동산 투기와 위법 부당 행위로 무능이 드러나면 가혹하게 법의 심판을 받고 물러나야 합니다.

명예로운 대통령의 자리에 올랐으니 부러울 게 없지 않은가!

대통령과 장관과 차관은 물론이고 정부 고위직에서 근무하려면 학창시절부터 자신을 다듬고 성찰해야 한다. 학교 폭력으로 동급생을 괴롭힌다든가 불량 서클에서 놀아나면 미래는 암울해진다. 교우관계에서 우정과 친분이 평생을 좌우하게 된다. 우정이 쌓이면 사회에 나와 끌어주고 보듬어 주며 함께 가지만, 나쁜 감정이 쌓이면 잘되는 꼴을 보지 못하게 됩니다.

선출직(도지사, 시장 군수, 시도 의원, 시군 의원)은 특히 더하다.

수도하는 마음으로 주민을 돌봐주어야 선택을 받을 수 있다. 청년이 탐독하게 되면 꿈을 가지고 성실하게 열심히 노력하라고 말하고 싶다. ㅎㄷㅎ 법무부 장관의 인생 스토리를 탐독하고 참고하시면 삶에 좋은 그림이 될 거다. 우리나라 미래의 정치판을 혁신하고 훌륭한 정치인으로 성장하게 될 것으로 믿어진다.

5년마다 정권이 바뀌니까 수많은 대통령이 나올 겁니다.

선거 기간에는 별의별 이야기로 국민의 귀를 속이고 눈을 호강시켜 주며 달콤한 말로 목숨까지 바칠 것처럼 묘책을 부린다. 그러나 대통령에 당선되면 고개를 숙이지 못한다. 지가 잘라서 대통령이 된 것으로 착각에 빠진다. 나라를 위해서 무엇이든 할 것처럼 야단법석을 떨지만 국민은 안중에도 없다. 몰상식한 측근들을 국정 책임자로 임명해 국고를 낭비하니 국민의 원성을 사게 됩니다.

국민 위에 군림하는 국정 수행으로 국민의 저항에 부딪히자 스스로 하야하고 내려오든지, 국민의 심판을 받아 탄핵이 되어 내려왔다. 또는 쥐도 새도 모르게 암살당하는 것은 물론이고, 선거로 정권을 바꾸는 위대한 국민이다. 왜 이러한 이치를 모를까? 지들이 잘나서 정권을 잡아 영원히 권세를 누릴 것처럼 행세를 부렸다.

이 순간에도 이러한 정치 집단이 꿈틀거리고 있다.

왜! 국민의 편에서 '국민에 의한, 국민을 위한, 국민의 정치!'를 펼치지 못하는 걸까? 정치를 똑바로 하라고 월급도 많이 주는데 그래요. 엄청난 국민의 혈세가 정치인에게 지급되고 있다.

얼마의 재산을 축적해야 만족을 한단 말인가?

퇴임 후 거주할 집을 아방궁으로 지어 놓고 호화롭게 생활하는 작금의 세태를 볼 때면 가엾게 보인다. '대통령을 수행하고 퇴임하니 재산이 빈털터리가 됐다.'라는 소문이 나야 존경받는 위인으로 남는다. 그러면 국민 성금이 봇물처럼 몰려올 것입니다.

인류가 추구하는 복지 국가로 행복한 세상을 만들어야 한다.

의식주와 육아 교육, 직장, 의료 등 모든 시스템은 시장 경제와 맞물려 돌아가므로 복지를 지향하고 있다. 복지 국가로 향하는 길목에서 선출직 공무원의 자세가 무엇보다 중요합니다.

왜! 역대 대통령은 순탄하지 못한 길을 걸어야 했을까? 한마디로 국민을 위한 정치가 아니라 자기 정치를 해서 그렇다.

언제쯤 되어야 국민을 위해서 헌신하는 지도자가 나올까?

숱한 시련을 극복하고 여기까지 왔는데, 조국을 위해서 목숨 바쳐 헌신하신 선열의 위업이 무섭지 않은가? 아직도 개인의 사리사욕을 불태우며 후진적인 지도자가 국민의 전면에서 허우적대는 모습을 바라보면 이해할 수 없는 정치꾼이 미워집니다.

초대 이승만 대통령은 건국의 아버지!

격변의 시대에 해방 조국의 독립 국가를 지켜준 영웅이시다.

이 시대에 지구촌은 혼돈의 격랑 속에 빠져 세계질서 정립에 한창이었다. 해방과 동시에 대한민국은 공백 상태였다. 행정기관(경찰, 공무원, 세무서, 군인, 은행 등)은 텅텅 비었으니 생각해도 아찔하다. 국민은 의지해야 할 곳을 찾지 못하고 방황하였다. 누군가 나서서 신생 독립 국가 건설에 박차를 가해야 했다.

혼란한 국제 정세에 식민지에서 벗어나 독립에 헌신한 독립투사는 무척 많았다. 이 중에 이승만과 김구는 대한민국의 독립을 외치던 양대 산맥을 이루었다. 김구 선생님은 중국 정부와 협의하여 임시정부를 수립하고 독립운동의 중추 역할을 해주었다. 한문에 능통하여 중국과 소통하며 독립의 당위성을 호소하였다.

하지만 이승만은 미국에서 국제사회에 호소하며 독립을 세계 만방에 알리는 데 헌신하였다. 이 시기 젊은 나이에 영어로 능통하고 국제무대에서 대화를 했다는 것은 천재에 가까운 인재였다. 영어로 책도 여러 권 집필해 국제 사회 흐름을 개선하려고 부단히 노력하며 세계인에게 알리는 조선의 청년이었다.

이승만 입장에서 김구 선생님은 좌파라고 보았을 거다.

북한과 내통하며 통일정부를 수립하자고 열변을 토하며 뜻은 좋았지만, 김일성은 공산 독재정권을 수립하려고 박차를 가했다. 이에 반기를 드는 측근은 무조건 숙청해서 나서지 못하게 했다.

신생 독립국에 공백 상태에서 정부 수립은 지도자의 혜안에 따라 미래가 결정되어준다. 이때 이승만은 '공산주의와 소통이 어렵고 대화는 절대 이루어지지 않는다.'라는 것을 잘 알기 때문에 남한에 단독 정부를 수립하려고 미국의 협조를 구해야 했다.

이승만 대통령의 수많은 업적이 있겠지만, 미국에서 독립운동을 활발히 추진하면서 우리나라에 '자유민주주의 기틀!'을 세우는 데 혁혁한 공을 세우는 데 공헌하였다.

일제 강점기(1939년) 미국에서 『일본의 침략 근성』^{Japan Inside Out}를 저술해서 '일본이 미국을 침략할 것이다.' 경고하였으나, 미국 정부는 이 책을 혹평하며 믿지 않았어요. 그런데 1941년 일본의 침략으로 태평양 전쟁이 발생하자 베스트셀러가 됐다.

조선의 독립투사 혜안을 무시하고, 일본 군국주의 세력을 깔보고 엄청난 인명피해와 군사 장비가 태평양에 수장 됐다. 이 시대에 어느 누가 책을 집필해서 세계 정세 흐름을 말하고 대처할 수 있도록 구상했다는 것은 대단한 결단력이었다.

이승만은 태평양 전쟁이 발발하자 일본 제국의 필패를 확신했다.

일제가 패망하는 즉시 빼앗긴 주권을 돌려받을 수 있도록 국제 사회에 대한민국 임시 정부를 정식 승인하는 외교 활동을 벌였다. 이렇게 미래를 내다보는 혜안이 대단하였으며, 조국의 독립이 다가오자 미국의 소리 방송을 통해 고국 동포들의 투쟁을 격려하였다. 임시 정부와 미군 OSS 간의 한미군사협력을 성사시켰다.

그는 영어에 능통해 나라가 어려움에 처해 있는 상황을 국제 사회에 알리는 데 많은 공을 세웠다. 평생을 조국의 독립과 국민 복지 향상을 위해 싸우면서 해방을 맞이하자 미국 정부의 도움을 받아 대통령이 될 수 있었다. (『일본의 침략 근성』 책의 영향을 받았다고 함)

국제적으로 소통이 능숙했던 덕분에 집권이 가능했던 것이다.

이승만 대통령이 추구했던 자유민주주의 가치는 우리 역사에 남을 대단한 업적을 이루었다. 어려운 시기에 새로운 역사의 시발점에서 공산정권과 싸우며 안정된 나라를 정착시키기 위해서 부단히 노력하였음을 잊어서는 안 되겠다.

뜻하지 않은 여러 가지 실정이 있기는 하겠지만!

격변의 시기에 나라의 기틀을 잡기 위해서 노력한 결과라고 보아야 겠다. 지도자는 업적과 실정이 있게 마련이다. 이후에 이보다 험한 정치꾼들에 의해서 나라의 정체성이 엉망진창이 되기도 했으니 무슨 말로 비판을 보낼 수 있겠는가?

일본의 패망으로 독립하게 된 신흥 대한민국을 건립하기 위해서 고군분투하였다. 이때 미국에서 독립운동을 하던 이승만은 미국의 자유민주주의를 우리나라에 접목하였다. 이렇게 수많은 업적이 있는데 훌륭한 지도자를 깎아내려야만 하는가!

당신이 이승만 대통령을 독재자라고 비판하고. 3·15 부정선거로 장기 집권을 획책했다고 비난을 한다면, 그대는 이미 좌파의 이미지를 벗어나지 못하는 어리석음에 빠져 있음을 알아야 한다.

자유민주주의 신봉자로 공산화를 막아준 훌륭한 지도자이다.

그는 북한군의 침략으로 6·25 전쟁이 발발하자 구국의 일념으로 국제사회에 호소했다. 그 결과 미국의 협조로 UN군이 창설돼 병력과 전쟁 물자를 지원받아 대한민국이 공산화되는 것을 막아냈다. 냉랭하게 돌아가던 국제 환경 속에서 나라를 구한 위대한 지도자로 높이 평가해주어야 마땅하다.

6·25 전쟁이 발발하자 수구좌파 세력이 얼마나 날뛰었는가?

마치 지네들 세상이 찾아온 것처럼 이웃 주민을 폭행하고 죽이는 만행을 거리낌 없이 저질렀다. 나의 아버지도 서당에서 같이 글공부하던 친구에게 몇번을 죽었다 깨어났다. 서당에서 한문(천자문, 명심보감)을 잘 읽는다는 이유로 그랬다. 죽창으로 때리고 찌르고 기절하면 버려두었다가 깨어나면 또 그 짓을 반복적으로 했다. 서당 친구가 빨갱이로 돌변하여 지식인과 부자를 무자비하게 학살했다.

좌파는 나라의 기틀을 흔드는 좀비 세력이었다.

전쟁이 발발하자 국내에서 활동하는 공산당의 지령을 받은 수구좌파 세력과 싸워야 했으며, 북한군을 물리쳐야 했으니 풍전등화의 위기에 처한 나라를 지켜야 했다. 북괴군의 침략을 막는 것도 중요했지만, 내부 폭동에 일삼는 좌파 종북 세력과 싸움이 더 힘들었다. 대통령으로 고뇌에 찬 결단이 필요했을 거다.

1951년 1월 4일에 중공군 개입으로 위기에 처하자 유엔군은 후퇴하게 됐다. 미군 수뇌부는 유엔군에 일본군과 대만군의 편입을 진지하게 검토했으나 완강하게 거부하는 바람에 성사되지 않았다.

이때 이승만 대통령은 "만일 일본군이 참전하게 되면 국군은 일본군을 사살하고 공산군과 싸우게 될 것이다."라며 일침을 가했다. 일본에 대한 적개심이 대단하였다. 공산군과 전쟁을 벌이며 나라가 위태로운 위기에 빠져 있는데도 UN군의 의견을 묵살하였다는 것은 대단한 결의와 결단이었다. 이 당시 UN에 영향력을 행사할 수 있었던 힘은 이승만 대통령이었기에 가능했다.

지금도 수구좌파 세력은 '독재자, 분단의 원흉, 친일파 비호' 온갖 비판을 보내고 있지만, 이승만 대통령은 나라의 국운을 스스로 지켜야 한다는 신념으로 조국을 위해서 한평생 온몸을 바친 독립투사였다.

70여 년이 지났는데 아직도 혹독한 오명을 벗어 버리지 못하는 것은 우리 민족의 수치가 아닐 수 없다.

"죽어서도 일본 열도 땅 위를 날지 않겠다."라고 해서 하와이에서 고국으로 유해를 운구할 때에 미국의 군용기는 태평양을 돌아 일본을 피해서 비행했다. 이는 미국 정부가 이승만 대통령의 마지막 유언 예우 차원에서 보듬어 주기 위해서다. 그런데 야당은 지금까지 역적으로 몰아가고 있느니 부끄럽기만 하다.

초대 대통령의 업적과 신념을 높이 평가했으면 좋겠다.

이승만 대통령의 영웅이 있던 덕분에 자유민주주의 나라로 번창하게 되었다. 야당은 조국 근대화를 위해서 이룩한 업적도 없으면서 반대를 위한 반대, 땡깡을 위한 땡깡을 부리며 무조건 비판을 보내면 어떻게 하자는 겁니까? 이제 역사를 바로 세우고 잘한 것과 못한 것을 구분할 줄 아는 정치인이 되었으면 좋겠다.

물론 정권 말기에 실정으로 실망을 주기도 했다.

수구좌파 세력이 나라를 혼란에 빠지게 하는 것을 막으려고 참모들이 3·15 부정선거를 획책하였던 것이다. 이승만 대통령은 모르고 있었는데 이로 인해 촉발된 4·19 혁명이 발생하자 부정선거를 저지른 참모를 해임하고 자숙을 명하였다. 계엄을 선포하고 군대를 동원해서 시위를 진압할 수 있는 상황임에도 물러났다.

시위대에게 "불의를 보고도 행동에 나서지 않는 국민은 죽은 백성이다."라는 말을 남기고 하야하고 권력의 자리에서 내려왔다. 어떻게 보면 국난의 문제를 평화적으로 해결하고 떠났다.

후유증으로 퇴임하고 하와이로 망명을 떠나야 했다.

다시 고국으로 들어오려고 열망하였지만, 집권세력의 반대로 뜻을 이루지 못하고 1965년 7월, 90세의 나이로 호놀룰루에서 쓸쓸히 생을 마감하고 고국으로 돌아와 국가유공자 묘역에 안장됐다.

늦은 감이 있기는 한데, 초대 대통령 기념관을 건립해야죠.

우리나라의 국부인 이승만 대통령의 업적을 과소평가하면 절대로 아니 된다. 좌파의 프레임에 빠져 저평가받고 있는데 극복해야 할 과제이다. 이는 대한민국의 근본 이념을 저버리는 행위이므로 업적을 자손만대 기려야 한다. 혼돈의 암흑 시대에 국제 사회에서 펼쳤던 독립 투쟁 정신 기념관을 웅장하게 건립해야겠다. 민족의 미래 청사진 기틀을 마련해줄 가치를 세계 만방에 알려야 한다.

세종시 사통팔달 광장에 동상을 세워 가치를 높여야 한다.

광화문 광장에 이순신 동상과 세종시 행정 수도에 이승만 대통령의 치적을 우리 민족의 기상으로 기억하면 좋겠다. 민족 정신의 영웅을 후대가 본받아 새기도록 해주어야 한다.

2대 윤보선 대통령은 '민주주의 정치 철학'으로 집권!

이때를 '자유민주주의가 만개하던 시기'로 평가한다.

"이승만 정권이 독재로 집권을 연장했다."라고 비난하며 모든 공직을 버리고 민주화 투쟁을 위해서 스스로 외로운 계곡의 길을 선택하였다. 의원 내각 책임제 정권으로 국회의원의 동의를 받아 대통령에 취임했다. 대통령이 집무하던 경무대를 청와대로 개편해 운영하면서 지금까지 이어졌다.

제2공화국은 그들의 노력으로 국민의 지지를 받으며 탄생한 정부가 아니라, 4·19 혁명으로 뜻하지 않게 집권하게 된 정권이다. 국민은 갑자기 찾아온 자유와 민주, 그리고 평등을 어떻게 조화를 이루어야 할지 몰랐다. 우왕좌왕하면서 생활의 질서가 무너지고 사회가 혼란에 빠지는 바람에 정권이 흔들리게 됐다.

당장에 먹고 살아야 할 의식주衣食住가 해결되지 않은 자유와 민주주의는 공염불에 불과하였다. 민주당 정권은 우리 국민에게 단군 이래 최고의 자유를 누릴 수 있었던 때라고 평가한다.

대한민국의 경제발전 청사진을 발표하며 야심 차게 출발하였으며, 국민에게 경천애인敬天愛人 사상을 중요시하며 통치 이념으로 자유민주주의 철학을 지키려고 노력하였다.

각자 자기 몫을 차지하려고 시위가 발생해 정권은 마비되었다.

사회 혼란을 틈타 이를 지켜보던 군부 세력 쿠데타의 태동을 꿈꾸었다. 공공연하게 쿠데타를 외치고 다녔지만, 무능한 정권은 태평세월 보냈다. 시의 적절한 틈을 이용하여 5·16 군사 혁명을 일으킨 군부 세력에게 손쉽게 정권을 내주어야 했다.

이로 인하여 1년을 채우지 못하고 권좌에서 떠났다.

민중의 힘에 의해 집권한 정권은 국정을 제대로 수행하지 못하고 물러나야 했다. 강제로 퇴임당한 윤보선 대통령은 야인의 몸으로 자유민주주의를 외쳐보았지만, 힘의 한계는 역부족이었다.

3대 박정희 대통령은 경제 부흥의 기수!

우리 민족이 가난에서 벗어나게 해준 대통령이다.

18년 동안 집권하면서 수출주도형 경제개발을 통하여 '보릿고개'를 없애려고 고군분투하였다. 신흥 공업국가 건설에 모든 열정을 바친 지도자다. 그에 따라 '근대화의 아버지!'로 불리고 있으며, 후진국에서 개발도상국으로 도약할 수 있었다.

‘새마을 사업’을 통하여 초가지붕을 없애고, 농촌의 마을 앞길 정비는 생활의 윤택함을 이끌어주었다. 경부고속도로의 건설과 중화학공업의 육성, 외화를 벌어들이는 수공업 제품을 만들어 수출 주도형 경제성장은 중진국으로 발전하는데 크나큰 역할을 하였다.

‘대형 댐을 건설해 수자원을 관리했다.’라는 것은 큰 업적이다.

우리나라의 대형 댐은 대부분 이때 건설됐으며, 이후 많은 댐이 새로이 설치되었다. 현재 17,850개소(다목적 20개, 용수 14개, 수력발전 9개, 농업용수 17,807개) 댐이 운영되고 있다. 고속도로 건설과 댐의 설치는 국토의 대동맥으로 원활히 흐르도록 이끌어주었다.

특히 한강 상류에 소양강댐과 청평댐, 팔당댐을 건설해 수도권에 거주하는 2천만 명에게 상수원을 제공해주고 있으니 중요한 역할을 담당하고 있다. 또한, 바다를 막아 육지로 만드는 간척사업을 통하여 농촌과 어촌의 획기적인 발전을 유도했다. 이는 ‘미래를 내다보는 혜안慧眼이 대단했다.’ 보여진다. 지금 이러한 댐을 건설하려면 엄청난 예산과 민원에 시달려야 했을 것이다.

이러한 사업을 추진하게 된 것은 ‘조국 근대화’ 시작이었다.

국토종합개발계획을 추진하면서 4대강 유역을 개발은 전천후 농업용수제공과 경제개발을 통해서 수출 진흥을 위한 공업용수개발을 중점적으로 추진해 나라 경제의 기틀을 마련했다. ‘가난에서 벗어나야 한다.’라는 지도자의 절체절명의 의지와 역할이 우리나라가 이만큼 잘 살 수 있도록 해주었다.

이러한 댐을 바라볼 때는 정치인의 사고력과 추진력, 미래를 내다보는 혜안慧眼이 얼마나 중요한지 알게 해준다. 야당의 반대에 무릅쓰고 대형 국책 사업을 강력하게 추진해 후대에 영원히 기록되어야 할 훌륭한 업적이라고 평가해도 좋을 것이다.

그러나 장기 집권에 눈이 어두워지면서 3선 개헌과 유신헌법은 ‘대통령에 의한, 대통령을 위한 헌법'이라고 할 만큼 강권 통치로 국민을 억압하게 이르렀다. 국민은 여기에서 벗어나려고 시위를 벌이며 정부와 대립각을 세우게 되면서 이는 곧 정권 말기의 누수 현상을 극복하지 못하고 서서히 쇠퇴의 길을 걸었다.

결국, 유신 헌법을 반대하는 부마민주항쟁(1979년 10월 16일)이 촉발한 학생 시위는 막강했던 정권이 붕괴되는 시련을 겪게 되었다. 지성인이 모인 권력의 심층부에서 발생한 10·26 사건으로 절대 권력은 한순간에 몰락하였다. 독선과 아집에 의한 권력다툼 세력의 오만에서 나온 결과다. 왜 이러한 사건이 발생하지 못하도록 막지 못했을까? 하는 아쉬움이 가지게 한다.

하지만 우리나라가 이만큼 잘살 수 있도록 기틀을 마련해준 대통령임에는 틀림이 없다. 이때 지구촌을 들여다보면 어수룩한 시기에 많은 신흥 독립 국가 탄생하면서 독재정권으로 이어졌다. 그런데 한눈팔지 않고 우리 민족이 선진국으로 번창할 수 있도록 정책을 추진했다는 것은 천 번 만 번 칭찬을 해주어도 모자라지 않다.

4대 최규하 대통령의 무기력한 정부

박정희 대통령이 서거하자 정권이 국무총리에게 위임됐다.

준비되지 않은 상태에서 갑작스러운 국정 공백은 큰일이 날것처럼 야단법석을 떨었다. 헌법과 법률이 정한 절차에 따라 정권을 인수인계받아야 했으니 피할 방법이 없었다.

일제 치하에서 1945년 해방되자 경성사범대학 교수로 재직하였지만, 미국 군정 중앙식량행정처 기획과장으로 근무하였다. 대한민국 정부가 수립되자 농림부에서 외무부로 발탁되면서 외교관의 길을 걸었으며, 국무총리로 지명되어 국정을 수행했다. 젊은 시절부터 공무원으로 근무하며 조국 근대화에 열정을 바쳐왔다. 갑작스럽게 정권의 수장이 되면서 어깨가 무거웠을 거다.

막강한 권력이 무너지자 태동하게 되는 군부 세력의 숨은 그림자를 척결하지 못한 대가는 역사에 씻을 수 없는 오점을 남겼다. 하나회로 똘똘 뭉친 군부 세력은 정권 찬탈의 기회를 엿보게 된다. 이를 저지하지 못하고 꼭두각시처럼 자리만 지키는 대통령을 허수아비 로봇으로 만들어 정권 찬탈의 기회를 노렸다.

최규하 대통령은 12·12 쿠데타의 피해자가 아니라 방관자라는 정황이다. 미국 국무부의 1980년 5월 9일 기밀문서에 주한 미국대사는 최광수 대통령 비서실장에게 전두환 보안 사령관의 '정치적 야심과 수술'을 예고한 발언을 해주었음에도 막지 못했기 때문이다.

결국, 12·12 쿠데타로 육군참모총장을 체포하는 데 성공했다.

대학생의 시위와 데모는 사회를 소용돌이에 빠지게 했다. 특히 광주에서 대학생의 시위는 너무나 끔찍한 사태로 번지고 말았다. 공수부대의 과잉진압으로 폭도로 변질하게 된 것이다.

이때부터 군부 세력은 국정에 간섭하더니 대통령의 자리까지 위태로워졌다. 사태의 심각성을 알게 된 최규하 대통령은 자진 하야하고 대통령의 자리에서 내려와야 했다.

5대 전두환 정권은 권력의 공백기를 틈타 탄생

대통령의 총애를 받으며 군대에서 요직을 거치며 승승장구했다.

박정희 대통령의 갑작스러운 시해 사건은 전두환 보안사령관에게 놓칠 수 없는 기회였다. 최규하 국무총리께서 대통령 유고 시 대행 체계를 유지하였지만 허수아비에 불과하였다.

국가의 모든 정보와 정책은 전두환 보안사령관에게 집중됐다.

시간의 흐름은 전두환에게 유리하게 작동하면서 12·12 쿠데타로 실권을 잡게 이른다. 결국, 최규하 대통령은 군부세력의 탐욕에 부딪혀 자리를 지키지 못하고 하야하는 수순을 밟아 물러났다.

1980년, 5·18 광주민주화운동의 저항을 받으며 탄생했으니 중죄를 저지른 것은 말할 것도 없다. 대명천지 평화로운 세상에 사적인 정치적 야망에 사로잡혀 선량한 국민을 향해 무력 총탄을 가했으니 이게 인간의 탈을 쓰고 할 짓인가? 절대로 용서할 수 없는 행적이 아닐 수 없다.

'권력은 총구에서 나온다고 했던가?' 이 말이 어울릴 것 같다.

그래서 권력의 속성은 폭력을 가지고 있다. 정권 잡고 유지하기 위해서 자행된 폭력은 무지하게 국민을 억압했다. 경찰, 검찰, 군대, 사법기관이 총동원돼 사악한 행동을 자행하였다. 여기에 반기를 들려면 죽을 각오로 저항해야 했으니 모두가 입을 다물었다.

필자는 이때 공무원 시험을 준비하면서 군청 소재지 도서관을 찾아다니며 공부하던 시기였다. 언론을 통해서 전해오는 광주민주화운동은 북한군이 침략해 파출소 무기고를 약탈해 시민을 향해 살인극을 펼친다고 해서 그런 줄 믿었다. 일기장에 그때의 상황을 기록하며 북한을 원망하는 내용으로 가득했다.

그러나 공무원에 합격해 근무하면서 그게 아니라는 것을 알게 됐다.

대학생의 시위에 군부대를 투입해 폭력 진압하면서 엄청난 사태로 번지게 되었다. 사회 정화와 정의 사회 구현이라는 명목 아래 삼청교육대를 설치하고 사회악을 일소한다고 하였다. 깡패와 건달을 군부대로 잡아들여 혹독한 훈련을 시켰다. 집권하기 위해서 국가 기관을 동원해 엄청난 폭력 행사를 저지른 것이다.

재임하면서 부정축재와 폭압 통치로 국민의 원성을 사야 했다.

퇴임하고 법의 심판을 받아 몇천억 원의 추징금을 선고했지만 그의 처벌은 어영부영 끝나고 말았다. 또다시 국민의 생명과 재산을 볼모로 집권하는 정치 세력이 나타나면 안 되겠다.

지금도 피해를 당한 국민은 한 많은 삶을 살아가고 있다.

국가는 이들의 아픔을 치유해주는 정책을 펼치고 있지만, 부모 잃은 서로 움과 자식을 먼저 떠나보낸 가슴 아픈 사연을 어떻게 달래줄 수 있을까? 아무리 좋은 정책을 펼치며 금전적으로 보상을 해주어도 세상에 없는 생명에게 보상이 가능하겠는가?

그런가 하면 이를 정치적으로 이용해 확보하는 정치인은 더욱 꼴불견의 가관이다. 이것도 모자라 5·18과 아무런 관련이 없는 정치꾼이 유공자로 등록해 보상금을 받아 챙기고 명예를 들먹이는 꼴사나운 사태를 바라보고 있으면 울분이 터진다.

이러고 국민을 대표해서 정치한다고 떠들고 있으니 딱하다.

왜! 정치가 이렇게 돌아가야만 하는가? 산 자여, 억울하게 죽은 자의 영혼에 부끄럽지 않은가! 이들의 억울한 죽음을 어떻게 보상을 해주어야 되겠는가! 정치꾼의 폭정에 의해서 희생당한 선열이 편안히 눈을 감을 수 있도록 위로해주어야 한다. 그리고 당신은 대한민국의 정치 발전을 위해서 얼마나 노력했으며 자부심을 가지고 말할 자격이 있는가? 스스로에게 묻고 답을 찾아야 한다.

6대 노태우 대통령은 서민 이미지 개선에 성공!

노태우 대통령은 직접선거로 대통령에 당선됐다.

6·10 항쟁은 넥타이 부대로 직장인이 거리로 나와 직선제 개헌을 외치면서 정국은 요동쳤다. 이를 받아들이지 않을 수 없게 되면서 헌법을 개정해서 대통령에 당선되었다. 전임 정권의 강권 통치를 지워버리려고 '보통 사람의 위대한 시대!' 캐치 프레이즈로 내걸고 국민으로부터 신선한 이미지를 얻어 좋은 평을 받았다.

7대 김영삼 대통령은 문민정부 구현!

군 내부를 통치하던 하나회 척결은 위대한 업적이다.

하나회를 주축으로 똘똘 뭉쳐 전두환 정권 창출에 기여했다.

이를 내버려 두면 군 내부에서 꿈틀대는 사조직에 의해서 군부가 요동치는 것을 막아야 했다. 금융 실명제 전격 운영으로 검은 돈의 실체가 은행권으로 들어오게 하는 첫 시발점을 열었다.

8대 김대중 대통령은 국민의 정부!

인동초를 그려낸 국민의 대통령이었다.

40대 기수론의 깃발을 들고 나선 후 30여 년 인고의 세월을 극복하고 불요불굴不撓不屈의 인간사를 만들어낸 인간 승리의 개척자였다. 대한민국의 행정 체계를 바꾸고 정치판의 혁신을 위해서 부단히 노력하였지만 실행에는 미비하게 끝나고 말았다.

9대 노무현 정부는 '지방 분권'의 가치를 실현!

역대 정권에서 이행하지 못했던 정책의 승부사였다.

수도 이전과 지방 분권 시대는 새로운 패러다임의 도전이었다.

하지만 기득권의 저항으로 절반의 성공으로 끝나고 말았다.

지방 분권이라고 하는 국토의 균형 발전에 대한 비전을 제시하고 역동적으로 추진하였으나, 기득권 세력의 반발에 묶여 아직 진행형의 정책으로 남았다. 언젠가 다시 꼭! 이루어야 할 중요한 과제임에는 틀림없는 사실이다.

행정수도 이전과 공공기관의 지방 이전은 우리 역사에 큰 업적을 남기는 시발점이 되었다. 수도권의 인구 집중과 비대해지는 도시 개발로 지방 소멸 시대를 막아보자는 취지였지만, 이를 비판하는 기득권층의 반발에 절반의 성공으로 그치고 말았다.

일부 공공기관을 지방으로 이전하고 많은 성과를 거두었다.

하지만, 행정수도의 이전은 아직도 미완의 작품으로 역사의 평가를 받고 있다. 그런데 언젠가 이전해야 할 국민의 숙원사업으로 남아있는 것은 틀림이 없다. 그 정책을 그때 실천에 옮겼다면 지금 어떻게 됐을까? 지금 와서 생각을 해보면 과감하게 추진했어야 했다. 그러면 '우리나라의 역사가 새롭게 바뀌지 않았을까?'하는 아쉬움이 따른다.

좌파가 정치를 하려면 노무현 대통령의 철학을 본받으면 한다.

야비한 꼼수 정치와 내로남불의 식상한 정치가 아니라, 비굴하게 행동하지 않았으며, 국민을 상대로 정면승부를 거두어 대통령의 자리에 오를 수 있었다. 그의 언변은 국민을 감동시키기 충분하였으며, 대통령에 도전했을 때 3%의 지지를 받았으나, 이를 극복하고 야당의 쟁쟁한 후보와 경쟁에서 승리를 거두었습니다.

선거철만 되면 노무현 대통령의 묘비를 찾아가 '눈물 질질 짜며 존경합니다.'라고 말할 것이 아니라, 평소에 온몸으로 실천하는 지도자상을 보여주어야 정치인의 도리다.

그의 정면 돌파 정신은 국민을 감동시키기 충분하였다.

상대를 비판하는 네거티브 선거운동이 아니라 자신의 정치 철학으로 열변을 토하며 지지를 호소해 정열의 사나이였다. 정치판에서 매의 눈으로 사물을 판단하는 철학을 비판하였지만, 인간미 넘치는 정치인으로 좋은 평가를 받는다.

정치인의 소신으로 불의에 부화뇌동^{附和雷同}하지 않았으며, 언제나 정의의 편에서 싸워온 정치인이었다. 국회의원에 여러 번 낙선하면서 자신의 소신을 굽히지 않고 불모지 지역구에서 출마하는 바보 노무현이라고 비판을 보내기도 했다.

그의 열정은 국회의원을 자기 편으로 보듬어주지 못한 비극은 2004년 3월 12일 탄핵 소추를 당하는 수모를 겪어야 했다. 여당 국회의원이 필사의 저지에도 불구하고 수적 열쇠에 밀려 이를 막지 못했다. 하지만 헌법재판소가 심판을 기각하므로 대통령의 자리에 복귀해 국정 업무를 수행하게 됐다.

국민의 65.2% 이상이 탄핵 소추를 반대하며 시위를 벌였다.

그런데도 탄핵을 강행하였으니 국회의원의 권위가 무소불위로 처신해도 되는지 따져보아야 했다. "여당 국회의원이 많이 당선되었으면 좋겠다."라고 발언한 것이 공무원의 정치적 중립 위반으로 탄핵을 당해야 했으니 너무나 가혹한 처벌이었다.

인권 변호사로 대통령의 자리에 올라 정열적으로 살았다.

퇴임 후 야인으로 고향에 내려가 농사를 지으며 생활하였으나, "똥 묻은 개가 겨 묻은 개에게 짖어대는!" 정치꾼의 내로남불의 기득권 정치 세력에 환멸을 느끼고 극단적인 선택으로 생을 마감해야 했으니, 정치가 어떻게 변화해야 하는지 일깨워준 사례다.

노무현 대통령을 보면 개혁이 얼마나 어려운지 알 수 있다.

국민적 합의를 이끌어낸다는 것은 정말 쉬운 일이 아니다.

그러나 사후에 그의 인간적 삶을 높이 평가하며 좋은 이미지를 간직하고 있으니 그나마 다행이다. 무엇이 옳고 그름을 평가하는 것이 아니라 '변화'를 이루려면 국민적 공감을 얻은 다음에 서서히 진행시켜야 탈이 없다. 그 원동력이 되었다는 것은 역사에 남을 훌륭한 대통령이었다는 이야기다.

10대 이명박 정부는 경제 전문가를 어필한 과유불급 권력!

경제 전문가라는 타이틀을 안고 거뜬히 당선됐다.

누가 뭐라고 해도 4대강 사업은 큰 업적으로 평가될 일이다.

단군 이래 최대의 토목 사업이라고 자부심을 가지고 추진한 사업이다. 그러나 야당은 수질 오염을 이유로 비난을 위한 비난으로 많이 보냈지만, 여름철에 홍수 예방과 농번기에 가뭄 해소는 강으로 역할을 충실히 이행하고 있으니 괜찮은 업적이라고 평가하고 싶다.

필자가 좋아하는 취미(라이딩) 입장에서 평가한다면!

무엇보다 4대강 주변을 정리해 자전거 길의 개통은 자전거를 타는 마니아들에게 희소식이 아닐 수 없다. 필자도 전국 일주 국토 종주 2

번(인천의 아라 뱃길에서 낙동강하구, 부산의 낙동강 하구에서 아라 뱃길) 완주했
으며, 제주도 일주 3번, 울릉도 일주 2번 하며 자전거 마니아로 즐겼
다. 자전거를 타고 페달을 밟으며 달리면 기분이 최고였으며, 콧노래
가 저절로 나오니 스트레스가 확 풀린다. 신나게 달리다 지치면 아무
데나 텐트 치고 풍찬노숙風餐露宿을 해도 즐거웠다.

젊은 세대에게 자전거 돌풍에 센세이션을 일으켜주었다.
몇백만 원 하는 MTB 자전거를 타고 바람을 가르며 달리는 기분은
최고다. 예전에 자전거를 타려면 일본이나 유럽의 해변으로 원정을 가
야 했는데, 국토 종주와 4대강 길은 정말 환상의 코스로 자리매김했
다. 체력 테스트는 물론이고 자전거 마니아로 인정받고 싶으면 전국 일
주와 4대강 코스를 달리며 인증센터에서 인증샷은 평생 간직해야 할
기념사진으로 남아 있다.
인천 앞바다 아라 뱃길에서 낙동강 하구 을숙도까지 약 720Km 연
결되는 전국 일주 국토 종주 자전거 길은 산을 넘고, 물을 건너야 하
며, 강변 레이스로 땀을 흘리며 달리는 보람은 세상의 모든 시름을 온
몸으로 체험하게 해준다.
한때 필자는 MTB 바이크에 대한 열정을 가진 시기였다.
한참 자전거에 미쳐 있을 때는 일 년에 3,000km를 탔다.
봄, 여름, 가을에는 20km(수원에서 안양) 한 시간을 달려 출퇴근을 했
다. 출근해서 샤워하고 근무하면 하루가 상쾌하게 즐거웠으니 생활의
황금기였다. 주말이면 안양천변으로 한강까지 다녀오면 100km 탔으
니 자전거에 미쳤다고 보아야겠다. 한강 둔치에서 라면에 막걸리 한 잔
마시고 돌아오면 하루해가 금방 지나갔다.

'전국에 설치된 자전거 길이 1,853Km 개통되었다.' 하니!

대한민국의 국토를 자전거 타고 달릴 수 있는 로드맵을 설계하고 건설한 것은 대단한 업적이다. 정치는 국민의 편에서 실천하고 보듬어 주는 정책을 펼쳐야 지도자로 각광받는다. 아직 미완의 작품으로 계속 업그레이드되고 있으니 자전거 마니아의 가슴을 설레게 하는 기쁨을 주기에 충분하다.

깨끗한 정책으로 마무리했으면 얼마나 좋았을까?

자원 외교를 빌미로 국고 낭비와 부정부패로 재판을 받아 수감되었다. 자신은 하늘을 우러러 부끄러움이 없다며 결백을 주장했지만, 법의 심판은 가혹했다. 정치인들은 누구나 할 것 없이 부정부패에 연루돼 법의 심판을 받아야 할 때는 하늘을 우러러 부끄러움이 없으며 떳떳하다고 외치고 본다. 재산이 몇조 원이라고 했는데 욕심의 끝이 어디까지란 말인가?

언론은 "다스는 누구 겁니까?"라며 그의 물욕을 비판하였다.

대통령의 명예가 부족하고 돈이 없어서 탐욕을 부려야 했는가! 퇴임하면 국민의 원성을 살게 당연한데 그걸 모르고 직권을 남용해야만 했을까? 대통령을 마르고 닳도록 유지할 것처럼 야단법석을 떨더니 결국 그렇게 끝나고 말았으니, 지위고하^{地位高下}를 막론하고 '과유불급^{過猶不及}에 취하면 망한다.'라는 교훈이 말을 해준다.

11대 박근혜 정부는 청순하고 어설픈 정권!

근대사에 이르러 처음으로 여성이 대통령에 당선되었다.

박근혜 대통령은 역사를 바꾸는 계기가 될 것으로 믿었다.

남자 대통령이 권위주의 정권에 권세를 누리며 국민을 억압하는 측면이 없지 않기 때문에 여성 대통령의 탄생은 국민에게 신선함을 안겨주었다. 이제 우리나라도 정치 권력이 선진국으로 진입하는 단계에 이르렀다고 호평을 하였다.

그러나 어설프게 국정 운영하며 문고리 측근 정치를 일삼으며 정국을 혼란스럽게 만들어 국민의 저항에 부딪혀야 했다. 측근으로 맺어진 사람을 주변에 심어 두고 국정을 수행하면서 잡음이 발생하였다. 그과정에 함께 해야 할 자기편 국회의원을 파트너(동반자)로 끌어들이지못하였으니 온전하게 대통령 직무를 수행할 수 없었다. 여당의 국회의원과 정치인을 내 편으로 보듬어주지 못하여 정부에 등을 돌리면서 정치적 시련을 겪게 되었다.

집권 세력끼리 잡음이 생기면서 광화문 집회가 한 달여 동안 몇백만명의 시민이 거리로 나왔다. 과거 정부는 시위가 벌어지면 공권력을 동원해 강제로 해산하고 광화문 광장에 차벽을 설치하며 사활을 걸고시민이 집결하지 못하도록 막았다.

그러나 박근혜 정부는 공권력을 동원하여 시위대를 적극적으로 대응하며 막지 않았다. 촛불 시위대를 방관하며 지켜보는 사이에 눈덩이처럼 불어나면서 통제불능 사태에 이르게 되었다.

정치인에게 공功과 과過가 있게 마련이다.

그런데 국정을 함께 수행해야 할 여당의 국회의원이 야당의 정치 공작에 부화뇌동附和雷同 야합해 대통령을 국회에서 탄핵시켰다. 아무리 미워도 그렇지 이는 정치적 배신이고, 반역적인 행동이며, 인륜의 도리를 저버리는 행위가 아닐 수 없다.

국회의원 배지 달고 정치해보겠다고 안달하던 측근이었다.

이들은 대통령의 이름을 팔아가며 활보하던 자들이 목적이 달성되자 대통령을 헌신짝 버리듯 차버린 못된 배신자이다. 또다시 선거철이 돌아오자 대통령이 되겠다고 국민의 이름을 팔아가며 떠들고 다니는 꼴사나운 몰골을 바라보고 있으니 한심하다.

대통령이 국민을 폭압하는 정치를 한 것도 아니다.

또한, 몇천억 원의 부정 축재로 국민의 원성을 산 것도 아니고, 국제적으로 국가의 위상을 저버리는 행위도 하지 않았다. '잘못이 있다면 대통령에 당선돼 국정을 수행한 죄밖에 없다.' 대통령을 탄핵시키는 것은 정적을 제거하기 위한 최후의 마지막 수단이다.

그런데 사사로운 감정에 휩싸여 어질고 청순한 정권을 퇴진시켰으니, 이는 천인공노天人共怒 할 일이 아닐 수 없다. 이러고 정치를 계속할 수 있다고 본다면 국민을 무시하는 처사다.

그러면 국가의 시스템(국민, 언론, 검찰, 사법부, 정치인, 헌법재판소)이 제대로 작동하였는지 역사의 평가로 남아있음을 조심스럽게 집어본다. 정치꾼들의 오기 싸움이 반역의 정치로 이어져 엄청난 결과로 몰고 간 것은 아닐까? 화딱지가 난다.

우리나라의 역사가 혼란에 빠지고 외부 세력에 의해서 지배당해야 했던 것은 이들과 같은 반역자들 때문이다. 그래도 지들이 잘났다고 떠들고 다니는 꼴불견의 정치꾼이다. 이들이야말로 국민의 이름으로 처단해야 할 대상이다.

정치꾼(대통령과 국회의원)이 무능하게 국정을 수행하면 어떠한 결과를 맞이하게 되는지 보여준 특별한 사례였다. 이렇게 행동하고 탄핵시킨 배신의 정치 세력이 제대로 버틸 수 있겠나! 결국, 정치권에서 지탄받고 서서히 국민의 곁에서 멀어져야 했다.

12대 문재인 정권은 거리에서 공짜로 얻은 권력!

수구좌파 세력은 권력을 거리에서 공짜로 얻어 호의호식했다.

국민은 촛불 시위로 탄생한 정부에 희망을 줄 것으로 믿었다.

대통령을 탄핵시키고 투표를 했으니 당연히 야당으로 넘어가지 않을 수 없는 선거였다. 전 정권에 실망한 국민은 야당에 밀어주어 정권 교체를 이루는 데 혁혁한 공을 세웠다.

그런데 결과는 어떻게 됐습니까?

국민은 '여우를 피하려고 선택한 길에서 늑대를 만나게 된 거다.' 어느 수구좌파 유명한 대학 교수 철학자가 말하기를 "우리 역사에 또다시 문재인 정부와 같은 정권이 탄생하면 절대로 안 된다."라고 정의를 내렸다. 얼마나 분통이 터지면 이랬겠나!

그는 유체이탈 화법으로 국민을 속이며 5년을 버티었으니 대단한 인물이다. 국민은 실망이 크고 원통한 심정을 달랠 길 없었지만 5년을 참고 기다려야 했으니 너무나 억울한 시간이다.

공짜로 정권을 물려받았으면 국민의 뜻을 받들어 정치를 잘했으면 얼마나 좋았을까? 국민의 기대에 어긋나는 실망을 넘어 원망을 안겨주는 정책으로 임기 말까지 끌고 갔다. 무엇하나 국민의 호응 받지 못하고 국정을 수행하였으니 국민의 외면을 받아 5년 만에 정권을 내주고 쫓겨나야 했다.

수구좌파 정권의 신진 세력은 무소불위의 폭력을 휘둘렀다.

국회의석을 사상 최고로 안겨 주었는데 국민을 위해서 일했으면 얼마나 좋았을까? 과거 정권을 적폐 청산이라는 명목 아래 두 전직 대통령과 정치인을 구속하였으면 국민을 위해서 깨끗하게 통치해야 할 것 아닌가! 집권 기간 내내 끼리끼리 측근 정치와 부정부패로 국민은 안중에도 없으니 실망과 혼란에 빠져야 했다.

한마디로 전형적인 내로남불의 정권이었다.

'과거 정부는 부정부패 원흉의 정권이었다.'라며 적폐 청산의 기치로 대대적인 수사로 몰아갔다. 국민은 새로 태어난 정부에 희망을 가지고 잘할 것으로 기대하였으나, 소리만 요란했지 국민은 안중에도 없었다. 시궁창에 빠져 썩어빠진 동아줄을 잡고 살려달라고 외치는 자기 편 거들기 정치로 국민을 실망시켰다.

개혁(검찰, 사법, 언론)을 외치면서 권력이 물라면 물고, 덮으라면 덮는 사냥개 같은 검찰을 만드는 것을 검찰 개혁이라고 사기 치고 거짓 선동으로 호도했다. 국민이 바라던 '정치 개혁을 왜 외치지 않았으며 실현하지 못했나!' 그야말로 국민은 열불이 났다.

정권의 입맛에 맞도록 충견을 만드는 게 개혁이란 말인가?

불법을 저지르는 정치꾼을 수사하는 검찰을 향해 개혁 대상이라며 외치고, 정권을 비판하면 가짜 뉴스라고 억지를 부리며 어용 언론이라고 뒤집어씌웠다. '불의가 법이 될 때 저항은 의무가 된다.'고 했다. 좌파 정권의 유체이탈화법은 국민을 짜증나게 하였다. 부정부패 범죄 정치꾼을 사법 처리하는 법원이 섰다고 하면 이게 국민의 생명과 재산을 지켜주는 정부라고 말할 수 있겠나!

좌파의 민낯을 보여준 ㅁㅈㅇ 정부!

대한민국을 망치는 데 잘 실현한 정부였다.

이렇게 이야기하면 너무나 잔인한 표현이기는 한데 어찌 달리 할 말이 없다. 자유우파 정권의 존재 가치 흔적을 그렇게 지우고 싶었을까?

북한 김정은 독재자와 내통하다 보니 종북 세력을 키워 간첩 활동을 묵인해 주었고, 국정원의 대공 수사권을 폐지해서 간첩이 활동하는 데 눈감아주었으며, 임기 내내 검찰의 힘을 빼려고 지랄을 떨었다. 결국, 퇴임 일주일을 남겨두고 검수완박 법안을 처리하면서 수구좌파 정치꾼의 수사권을 박탈하는 데 혈안을 떨었다.

그리고 문화계를 동원하여 간첩을 잡는 것은 생사람을 고문하는 것처럼 묘사하며 이미지 메이킹을 해주었다. '요즘 세상에 간첩이 어디에 있습니까? 시대착오적 반공 프레임이다.' 이상한 눈으로 바라보았다. 연예계 유명인사를 동원하여 선전선동 하도록 언론 플레이를 하며 안정적이고 평화로운 시대임을 강조하였다. 하지만 정권이 바뀌자 여기저기에서 간첩의 소행이 발각됐으며, 정부의 중요 기관까지 침투해 나라를 망쳤다.

국민이 똘똘 뭉치지 못하도록 혐오 조작으로 분산시켰다.

우방(미국과 일본)하고 이간질해서 갈라치기 하면서 국제 질서를 엉망진창으로 이끌어갔다. 우리나라가 급성장 발전하는 데 중요한 역할을 해준 미국과 일본을 갈라놓는 데 앞장섰다.

대한민국 건립의 기초를 닦은 자유우파 이승만 대통령과 성장 발전의 원동력인 박정희 대통령을 악마화시켜 청년의 국가관을 흔들어 놓았다. 독재자라고 폄하시키며 국가 원수의 지위를 망각하도록 세뇌하였다. 또한, 남과 북의 경제 구조가 다르다는 것을 상징적으로 보여주는 재벌 기업을 해체하려고 했다.

그리고 대한민국 발전의 원동력이 되어준 첨단기술의 원자력, 반도체, 자동차 산업의 근간을 흔들어 놓았다. 산업의 팔과 다리를 부러뜨려 발전하지 못하도록 황폐화시켰다. 이뿐이 아니라 대통령이 되어서 저지른 악행이 수두룩하다.

수구좌파 매국노가 저지른 기막힌 역적질을 ㄱㅊㅌ 교수가 설파한 이야기를 열거하였으니 들어보기로 하자!

왜! 이승만 대통령의 1948년 건국일을 죽어라 반대했을까?

왜! 박정희 대통령 1965년 한일협정을 대법원에서 무효화 했나?

왜! 이명박 대통령 치적인 4대강 보를 해체 철거하려고 했을까?

50년 만의 가뭄에 영산강의 승천보와 죽산보에서 전남과 광주 지역에 물 공급을 해주어 효자 노릇하고 있다.

왜! 박근혜 대통령을 지우기 위해서 위안부 합의를 깨버렸나?

왜! NLL을 지우기 위해서 9·19 군사 합의에 서명하였는가?

왜! 첨단 핵 기술의 매체를 지우려고 탈원전을 밀어붙였나?

왜! 한미 방위 조약을 파기하면서 전작권 환수를 외쳤을까?

왜! 한강의 기적을 지우려고 소득주도 성장에 목숨을 걸었나?

왜! 자유 이념을 지우기 위해서 교과서를 걸레로 만들었나?

왜! 반 김정일 정서를 지우려고 언론에 주구장창 평화만 외쳤나?

왜! 헌법 위에 촛불을 올려놓고 공작 정치에 매진하였는가?

왜! 세계 10대 경제 대국의 풍요를 지우려고 일본에 칼을 겨누고 죽창가로 선동질을 해야만 했을까?

왜! 자랑스러운 대한민국의 역사를 지우기 위해서 종북, 친중, 공산 사회주의화에 열중하였는가?

왜! 위대한 자유 대한민국의 정체성을 저버리고 주사파와 운동권 세력을 청와대, 법원, 검찰, 종교계, 정치계, 문화계, 학계 등을 정부 요직에 심어놓았는가?

왜! 이러한 자가 국가를 통치하는 원수가 되도록 했을까?

이러고 대한민국의 대통령을 역임했다고 뻔뻔하게 언론에 나와 떠들며 중얼거릴 것을 생각하면 역겹고 치가 떨린다. 이러한 실체를 알면서 수구좌파를 지지하는 국민이 있으니 어찌하면 좋은가?

부동산 폭등은 헬조선을 만드는 데 공헌했다.

서울의 아파트값은 두세 배 이상으로 폭등했다.

아무리 자본주의 사회라고 하겠지만, 이게 가능하단 말인가?

수요와 공급의 급격히 변화하는 바람에 일어난 현상이다. 통계를 조작해가며 젊은 직장인들의 꿈과 희망을 좌절시켜 버렸으니 삼포 세대를 양산하였다. 결혼을 포기하고, 자녀 가지기를 포기하고, 자기 집 마련하는 기회를 꺾어버렸다.

이 시절에 대단위 아파트를 공급했다는 기사를 본 적이 없다.

그러니 하늘 높은 줄 모르고 가격이 폭등하였다. 서민은 오늘 매입하지 않으면, 내일은 폭등할 것이니 하루라도 빨리 구입하려고 호들갑을 떨었다. 시장경제가 이상하게 돌아가면 즉시 바꾸면 될 것을 한 번 정한 정책을 수정하지 않았다.

자기편 감싸기 정치는 국민을 실망시켰으니 신진 세력은 이 틈을 비집고 들어갈 틈을 주지 않았다. 지들끼리 권좌를 차지하려고 화이트 칼라의 카르텔을 집요하게 지키는 데 혈안을 떨었다.

첨단 원전 기술의 사업 포기는 어떻게 됐을까?

이는 첨단 기술의 집합체를 사장시키고 말았다.

주변국은 원전 기술을 취득하려고 날뛰고 있는데, 우리는 이를 사장시켜 버렸으니 말이 되는가! 원전 기술을 배우기 위해서 학자들이 피눈물을 흘리며 컨닝하듯이 배워서 쌓아온 선진국의 첨단 기술을 하루아침에 폐기해 버렸으니 말문이 막힐 따름이다.

원전기술의 업체는 망해서 도산하고, 박사 학위를 취득한 젊은 엘리트는 취업을 못 해서 실업자가 되고, 원자력발전소 건설 현장은 하루아침에 폐기 방치하는 바람에 드넓은 들판에 잡초만 무성하게 자라게 했으니 나라를 이끄는 지도자가 할 짓입니까?

대통령의 말 한마디에 몇조 원의 원전사업이 땅바닥에 나뒹굴게 했으니 국민은 미쳐서 화병에 걸릴 판이다. 아무리 원전사업이 싫어도 진행하던 공사는 마무리해야지! 원전 기술을 폐기하는 바람에 1,000조 원의 수출 길이 막혔으니 열불이 난다.

오히려 대형 국책 사업을 추진하지 않았는데 정부 부채는 1,000조 원이 넘도록 국민에게 부담을 안겨 주었으니 미친 국정운영이다. 원전 산업을 위험성만 부각시키고 경제성은 따지지 않았으니, 국가 경제를 무지와 위험으로 이끌어 가면 세상에 안전하게 있을 곳이 어디에 있나? 주변에 있는 물체(승용차, 자동차, 자전거, 오토바이, 킥보드, 비행기, 전철, 열차 등)는 모두 위험하니 이용하지 말아야 한다.

또한, 대북 정책은 어떻게 처리했습니까?

우리 군인이 북한과 대적하며 목숨 걸고 휴전선을 지키고 있는데, 북한을 적으로 보지 않는 정책으로 군기가 땅으로 떨어지고 말았다. 서해 상에서 전함끼리 충돌이 발생해 많은 병사가 사망하고, 휴전선에서 총격전이 벌어졌는데 항의도 못 하고 넘어갔다.

6·25 때 국토를 잿더미로 만든 인민군대를 적으로 인정하지 않으려는 정권이다. 우리에게 총구를 겨누고 호시탐탐 침략을 노리고 있는 북한군이 적이 아니면 군대를 유지할 필요가 없다. 물론 한민족으로 우리의 동포이지만 안보를 위협하고 있으니 통일이 될 때까지 적으로 간주하고 막아내야 하는 집단이다.

어느 국회의원은 대북굴종 자세에 한마디로 '당나라 군대!'라고 비판을 보내기도 했으니 이게 말이 됩니까? 국방부장관 청문회를 하면서 '우리의 적은 누구입니까?' 질문하니 대답을 못 하고 얼이 빠진 상태로 바라보니 질문한 국회의원이 민망할 정도였다.

이게 국방장관으로 국가관을 제대로 가지고 있는 사고 방식인지 묻지 않을 수 없다. 국방백서에서 '우리의 적은 북한이다.'라고 적시한 문구를 삭제까지 했다. 적군을 적이라고 말하지 못하는 사태가 벌어진 거다. 그러면 우리 장병이 목숨 걸고 싸워서 조국을 지켜야 하는데 적은 어디에 있는가? 왜! 군인을 유지하고 있으며 군대의 사기는 국가 방위에 영향을 주므로 정말 중요한 사안이다.

최전방 GP 초소 11곳을 폭파 해체하는 퍼포먼스를 벌였다.

국군 통수권자로 국가를 방위해야 할 대통령이 할 짓인가?

필자는 GOP에서 군대 복무하고 제대를 했다. 최전방에서 북한군 동향을 파악해서 보고해야 하는 초소를 폭파해 없애 버렸으니 무슨 말이 필요하겠나! 국가 보위 정책은 빵점으로 적을 이롭게 한 이적 행위로 처벌해야 마땅하다.

반공 의식을 고취하는 민방공 훈련을 한 번도 하지 않았다.

군인의 체력 단련을 위한 10km 구보는 물론이고 총검술 훈련도 제대로 하지 않아 당나라 군대로 만들어 놓았다. 놀고먹고, 마시는 돼지 새끼를 키우는 군대로 만들었다. 젊음을 바쳐 국방의 의무를 수행하고 있는데 그 가치를 땅에 떨어뜨리고 말았다. 이때 북한군이 탱크를 밀고 내려왔으면 어떻게 됐을까? 생각만 해도 끔찍하다.

그리고 '검수완박' 법안을 졸속 입법처리다.

검수완박은 누구를 위한 법이겠습니까?

검수완박(검찰의 수사권 완전 박탈)은 부패완판(부정부패가 완전히 판을 친다.)로 이어지게 하는 악법이다.

뭐가 급하고, 지은 죄가 많아 국무회의 시간까지 조정하면서 국회에서 처리하는 검수완박 법안을 심의 의결했을까? 그야말로 야반도주하는 빚쟁이처럼 퇴임 일주일 남겨두고 생사를 걸고 싸움을 하듯이 법안을 심의 공포했다.

경찰은 생활사범과 치안을 담당하는 기관이다.

거물 정치꾼은 검찰이 담당해야 제대로 수사를 할 수 있다.

그러니 경찰에 수사권을 넘겨주면 빠져나갈 수 있다고 보았을 게다.

썩어빠진 비리범죄 정치꾼의 위협적인 한마디에 깨갱 하고 물러서면 수사는 어영부영 땅속에 묻히고 될 거다. 이러한 작당들이 정권을 잡았으니 나라의 꼴이 혼란에 빠지게 됐다.

대통령이 지은 죄가 얼마나 많았으면 이래도 되는가!

이런다고 죄가 덮어지고 무사히 넘어갑니까? 사법부와 검찰은 말할 것도 없으며 국민의 절반 이상이 반대 여론으로 빗발치듯이 들끓고 있는데 이를 무시해버렸다. 하늘의 뜻을 아랑곳하지 않고 일사천리로 밀어붙였으니 결과가 어떻게 진행될지 뻔하다.

법무부장관은 국회를 상대로 권한쟁의심판 청구를 헌법재판소에 제소해 무효를 주장하게 됐다. 또한, 효력정지가처분신청으로 국민의 기본권 보호에 나섰다. 국회의 다수당이 악법을 제정하며 악행을 저지르는데 이를 제재할 수 있는 수단과 방법이 없으면 국민의 기본권을 지켜주는 자유민주주의가 아니다.

그리고 어수룩한 소득주도 성장의 괴이한 정책이다.

부산의 어수룩한 교수의 말을 듣고 임금주도 성장이라는 괴상망측한 정책으로 기업과 근로자를 망쳤다. 오히려 임금이 갑자기 오르자 감당할 수 없는 중소기업은 노동자를 해고시키므로 실업자를 양산했다. 수많은 반대 여론이 수정할 것을 요구하였으나 이를 바꿀 생각은 없었다. 결국, 유야무야 넘어가면서 경제를 망치게 하였으니 이게 나라를 이끄는 대통령의 자세입니까?

대통령의 유체이탈^{流體離脫} 화법은 국민을 공포스럽게 했다.

국민과 공감 능력이 하나도 없는 영혼 없는 말 잔치로 국정을 수행했으니 짜증이 났다. 현실 감각이 없으니 대통령의 말은 혼잣말로 끝나버리는 경우가 많았다. 국민과 대화를 하겠다며 기자회견으로 소통을 강조하였지만 오히려 역풍이 불어 열불이 났다.

근대사를 이끌어온 수많은 지도자(대통령, 국회의원, 시도지사, 시장, 군수)가 국민을 위해서, 시민을 위해서 자신을 희생하며 정치와 행정을 수행한 지도자가 얼마나 될까?

　이러한 자를 정치인으로 뽑았으니 후회하고 자책하며 투표를 잘못한 손가락을 잘라 버리고 싶은 심정이지만, 돌이킬 수 없는 역사의 수레바퀴는 그냥 그렇게 흘러갈 수밖에 없다. 욕심과 탐욕으로 가득한 부질없는 정치꾼을 바라보면 허울 좋은 허수아비 가면을 쓴 야수에 불과하다. 이들이 나라를 혼란스럽게 이끌어도 이에 흔들리지 않고 역사의 주인으로 지켜온 자랑스러운 민족이다.

수구좌파首狗左派 정권은 뻔뻔한 유체이탈 화법!

　수구좌파首狗左派가 표방하는 민주주의는 허울 좋은 가면이다.

　이들은 통계를 조작하고 여론을 호도하면서 이에 따르지 않으면 인사권으로 정부 조직을 이끌었다. 자유가 없는 민주주의를 외치면서 국민에게 주어진 표현의 자유를 어정쩡하게 억제하였다. 우파 정권을 독재자로 치부하며 국민이 고통받았다고 억지 논리를 붙이고 '군사독재, 개발독재, 장기독재' 라고 억지를 부리면서 어법에 맞지 않는 기묘한 말 잔치로 국민을 속이며 악담을 토해냈다.

　그러면서 국민의 혈세로 지들의 배를 채웠다.

　나라 빚이 2천조 원이라고 하니 국민 일 인당 4천만 원이므로 태어나면서 빚쟁이가 되어 있다. 문재인 정권 5년 동안 5백조 원이 늘어났다. 일 년에 백조 원이 늘어난 셈이다. 놀고먹으면서 퍼주기 찬치를 벌이며 방만 경영이다. 이 돈을 어디에 사용했나! 대형 국책사업도 추진하지 않았는데! 나라 빚으로 인기놀이 돈 잔치하고 후손에게 막대한 빚을 물려주었다.

국가 부채는 공기업 부채, 4대 연금 부족액, 민자 사업 손실보전액 등 국가에서 보증을 선 채무이다. 공기업 부채는 한국전력, 한국가스 공사, LH공사 등 기타 공기업이 채무를 감당하지 못하면 정부가 보증을 섰으므로 대신 갚아야 하는 부채다.

우리나라의 원자력 발전에 대해서 극렬하게 반대하면서 북한의 핵무기 개발에 대해서는 말 한마디 못하였다. 북한의 핵 개발이 도를 넘어 우리의 안보까지 위협하고 있다.

그러면서 검수완박 처리하며 처벌을 면하려고 했다.

악법으로 위기를 모면하려고 악행을 서슴없이 저지르며 발광을 하였다. 미국의 대통령은 물론이고 서구의 자유민주주의 나라의 수상이 재임 중에 불법이 드러나면 수사를 받아 처벌되었으며, 일본 수상도 위법이 드러나자 법적 처벌을 받았다.

법 위에 군림하며 처벌을 받지 않는 나라는 북한과 같은 독재자와 사회주의 나라다. 러시아 대통령과 중국 주석은 무소불위의 폭력을 휘두르고 있지만 누구도 간섭하지 못한다. 아프리카의 저개발국에서 이루어지는 사태가 우리나라에 발생해야 합니까?

방송인 ㄱㅁㅎ가 ㅁㅈㅇ 정권을 향해 작심발언을 했다.

"대표적인 좌파 연예인으로 한동안 ㅁㅈㅇ을 공개적으로 지지하고 활동하였지만, 마침내 정신을 차렸다. ㄱㅁㅎ는 박근혜 전 대통령이 계신 대구 달성군를 직접 방문하여 박 대통령의 손을 잡고 눈물을 흘리며 오열하였다.

'내가 지난 13년 동안 좌파 민주당에 제대로 속았다.'

나는 민주당이 한말을 곧이곧대로 전부 믿었다. 하지만 그들이 종북이고, 주사파이며, 집단 괴성의 모사꾼이며 현란한 말솜씨로 사람을 속이고 있단 사실을 마침내 깨달았다.

박근혜 전 대통령님께 그동안 진심으로 죄송하고 미안하다고 밝혔다. 이처럼 방송인 ㄱㅁㅎ가 갑자기 태도를 바꾼 이유는 다름이 아니라 ㅁㅈㅇ의 충격적인 실체를 알게 됐기 때문이다.

지난 5년 동안 좌파정부가 북으로 보낸 국민세금이 무려 356억 원이며, 물품으로 건 낸 것만 대충 1,200억 원에 달한다. 속아서 보낸 지난 시간이 너무나 억울하고 괴롭다. ㅁㅈㅇ을 긴급 체포해야 한다고 소신발언을 하였다."

ㅁㅈㅇ 정권은 유체이탈 화법으로 희망 고문 기술자였다.

원자력 발전소는 방사능 때문에 국민 생명을 위협하는 위험한 시설이라고 호도하며 선진 일류 기술을 사장시켰다. 국민을 희롱하며 친환경 태양광 발전소 건립을 홍보하였다. 중국산 태양광 판넬이 전국 산하를 민둥산으로 만들어 장마가 오면 물바다를 이루어 산사태가 발생해 주민의 생명을 빼앗아갔다. 태양광 발전은 좌파들이 빨 때를 꽂아 놓고 국고를 빼먹은 전형적인 먹이 창고였다. 말이 좋아 친환경 태양광 발전이지 엄청난 국비 지원과 불법 대출은 강도 수준급으로 이용해 먹었다. 철저한 수사가 이루어져야 한다.

북한은 적국이 아니라 우방국처럼 대우해 안보가 실종됐다.

북한에 대한 애증은 짝사랑의 관계를 지나 스토커 수준으로 따라다니며 관심을 표했다. 탈북자를 다시 북한으로 돌려보내어 사지로 몰아넣는 패륜의 행위를 저질렀다. 또한, 북한 인민의 인권에 대한 말 한마디 못하고 9·19 군사 합의는 핵 개발하는 데 일조했을 뿐이다. 우리가 지어준 남북 연락사무소를 폭파해서 해체시켜도 말 한마디 못하고 지켜보는 무능한 정부였다.

13대 윤석열 정부는 모험과 천운의 기회!

국민의 56.6% 이상이 정권 교체를 원하는 선거였다.

선거 기간 동안 우여곡절이 있었지만 간발의 차로 당선됐다.

정치에 무뇌한 검찰 총장으로 퇴임해서 정권을 잡았으니 많은 시련이 따르게 될 것으로 보인다. 여당이 된 보수우파는 물론이고, 야당이 된 좌파도 협조를 해주어야 할 텐데, 우리나라 정치 특성상 그렇지 못할 것 같아 걱정이다.

기득권의 세력이 사사건건 시비 걸고넘어질 게 뻔하다.

하지만 지나온 뚝심의 기력으로 이겨 내리라 믿고 싶다.

5천3백만 국민이 두 눈을 부릅뜨고 감독자로 지켜보고 있으니 정신을 똑바로 차리고 국정을 맡아야 하겠다. 과거의 잘못된 정치 권력을 바로 잡으려고 치열한 경쟁 끝에 새로운 정부가 집권하게 됐다. 국민을 위해서 열정을 바치리라 믿어진다.

윤석열을 국민이 불러내 대통령에 당선시켜준 것이다.

하지만 야당이었던 보수 우파는 대통령 후보로 탐탁하게 여기지 않았다. 세간의 소문이 무성하였지만, 그는 검찰총장으로 임무를 수행하면서 묵묵히 침묵을 지키며 때를 기다렸다. 야당(국민의 힘)의 대표까지 비판을 보내는 형국이었으니 받아들일 준비가 덜 된 상태였다. 기존에 형성된 권력의 카르텔이 존재하는데, 외부에서 부상浮上하는 정치 초년생에게 나누어 주고 싶지 않았을 거다.

그러니까 별 볼일 없는 대통령감이었다는 이야기다.

우파 입장에서 따지고 보면 과거에 대통령을 구속했으니 피의자라고 볼 수 있다. 좌파 정권이 들어서자 적폐 청산이라는 명목 아래 대대적인 수사를 펼치며 두 명의 전직 대통령이 영어의 몸이 됐지만, 이는 검찰 공무원으로 성실히 공무를 수행하며 추진하던 때의 사건이었으니 어찌할 수 없는 업무였다. 과거의 일은 잊어버리고 현실에 충실해서 똘똘 뭉쳐야 했다.

아무리 그래도 자당의 대통령 후보를 미워하면 되겠는가?

그런데 과거에 매몰돼 불쾌하다며 협조를 해주지 않으면 선거를 치를 이유가 없는 거다. 그냥 포기하고 좌파에게 권력을 가지라며 넘겨주고 정치를 떠나야 한다. 마음에 들지 않아도 도와주어 보수우파가 정권을 잡는 데 열정을 바쳐야 정상이다.

이렇게 윤석열 대통령은 사방이 적으로 쌓였다.

한마디로 '비호飛虎의 등에 탄 대통령으로 힘차게 개혁을 추진해야 할 정부!'다. 호랑이 등에서 뛰어내리지도 못한다. 비호飛虎의 등에서 국정을 이끌어야 하니 대통령에 당선됐다고 마냥 기뻐할 처지가 아니다. 사사건건事事件件 시비 걸고 발목 잡을 좌파 세력의 괴물 집단을 어떻게 척결하고 이겨낼 것인가?

좌파 정권이 집권해서 무슨 짓을 어떻게 했습니까?

그들만의 잔치를 벌이며 국가 예산으로 호의호식했다. 법치를 무시하고 부정부패를 저지르며 정부 곳간을 빼먹으며 배를 채우는데 벌떼처럼 달려들어 거덜 냈다.

그들의 행적을 들여다보면 보지 않아도 비디오다.

우리나라가 해방되고 이승만 정권부터 현재까지 그래 왔다.

잠시도 조용할 날이 없었다. 언제까지 국정을 농락하며 시끄럽게 할 것인가? 하이에나가 몰려다니며 동물을 잡아먹는 지긋지긋한 좀비를 떠올리면 징그러워진다.

정부의 정책과 비전을 어떻게 추진할 것인가!

이유도 없이 무조건 반대를 위한 반대, 트집을 위한 트집으로 괴롭힐 거라고 보인다. 이 돌파구를 누가 어떻게 이끌어야 정부 정책을 집행할 수 있겠는가? 주변이 온통 지뢰밭으로 둘러싸였으니 아차 하면 지뢰가 폭발해 생명을 위협하게 되지 않을까?

전방에서 군대 복무할 때 '길이 아니면 가지 마라!'라고 정훈교육을 받았다. 지뢰가 매설돼 길을 벗어나면 병사에게 위험하니 안전 교육을 주지시켜 주었던 군기였다. 나라를 이끄는 대통령님께 '말이 아니면 듣지 말고, 좌파의 비난은 무시하고, 야당의 폭언은 흘려버리고, 국민의 안위를 지켜주세요.' 부탁하고 싶다.

대통령이 교체되는 것은 역사의 흐름을 바꾸는 계기가 된다.

초대 이승만 대통령에서 윤석열 대통령까지 역사의 흐름을 들여다 보면 오묘하게 대통령이 되어야 하는 필연의 법칙이 따랐다. 어느 날 갑자기 대통령의 자리에 오르지 않았으며, 우주의 기운을 받아 대통령 이 되어야 하는 천운의 기운이 드리운다. 그러니까 윤석열의 당선은 썩 은 정치꾼을 몰아내고 대한민국의 국운이 상승하는 기회를 맞이하게 될 거라고 본다.

여기에서 언급하지 않은(노태우, 김영삼, 김대중) 대통령도 위기를 겪으 면서 시련을 이겨낸 지도자였다. 쿠데타로 정권을 잡은 군사 정권에 맞 서 야당의 대표로 여당의 폭주에 항거하며 집권 세력과 경쟁하며 지냈 다는 것은 대단한 혈기의 저항이었다.

죽음의 계곡을 넘나들며 이에 굴하지 않았으니 이 분이 있었기에 가 능했을 자유민주주의 영광을 지켜온 역사다. 우여곡절을 겪으며 인생 말년에 힘들게 대통령에 당선되어 소원을 풀고 세상을 떠났다. 이 또한 평생을 정치판에서 헌신하며 쟁취한 크나큰 업적이라고 평가해도 좋 을 것 같다.

어용 정치꾼을 쓸어버리라는 지상 명령!

문재인과 윤석열은 다른 대통령과 다른 점이 많다.

박근혜 대통령이 탄핵을 당하지 않았다면 문재인과 윤석열이 대통령이 될 수 있었을까? 그 흐름을 들여다보면 아이러니하게도 운기가 이들을 향하였음을 알 수 있다. 대통령이 탄핵을 당하는 순간부터 윤석열은 대통령이 되어야 하는 필연의 법칙이 따라 시간의 초침이 움직였다. 하나님께서 어용 지도자를 내세워 윤석열에게 나라의 미래를 맡기라는 어명으로 이어졌다.

또한, 어용 정치꾼을 쓸어버리라는 지상 명령이기도 하다.

정치판에서 말꼬리나 잡으며 패거리 정치하는 위정자들을 그대로 두고 봐서 되겠습니까? 이들 때문에 국민은 정치를 혐오스러운 집단으로 바라본다. 이 기회에 내로남불의 정치 기술자를 솎아 내어 처단하고 복지 국가로 발전하는 계기로 삼아야 한다.

당선자는 검사로 근무하면서 폭압 정치꾼에 의해서 한직으로 내몰리며 무지 막한 압박을 받으며 근무하는 동안 내공의 힘을 길러온 검찰 공무원이다. 저도 공무원으로 근무하고 퇴임을 하였으니 상사와 갈등할 때는 엄청난 부담을 느꼈다.

퇴임하고 연금을 받으며 노후에 안정된 생활을 유지할까?

걱정하며 여러 번 위기를 넘겨야 했다. 겪어보지 않았으면 알 수 없는 혼자만의 고충이다. 아침에 출근하는 발걸음이 천근만근 무겁고 두려움에 떨어야 했을 거다.

하물며 대통령과 대적하며 근무하는 검사 신분이 어떠했을까?

검찰 공무원으로 엄청난 스트레스를 받았을 것으로 예상이 된다.

언론은 법무부장관과 갈등하는 경위를 취재하며 경쟁적으로 보도하였다. 출근해서 책상에 앉으면 오늘은 어떠한 지시가 떨어질까? 업무를 어떻게 처리해야 무난히 넘어갈까? 수십 번 고뇌하며 피 말리는 일상으로 이어졌을 것이 뻔하다.

출근길이 호랑이 굴에 들어가는 기분이었을 거다.

가슴 졸이며 일과를 걱정하며 지냈을 것이다. 그러니 하루하루 무사히 지내는 일상이 행운으로 여겼을 것인데, 대통령이 되리라고 꿈에도 생각하지 못하고 근무했다.

그의 인생이 걸어온 지난 과거를 들여다보면 대통령이 될 수밖에 없는 시간의 흔적을 남기며 뛰었다. 퍼즐을 뒤집어 맞추어 보니 오늘의 자리로 이어지도록 꾸미어진 영겁의 시간이다.

사람은 뜻하지 않은 위기에 처하는 순간이 올 때가 있다.

여기까지 오게 된 찰나를 뒤집어보면 이 시간으로 이어질 수밖에 없는 영혼의 흔적을 남기고 왔음을 알게 된다. 수년 동안 말하고 행동하며 지나온 시간! 아니면 오늘 아침에 일어나 대중교통을 이용하고, 승용차로 이동하고, 걷고 뛰면서 달려왔는데 사고를 당하는 이 순간까지 이르게 된 현실 말이다.

그는 강철 같은 검사로 임무를 성실히 수행한 공무원이었다.

철을 용광로에 녹이면 부드러운 쇳물이 되지만, 도구를 만들기 위해서 망치로 두드리면 더 강해지는 강철로 태어난다. 그러니 두들겨 맞으며 성장해온 강인한 철인이었다.

검찰로 근무하면서 숱한 시련을 겪었지만, 그때마다 더욱 단단해지면서 새로운 사람으로 다시 탄생을 거듭하였다. 그렇게 두들겨 맞으며 단련된 몸으로 대통령에 당선될 수 있었다. 시련을 당하면서 인생을 포기하고 넘겼다면 어떻게 됐을까? 이 영광의 자리에 오르지 못했을 거다.

우파와 좌파의 치열했던 0.7%의 기적!

이번 선거는 물러설 수 없는 박빙의 선거였다.

서로 상대방을 향해 엄청난 비난과 네거티브를 퍼부었다.

왜! 여당(민주당)은 흠결이 많은 후보자를 내세워야 했을까?

선거가 끝났지만 의문을 보내기 충분하다. 국민은 안중에도 없이 맹목적으로 지지하는 열성 팬의 효과였을까? 그래도 부끄러워하지 않으며 행동하는 세태를 바라보면 우리나라는 좋은 나라다.

범죄가 있어도 대통령에 출마할 수 있으니 얼마나 좋은가?

지지자는 그를 우상으로 여기며 얼굴에 철판을 깔고 뻔뻔스럽게 열광하며 추앙하는 꼴을 바라보면 망국으로 가는 패망의 길을 재촉하는 것 같았다. '권력에 빌붙어 사는 자의 인생은 영원히 처량한 신세를 면치 못한다.' 했다.

깨끗하고 훌륭한 후보자를 내세워 경쟁했으면 어떻게 됐을까?

아마 모르긴 해도 여당(민주당)을 지지하는 열성 팬들의 표심이 이탈하지 않았을 거다. 간발의 차로 무너지고 말았으니 너무나 원통하게 기회를 놓쳤다. 어르신은 투표를 여러 번 해보았지만, 이번 선거처럼 말이 많고 탈이 많은 경우는 처음이라고 했다.

그를 비판하는 서적이 출간돼 베스트셀러가 되고, 특정인을 향해 쌍욕하는 녹음 파일이 난무하고, 억울하게 당한 스캔들 여배우가 언론에 나와 눈물을 흘리며 기자회견 폭로했다. 법인카드를 불법 사용하였음을 관련 공무원이 폭로하여 언론이 비난하고, 변호사비 대납 사건이 터지고, 조직 폭력배의 지원을 받고 있음을 발설하는 등, 왜! 사법리스크가 많은 후보를 내세워야 했을까?

이는 일반 국민이 생각해도 이해가 되지 않았다.

아무리 사람이 없어도 그렇지 참 이상한 현상이었다.

개딸의 조직과 힘이 얼마나 큰지 모르겠지만 이건 아니다.

대한민국의 미래를 개딸에게 맡겨야 하겠습니까? 신성한 나라의 미래를 범법자에게 대통령으로 맡길 수는 없다. 초등학교 학생이 보아도 도저히 가당치 않은 선거였다.

지식인도 여당의 대통령 후보로 적합하지 않다고 했다.

좌파를 지지하는 논객은 많은 논평을 내면서 비판을 보냈다.

지나온 흔적을 문제 삼으며 깨어있는 정치인은 후보를 교체하라고 난리를 쳤으나 권력에 맛을 본 아마추어 정파가 받아드릴지 만무다. 오히려 상대방에게 역공을 펼치며 난리를 쳤다.

사람은 보고 싶은 것만 보는 습성을 가지고 있기 때문이다.

주변에서 아무리 비난을 보내며 악담을 해도 정한 마음은 변하지 않는다. 수사는 어영부영 뭉개며 선거를 치렀으니 결과는 뻔하였다. 결국, 떨어지는 고배를 마셔야 했으니 지지자는 황망한 심정으로 눈물을 흘려야 했다.

그 눈물의 가치는 무엇을 의미할까?

"사람은 누울 자리를 보고 다리를 뻗어라!"라고 한다.

흠결이 많은 자는 무슨 생각으로 대통령에 출마했을까?

국민을 어떻게 보고 이러한 짓을 저질렀는가? 개돼지로 보지 않았다면 할 수 없는 짓이다. '당선되면 좋고 떨어지면 그만이지!' 테스트해 보려고 그랬나! 국민은 아무것도 모르고 자신을 찍어 주겠지 기대했나! 아니면 무지한 국민이 무엇을 알겠어! 무시하는 작전으로 당선될 거라고 믿었을까? 모든 상상력을 동원해 보아도 알 수 없는 행동이다.

하지만 야당의 후보는 누구였습니까?

범죄자를 잡는 검찰총장으로 야당(국민의 힘)이 패배하게 된다면 대한민국의 미래는 어디로 가야 하는가? 범죄자의 나라로 만드는 거다. 선거가 끝나면 몇백만 표 차이로 넉넉히 이길 줄 알았는데 간발의 차로 이겼으니 믿어지지 않았다. 승리를 했으니 안도의 한숨이 나오며 대한민국을 구하는 절호의 기회가 됐다.

국민을 두려워하지 않으면 지도자는 자격이 될 수 없다.

아무리 흠결 많은 후보자라고 해도 당파적 차원에서 다른 선택을 할 여지가 없으니 지지를 해야만 하는 불가피한 상황이었나! 아니면 과거는 묻지 않고 미래에 나라를 위해서 큰일을 해낼 지도자로 믿고 따랐을까? 지도층이야 이들과 한 몸이니까 어쩔 수 없는 처지였겠지만, 그를 지지하는 유권자는 어떠한 생각을 가지고 맹목적으로 따라야 했을까? 믿어지지 않는다.

열광하며 따르는 유권자가 정상적인 상태인가?

후보자의 지나온 행적을 더듬어 보면 소름 끼치도록 혐오스럽고 내세울 게 없는 이중인격자였는데! 악어의 눈물을 흘리며 지지를 호소하는 궤변론자이며, 말과 행동이 다른 위선의 가면을 뒤집어쓰고 세상을 농락하는 뻔뻔스러운 위정자였다.

대장동 사건으로 선거가 불리하게 돌아가자 상대방에게 뒤집어씌웠다. "야당 국회의원 아들이 50억 원을 받아먹었으니 야당이 몸통이다." 이런 식으로 호도했다. 그러면 돈을 준 놈은 누구인가? 원주민의 재산권을 빼앗아 일확천금을 노린 뻔뻔하게 가면을 뒤집어쓴 도둑놈이다. 그 많은 돈을 맨입으로 주었겠나?

돈으로 야당 국회의원 아들을 매수해서 보험을 들어 놓고! 야당이 특검을 하자고 그렇게 요구했는데 뭉개고 넘어갔다.

선거가 다가오면서 불리하게 돌아가자 반대로 특검을 하자고 역으로 제안하면서 전세 역전을 꾀하였다. 특검 쇼를 펼치며 위기를 넘기려 했지만 국민이 바보입니까?

무속(신점)과 철학(역술) 어느 점괘가 맞을까?

이번 선거는 좌파와 우파로 극명하게 갈린 투표였다.

지지하는 정당이 패배하면 나라가 곧 망할 것처럼 생사를 다투는 게임으로 경쟁하였다. TV 패널도 우파와 좌파로 갈려 지지하는 정당을 응원하면서 죽기 살기로 홍보하였다.

네거티브는 의혹을 상대방 후보에게 뒤집어씌우는 선수였다.

여당(민주당)은 '친일파 매국노 이완용이 총독을 암살한 안중근 의사에게 나라를 팔아먹은 나쁜 놈이다.'라고 호도하는 것과 다를 바가 없이 윤석열을 비난하였다. 좌파가 적반하장^{賊反荷杖}으로 우기는 유분수였지만, 이는 사이코패스가 이용하는 파시스트 전법으로 상식을 뛰어넘는 언행으로 국민을 짜증 나게 했다.

누구를 선택해야 좋을지 모르겠다는 중도층이 많았다.

국민은 역사상 가장 비호감 대통령 선거라고 혹평하였다.

야당 후보의 배우자에 대한 학력과 허위 경력, 주가 조작 의혹을 문제 삼아 비판이 난무해 공식 활동을 자제하였으며, 여당 후보 배우자는 법인카드를 부당하게 사용해 논란이 시끄러워지자 잠적하였다. 여당과 야당은 네거티브 선거운동을 펼쳐지면서 상대방의 비리와 흠결을 꼬집으며 언론 플레이로 야단법석을 떨었다.

이 와중에 인터넷과 유튜브에서 어느 후보가 당선될 거라는 '점사'가 나돌아 흥미로웠다. 날고 기는 점술가의 관전 포인트를 종합하면, 무속이 카드 점과 신점(쌀과 엽전, 오방기, 사주)으로 보는 점사는 여당이 이긴다고 장담하고, 철학과 역술(주역과 관상, 이름, 명리학)을 풀어서 보는 역학에서 야당이 이긴다고 확신하였다.

점술을 맹신하는 것은 문제가 되기는 한다.

하지만 무시할 수 없는 인간사의 처방이기는 하다.

인류사에 전해지는 점성술의 책이 베스트셀러가 되기도 했다.

사람이 알 수 없는 미래를 알고 싶어 하는 욕망을 해결하여 주는 주역과 역술의 풀이이므로 믿고 의지하고 싶은 게 심리다. 이게 허무맹랑한 예언이라면 옛날에 없어졌을 거다. 세기의 예언자로 유명한 노스트라다무스를 언급하지 않을 수 없다.

국민은 나라의 국운이 어느 쪽으로 향하게 될까? 궁금했다.

어려운 시대적 요구는 여당이지만, 여론의 흐름은 야당이었다.

결과는 야당 후보가 박빙으로 승리를 거두고 대통령에 당선되었다.

초박빙 진검승부 경쟁하면서 지지자는 긴장하며 개표 상황을 지켜보며 밤을 새웠다. 필자는 썩은 정치에 감염되지 않은 깨끗한 야당 후보(국민의 힘)를 지지하며 개표 방송에서 눈을 뗄 수가 없었다. 하마터면 늑대를 피하려고 투표했는데, 수사자를 만나 사자의 먹이가 될 뻔하였으니 간장이 싸늘하였다.

참말로 간발의 차로 승패가 결정되는 순간이었다.

하늘의 영광이 천신만고千辛萬苦 끝에 대한민국을 구원해 주었다.

분석을 해보면 0.7%(24만 표)의 절반인 12만 명에 의해서 당락이 결정된 거다. 전국 인구로 따지면 12만 명은 정말 적은 숫자다. 결혼한 부부가 사는 가구로 치면 6만 세대에 의해서 승패가 결정됐다. 여기에 딸린 가족으로 계산을 해보면 3만 가정에 의해서 대한민국의 국운이 바뀌게 됐다. 물론 합리적인 계산 방법이 아니겠지만 추론을 해보면 재미있는 현상이다.

윤석열이 대통령에 당선된 것은 천하통일天下統一을 이루어 낸 승리였다. 자유우파와 수구좌파의 경계선을 뛰어넘어 과거의 패거리 정치를 쓸어버리고 새로운 패러다임의 시발점이 됐다.

삼신할머니도 알아맞히지 못한 선거!

이번 선거는 참으로 묘한 부분이 많았다.

어쩌면 투표장에서 마음이 바뀌어 선택했을 거다.

투표용지를 바라보고 '정치 초년생으로 깨끗한 후보에게 한 표 찍어 주자!' 돌변하지 않았을까? 추론을 해본다. 거짓말 언변의 기술자에게 넘어가지 않고 투표했으니 기적이 따라주었다. 삼신할머니도 승자를 맞추지 못하는 점괘를 내놓았으니 믿어지지 않는다. 무속의 신점에 의한 예측과 역술에 의한 예언의 대결이었는데, 살아 숨 쉬는 명리학이 적중한 셈이다.

피 말리는 접전에 점술가의 예측을 믿고 지켜보았다.

그런데 개표가 끝나자 무속이 장담하던 좌파와 여당의 당선은 빗나가고 말았다. 허탈한 심정으로 패닉 상태에 빠져 하늘만 쳐다보았을 거다. 하지만 야당과 우파를 지지하던 유권자는 쾌재를 부르며 기쁨의 눈물을 흘렸다. 어차피 점술의 확률은 50대 50이니 승자의 편은 환희의 기쁨을 누리고, 패배자는 슬픔의 눈물을 흘려야 하는 처지였다.

선거가 끝나고 틀린 점괘를 내놓은 점술가들은 지지자들에게 심한 악플에 시달려야 했다. 이 또한 괴로운 일이었으며, 야당 당선을 예언한 역술가는 지지자로부터 축하 전화를 받느라 바쁜 일과를 보냈다고 하니 커피도 많이 얻어 마셨을 거다. 점사들은 하루 저녁에 천당과 지옥을 왔다 갔다 하는 상황을 지켜보아야 했으니 묘한 감정에 빠져야 했을 것이다.

이번 선거처럼 토속 신앙에 대한 루머가 많았던 적도 없다.

여당과 야당은 상대방을 향해 무속을 믿는 후보자라고 굿판을 벌이는 사진이 유튜브를 달구었다. 나라의 국운이 걸린 중대한 행사를 치르면서 인간의 나약함이 지푸라기라도 잡고 싶은 심정을 네거티브로 비난을 보내야 했으니 삭막하였다. 너무 박빙의 선거였으니 말 한마디와 행동 하나도 가십거리가 되었다.

우리 민족은 약자를 보호하려는 측은지심이 잠재돼 있다.

검찰총장으로 근무하면서 불의에 굴복하지 않고 정의를 실현하기 위해서 집권 세력과 싸웠다. 법치를 바로 세우려고 몸부림을 치었지만, 박해를 받는 모습에 감복해 야당의 대통령 후보를 선택하게 됐다. 본인은 검찰총장을 무사히 마치고 야인으로 돌아가 쉬려고 했으나 가만히 놔두지 않았다. 역사상 처음으로 국민이 불러내 대통령에 당선되도록 해주었다.

"나라의 국모(대통령)는 하늘에서 내려준다."라고 한다.

옛날부터 "민심의 바다는 배를 띄우기도 하고 침몰시키기도 한다."했다. 대통령 되고 싶다고 아무리 발버둥 치며 노력해도 하늘의 뜻이 닿지 않으면 될 수가 없다는 진리다. 이번 선거는 참 의미가 담겨있으며 대변혁의 시대를 이루어진 기회였다.

사람의 운명은 태어날 때부터 정해져 있으므로 그 길을 따라가는 여정이다. 사주팔자四柱八字와 관상은 과학이라고 했으니 무시하지 못한다. 맹신하는 것은 허무맹랑한 짓이겠지만, 무시할 수 없는 진리다. 태어난 운명의 길을 조심스럽게 잘 가꾸어야 탈이 없으며, 운명이 가야할 길을 어기고 다른 길을 선택하면 탈이 나고 변고가 따르게 돼 결국 파국을 맞이하게 된다.

아무튼, 집권 여당(민주당)은 '검찰 개혁'을 외치며 선거를 치렀지만, 이는 '검수완박(검찰수사권 완전 박탈)'으로 자신들의 범죄를 덮으려는 의도에 불과한 꼼수 정치의 묘수에 지나지 않았다. 그러니 국민은 '검수완박'은 '부패완판(부정부패가 완전히 판을 치는 사회)' 될 거라고 개탄하며 '정치를 개혁'하라고 손을 들어주었다.

민주당의 후보는 시장과 도지사 경험을 쌓은 화려한 정치 경력의 소유자였지만, 여기까지 오는 동안 운명의 에너지를 너무 많이 낭비하는 바람에 인간의 한계에 넘치는 '과유불급過猶不及' 지경에서 허덕였다. 상식과 정의를 뛰어넘는 과욕의 행적이 표면화되면서 국민의 지탄받아야 했으니 당연한 결과였다. 입만 열면 거짓 선동을 일삼으며 염치를 모르니 부끄러운 후보였다.

야당의 후보는 범죄자를 잡는 검찰총장으로 두려울 게 없었다.

박빙의 대결이었지만 국운이 걸린 운명의 선택은 야당 후보가 당선될 수밖에 없었다. 자연의 법칙은 "사람은 뿌린 대로 거둔다."라는 진리와 '사필귀정事必歸正'의 순리가 따르게 마련이니 정의로운 결과였다. 운기가 쇠퇴해가는 후보와 경쟁하였으니 위대한 국민의 승리는 '인과응보因果應報'의 심판이었습니다.

자유우파自由右派의 자존심을 지켜준 영웅!

윤석열이 어떠한 사람이었습니까?

천둥 번개처럼 갑자기 등장한 윤석열은 우파 세력의 의견과 상관없이 국민의 지지를 받고 야당의 대통령 후보자가 될 수 있었다. 기득권 정치 세력도 부정할 수 없는 처지가 됐으니 울며 겨자 먹기 식으로 눈물을 머금고 받아들여야 했다.

그렇게 해서 청와대 민정수석이던 간약한 ㅈㄱ과 대치하며 법의 원칙을 지켜 수사하였고, 악독한 ㅊㅁㅇ 법무부장관과 싸우며 검찰의 위상을 지켜야 했다. 형, 동생하며 우정을 나누던 ㅂㅂㄱ와 적이 되어 무너진 법질서를 바로 세우는 데 헌신하였다.

여당(민주당)의 대통령 후보 ㅇㅈㅁ과 경쟁하며 갖은 모략을 꾸미고 억지 논리로 뒤집어씌우기 선수였지만, "이봐요! 대통령 선거가 초등학교 반장 선거입니까?"로 반박하며 이겨냈다.

좌파 대통령이 유체이탈 화법으로 국민을 희망 고문하며 우롱하는 의견 충돌이 있을 때도 절대로 물러서지 않았다. 야당(국민의 힘)의 대통령 후보로 무너지는 대한민국을 지키기 위해서 눈물겹도록 뛰었다. 국민의 힘이 집안 싸움에 빠져 우왕좌왕 헤매고 있을 때 홀로 국민을 믿고 하늘의 뜻에 따라 움직여야 했다.

정권을 잡으려고 불의, 불공정, 위법과 싸운 게 아니다.

권력에 취해서 나라를 망치는 좌파 세력의 위선적 행위를 눈 뜨고 볼 수 없었다. '이게 나라입니까?' 국민 정서는 땅에 떨어지고 말았으니 나라가 두 쪽으로 나누어질 판이었다. 그런데 자유우파는 권력 다툼에 눈이 어두워 집안 싸움만 했다.

여당(민주당)이 나라를 말아먹으며 국정을 난장판으로 이끌어도 쓴소리를 못하고, 제대로 비판 한 번 보내지 않았다. 이게 국정의 파트너로 정치하는 야당의 행동인가 묻고 싶었다. 당내에서 밥그릇 싸움만 하면서 국민의 애간장을 태웠다. 언론에서 내부 총질을 그만하고 정신 차리라고 충고까지 해주었다.

하지만 윤석열은 변방에서 홀로 여당과 싸우며 보수의 자존심을 지키며 이겨내야 했다. 외부 세력의 공격에 맞서 방어하며 경쟁하는 것은 물론이고, 당내 갈등까지 치유해야 했으니 얼마나 험난한 여정이었겠습니까? 그의 고독한 싸움에 국민이 힘을 실어주어 두각을 나타나게 됐다.

외부 정객을 끌어들이고 싶지 않았을 거다.

우파는 굴러온 돌에 밥그릇을 빼앗겼다고 불평하였다.

지들끼리 똘똘 뭉쳐 형성한 대통령 만들기 카르텔의 고리를 지키려고 북 치고 장구 치면서 후보를 내려고 했겠지만, 국민이 가만히 두지 않았다. 열화와 같은 국민의 지지를 받게 되자 우파의 몸부림은 찻잔 속의 미동으로 그치고 말았다.

또한, 대통령 선거를 치르면서 갖은 수모를 겪어야 했다.

젊은 당 대표가 가출을 일삼으며 뒤통수치는 언행으로 선거를 망치고 다녔기 때문이다. 당사자는 물론이고 주변에서 선거운동을 추진하는 캠프 참모들은 피를 말리는 시간을 보냈다. 이 중요한 선거를 앞두고 똘똘 뭉쳐 지원을 해주어도 모자랄 판에 서로가 잘났다고 각자도생하였으니 꼴이 아니었다.

이게 대통령 선거를 치르는 대표인가? 화가 치밀어 올랐다.

"윤석열이 대통령에 당선되면 지구를 떠나겠다."라며 헛소리나 지껄이고 다녔으니 한심한 꼴불견이었다. 주변에서 설득과 충고를 해주는데도 귀담아듣지 않았다. "이렇게 무기력한 야당은 차라리 없어지는 게 났다." 혹평하였다. 이 말을 했다고 벌떼처럼 달려들어 비난이 난무했다. 당이 단결해서 선거에 임해 달라고 호소하는 말이었는데 핏대를 올리며 공격하였다.

야당(국민의 힘)이 지리멸렬하게 무너지는 현상을 막아볼 심상으로 '윤석열을 끌어들여 불소시게로 활용하고 버려버리자!'고 작당을 꾸미었지만, 그 불소시게는 모기 빈대가 들끓는 초가삼간을 태우는 엄청난 화력으로 번졌다. 결국 '불난 집에 부채질하는 꼴!' 이 되어 애를 태웠지만, 그들이 신다버린 구멍난 고무신과 양말을 주워 신고, 날아 헐은 청바지를 꺼내 입고 열심히 뛰었다.

비열한 작당에 굴하지 않고 정정당당하게 나섰다.

그의 헌신적인 정신에 공감한 국민이 열화와 같은 지지를 보내어 당선됐다. 닭 쫓던 개 하늘만 쳐다보던 대표는 어깃장을 놓으며 헛소리로 대응하는 꼴불견이었다.

어렵게 정권교체 했지만 남의 집 불구경하듯이 하였다.

그도 그럴 것이 외부 정객으로 굴러온 돌에게 밥그릇을 빼앗겼다고 생각하기 때문이다. 이러한 자들과 국정을 함께 이끌어야 하니 큰일이라고 고민하지 않을 수 없었다.

우파가 정권을 잡았으면 미래의 청사진을 발굴하고 국정 수행에 만전을 기해야 할 것인데, 정부 출범이 얼마 되지 않았음에도 당내에서 분탕질이다. 정국을 안정적으로 이끌어야 하는데 내부 총질에 혼란을 야기하는 쓰레기를 빨리 버려야 탈이 없다.

국민에 의해서 정권이 탄생했으면 정부 여당으로 책임지고 국정 업무를 수행해야 할 것 아닙니까? 눈만 뜨면 으르렁거리며 잡아먹지 못해서 안달이다. 어느 정치인은 '망월폐견望月吠犬(달을 보고 짖어 대는 개)'이라고 평론을 내놓았다.

좌파들이 나라를 엉망진창으로 만들어 국정을 좌지우지해 오는 동안 쓴소리 한 번 못하던 대표였다. 그런데 집권한 지 얼마 되지 않은 정부를 향해 험담이나 해댄다. 야당에 할 소리를 대통령과 집권 여당에게 떠들고 있으니 꼴이 안하무인이다.

이들은 어디에서 무엇을 했던 누구였는지 아는가?

청순한 박근혜 대통령을 탄핵시키고 탈당을 했던 저급한 세력이다. 야당과 부화뇌동했던 패륜아다. 지들의 행동이 정의이고 나라를 구하는 투사로 여기는 자가당착의 못난 정치꾼에 불과하다.

아직도 정신을 못 차리고 또다시 대통령을 흔들며 진흙탕 싸움을 저지르고 있다. 왜! 이럴까? 지들이 권력을 잡아야 하는데 배가 아파 밥그릇 투쟁하는 거다. 외부에서 들어온 방랑정객에게 밥그릇을 빼앗겼다고 생각하는 모양이다.

그래서 "사람은 고쳐 쓰지 못한다. 배신자는 또 배신하게 마련이다. 개 버릇을 남 주지 못한다."라는 패륜의 행위를 저지르는 이들을 빨리 몰아내야 한다. 탐욕을 부리는 썩은 인물은 고쳐서 사용하지 못하므로 쓰레기는 쓰레기통에 버려야 깨끗해진다.

젊음의 사명이 무엇이겠습니까?

깨끗하고, 미래를 지향하고, 아름답게 도전하는 모습이다.

불의와 대적하며 정의를 향해 젊음을 바치는 희생정신이다.

대부분 배운 놈이 얄팍한 지식으로 탐욕에 빠져 제도를 본인의 것으로 만들려고 혈안이다. 대통령을 험담하며 자신이 몸담고 있는 당을 어렵게 하면서 혼자 정의롭고, 불의와 싸운다고 열변을 토하면 들어줄 국민이 어디에 있습니까? 이를 바라보는 당의 지도부와 국민은 바보가 아니므로 짜증이 난다.

이제 젊음의 피를 더럽히는 어리석은 짓을 멈추어야 한다.

한때 젊은 시절에 잘못을 저지른 행위를 문제 삼으면 사과하고 인정하면 될 것을 힘들게 대우한다고 불만을 표출할 게 아니다. 젊으니까 좀 서운한 일이 있더라도 다음 선거를 내다보고 용서를 빌며 인정하는 미덕에서 훌륭한 정치인으로 성장하는 거다.

결국, 대표에서 쫓겨나 당원이 정지됐는데 어떻게 하나?

말 한마디 지지 않으며 따박따박 반박하고 자신이 몸담고 있는 당을 공격하며 어렵게 만든다. 자신을 키워준 당을 향해 모진 막말과 험담으로 악발을 부리면 어떻게 하자는 건가? 대표라는 자가 당을 혼란에 빠뜨리며 또라이 짓을 한다면 정치인의 도리가 아니다. 이는 대표가 아니라 막장드라마 쇼를 펼치며 응석을 부리는 머저리 꼴통에 불과하다.

결혼도 못 하는 젊은 청년이 지혜로울까?

연륜과 경륜에 쌓인 어른이 지혜로움이 많을까?

세상은 산전수전山戰水戰 공중전까지 겪은 경험에서 나오는 삶이 미래를 보는 혜안이 나온다. 어쩌다 차지한 대표라는 지위에 올라 세상을 거느리려고 한다면 착각이다.

양두구육羊頭狗肉을 외치는 ㅈㅅ, ㅇㅈ, ㅅㅁ 저질 정치꾼!

누가 이 자를 정치판에 끌어들였는가?

젊은 정치꾼이 외치는 양두구육이 웬 말입니까?

장래가 창창한 새파랗게 젊은 정치꾼이 얄팍한 지식으로 양두구육
羊頭狗肉을 외치며 인성을 드러내고 있으니 이 말을 들어주어야 합니까?
아무리 정치를 모르고 무식하다고 해도 그렇지 이는 그가 정치하고 있
는 한 그의 뒤통수를 따라다니며 괴롭힐 거다. 뜨거운 감정이 격해도
할 말이 있고, 못 할 말이 있다. 이제 와서 악어의 눈물을 흘리며 호소
한들 누가 들어주겠는가?

청년 정치를 앞세워 끌어주었더니 은혜를 모르는 인간 쓰레기로 변
하여 죽음의 계곡으로 몰아가니 패륜의 정치 역정이 그려진다. 정치
스승과 선배를 나락의 끝으로 몰아가는 역모 정치로 천방지축天方地軸
날뛰다가 어느 날 갑자기 인생을 망칠 징조다.

결과론적으로 이 자를 대표로 선출해준 게 잘못이다.

따지고 보면 애당초 젊음을 상징으로 캐치프레이즈를 걸고 당 대표
선전에 나섰지만, 오히려 반감을 사야 했다. 건방지고 안하무인에 위
사람과 아래 사람을 몰라보고, 선배 정치인을 깔아뭉개고, 지가 최고
인 줄 알고 대드는 또라이를 끌어들여 대표까지 시켜주었는데! 이보다
좋은 특권과 특혜가 어디에 있겠나? 그랬으면 최선을 다해 예의를 지
키며 노력했으면 그나마 다행이었겠지만, 그 끝은 몰염치 범으로 몰려
쫓겨나고 말았다.

나이(연세)와 경륜은 하늘이 내려준 벼슬이라고 했다.

말 한마디 할 때마다 반박하며 대드는 꼴이 정말 보기 싫은 꼴불견
이다. 산전수전山戰水戰 겪으며 살아온 인생의 연륜과 경험을 무시하고
젊은 대표가 거드름을 피우는 것은 인간의 도리를 져버리는 행위다.

당 대표가 되더니 눈에 보이는 게 없는 모양이다. 사회에서 계급은 위계질서를 지키려고 만들어진 조직이다.

리더와 지도자는 경륜에 의한 언행으로 다듬어진다.

산전수전 공중전까지 겪으며 지낸 인생의 경험으로 조직을 이끌어야 순리다. 공부 좀 했다고 세상 물정 모르고 지위를 이용해 지시하고 다스리려고 하면 그게 먹혀들겠나! 연륜에 따라 맡아야 할 업무와 직책이 주어져야 한다. 너무나 일찍 과분한 직책이 주어지는 바람에 감당이 어려웠던 것이다.

왜! 이 시기에 이러한 자가 역사의 전면에 나타나야 했을까?

이 또한 자유우파가 이겨내야 할 역사의 수레바퀴란 말인가?

양두구육羊頭狗肉을 외치는 자의 면면을 들어보면 부모 잘 만나 고생을 모르고 자랐으니 못되고, 어리석고, 옹졸하기 짝이 없는 문외한 자가 말장난으로 짜증 나게 한다. 오히려 가면의 얼굴을 가지고 뻔뻔하게 양두구육을 일삼고 있으면서 대통령을 험담하고 있으니 정신 이상자다.

누구든지(여당과 야당) 국가 원수를 모욕하며 비난하는 언행은 멈추어야한다. 대단한 사람으로 보아줄 것 같지만 절대로 아니다. 인성의 밑바닥을 보여주는 파렴치범일 뿐이다.

학창 시절 성격 장애에 친구와 제대로 어울리기나 했을까?

외톨이로 친구들과 놀지도 못하고 왕따를 당했을 게 뻔하다.

부모 잘 못 만나 인성 교육이 부족한 가정에서 외국으로 도피해 학교 다니고, 신분 세탁 후 국내에 들어와 깨끗한 척, 고귀한 척, 청렴한 척, 정치꾼으로 잘난 척 떠들고 다니는 꼴이 역겹다. 그의 주변에서 맴도는 또 라이정치꾼은 누구인가? 한마디로 인생을 헛 살아온 것 들이다. 한국 정치가 언제부터 이렇게 저질스러웠는가?

젊은 병아리가 세상 물정 몰라도 너무 모르는 머저리다.

수십 년을 행정에 몸담아 경험이 풍부하고 노련한 선배에게 양두구육羊頭狗肉을 외치며 잘난 척 떠들면 어떻게 하자는 건가? 이는 젊은 세대가 할 소리가 아니다. 젊은 청년이 배우는 자세로 벼슬자리를 누려야 인정받고 주변에서 챙겨준다.

어렵게 대통령에 당선된 국가 원수를 양두구육이라고 폄하하며 말장난하는 하룻강아지가 대표를 맡았으니 두려운 줄 모르고 떠드는 꼴이 가소롭다. 한솥밥을 먹는 동지가 국가 원수를 이렇게 무시해도 되는 건가? 정신 이상자가 아니면 외칠 수 없는 언행이다.

국민이 무섭지 않은가? 국민을 뭘로 보고 까부는가!

정치를 마음대로 휘젓고 다녀도 되는 놀이터가 아니다.

한 발짝 앞을 내다보지 못하고 까부는 꼴불견이 부모는 물론이고 돌아가신 조상까지 욕 먹이고 있으니 한심하다. 국회의원도 못하는 병아리가 나타나 여의도 정치판을 더럽히며 날뛰고 다니는 꼴이 "하룻강아지 범 무서운 줄 모른다."라는 속담처럼 호랑이에게 된통 당해야 정신을 차리게 될 거다.

그가 말한 것처럼 지구를 떠나라고 말해주고 싶다.

세상 물정 모르고, 정치에 문외한이고, 어리석은 하룻강아지가 정치한다고 망상에 빠졌다. 패륜 정치를 일삼으며 껄떡대려면 정계를 떠나라고 말해주고 싶다. 멀지 않아 시궁창에 빠져 허우적대며 살려달라고 외칠 날이 올 거다.

과분한 자리에서 '당 대표를 무시하면 곤란하지!' 못된 논리로 인격을 경멸하며 언론 플레이를 하니 식상하다. 싸가지 없는 병아리를 대표로 뽑아준 당원과 국민이 부끄럽다. 정치는 많은 사람이 어울려 국정을 이끌어가는 종합 예술이다. "위대한 성과는 함께 나누는 작은 일의 연속에서 이루어진다." 했다.

국민이 차려준 밥상을 뒤집어엎는 꼰대 사상이 문제다.

이러한 자를 당 대표로 뽑아놓고 대통령 선거를 치렀으니!

대표의 횡포로 자유우파는 매시간이 위기의 순간이었다. 조마조마한 시간을 보내야 했으며, 좌파의 끈질기고 집요한 공격에 맞서 싸우며 대통령에 당선됐으니 천운이 따라주었다.

대통령과 국정을 함께 이끌어가야 할 동지가 기자회견으로 '양두구육羊頭狗肉'이라며 공격하며 비난하는 언행은 미친 짓이다. "하나를 보면 열을 알 수 있다." 하는데, "세 살 버릇 여든까지 간다." 했다. 앞길이 구만리인 젊은 놈에게 먹구름이 드리워진다. 운명을 갉아먹으며 죽으려고 환장하는 언사다.

천하의 모지리가 저승길을 재촉하며 복수하려는 것인가?

치열하게 싸우는 대통령 선거에서 윤석열이 무엇을 잘못했다고 "윤석열이 대통령에 당선되면 지구를 떠나겠다."라며 복수의 원한을 품어야 했나! 이게 할 소리인가? 복수를 하려면 두 개의 무덤을 준비해 놓아야 한다. 한 개는 복수하려는 자의 무덤이고, 또 하나는 내가 죽어서 들어가야 할 무덤이다.

복수를 외치던 강아지는 복수를 당하여 당원권 정지와 대표직에서 쫓겨나고 말았다. 누워서 침 뱉으면 어디로 가나? 지가 오물을 뒤집어쓰는 거다. 막말을 지껄이더니 결국 몰락의 길에서 허덕이게 됐다. 제도권 밖에 있으니 누가 그를 쳐다보고 말을 붙이기는 하는가! 명예의 전당에서 벗어나자 아무도 거들어 주지 않는 유기견에 불과하다. 이게 조직사회에서 보여주는 냉철함이다.

결국, 대표 자리에서 쫓겨나 낙동강 오리알 신세가 되었다.

어쩌다 차지한 감투 자리에서 쫓겨났으면 근신하고 조용히 해야지! 뭔 말이 이렇게 많은가? 이게 인과응보因果應報(과거 또는 정생에 선악의 인연에 따라 뒷날 길흉화복의 갚음을 받게 된다)이고, 자업자득自業自得(자기가 저지른 과보를 자신이 받음)이고, 부메랑의 법칙이다. 벼슬의 무게를 감당하지 못하고 천방지축天方地軸 떠들어 대는 꼴이 언제가 이렇게 될 줄 알았다.

지가 무엇을 안다고(개뿔 아무것도 모르는 놈이) 대통령의 말 할 때마다 시비 걸며 비난하고 감 놔라 배 놔라 훈수질 하는 또라이가 가증스럽다. 쓰레기 정치꾼이 정치판에서 헛소리 지껄이며 잘난 체 떠들어 대는 멍멍이가 한심스럽다.

터진 입으로 지껄인다고 말이 되는 게 아니다.

과거에 감투 쓴 경력으로 자랑삼아 언론에 노출시켜 국민을 현혹하고 기만하는 짓은 기자의 자격이 없다. 국민은 정상적으로 정치하는 인품의 소유자 언사를 듣고 싶어 한다. 말의 언중을 알지 못하면 세 치 혀로 망하게 될 징조다. 하늘에서 내려준 벼슬자리가 무서운 줄 모르고 까불다가 큰코다친 꼴이다. 인생의 쓴맛을 경험하지 못한 자가 무슨 큰일을 하겠나! 언행은 그 사람의 품위와 인격을 지켜주는 웅장한 빌딩이다.

내부 총질하는 머저리는 지구를 떠나거라!

정치는 언행의 논쟁에서 결과로 나오는 산물이다.

끝까지 싸우겠다고 공공연히 악발을 부리며 떠들고 있으니!

뱀처럼 사악한 인간 말 종 쓰레기 같은 놈의 헛소리 회견을 들어주어야 하나? '제 운명을 지가 갈아먹는 또라이다.' 그의 인생이 어떠한 결과로 끝나게 될지 훤하다. 겉만 번드레한 인면수심의 꼴통을 정치판에 끌어들인 정치인도 어리석기는 마찬가지다.

ㅇㅈ의 입은 똥 냄새를 풍기는 더러운 쓰레기통이다.

미친년이 무엇을 안다고 언론에 나와 지껄이는지 모르겠다.

국회의원을 지낸 게 그렇게 큰 벼슬인가? 터진 입이라고 악담 퍼 붙는 모습이 가관이다. 우파 진영에 몸담고 있으면서 '왜! 대통령을 욕되게 하고 지도부를 비난하는가!' 정신 차려야 한다.

대학을 졸업하고 직장에 들어가면 사내기가 된다.

아무것도 모르기 때문에 새로 배워야 한다. 그런데 일을 잘못한다고 윽박지르고 엄하게 다스리면 업무 추진에 많은 고통을 받게 된다. 그 회사에 애정을 가지기보다는 함께 근무하는 직원도 좋게 받아들이지 못한다. 대통령과 정치도 마찬가지다. 배워서 하는 것이므로 애정을 가지고 지켜봐 주는 게 도리다.

대통령이 국민의 삶을 빼앗는 잘못을 했는가?

서툴기는 해도 달변가가 잘난 체 떠드는 것보다 보기 좋다.

서툰 모습에 달려드는 언행은 만용에 불과하다. 국민을 위해서 일하려고 고심분투苦心奮鬪 노력하는 모습에 위로를 해주어야 하는 것 아닌가! 좌파의 거짓선동 괴담 정치에 동승해 내부 총질하는 미친년은 차라리 좌파에 들어가 똥물에 함께 뒹구는 게 났다.

그녀는 똥인지 된장인지 모르고 떠드는 잡년이다.

좌파는 국민을 파멸의 구렁텅이로 몰아넣고 몰락해서 정권을 빼앗겼다. 세상이 바뀌어 변화한 것을 모르는가? 우파에 몸담고 있으면서 좌파에 싫은 소리 한마디도 못 하는 뻐꾸기가 고상한 척, 똑똑한 척, 궤변을 늘어놓으며 정치한다고 떠드는 꼴불견이다.

하나님이 내려와 대한민국을 다스려도 좌파는 지랄 떨 거다.

갖은 모략을 꾸미어 '하나님을 탄핵해야 한다.' 외치며 덤벼들게 뻔하다. 그들의 실체를 모르고 숟가락 가지고 덤벼드는가? 무엇을 얻을 게 있다고 이런 난리 블루스를 추는가? 좌파 쥐새끼가 비례대표 국회의원 한 자리를 준다고 약속을 했는가? 똥파리가 똥통에 몰려드는 곳에 동승해서 세상을 더럽히지 마라!

빨리 악의 소굴에서 빠져나와야 인간답게 산다.

좌파의 머릿속에는 똥으로 가득해 지랄병에 걸렸다.

대한민국 건국 이래 그들은 그렇게 행동해왔다. 그들은 잠시도 조용하게 지내지 않았다. '꼭 똥인지 된장인지 먹어보아야 아는가!' 인성을 보면 실체가 묻어난다. 내부 총질자는 우파를 떠나 좌파에 들어가 지랄 발광을 떨어야 한다.

야당도 대통령에게 막말하는 언행은 조심해야 한다.

국가 원수를 모독하며 공격하는 것은 국민을 무시하는 행위이고 국제적으로 국가 위상을 땅에 떨어뜨리는 언행이기 때문이다. 안하무인眼下無人의 행태는 국민의 지탄을 받게 될 뿐이다. 하물며 생사를 함께해야 하는 당원에게 분탕질을 치면서 진로를 방해하는 자를 믿을 수 있는가? 사람은 과거의 언행에서 그의 품성과 미래의 정치 행보를 예측할 수 있다. 전형적인 '사이코패스Psychopath'로, 함께할 수 없는 장애물에 불과하다.

이는 고쳐서 사용할 수 있는 인물이 아니다.

ㅈㅅ, ㅇㅈ, ㅅㅁ, ㅈㅍ, ㅁㅅ은 인성이 잘못된 인간이다.

박근혜 대통령을 탄핵시킨 이들은 더 늦기 전에 더 큰 화를 당하기 이전에 자랑스러운 대한민국의 발전을 위해서 정치판에서 몰아내야 한다. 이 일을 가지고 왈가왈부曰可曰否할 이유가 없다. 늦으면 늦을수록 국민에게 피로감만 줄 뿐이다.

믿는 도끼에 발등 찍힌 꼴이다.

"열 길 물속은 알아도 한 길 사람 속은 모른다."라는 옛 속담이 하나도 틀리지 않다. 정치판에서 뒤통수치는 언행은 정말 비일비재非一非再하게 발생하는 일이다. "똥 쌓은 놈이 성낸다." 했는데, 미친 유기견 똥개 한 마리가 정국을 혼란에 빠뜨리고 있다.

여당의 집안싸움에 야당은 미소를 지으며 지켜보고 있다.

대통령이 바뀌면 수천 명이 정부 요직과 공공기관 자리에서 물러나야 한다. 가볍게 언론 플레이를 해도 되는 게 아니다. 여당의 국회의원과 시도지사, 시장, 군수, 시군의원은 어디에서 무엇 하고 있는가? 당을 곤경에 빠뜨리는 고슴도치를 제명시키고, 당장 끌어내 입을 틀어막고 곤장을 쳐서 감옥에 보내야 한다.

또다시 박근혜 대통령의 전철을 밟으면 절대로 아니된다.

국정을 수행하는 모든 참모는 정신을 바짝 차리고 대응해 나가야 한다. 그를 탈탈 털어서 헛된 논리로 반박하며 끼어들지 못하도록 밟아버려야 한다. 그래야 두 손 두 발 들고, 두 무릎을 꿇고 살려달라고 사정하며 기어서 물러난다.

그는 은혜를 원수로 갚는 패륜아의 표본일 뿐이다.

이러한 자가 벼슬자리에 올라 막말을 일삼고 있으니 국민은 너무 피곤하다. 국회의원 자격도 못 되는 자가 몇단계 뛰어넘는 대표 자리에 오르더니 눈에 보이는 게 없는 모양이다. 초년생이 정국을 너무 시끄럽게 한다. 가까이에서 함께하는 지역 주민에게 외면받은 자가 무슨 정치를 하겠나! 안 봐도 비디오에 인성이 잘못되면 어떠한 현상으로 나타나게 되는지 알 수 있다.

왜! 조선 왕조는 당파 싸움 때문에 망했다고 치부하는가!

식민사관 그림자를 걷어내고 당파 싸움이 고도의 이론 대결이었다. 당쟁이 아니라 정쟁政爭이었다. 붕당 속에 피어난 정쟁과 이를 둘러싼 사람들 이야기는 결코 비열하거나 치사하지 않았다. 이들은 명예와 의리, 명분을 위해 목숨을 내놓았던 선비였다. 이들이 꿈꾼 사회는 '탕탕평평蕩蕩平平' 정치를 이루고자 했다.

✔ coffee break time!

국내 정치는 '자유우파自由右派(건국 대통령, 경제발전, 평화적 시위, 잘못을 인정하는 심성, 상대와 타협하는 미덕)'는 선의 경쟁으로 정국을 이끌지만, '수구좌파首狗左派(북한에 달러를 퍼주고 방문한 대통령, 종북세력, 주사파, 극단적 시위, 잘못을 인정하지 않는 뻔뻔한 거짓말, 반대를 위한 반대)'는 악의 투쟁으로 아군과 적군을 따지지 않으며 서로가 못 잡아먹어 안달이다. 상대가 강하면 죽여서까지 목적을 달성하려고 미쳐 날뛰는 카르텔이다.

사람의 인성으로 보면 '자유우파自由右派(보편과 타당, 평화, 지성본능, 시스템에 의한 법치)'는 상대를 인정하며 타협을 한다. 그런데 '수구좌파首狗左派(강직과 투쟁, 독선, 야수본능, 권력에 의한 인치)'는 불법과 탈법, 비리를 저지르며 나만 잘살면 되는 논리다.

좌파 정권은 꼼수 정치로 희망고문 기술자!

우파와 좌파의 뇌 기능 구조가 다르다

You은 자유우파입니까? 수구좌파입니까?

우파와 좌파는 뇌의 기능 구조가 다르므로 자기 조절 능력이 5배 차이가 나는 것으로 밝혀졌다. 그러니까 보수우파가 자기조절 능력, 뇌 기능의 심리적 안정성이 5배 높았다. 반대로 이야기하면 좌파의 뇌 구조 회로는 엉망진창으로 엉켜있어 에러 상태로 옳고 그름, 진실과 거짓의 판단 기능이 망가진 상태다. 그래서 주변 여건을 따지지 않고 생각나는 대로 마구 지껄여 댄다.

뇌의 기능은 온몸으로 전달되는 네트워크 집합체이다.

뇌는 주변에서 벌어지는 환경에 즉각 반응하는 본능에 충실하다. 위험한 상황에 처하게 되면 본능적으로 벗어나려고 즉시 반응하고, 기쁨의 순간에서 엔돌핀이 솟아나게 하며, 괴로운 일이 벌어지면 스트레스를 받아 슬퍼진다.

왜! 이 시대에 ㅇㅈㅁ이 나타나 국정을 혼란에 빠지게 할까?

어쩌면 수구좌파의 내로남불을 심판하라는 하나님의 계시 때문이다. 이자가 아니어도 좌파를 이끌어갈 훌륭한 지도자는 많았다. 그런데 사법 리스크에 빠져 헤매는 멍청이에게 권한이 주어졌다는 것은 무시할 수 없는 처사다. 국민이 정신 차리고 심판을 내리고 정상의 궤도를 찾으라는 하나님의 말씀이다.

결국, 좌파는 시궁창에 빠져 허덕이며 헤어나지 못하고 있다.

이러한 시국에 좌파의 말과 행동을 지지하며 열광하는 것을 보면 저게 정상적인 사람인가 의문을 가지기 충분하다. 자유우파 입장에서 보면 지랄 떠는 미꾸라지 한 마리 때문에 덕을 보는 셈이다. 하지만 국민은 좌파의 언행에 미치고 환장할 일이다.

한 마디로 공감 능력이 없으니 주변을 뒤집어엎는 꼴이다.

팥으로 메주를 만든다고 닦달하며 믿으라고 억지 부리지 않나, 똥인지 된장인지도 모르면서 호통을 친다. 나만 잘돼서 성공하면 되지 사회 공동체 조직이 파괴되는 것은 안중에 없다.

우파는 합리적인 판단 기준으로 이해하려고 한다.

범죄 행위가 발각되어 수사를 받으면 창피함을 알고 대처한다. 자신의 부질없는 언행에 부끄러움을 알기 때문에 숨으려고 하며, 타인과 공동체 조직에 피해를 주지 않으려고 사퇴하고 법의 심판을 받으며 홀로 극복해 나간다.

그러나 좌파는 자신의 생각과 의견이 옳다는 것을 증명해 보이려고 유체이탈 화법으로 국민을 속이려고 한다. 자신의 잘못을 인정하지 않는 뻔뻔한 얼굴로 윽박지른다. 범죄를 저지르고 법과 제도가 잘못됐다고 우기며 시스템 체계를 바꾸려고 한다.

그 결과 야심 차게 처리한 법이 검수완박이다.

그리고 정권이 무너지고 무죄를 주장하면 범죄 행위를 피해갈 방법으로 신의 한 수라고 믿으며 난리를 쳤다. 이런다고 그들이 법망을 피해갈 수 있다고 보십니까?

기존의 법치주의를 부정하며 제도의 탓으로 여긴다.

좌파는 거짓의 환상으로 똘똘 뭉쳐 불법 청탁의 오물을 뒤집어쓰고 수사가 조여 오자 야당 탄압과 정치 보복이라고 정치프레임으로 몰고 갔다. 억지를 부리며 그들의 죄를 인정하지 않는다.

ㅊㅁㅇ는 간악한 지휘 체계를 이용하여 검찰총장을 흔들어 댔지만

정권을 빼앗기는 수모를 당하고 물러났다. ㄱㅎㄱ의 거짓말 잔치는 간 장을 싸늘하게 하는 좌파 세력의 대부였다. 그의 어법은 온갖 거짓 루머로 의정 단상에서 떠들어 집권당을 공격했다.

좌파 카르텔은 인간이기를 거부한 집단이기도 하다.

ㅂㅎㄱ은 간악한 세 치 혀로 모진 악담을 퍼부으며 여당을 비난하며 모든 정책을 비난하였다. 그 족속은 세 치 혀에 망하게 될 거라고 보인 다. 말 한마디와 행동 하나하나가 주변 사람의 기를 죽이는 행동으로 소름 끼치게 한다.

이들은 밥을 먹다가 돌을 씹으면 ㄱㄱㅎ 여사를 탓하고, 술 마시고 술에 취하면 여당 때문이라 욕하고, 걸어가다 돌부리에 걸려 넘어지 면 대통령을 험담한다. 앉으면 서라 하고, 서면 앉으라 하고, 걸으면 뛰 라 하고, 뛰면 걸으라고 닦달이다. 그들의 언행은 정말 지긋지긋하다. 남의 탓, 조상 탓, 자유우파 탓으로 원망하면서 정권을 잡을 수 있다고 하니 국민은 바보가 아니다.

어느 날, 송년회 모임에서 좌파 성향의 친구를 만났다.

그는 나를 보자 요새도 책을 쓰고 있냐? 물어 왔다.

나는 『비호飛虎의 등에 탄 대통령!』을 쓴다고 말하자 "그걸 책이라고 쓰냐? 일기나 써라!" 핀잔을 주어 어색한 자리가 되었다. 제목만 듣고 '그렇고 그런 책 뭐하러 쓰느냐?' 하는 반응을 보였다.

나의 말을 들어보지 않고 깔아뭉개고 무시하니 썰렁한 분위기에 쓴 웃음을 지으며 말문이 막혔다. 기분이 좀 거시기 했지만, 좌파가 생각 하고 말하는 지식의 한계라고 여겨졌다. 윤석열 대통령을 언급하는 말 자체가 듣기 싫어하는 눈치였다.

아무리 좌파를 지지하고 응원해도 그렇지 이건 아니다.

형수에게 쌍욕하는 파일이 난무하고, 지위를 이용해 여배우와 외도 를 즐기고, 바람을 피우고 놀아나며 아내를 속이는 이중인격배신자를 좋아하는 개딸이 정상적일까? 형을 정신병원에 강제 입원시키고, 사법 리스크에 빠져 검찰에 들락거리며 허덕이는 정치꾼에게 간과 쓸개를 빼줄 듯이 미쳐 날뛰는 꼴이 진절머리가 난다. 계파를 따지기 이전에 상식적으로 가능하단 말인가? 나는 도저히 이해가 되지 않는 상황이지만 친구를 버릴 수는 없었다.

국민은 처분만 바라보고 시류에 따라 움직일 수밖에 없다.

고향이 전라도와 광주라는 이유로 좌파를 지지하고, 경상도와 부산이니 우파를 지지하게 되면서 오해를 받는 사람도 있겠지만, 그쪽 편으로 기울어진 운동에서 정치적 지지 기반을 다지게 되는 것은 부인하지 못하는 현실이다.

이것이 우리가 살아가는 경쟁 구도이며 정치적 철학이다.

여당과 야당이 있듯이, 우파와 좌파가 있고, 남자와 여자가 있고, 선과 악이 있고, 낮과 밤이 있으며, 좋고 나쁨이 있는 것처럼 플러스와 마이너스가 있다. 기독교와 불교가 있으니 인성에 따라 선택하게 되며, 하늘과 땅이 있듯이 사물의 생존 본능에 따라 움직이는 사회적 동물이다.

어느 편에 서서 세상을 바라보며 살 것인가?

일반 국민은 아무런 힘이 없으니 여건에 따라 흘러가는 뭉게구름처럼 또는 공기와 시냇물처럼 주변의 흐름에 맡기고 가야만 한다. 인성과 자기성찰이 보내는 본능에 따라 행동할 수밖에 없다. 이것을 바꾸려면 어딘지 모르게 어색하고 남의 옷을 꺼내 입은 것처럼 느껴지니 벗어나려면 대단한 결단과 용기가 필요하다.

정치로 묘수 부리는 겁쟁이들!

집권당은 선거에 패배하자 의회 폭거를 저지르고 말았다.

5년 내내 조용히 지내다가 정권을 내주어야 하는 판국에 퇴임을 일주일 앞두고 패륜의 정치를 저지르고 있으니 기가 막힐 따름이다. 자신들이 재집권할 것으로 믿고 기대했는데 빼앗긴 정권에 보복 심리로 악법을 처리하며 죽으려고 한다. 이들의 악행을 하늘이 지켜보고 가만히 놔두지 않을 거다.

검수완박 꼼수의 완결판을 저지른 5인방 주역이 있다.

ㅁㅈㅇ 대통령은 퇴임 6일을 남겨두고 검수완박 법안심의 국무회의 시간을 10시에서 14시로 연기하며 처리했다. 평소대로라면 10시에 국무회의를 시행하였다. 목숨을 구걸하려고 국가 시스템을 사유화시킨 거다. 퇴임을 앞두고 저지른 행위는 대통령이 아니라 좀도둑이 혼자 살려고 몸부림치는 잡범 수준이었다.

경찰에 잡힌 잡범이 '나는 도둑질하지 않았어요. 감옥에 가지 않게 해주세요. 제발 살려주세요.' 요란 떠는 거와 다를 바 없다. 권력에 취해서 사법 농단의 악행惡行을 저지르고 떠나는 자에게 이게 지켜지겠습니까? 국민의 분노가 하늘을 찌르고 있는데!

국회의장 'ㅂㅂㅅ'은 법안심의 본회의 시간을 조정해주었다.

당초에는 오후 2시에서 본회의를 개회할 계획이었다.

그런데 갑자기 오전 10시로 앞당겨 개회하여 법안을 처리하였다. 야당(국민의 힘)의 법안 처리를 막는 것을 피하기 위해서 그런 것이다. 또한, 하루짜리 본회의 개의는 회기 쪼개기로 야당의 필리버스터 시간을 무력화시켰다. 국회의장이 입법권을 가지고 퇴임하는 대통령을 지켜주려고 안달을 했던 수구세력에 동조를 해주었다.

여당(민주당)의 원내대표 'ㅂㅎㄱ'이는 입만 열면 악담!

법안이 발의되지도 않았는데 당론 찬성을 홍보하며 밀어붙였다.

그는 국회 본회의장에서 "반드시 ㅁㅈㅇ 대통령과 ㅇㅈㅁ 상임고문을 지켜드리겠습니다."를 외치며 민주당 국회의원의 단결을 호소했다. 법안 발의를 정치꾼 범죄를 덮어주고, 지켜주고, 보호하기 위해서 개정한 것은 헌정 사상 처음으로 일어났다.

좌파의 언행을 듣고 있으면 소름이 끼치게 한다.

어느 날, 여당의 원내 대표에서 야당의 원내 대표로 신분이 바뀌자 쓰레기 같은 언행으로 악담을 퍼부어 국민을 허탈에 빠지게 하였다. 야당에 정권을 내주는 현실을 받아들이기 어려웠을 거라고 모르는 바가 아니지만, 해도 해도 너무한다.

아무리 서운해도 정치에 신의와 도리가 있는 것 아닌가!

정권을 넘겨주자마자 반대를 위한 반대, 비판을 위한 비판을 보내면서 갖은 만행을 저질렀다. 다시는 이들에게 정권을 내주면 절대로 안 되겠다는 확신을 가지게 해주었다. 평생 야당을 해야 할 팔자로 똥물을 입에 물고 사는 천박한 집단이다.

새로운 정부가 출범하였으면 도와주지는 못하더라도 똥칠하는 언행으로 훼방을 놓지 말아야 할 것 아닙니까? 지난 5년간 나라를 망쳐 놓았으면 반성해도 부족한데 정권이 바뀌자마자 현 정부에 뒤집어씌우며 온갖 만행을 저지르는 머저리다. 정말 징그러운 좌파 정치 집단으로 꼴 보기 싫은 괴물이다.

민주당 비대위원장 'ㅇㅎㅈ'은 법안을 통과시킨 주역이다.

법안 개정을 통과시키고 지껄인 말이 "국민의 성원 덕분입니다. 지지에 감사를 드립니다."로 법안 통과를 자축하였다. 여당(민주당)이 자살골을 차면서 금 빼지를 땅에 떨어뜨리며 죽으려고 개정하는 법인데 무슨 국민을 들먹입니까? 학식 있는 지성인은 물론이고 해외에서까지 법안 개정의 부당성을 비판하고 있는데, 그들만의 잔치를 벌이고 있다.

국정을 이끌며 온갖 횡포를 저지르고 후안무치한 법안까지 통과시키고 물러났다.

국회의원 'ㅁㅎㅂ'는 여당(민주당)을 탈당해 무소속으로 변신!

그는 여당의 단독으로 안건조정소위원회를 구성하지 못하게 되자 여당을 탈당해 무소속으로 변신하였다. 안건조정소위원회 야당 몫을 차지하기 위해서다. 이렇게 편법을 동원해 안건조정소위원회를 무력화시켰다. 야당이 위장 탈당을 문제 삼으며 항의하자 "나는 위장 탈당하지 않았다." 항변하였다. 야당뿐만이 아니라 국민도 위장 탈당이라며 정치 생명이 끝났다고 하는데! 혼자 아니라고 열변을 토하니 믿어줄 사람이 어디에 있겠습니까?

여기에 동조한 자들이 이들뿐만이 아니다.

여당(민주당)에 몸담고 있는 정치 세력은 암묵적으로 찬성했으니 괴물 법안이 통과되었다고 보아야겠다. 다음 공천에 국회의원 빼지를 달려면 이들과 손을 잡아야 하니까? 몇개월 지나 양심 선언하며 후회하는 지식인이 나오면 다행이겠지만, 이들은 깡패 정치 집단에 따라 움직이는 간신배들입니다.

첫 번째 주역은 ㅁㅈㅇ 대통령으로 민족의 역적이다.

한 마디로 치졸하고, 옹졸하고, 무능의 극치였다.

국민을 조금이라도 생각했다면, 대통령의 위치에서 자신을 뒤돌아보았다면, 국가의 미래를 조금이라도 걱정을 했다면 이 법의 개정을 추진하지 못했다. 노무현 대통령과 김대중 대통령이었다면 감히 이러한 악법을 개정하려고 난리 블루스를 쳤을까? 너무나 부끄러운 대목이다. 이러한 자가 국정을 수행하며 통치했다는 게 나라의 수치다. 끝까지 자격 없는 대통령으로 절규하는 모습이 안쓰럽다.

5년 내내 호의호식하며 지내다가 퇴임을 6일 남겨두고 악법을 처리하도록 주도했다. 재집권할 것으로 믿고 무위도식하며 편안하게 지냈는데, 천심이 돌아서서 그의 무능이 하늘을 찌르며 원성이 자자해지자 엉뚱하게 악법을 개정하며 살려고 한다.

청와대는 "이 법이 통과되지 않으면 20명이 구속된다." 했다

이뿐만이 아니라, 민주당 ㅎㅇㅎ 국회의원은 "부정부패를 저지른 정치꾼의 범죄 수사는 공중에 날려 버리는 것이다."라고 까놓고 지껄였다. 무엇을 잘못해놓고 이렇게까지 할까? 청와대를 떠나며 살아남으려는 몸부림을 쳤지만 이게 가능하겠습니까? 국민을 위해서 정치하고 어떻게 이러한 방법을 찾아냈을까? 불법과 탈법으로 법을 개정하였으니 좌파들의 민낯을 보여주는 추태였다.

이러고 수년이 흐르고 잊을 만하면 TV 방송 역사 스페셜에 나와 "국민과 역사 앞에 떳떳하게 정치했다."라고 자평할 대통령과 국회의장, 정치꾼을 바라보면 역겨워진다. 정치가 어떻고, 자기 자랑하며 얼굴에 철판 깔고 희희낙락거릴 것을 떠올리면 징그럽다. 이들에게 절대로 정치 평론을 맡겨서는 아니된다.

이들은 어떠한 생각으로 엄청난 일을 저지르게 됐을까?

시민단체는 물론이고 학계와 국제사회까지 법안의 문제점을 비난하고 있음에도 불구하고 끝까지 밀어붙였다. 이 법 하나면 좌파들이 싸놓은 똥통을 지킬 수 있다고 혈안을 떨었겠지만, 그게 가능하겠나? 오히려 그들의 목을 죄는 쇠사슬로 돌아오게 될 겁니다.

야당(국민의 힘)의 ㄱㅅㄷ 원내대표는 통탄하였다.

국민의 힘 국회의원이 수적으로 부족해 법안 통과를 저지하지 못하고 울분을 토했다. 야당으로 여러 방법을 동원해 불법 통과를 저지하고 나섰지만, 국회의장의 편협한 운영 방식으로 엄청난 소란을 일으키며 통과되고 말았다. 그는 "이제 쇼의 시간은 끝났습니다. 심판의 시간이 다가오고 있을 뿐입니다." 하는 말로 응대하며 국민의 지지를 호소

하고 나서야 했다.

이들의 뻔뻔한 행동을 바라보면 열불이 난다.

한마디로 민주당은 다수당을 무기로 의회 폭거를 저지른 거다.

대통령으로 나라를 이끌어온 지도자가 마지막으로 하는 행동이 치사하게 구걸하며 살려고 몸부림을 치는 모습이 국민적 수치다. 이러한 자들을 국민의 대표로 뽑아놓고 연금을 주고 있으니 한심하다. 투표를 잘못한 손가락이 창피해서 잘라버리고 싶은 심정이다.

이승만 대통령을 보좌하던 세력은 종북 좌파가 국가를 혼란스럽게 하는 것을 막으려고 부정선거를 꾀하였지만, 4·19가 발발하자 깨끗하게 하야하고 대통령에서 물러났다. 좌파는 이때부터 데모에 길들어 국정을 혼란에 빠뜨리는 재미에 빠졌다. 데모해서 정권을 차지할 수 있다고 믿는다. 언제까지 그들의 만행에 당하겠습니까? 그들은 대통령을 독재자라고 게거품을 물고 비판하는 세력이다.

이승만 대통령의 나라 사랑과 독립 정신을 본받으려면 발꿈치 때만도 못하다. 하기는 데모꾼들이 무엇을 알겠는가! 죽창을 들고 시위에 길든 난봉꾼이 선량한 국민을 괴롭혀온 후예들이다.

선연들이 어떻게 지켜온 나라인데 너무 속상하다.

잘못한 게 있으면 처벌을 받고, 잘했으면 칭찬을 받으면 될 것 아닙니까? 처벌이 두려웠으면 정치를 잘했어야지! 한 나라의 지도자로 또는 역사를 이끌어온 사나이로서 당당한 모습이 아니다. 국민을 대표해서 국정을 이끌어온 자들이 법의 심판이 그렇게 두렵습니까? 오늘 당장 죽더라도 사나이다움을 보여주면 동정심이라도 든다.

차라리 '제가 잘못했습니다. 저를 처벌해주세요. 내가 역사의 짐을 지고 가겠습니다.' 하며 용서를 빌면 국민의 동정을 받아 용서될 수 있겠다. 갖은 수작을 부리며 처벌을 두려워하는 물에 빠진 생쥐 꼴이 처량하다. 역사의 전면에 나서지 말아야 할 멍청이다.

언행에 대한 책임이 역사의 심판이 두렵지 않은가!

궤변의 법을 처리하면서 신의 한 수, 묘수 법안이라고 믿고 있겠지만, 이건 시장 바닥에서 막걸리 한 잔 얻어 마시려고 흥청대는 걸인의 행패에 추태를 부리는 것만도 못하다. 그게 그렇게 쉽게 끝날 거라고 믿고 살려고 한다면, 차라리 접시 물에 코 박고 죽는 게 국민과 나라를 위해서 좋은 선택일지 모르겠다.

사나이 가슴이 터지겠지만 떠날 때는 말없이!

현대사에서 이번 선거처럼 스릴이 넘칠 때는 없었다.

검찰총장을 퇴직하고 야당의 후보자로 정권이 교체되는 특유의 사례가 벌어졌다. 수년 동안 정쟁 관계에서 경쟁하던 야당 후보에게 정권을 넘겨주었으면 그러려니 하겠지만, 어찌 보면 자신이 임명한 부하 직원이었던 현직 검찰총장에게 정권을 빼앗기고 말았으니 울분이 터지는 억울함을 눈물로 삼켜야 했을 거다.

이는 정치 술수가 만들어 놓은 업보라고 보아야겠다.

권력에 취해 분수를 모르는 오만방자한 폭정의 결과였다.

검찰총장이 아무리 미워도 도망갈 도피처를 마련해주고 호통을 쳤어야 했다. 법무부장관의 억지 업무 지시와 여당 국회의원이 호통치는 만행은 하루아침에 동지에서 적으로 몰아붙이는 모욕적인 언행은 인격 말살이었다. 나무에 올라가게 해놓고 밑에서 흔들어 떨어뜨리는 검찰총장의 모습은 너무나 불쌍하게 보였다. 결국, 달달 볶아 대는 정부에 반기를 들고 사퇴할 수밖에 없었다.

퇴직은 하였지만 야당의 대통령 후보로 발탁되리라고 생각을 했겠나! 하지만 대통령에 당선되기까지 과정은 정말 스릴이 넘치고 짜릿한 감동을 주기에 충분하다. 사람이 살아가면서 미래의 운명을 개척하는 데 이렇게 반전에 반전의 역사로 꾸며질 수 있을까? 어찌 보면 정치사에서 꾸밀 수 없는 찰나가 진행되었다.

이게 바로 자유민주주의 나라에서 가능한 일이다.

검찰을 그대로 내버려 두었으면 검찰의 거만한 행태에 국민이 심판하고 질타를 보내어 기능이 축소 조정되었다. 그런데 너무 세차게 몰아붙이는 궤변은 숨 쉴 공간을 주지 않아 국민을 화나게 하였다. 왜! 오만방자한 검찰의 행동에 대한 거부감은 없어지고 야당의 대통령 후보로 밀어주게 됐다.

몽둥이로 때리면 눈물을 흘리며 용서를 구할 줄 알았다.

하지만 검찰은 권력에 맞서 저항할 수밖에 없는 처지였다.

집요하게 검찰을 비난하는 바람에 국민은 짜증이 났다. 그러니 역풍이 불어 권력이 피눈물을 흘리며 폭 망하게 됐다. 그 힘이 거꾸로 작용해 정권을 빼앗기고 말았다. 그래도 정신을 못 차리고 국민을 핫바지로 본다면 정치판을 떠나야 한다.

이러한 행태를 들여다보면 정말 위대한 국민이다.

무지막지한 권력이 집요하게 질타를 보냈는데 이에 동조하지 않고 정부를 비판하였으니까! 결국, 정권을 빼앗겨 야당에 넘겨주었다는 것은 인류 역사에 길이 남을 일을 국민이 해냈다.

지성을 갖춘 정치인이라면 눈물을 흘리며 호소했을 거다.

"국민 여러분, 정말 죄송합니다.

저희가 잘못 했어요. 저의 당을 미워하지 말고 사랑해주세요. 국민의 뜻에 따라 정권을 야당에 물려주고 심기일전 노력해서 국민의 사랑을 받는 정당이 되도록 환골탈태하겠어요. 국민께서 가해지는 엄한 꾸지람과 따끔한 회초리를 달게 받겠습니다. 집권하는 동안 국민께 실망시켜 드려 죄송합니다. 5년 후 다시 태어나 새로운 모습으로 국민 곁으로 찾아오겠어요. 이제 정책 야당으로 국민의 권익 신장에 노력하겠습니다. 국민의 호된 질책에 반성하고 또 반성하는 시간을 가지겠습니다."

이렇게 용서를 빌고 조용히 물러나야 훌륭한 지도자다.

대한민국은 우파와 좌파가 권력 다툼하는 놀이터가 아니다.

이 땅은 우리 민족이 영원히 존재해야 할 터전이다. 국민이 선택을 해주는 정당이 국정을 맡아 수행하면 된다. 패자에게 위로를 보내고, 승자에게 축하의 박수를 보내는 정치 문화를 보여주어야 다음 선거에서 호응을 얻을 수 있다. 그런데 정권이 자신들의 전유물인 양 인정하려 들지 않는 태도는 국민을 무시하는 처사다.

이러한 때 '국민'을 찾고 국민께 구원을 요청해야 국민의 지지를 받을 수 있다. 패자는 패배를 인정하고 승자에게 박수 갈채를 보내야 존경받는다. 권력을 빼앗긴 주제에 무슨 할 말이 많다고 바락바락 떠들고 국민을 우습게 보는 것은 정치인으로 나설 자격이 없다. 반성을 모르는 인성을 가진 자의 언행은 지탄받는다.

국민은 윤석열 정부가 나라를 구할 구국의 정권으로 보지 않는다.

5년 후 국민의 호응을 받고 재집권할 것인가! 아니면 패륜의 정치로 혹독한 비난을 받고 정권을 내어 주고 물러야 할까! 기다려진다. 하지만, 그는 정치판에서 수십 년 닳고 닳아 언변이 능수능란한 달변의 정치인이 아니다. 여당과 야당이 싸우며 격돌하는 정치권을 향하여 비판하며 논쟁을 벌이지 않았다. 생사를 걸어야 하는 정치판에서 언행이 미숙하고 세련되지 못한 사회 초년생이다.

국민의 민원을 처리해주는 실무에 열정을 바쳤던 검찰 공무원으로 순수하게 지냈다. 좌파 수구 세력의 국정 농단에 저항을 받고 국민에 의해서 정치에 입문하게 된 초보자였다.

그렇게 국민의 선택을 받고 어렵게 출발하였다.

지난 정부에 너무 실망한 국민은 국가의 정체성 이미지 개선을 요구했다. 검찰 공무원으로 국정 수행 철학, 업무 추진 능력을 볼 때 국민을 편안하게 해줄 거라고 본다. 검찰총장이었으니 국민을 위해서 최선을 다해 봉사할 거라고 믿고 차선을 선택하게 됐다. 물론 지난 정권처럼 국민을 실망시키는 기만 정치를 한다면 혹독한 처벌이 기다리고 있음을 알아주어야 한다.

국민은 수구좌파首狗左派의 계략에 넘어가지 않는다

정말 지긋지긋하고 국민을 피곤하게 선동하였다.

악랄한 패악悖惡질을 저지르며 정부를 괴롭히려 하는가?

자유우파에게 정권을 넘겨주고 광화문 집회는 하루도 조용할 날이 없다. 무슨 꺼리만 생기면 데모꾼을 동원하여 시위를 벌이고 있다. 끄떡하면 대통령 탄핵과 정권퇴진 촛불 집회를 주도하며 관광버스 동원해 인원을 집결하였다.

여기에 동원되어 참여하는 시위꾼이 무슨 죄가 있겠나!

한마디로 시위를 주도하는 데모꾼은 지구를 떠나야 할 인간 족속이다. 새 정부가 들어서자 대통령 탄핵과 정권 퇴진 운동을 벌이고 있으니 이게 정상적인 집단입니까? 우파는 좌파 정권에 대해서 이렇게 난리 블루스를 추지 않았다. 시위를 해도 어느 정도 껏 해야 국민의 지지를 받아 호응해준다.

불철주야不撤晝夜 질서 유지에 나서는 경찰이 불쌍하다.

시위대가 동원되면 광장의 질서 유지를 위해서 고생하고 계시는 경찰이 고마운 분이다. 인근 시민은 어떠한가! 생활에 불편함은 물론이고 생업에 막대한 피해를 당하고 있다.

이들은 집회 데모꾼을 농촌과 지방 도시에서 동원하려고 관광버스를 이용해 실어 나르며 열광하니 잘하는 짓이다. 코로나 시국에 관광업계가 어려움에 처해 고생하고 있는데, 이렇게 해서 관광 산업에 숨통을 트이게 하는 것은 그나마 다행이다.

어느 기자가 시위에 참여 사람에게 "왜! 윤석열 정부가 퇴진해야 합니까? 탄핵해야 하는 합당한 이유가 뭡니까? 뭐를 잘못했습니까?" 마이크를 대고 질문하자 말을 못하고 도망가기에 바쁘다. 기자와 멀어지자 "돈 때문에 왔지!"라고 소근거렸다.

버스 한 대에 40명이니 100대 동원해야 4천 명이다.

광화문 광장에 4천 명이 모이면 표도 나지 않는 조적지열이다.

500대 정도 동원해야 2만 명이 모여 시위꾼으로 보일 것인데 관광버스를 더 많이 이용하라고 권장해야 한다. 이들은 하던 짓도 멍석을 깔아주면 못한다. 그러니 잘한다고 부추겨 주어야 한다. 국민은 좌파의 계략에 속지 않는다. 간혹 정신 나간 또라이가 있을지 모르겠지만, 추악한 전략에 당하지 않는다.

이것을 못하게 하면 더 날뛰며 미친 듯이 지랄을 할 거다.

그냥 놔두어 관광업에 종사하는 종업원이 잘 근무하도록 보살펴 주어야 한다. 시골에서 농사지으며 스트레스 많이 받았을 것인데, 이를 풀어주고 서울 구경을 시켜주고, 시위 문화를 보여주고 알려주니 얼마나 좋은가! 도심에서 벌어지는 데모 현장을 이때가 아니면 볼 수 없는 기회다. 여기에 동원되면 용돈까지 챙겨 줄 것인데 이를 마다할 사람이 어디에 있겠는가?

정부와 경찰은 질서 유지에 철저를 기하면 된다.

이들이 아무리 인원을 동원해 데모를 해도 정부와 국민은 이겨낼 수 있다. 좌파의 지략에 절대로 무너지지 않는다. 이들은 헛심 키는 일에

돈과 열정, 명예까지 바치고 있다. 굳이 정부에서 저지할 이유가 없다. 그대로 내버려 두면 제 풀에 꺾여 쓰러진다.

자유우파의 정부지지 집회는 동원하지 않아도 좌파가 동원한 인원보다 훨씬 많이 광장을 메우고 있으니 자랑스럽다. 나라 걱정하며 자발적으로 참여한 인파가 파도를 이루고 있다.

수구좌파首狗左派의 지랄 패악질에 적당히 대응해주면 된다.

이들은 원래 그런 놈이고, 그래 왔으며, 선동자이고, 가짜 뉴스를 남발하는 허황된 직업적 음모론자이기 때문에 여기에 과민 반응하며 엮이지 말아야 한다. 그들이 지껄이면 "개는 짖어도 기차는 달린다." 하고 무시하면 된다. 똥개하고 싸워보았자 이겨도 이긴 게 아니라 망신을 당할 뿐이다.

좌파 국회의원은 ㅎㄷㅎ 법무부장관을 눈엣가시처럼 여긴다.

이들에게 너무 과잉 대응하지 말고 적당한 선에서 추적하며 지켜보면 정부와 여당의 역할은 충분하다. 야당은 누구를 붙잡고 시비를 걸어도 걸고넘어질 판이다. 다행히 한동훈 법무부장관이 이들과 대응하며 이겨내는 지혜가 충만하지 않은가?

이들에게 이도 못하게 하면 너무나 가혹한 처벌을 가하는 거다.

그들에게 파이팅 대상으로 물고를 터주고 싸움을 하도록 맡겨야 한다. 아무 짓도 못 하게 하면 그들은 어디에서 누구를 향해 하소연하겠는가? 몸집 좋은 법무부장관이 맞아주니 얼마나 좋은가! 싸움이 끝나면 찾아가 커피 한잔 나누며 수고했다고 위로해주고 피로를 풀어주면 좋을 것으로 여겨진다.

왜! 하필이면 한동훈이냐? 묻고 싶겠지만, 따질 이유가 없다.

그러면 좌파는 누구와 파이팅을 해야만 하는가? 그들은 법무부장관을 볼 때 때려죽이고 싶도록 미운 오리 새끼겠지만, 우파의 입장에서 보면 너무나 자랑스럽고 훌륭한 선수로 든든하다. 쌍방이 창과 방패의 역할을 담당하면서 공격과 수비는 한 치의 물러섬이 없는 광경이다. 천군만마千軍萬馬의 임무를 수행하는 엘리트 장수다. 국민의 스트레스를 한 방에 날려 보내는 시원한 느낌이 든다.

이보다 통쾌하게 벌이는 현장의 생생한 뉴스는 없다.

삭막한 정치판에서 이들보다 좋은 현실 감각의 뉴스를 어디에서 보겠나! 이들이 저지르는 뻔한 거짓 선동과 음해 작전도 짜증이 나지 않는다. 오히려 오늘은 무엇을 가지고 선동에 나설까 기다려지기까지 한다. 이미 결과는 결정된 사안을 가지고 말싸움을 벌이는 것으로 예견되기 때문에 걱정하지 않는다.

그리고 좌파는 '원래 그러한 자들이다.' 인정해주면 그만이다.

이승만 대통령 때부터 수구좌파首狗左派(남로당)는 하이에나 무리였다. 물고 뜯고 투쟁하는 DNA가 있으니 저질 음모의 달인이다. 진흙탕 싸움에 끼어들지 말고 적당히 대응하며 관리하면 된다.

그들과 말을 섞으며 이러쿵 저러쿵 따질 이유가 없다.

그냥 내버려 두어야 제풀에 꺾이므로 무관심이 상책이다.

건드리면 건드릴수록 독이 올라 덤벼들기만 한다. 과거 정치인이 한 말이 유명하다. "미친개에는 몽둥이가 약이다."라는 말이 딱 맞는다. 이들은 미친개와 같으므로 개와 맞서 싸우지 말고 법대로 처리하라는 이야기다.

또라이의 막말 때문에 정권을 빼앗아오지 않았는가?

어쩌면 우파의 입장에서 너무나 고마운 분들이니 잘 보살펴 주어야 한다. 그들 덕분에 정권을 잡을 수 있었으니 얼마나 좋은가! 자격 미달의 실업자가 국회의원 배지를 달고 눈에 보이는 게 없으니 마구 지껄였다. 국회의원이 대단한 직장으로 여기는 또라이에게 파리 목숨이다. 선거법과 뇌물죄로 엮으면 하루아침에 패가망신 당하는 하루살이 몸종에 불과하다.

개 짖는 소리에 시끄러워 정권이 무너지는 꼴불견을 펼쳤으면서 아직도 그 버릇을 고치지 못하고 있다. 이렇게 무식한 자에게 벼슬을 달아주고 국정을 돌보도록 했으니! 그들을 정치에 끌어들인 지휘체계도 똑같은 놈이기는 마찬가지다. "개 눈에 똥만 보인다."라고 했으니 그들이 무엇을 보고 인재를 선발하였겠나!

하지만 경계를 늦추면 뒤통수를 맞을 수 있으니 정신을 바짝 차려야 한다. 언제든지 빈틈이 보이면 비집고 들어올 괴물이다. 이들은 '국민을 속이면 살고, 속이지 못하면 죽는다.'하는 논리가 지배하고 있으니 무슨 말인들 못 하겠는가?

경쟁하며 싸우는 것도 상대가 되어야 승산이 있는 것이다.

이들은 뻔뻔한 스토리와 궤변을 늘어놓고 있지 않은가? 법치주의 나라이므로 법을 위반하면 가차 없이 신속하게 처벌하면 된다. 괜히 말싸움의 빌미를 주며 다툴 이유가 없다.

하나님! 대통령을 탄핵한대요!

어쩌면 '하나님을 탄핵해야 한다.' 하며 덤빌 태세다.

왜! 우리 국민에게 이러한 시련을 주시고 계십니까?

하나님께 '이제 시험을 끝내주시고 사랑으로 보듬어주세요.' 간곡히 기도하며 간증을 드리고 싶다. 하나님께서 내려와 국정을 수행한다 해도 좌파는 불만을 가지고 탄핵을 한다고 거들먹거릴 것인데 어떻게 감당해야 하나! 위기에 처한 대한민국을 누가 나라다운 나라로 다스리며 정치를 잘할 수 있을까?

정말 정신 좀 차리고 세계를 보아라!

시리아의 내전과 지진으로, 러시아의 우크라이나 침략, 하마스와 이스라엘의 전쟁, 중국과 러시아의 패권 정치 등 지구촌이 요동치는데, 말꼬리나 잡으며 정쟁을 일으켜야 되겠나? 국정에 동참해서 무엇을 어떻게 해야 나라에 도움이 되는지 생각하고 행동으로 옮겨봐라! 이 못난 것들아! 선량한 국민을 끌어들여 정쟁에 이용하지 말고 내버려 두어라! 국민은 너희보다 똑똑하고 현명하므로 꼬임에 말려들지 않는다.

국민이 정당한 절차를 거쳐 선택한 위대한 정부다.

정국을 파국으로 이끌어가는 것을 국민이 두고 볼 것 같은가! 꼼수 정치를 부리는 위정자를 국가 전복 혐의로 구속해서 처벌해야 한다. 그래야 나라의 혼란을 막을 수 있다. 새로운 정부는 길을 개척하며 국민을 행복하게 이끌어 갈 것으로 믿는다.

시리아는 내전에 지진으로 허덕이며 어떻게 돌아가고 있는가?

정치꾼의 욕심이 부른 참상이다. 정권을 잡겠다고 치고 받고 난투극을 벌이는 바람에 국민이 엄청난 공통을 받고 있다. 2011년 3월에 발발한 내전은 10년 넘도록 국토를 폐허로 만들고 싸움을 벌이고 있다. 못난 정치꾼의 싸움질을 두고 보지 못하고 하늘이 노해서 지진으로 다스리는 거다.

이래도 정신을 못 차리면 당장에 접시 물에 코 박고 죽어야 할 좌파 정치꾼이다. 수구좌파首狗左派의 정치 현상을 볼 때 이들의 패악悖惡질에 하나님이 노해서 벌을 내리게 될 거다.

시리아 국민은 먹고 살 음식은 고사하고 마실 물조차 없어 뜨거운 태양 빛 아래서 말라죽고 있다. 국제 사회도 어찌할 방법을 찾지 못하고 자유 진영과 좌파 진영이 정부군과 반군을 지원해주는 바람에 끝이 보이지 않는 소모전을 벌인다.

너희들이 정권 잡았을 때 자유우파는 이러지 않았다.

보편타당하게 도와주며 국정 운영에 협조해 주었다. 그런데 너희들은 정권을 빼앗기고 이튿날부터 정부를 비판하고 국가 원수를 모독하며 악담을 퍼부으며 패악^{悖惡}을 저지르고 있다.

이게 너희들의 실체라는 것을 모르는 바가 아니다.

하지만 해도 해도 너무한다. 너희들이 바라는 시리아의 내전처럼 국가를 전복시켜 집권을 꾀하려는 꿈을 가지고 있는가? 국민 여러분! 좌파가 저지르는 이 참상을 그냥 두고 봐서 되겠습니까? 하나님께서 심판하기 이전에 국민이 처벌을 내려야 한다. 그래야 두 무릎을 꿇고 용서를 빌며 살려달라고 할 거다.

자유우파 정권이 무엇을 얼마나 잘못을 했나?

좌파 또라이는 정권을 빼앗기고 우파가 정권을 잡으니 다음 날부터 대통령 탄핵을 외치며 거리로 나가면 어찌하자는 것인가? 해도 해도 너무하는 잔인하고 무식한 집단이다. 좀 지켜보고 잘못하면 그때 지적하고 비판을 보내도 늦지 않다.

협치는 못하더라도 애증의 기간에 도와주려는 미덕을 보여주어야 정치하는 사람끼리 도리다. 자유우파는 좌파가 정권을 잡았을 때 꼬투리를 잡으며 말 폭탄을 보내지 않았다.

그런데 좌파는 뻑 하면 대통령을 탄핵시키겠다고 떠든다.

못난 국회의원이 벼슬이라고 대통령을 탄핵시키는 공장입니까? 파리 목숨이 뭐 잘났다고 지금까지 여러 번 그래 왔다. 국회의원에게 대통령 탄핵권이 있으니, 대통령에게 국회 해산권을 부여해서 균형을 갖추어 한다. 그래야 국회와 정부가 공평하게 안정적으로 이끌 수 있다. 다수당의 횡포로 만행을 저지르며 국정을 발목 잡는 국회는 필요가 없다.

정치인은 나라 사랑과 국민 사랑의 사명감이 중요하다.

좌파는 국민의 행복과 안전을 지키려는 책임 의식은 안중에 없다. 오직 탐욕의 늪에 빠져 자신이 아니면 안 된다는 추악한 논리에 빠져 국정을 혼란스럽게 한다. 민초들은 먹고살기 바빠 밤잠을 설치며 뼈가

으스러지도록 생업에 종사하는데, 이들의 입방정으로 나라를 망치게 하므로 화가 치밀어 오른다.

아무 때나 지껄이면 탄핵을 할 수 있는 겁니까?

왜! 대통령의 위치가 이렇게 땅에 떨어져야 합니까?

국민의 축복 속에 태어난 정권을 마구 흔들어 대면 어찌하자는 건지 도저히 모르겠다. 한심한 무리들이다. 좋은 말도 많은데 말꼬리 잡으며 비난하다가 말빨이 딸리면 탄핵을 외친다. 터진 입으로 말 폭탄을 지껄이는 탐욕의 정치꾼을 몰아내야 한다.

이게 국정을 책임지고 이끌어가는 정치인의 자세입니까?

새로운 정부가 탄생한 지 두 달이 지났을 때부터 탄핵한다고 떠들어 댔다. 대통령 선거를 다시 하려면 몇천억 원의 국민 혈세가 소요된다. 그래서 대통령을 엄격하게 경호하며 보호해주는 거다. 이 비용을 지들이 부담해서 선거를 치를 건가? 통치권자를 이렇게 흔들어 대니 외국 언론이 어떻게 평가하는가? 세계 10대 경제 대국의 위상을 이렇게 망각해도 됩니까?

머저리 정치꾼이 멍멍 짖어내는 개소리다.

아무리 미워도 할 말이 있고 못 할 대화가 있다.

정부 권력을 지들 마음대로 휘젓고 다녀도 되는가? 여기에 당할 정부가 어디에 있나! 국회의원 지위가 이렇게 저질 난봉꾼의 자리로 변했는가? 똥물에 빠져 허우적거리는 놈들이 살려 달라고 외치는 모습이 가련하다. 대통령을 탄핵시키면 지들이 정권을 잡을 것처럼 야단법석을 떠는데 김칫국 마시지 않았으면 좋겠다.

한마디로 지구에서 사라져야 할 패륜아가 날뛰고 있다.

말꼬리나 잡는 닭대가리 또라이에게 과분한 벼슬이 주어지자 수작을 남발한다. 아무리 무식하다 해도 이건 아니다. 누가 이들에게 정치의 기회를 주었는가! 너무도 부끄러운 처사다. 이들을 정치판에 끌어들인 놈도 똑같은 놈이다. 이 세상에 떠돌아다니는 욕을 모두 동원해서 퍼부어도 화가 풀리지 않는다.

서로가 협치하는 가운데 대우받는 거다.

이러한 자세가 국민을 위하고 새로 탄생한 정부에 정치인으로 예의를 지키는 것이다. 지들이 얼마나 잘했다고! 지가 잘못해서 정권을 빼앗겼으면서! 뭐든지 남의 탓으로 뒤집어씌우며 난리 블루스를 추면서 나라를 혼란에 빠뜨려야겠는가?

수구좌파首狗左派는 대통령을 탄핵하는 데 재미를 붙였나?

아니! 탄핵 중독자들이 모인 집단 같다. 노무현 대통령은 말 한마디 잘못했다고 탄핵시켜 시험에 들게 했다. 대통령을 허수아비로 만들어 청와대를 지키는 경비로 전락시켜 2달 동안 밥이나 먹고 잠자며 시간만 때워야 했다.

그리고 박근혜 대통령은 힘이 없고 청순하고 어수룩하게 보이자 탄핵해서 정권을 찬탈하는 데 성공했다. 그때 탄핵을 당할 만큼 나라를 위태롭게 했습니까? 좌파 정권처럼 부정부패를 저지르며 부를 축적했나? 말꼬리 잡으며 비난하는 궤변에 말려든 머저리 모사꾼들에게 당한 거다. 또다시 윤석열 대통령을 흔들며 이 맛을 즐기려고 탄핵을 남발하며 떠들고 다니는 쓰레기 난봉꾼이다.

이들은 인성을 갖춘 집단이 아니다.

두 번 다시 좌파들의 망월폐견望月吠犬 짖어 대는 소리에 현혹돼 흔들리면 절대로 아니다. 이들은 아무나 보고 짖어 대는 동네 똥개 유기견이다. 난봉꾼 양아치 또라이가 꾸며대는 헛소리에 당하지 말고 국정을 안정적으로 지켜야 한다.

망월폐견望月弊犬 짖어 대는 개소리로 미친 짓이다.

언제까지 개 짖는 소리를 낼까? 국민은 지켜보고 있을 거다.

아마 모르기는 해도 새로 집권한 정부의 임기가 끝날 때까지 동물적 감각으로 발목 잡으며 괴롭힐 거다. 여기에 흔들리면 박근혜 대통령처럼 위기를 극복하지 못하고 큰 재앙이 온다.

좌파의 폭언, 폭정, 괴변, 의회폭거, 거짓선동, 사법 기관과 헌법기관을 무력화 시키고, 국가원수를 모독하고, 비난하는 유언비어 남발을 언제까지 지켜보아야 하나! ㅁㅈ당을 '위헌정당해산심판청구'로 해산시켜 만행을 끝내야 한다. 정부는 좌파의 패악 질에 당하고 있을 허수아비가 아니다. 순한 양으로 대응하지 말고 법대로 처벌해서 국가 기강을 바로 세워야 한다.

또다시 박근혜 대통령의 전철을 밟으면 아니된다

어떻게 보면 박근혜 대통령 때 전후 상황과 비슷하다.

우파 정권이 들어서면 수구좌파首狗左派는 야생의 본능으로 탄핵을 외쳤다. 이승만 대통령 때부터 또라이 짓을 하며 지냈다. 사바나 들판을 떠돌아다니는 하이에나와 들개 무리처럼 물어뜯는 집단이다. 그래서 이들이 정권을 잡으면 안 되는 이유다.

지금 윤석열 대통령은 수구좌파와 전쟁 중에 있다.

반헌법 세력, 반국가 세력, 부정부패를 저지른 범죄자와 치열한 전쟁을 치르고 있다. 대한민국의 국운을 좌우할 건곤일척의 전투를 벌이며 사활을 펼친다. 사바나 들판에서 세차게 몰아치는 소낙비를 맞으며 비호飛虎의 등에 타고 달리고 있으니 뛰어내리지도 못한다. 좌파에 양보와 타협으로 물러서면 국민의 미래는 암울해진다.

국가의 기틀을 법치로 바로 세워야 한다.

좌파는 죽기 살기 필사적으로 정쟁을 일으켜 물고 늘어진다.

그들은 원래 야당으로 데모꾼으로 길들었는데 여당일 때는 파벌 정치로 끼리끼리 해먹었다. 이제 야당이 됐으니 떼창으로 시위를 벌이며 정국을 혼란에 빠뜨리는 조폭 집단이 됐다.

똥파리가 밥상에 앉아 앞발로 빌면 용서해주어야 하나?

건강을 해치므로 때려잡지 않으면 큰 변고가 따르게 된다.

정국을 혼란에 빠뜨려 더럽히는 패거리가 집권할 것처럼 난리 블루스를 추며 날뛴다. 코로나 시국에 국정 수행에 많은 어려움에 처했다. 업무를 추진하는 것보다 이들과 대적하며 이겨내야 하는 현실이 더 힘든 상황이니 통탄스럽다.

자유우파는 무식하게 싸움으로 투쟁을 벌이지 않았다.

신사적이고, 보편적이고, 타당한 지적으로 경쟁하면서 넘어갔다.

그런데 수구좌파首狗左派는 잔인하게 파고들어 괴롭힌다. 거머리와 하이에나 무리가 되어 국민의 피를 빨아먹고 "닭 쫓던 개 지붕만 쳐다본다." 하는 꼴이다. 대통령이 탄핵을 당하고 정권을 빼앗기는 수모를 겪으면서 쨱소리 못하고 물러났다.

국민이 보내는 비판의 소리를 듣고 있었지만, 꿀 먹은 벙어리마냥 냉가슴 끌어안고 지켜만 보았다. 어쩌면 인과응보 하늘의 뜻을 믿고 지지해 주기를 바라면서 말입니다.

그런데 좌파는 싸움 개처럼 무조건 시비 걸고넘어진다.

하이에나가 초원에서 사냥감을 노리듯이 정책 하나하나가 투쟁 꺼리다. 정말 징그러울 정도로 집요하게 말꼬리를 잡고 물고 늘어졌다. 지난 정권에서 국정을 이끌어온 좌파들은 역사 왜곡과 파국으로 몰아가는 정치 깡패의 행적이 드러났는데 부끄러운 줄 모른다. 두 번 다시 집권을 막아야 한다.

이렇게까지 몰고 가며 말싸움하고 싶을까?

인면수심의 파렴치한 정치 집단이므로 정신을 바짝 차리고 대응해야 한다. 국가 원수를 깔아뭉개고 끌어내리려고 혈안이 된 뻔뻔스러운 괴물 집단이다. 싸움을 걸어서 이기면 정권을 차지하게 될 거고. 싸움에 져도 손해 볼 게 없다는 코스프레를 펼치는 좌빨이다. 여기에 강력하게 대응해서 박살 내지 못하면 자유우파는 매번 당하는 바보들의 행진으로 끌려다니게 된다.

이러한 사실을 국민은 잘 알고 있다.

이번에도 국민의 도움으로 기사회생하게 됐다.

이 와중에 은혜를 모르고 또 집안싸움으로 시끄러우니 부끄러운 작태다. 왜! 그럴까? 형제자매가 많이 가지려고 투정을 부리며 내 것을 빼앗기지 않으려고 시기하는 거다. 욕심이 과하면 탐욕이 되고, 탐욕이 심하면 패망의 길을 걷는다.

우리 민족의 당파 싸움은 정말로 지긋지긋하다.

조선 시대 당쟁을 비판하려면 사림 정치를 비난해야 하고, 사림 정치를 비난하려면 유교적 문치주의를 나무라야 하며, 유교적 문치주의를 비평하면 한국 역사 전반을 비난해야 한다. 이렇듯 식민사관으로 인한 폐해는 자기 부정이라는 모순으로 귀착됩니다.

'조선 왕조는 당파 싸움 때문에 망했다.'라는 의견은 누구나 한 번쯤 들어봄 직한 얘기다. 각 파당 이익만을 채우기 위해 싸우는 당파 싸움은 조선 시대보다 더 치열하고 치사한 것 같다.

지들이 잘못해서 정권을 빼앗기고! 아무리 미워도 그렇지! 양보하는 미덕과 용서해주는 용기! 아름다운 퇴장은 어디에도 없다. 좌파 정치꾼의 못된 습성만 배워 가지고 인성이 부족하고 가득 찬 훼방꾼에 불과하다. 아무리 잘났다고 까불어도 국민의 손아귀에서 놀아나게 돼있으니 두고 봅시다.

정치와 행정은 국민(주민) 서비스 직업!

검찰(검사와 경찰)은 국가 공무원으로 책임!

한마디로 말하면 검찰은 국가 공무원이다.

물론 이것을 모르는 사람이 어디에 있겠습니까?

요새는 복잡 다양한 사회구조 때문에 그런지 잘 모르는 사람이 있는 것 같아 아쉽다. 공무원은 무한 책임을 져야 하는 위치에서 업무 추진하는 거다. 어쩌면 퇴직 후에까지 책무를 져야 한다. 특히 검찰 공무원은 국가의 존립을 지켜준 중요한 임무를 수행하였다. 정권에 부화뇌동^{附和雷同}하며 수사하면 역적이 되는 범죄 행위다.

그런데 정권에 맞서 수사하던 검찰은 옷을 벗고 퇴직하든지, 아니면 한직으로 좌천되어야 했다. 머리에 권총을 겨누고 압박해도 정도를 걸어야 법치가 지켜집니다. 정권은 유한하지만 법 집행은 영원히 지속되어야 한다. 검찰이 정권의 하수인으로 눈치를 살피며 수사를 한다면 어용 조직이 되고 만다.

국민은 누구에게 의지하고 억울함을 호소해야 합니까?

새로운 정권은 좌파 정부에 맞서 수사하던 검찰총장이 대통령에 당선됐으니 법치를 바로 세워야 한다. 국가관이 확실하고 국민의 편에서 업무를 추진하던 공무원으로 근무하였지만, 하늘이 불러내 대통령으로 당선을 시켜주었다.

검찰총장은 좌파 정권의 탄압과 억압에 굴하지 않고 검찰의 위상을 지켰다. 이들에게 굴복하고 어영부영 넘어갔으면 검찰 조직은 엉망진창이 됐을 거다. 비리 정권에 대항하는 불굴의 정신에 열화와 같은 지지를 보냈다. 이 상황을 엄중히 감시하고 지켜보며 경고하였음에도 무지한 정권은 국민을 우습게 보고 권력을 남용했다.

지금까지 어용 검사들이 수사를 뭉개고 방치했다. 사건을 다시 꺼내어 철저히 수사해서 법의 심판을 받아야 한다.

업무를 게을리하며 정권에 부화뇌동한 검사와 경찰까지 직무 태만으로 구속해서 법정에 세워야 한다. 그래야 정의가 바로 서는 사회로 변화시킨다. 검사는 대한민국을 구하는 최고의 엘리트 기관이다. 썩어빠진 정치꾼 쓰레기와 서민의 주머니를 훔쳐 빼앗아가는 쓰레기를 청소해서 쓰레기통에 넣는 데 최선을 다하였다.

국민은 유체이탈 화법에 속아서 지냈으니 너무나 분하다.

좌파 정권을 생각하면 너무나 억울하고 원통해서 잠을 이루지 못한다. 왜 무지한 정권 때문에 국민이 고통을 받아야 합니까? 새로 탄생한 정부는 정치판에서 국민을 이간질하며 놀아나던 정치꾼이 아니라, 전문 공무원이 대통령이 됐으니 국민의 편에서 국정을 수행해 주리라 믿어진다.

성공한 대통령으로 퇴임하는 모범을 보여주었으면 좋겠다.

검찰 공무원으로 재직하고 퇴직하였으니 현직에 근무하는 자세로 국정 업무를 수행하면 국민의 지지를 받을 것이다. 모든 것을 내려놓고 국민의 편에서 일하면 된다.

야당을 이기려고 오기 정치는 피해야 할 과제다.

수구좌파가 뭐라고 하든 '그래 네 똥 굵다. 너 정말 잘 빠진 놈이다.' 속으로 삭이고 바보처럼 들어주면 무난하다. '너희들은 얼마나 잘했니? 너나 똑바로 잘하세요.' 저항하면 싸움이 벌어진다. 정책을 추진하면서 여당과 야당이 누가 국민에게 더 많이 양보하였을까? 국민이 지켜보고 심판을 한다.

못난 것들이 잘났다고 뛰어보았자 벼룩이다.

국민의 손아귀에서 노는 애벌레에 불과하다.

민심은 천심이라고 했다. 야당 정치꾼이 무리하게 땡깡을 부리고 정부를 힘들게 괴롭히면 국민이 그냥 놔두지 않는다. 그래서 여당이든 야당이든 국민을 바라보고 헌신해야 천심의 지지를 얻고 다음 정권으로 이어질 수 있다.

검찰을 두려워할 자는 범죄자들뿐이다

이 말을 거짓말이라고 혹평할 사람이 있습니까?

그러면 그자가 범행을 저지른 범죄자로 보아야 하겠다.

이 말을 했다고 정치 보복이라고 호도하며 듣기 싫어하고 거부하는 세력이 있다면 어떻게 해야 할까? 적반하장^{賊反荷杖}도 유분수지 끼리끼리 모여 난리 블루스 추며 정치권을 혼란스럽게 하면 어느 누가 믿고 따라 주겠나!

좌파는 정권을 빼앗기고 "검찰 공화국이 됐다."라고 비난했다.

올바르게 사는 서민이 볼 때는 조폭 공화국, 깡패 공화국, 부정부패 비리 공화국보다는 검찰 공화국이 훨씬 좋다. 돈과 권력에 취해 거들먹거리며 부정부패를 저지르는 쓰레기 기득권을 법치로 다스려야 질서가 지켜진다. 서민은 부자와 권력자, 정치 깡패가 쥐락펴락하는 사회를 보면 억울해서 울분이 터진다.

검찰의 임무는 국민을 범죄자로부터 보호하는 일이다.

이는 국민의 입장에서 보면 너무나 당연한 말이다. 그런데 '왜! 이 시점에서 당연한 말을 해야만 할까?' 아니라고 우기는 또라이가 있기 때문이다. 원론적인 말을 자연스럽게 했을 따름인데, 이를 부정하는 사람과 어떻게 함께 살아야 합니까?

수구좌파는 해도 해도 너무한다.

이들은 똘똘 뭉쳐 카르텔을 형성해 정부를 이끌며 국정을 농단하고 엉망진창으로 운영하였다. TV 뉴스를 보고 있으며 치가 떨리고 혐오스러워 울분을 터뜨리게 한다. 국민은 스트레스를 받아 가슴이 새카맣게 타들어 갔다.

검찰을 억압하고 무시하던 세력은 정권을 내주어야 했다.

과거 정권의 사례를 보면 검찰과 대적했던 정부는 정권을 야당에 내주고 물러났다. 김영삼 정부는 물론이고 노무현 정권도 검사와 대화를 추진하면서 검찰을 몰아붙이고 소란을 피우더니 결국은 정권을 야당에 빼앗기고 말았다. 박근혜 정부는 검찰을 인사권으로 조직을 충견으로 만들어가면서 기강을 휘어잡으려고 했다. 하지만 결국 탄핵을 당해서 물러나고 말았습니다.

그리고 문재인 정권은 말을 꺼내기도 창피할 정도다.

정권 초기에는 적폐 청산이라는 명분 아래 깨끗한 정부로 대단한 일을 처리하는 것처럼 포장해 그럭저럭 넘어갔다. 결국, 5년 내내 검찰과 싸우며 적과의 동침이 이루어졌다. 코로나 시국에 안정된 국정을 바라는 흐름이었다. 한 번 더 집권할 수 있는 기회가 국내 외 여건이 유리하게 조성돼 있었는데도 빼앗기고 말았다.

검찰을 개혁의 미명 아래 집요하게 때리며 충견을 만들려고 했지만, 국민의 저항을 받아야 했다. 법치를 무시하고 측근을 살리려고 악법을 제정하며 몸부림을 쳤지만, 전체가 죽어야 하는 시련을 겪으며 물러나게 됐다.

한 번도 경험을 해보지 못한 정부라고 자랑했는데 결과는?

정말로 처음으로 겪어보는 무능하고 부패한 정부에 국민은 환멸을 느꼈다. 오만한 권력에 반기를 들고 야당에 정권을 내주고 물러났다. 국민은 핫바지가 아니다. 그들의 말장난에 흔들리지 않으며 보이지 않는 손으로 정치꾼을 심판한다.

이처럼 정국을 혼란스럽게 이끌어 무엇을 얻을 수 있나!

모두 잃었으니 빨가벗고 맨발로 쫓겨나야 했다. 오늘을 살기 위해서 내일의 꿈과 희망을 꺾어버리는 행위다. 혼자 살려고 몸부림을 치다가 조직 전체가 죽어야 하는 썩어 빠진 정치꾼들의 어리석은 짓이다. 법치주의를 파괴하고 망국으로 가는 패거리 정치, 패륜의 정치를 일삼았으니 너무나 끔찍하였다.

정권을 빼앗기면 수천 명의 측근이 권좌에서 물러난다.

국회의원은 반으로 줄어들고, 도지사와 시장 군수는 물론이고 시, 도지사와 시, 군 의원까지 반으로 줄어들게 된다. 정부 주요 기관과 공공기관의 장이 교체되어야 한다. 이 엄청난 고통을 감수하면서 당장에 미봉책으로 꼼수 정치를 한단 말인가?

국민을 무시하고 피해갈 방법이 있다고 보는가?

이들 때문에 국민은 힘이 빠지고 삶의 의욕을 상실하였다.

이런 정치 협잡꾼을 국민의 대표로 뽑아 놓았으니 땅을 치며 통곡해도 원통한 심정을 달랠 길이 없다. 다음 선거에서 정치에 발을 들여 놓지 못하도록 심판을 내려야 한다.

'정치꾼에 의한 정치꾼을 위한 나라!'가 되면 되겠나!

할 일 없이 빈둥빈둥 놀던 실업자가 정치판에서 감투 쓰고 한탕 해먹고 먹튀 부리고 무죄를 주장하면 끝이 아니다. 불법이 판을 치는 범죄 천국을 만들면 큰일이다. 이러니 돈 좀 있는 어중이떠중이 건달이 어깨에 힘 좀 쓰려고 정치판에 기웃거리며 혈안을 떤다. 정말 꼴불견의 웃음거리가 아닐 수 없다.

이게 국민의 행복을 지켜주는 지도자인가?

돈 많은 실업자가 돈 주고 벼슬을 사면 정치꾼으로 감투를 쓰면 무죄가 되는 나라가 됐으니 해외 언론이 가십거리로 비판을 보냈다. 창피해서 눈물이 나오려고 한다.

아무리 패거리 정치판이라고 해도 부끄러움이 있게 마련이다.

사나이가 당장 죽더라도 국가를 정의롭고 희망찬 미래로 이끌어 가려고 정치하는 것 아닌가? 국민의 생명과 자존심을 지켜 주어야 할 책무가 있고, 자손만대 이어갈 조국을 지키는 데 이 한 몸 바치려고 정치에 헌신하는 것이다.

막장 드라마 정치를 해도 그렇지! 너무 요란스럽다.

실업자 신세에 어쩌다 국회의원 빼지 달고 보니 눈에 보이는 게 없는 모양이다. 이들은 독극물 풍선을 머리에 이고 뛰어가는 바보들의 행진이다. 그 풍선이 언제 터져 흠뻑 젖게 될지 모르면서 이를 자랑삼아 활보하는 또라이다.

권력을 소유물로 여기며 마구 휘두르면 어떻게 되겠는가?

이는 정국을 파국으로 몰아가 민주주의를 파괴하는 행위이며 국민은 열불이 난다. 이들을 정치판에서 솎아 내지 않으면 썩어빠진 무식한 정치꾼의 놀이터가 되고 만다. 국민은 이들의 일거수일투족과 언행을 지켜보고 심판을 내린다.

다음 선거 때 보이지 않는 손에 의해서 솎아 내야 한다.

측근이라고 해도 불법을 저지르는 지도자를 옹호해주면 정권은 무너진다. 이게 우리 민족이 지금까지 지켜온 자유민주주의 역사다. 그들이 아무리 안위를 지키려고 해도 국민은 법의 심판을 받게 한다. 이게 바로 정의의 사도입니다.

검찰의 임무는 범죄자로부터 국민을 보호하는 것!

썩은 지도층의 부정부패를 누가 다스려야 합니까?

이들의 망나니짓을 검찰이 나서지 않으면 건드릴 자가 없다.

어리석은 정치꾼의 폭력적 비리 행위는 검찰의 칼끝으로 다스려야 한다. 불법을 피하려고 갖은 모략의 꼼수를 부리는데 이는 어불성설이다. 어영부영 다스리면 위법부당(성범죄, 뇌물수수, 세금도둑, 폭행, 사기, 선거사범)행위가 끊이지 않을 것인데 누가 감당하겠나!

나라의 존립기반은 '법치法治'로 다스려야 한다.

자유민주주의 법치국가는 누구도 법 위에 군림할 수 없다.

국민의 99.9%는 자기 위치에서 성실히 임무를 수행하며 지낸다. 그런데 0.1%(50,000명) 권력을 가진 자와 비리 정치꾼을 검수완박 법안으로 보호해 주어야 하는가?

국민을 생각하는 정치인이라면 말도 안 되는 처사다.

대한민국을 이끄는 위선의 지도자가 추악한 짓거리로 국민을 어렵게 하는 작금의 사태다. 대대손손 천년만년 권좌에서 부귀영화를 누릴 것처럼 난리 블루스를 춘다.

'무권유죄無權有罪 유권무죄有權無罪'(권력이 없으면 유죄이고, 권력이 있으면 무죄) 또한 '유전무죄有錢無罪 무전유죄無錢有罪'는 미래가 암울하다. '인치人治'가 설치면 검찰은 있으나 마나 한 조직이다.

우리나라를 범죄로부터 지켜 준 기관은 검찰이다.

과거 정치권이 나라를 위태롭게 할 때마다 검찰은 분연히 일어나 그들을 소탕해 감옥에 보냈다. 그게 왜! 잘못됐다고 비난을 보내야 하는가? 부패한 정치꾼과 공직자가 범죄를 저지르고 도망가면 지구 끝까지 쫓아가 처벌해서 법치를 바로 세워야 한다.

파리와 모기는 퇴치해서 쓸어 버려야 할 해충이다.

똥파리가 밥상에 앉아 두 발을 모아 비비며 용서를 빈다고 살려주어야 하는가? 파리채로 쫓아 버리던지 때려잡아야 안전하다. 사무실과 아파트 거실에 모기가 들어와 윙윙거리며 난리 치면 없애버려야 한다. 모기가 모기장을 뚫고 들어와 사람의 피를 빨아먹으면 모기약(에프킬라)을 뿌려 잡아야 한다. 이렇듯 악의 소행 범죄자는 선량한 사람의 피를 빨아먹는 해충이나 다름이 없다.

쥐는 전염병을 옮기고 건강을 해치는 설치동물이다.

쥐가 토주지(곡식 창고)에 쥐구멍을 파고 들어가 곡식을 먹어 치우는데 그냥 놔두어야 하나? 물에 빠진 생쥐가 벌벌 떨며 바라보면 불쌍하다고 보호해 주어야 하는가? 쥐는 전염병을 퍼뜨려 사람의 건강을 해치고 위험하므로 쥐약을 놓던지 쥐덫을 설치해 당장에 잡아내야 안전하다.

검찰은 해충과 쥐를 잡는 역할을 충실히 했다.

조직이 엄격하고 똑똑한 검찰의 힘이 아니었으면 썩어빠진 정치꾼에 의해서 나라는 난장판이 됐을 거다. 국민은 자랑스러운 검찰을 믿고 위로와 박수를 보내고 응원하고 있다.

사람의 몸에 암세포가 발견되면 치료를 해주어야 한다.

항암치료와 방사선치료를 받든지 수술을 해서 암세포를 제거해주어야 생존할 수 있는 거와 마찬가지다. 정치꾼이 막장 드라마로 몰아가도록 내버려두면 되겠는가? 정치가 아무리 썩었다 해도 이건 아니다. 썩어 빠진 정치꾼은 빨리 처벌해야 사회가 안전하다.

검찰에 강하게 힘을 실어주어야 한다.

범죄와 비리가 판을 치는 썩은 곳을 도려내 사회의 기강을 바로잡아야 한다. 이제까지 혼란의 역사는 정치꾼들이 저질렀다. 정치가 국민을 고통스럽게 괴롭혀왔지 검찰은 공무원으로 나라가 위기에 처할 때마다 맡은 바 사명을 충실히 수행하였다.

과거 자유 당정권 시절에 경찰의 폭력은 대단했다.

그 힘을 검찰에 분산시켜 주었는데 이제 와서 '정치는 잘했는데 검찰이 잘못했다.'라고 몽니를 부려도 유분수다. 오히려 검찰이 정치권에 부화뇌동 어영부영하는 바람에 국민이 피해를 보았다. 못된 정치꾼이 영원히 정치 권력을 휘두르며 지낼 것 같지만, 그 정권은 몇 년 지내지 못하는 빛 좋은 개살구다. 하지만, 검찰은 영원히 나라의 존립을 지켜 주어야 하는 중요한 수사기관이다.

좌파 권력에 무너진 법치를 지키려고 나타난 ㅎㄷㅎ 법무부장관의 열정은 정말 다행이다. 우리나라를 구원해줄 천군만마^{千軍荪馬}를 얻은 천운이었다. 야당의 집요한 공격에 한 치의 물러섬이 없는 ㅎㄷㅎ 법무부장관의 대응은 역사 바로 세우기 최후의 보루다.

무너진 법치를 바로 세우는 ㅎㄷㅎ 법무부장관!

ㅎㄷㅎ 법무부장관은 어떠한 사람인가!

좌파 정권에서 4번 좌천을 당하는 수모를 겪었던 검사였다.

이뿐만이 아니라 후배 검사로부터 독직폭행을 당하고 징계까지 받았다. 폭행한 검사는 검사장으로 승진해서 승승장구^{乘勝長驅}했지만, ㅎㄷㅎ은 좌천을 거듭하며 한직에 머무는 처지였다.

그런데 정권이 바뀌고 전세는 역전되고 말았다.

그는 법무부장관으로 영전을 하였지만, 독직폭행 검사는 징계를 받아야 했다. 당연한 순리라고 평가해도 되겠지만, 이만큼 권력의 힘은 대단하다. 야당이 된 좌파는 법무부장관이 눈엣가시였다.

어떻게 해서든지 깎아내리려고 혈안을 떤다.

국회로 불러내 벌떼처럼 달려들어 질문공세를 벌이며 흠집을 내어 혼내 주려고 했지만, 그때마다 역풍이 불어 국회의원이 망신당하는 꼴이 통쾌하였다. 야당이 국민을 생각한다면 이렇게 저질정치로 몰아붙이지 못한다. 이러한 상황을 국민이 보고 판단한다. 국민은 바보가 아니며, 총명하고, 똑똑하고, 현명하다.

좌파 정권에서 법치는 휴지 조각이었다.

검수완박 법이 국민을 위한 법입니까? 정치꾼에 의한 정치꾼을 위한 정치꾼의 법이다. 정치꾼이 저지른 범죄를 수사하지 못하도록 법까지 개정하며 난리 블루스를 추며 검찰을 압박하였다. 좌파 정권이 해먹은 부패 사범을 법의 심판을 못 하고, 서민이 저지르는 도둑과 강도 강간 사건을 법정에 세우도록 야단법석이다.

이때 나타난 ㅎㄷㅎ 법무부장관의 출현은 신의 한 수였다.

그는 위기에 처한 나라를 구할 구원 투수로 역할을 충실하였다. 좌파 정권에서 4명의 법무부장관이 있었지만, 그들이 한 일은 검사와 싸우며 법질서를 뭉개고 무너뜨렸을 뿐이다. 검찰 행정을 잡범이나 잡는 허울 좋은 개살구 조직으로 전락시켰다.

왜! 법무부장관이 검사와 싸워야 합니까?

생각을 해보면 말도 안 되는 짓이다. 권력이 열심히 일하는 검찰 조직을 허수아비로 만들어 놓고 살아날 길만 찾으려고 호들갑을 떨었다. 좌파 정부에서 법무부장관과 대법원장은 정권의 하수인 역할에 충실했던 충견이었다.

무너진 법치를 바로 세우기 위해서 당당해야 했다.

야당의 거센 공격에도 한 치의 흔들림이 없이 추진하였다. 좌파 국회의원이 말꼬리 잡으며 공격을 하였지만, 오히려 망신을 당하고 물러났다. "국민을 범죄자로부터 보호하기 위해서 법무 행정을 펼치는데 무엇이 잘못됐습니까?" 꼬집었다.

어떠한 말도 이보다 상위의 반박 논리는 있을 수 없다.

지네들이 잘못해 놓은 법 체계를 바로 세우려고 하는데, 거센 반발에 대응하며 "무너진 법치를 바로 세우겠다는데 뭐가 문제가 되는 겁니까?" 답변하자 반박을 못 하는 허울뿐인 자다.

좌파정권의 거대 조직이 머리를 싸매고 정치 기술자로 묘수를 부려가며 개정한 검수완박으로 범죄를 피해가려고 했지만, 시행령으로 검수원복 시켰으니 이 또한 신의 한 수였다. 이렇게 되자 좌파세력은 ㅎㄷㅎ 법무부장관 콤플렉스에 빠져 공격이 시작되었다.

헌법재판소의 현명한 판단이 내려지리라고 보았다.

대한민국 헌법수호 기관인 헌법재판소가 역사의 중요한 시기에 검수완박 법에 대한 권한쟁의 심판 결론이 미래의 법치를 이끌어 가는 기준이 되도록 판결해 줄 거라고 봤다, 헌법재판소 정문에 법무부장관을 응원하는 꽃바구니가 가득했다. 이게 바로 민심이고 국민이 열광하며 지지하는 표현이다.

하지만 결과는 정치적 판단에 의해서 부결되고 말았다.

민주당 ㅁㅎㅂ 국회의원이 탈당해 무소속으로 야당 몫으로 안건조정위원회에 참석한 것은 절차적 하자가 있다고 판단하면서 법은 유효하다고 판결을 내렸다. 과정이 불법인데 적법한 법안이 될 수 있는가? 좌파가 숨어있는 곳에 국가기관이 제대로 작동하지 않으니 한심한 작태다. 여당과 법무부장관은 이해할 수 없는 판결이라고 논평을 냈지만, 번복하기는 어려웠다.

야당은 이에 굴복하지 않고 법무부장관 탄핵을 외쳤다.

이게 백주대낮에 대한민국 정치권에서 벌어지는 작태이다.

하나님이 놀라서 벌떡 일어날 것 같은 행위가 좌파 세력이 벌이고 있다. 하나님께서 가만히 놔두지 않을 거라고 본다. 엄청난 형벌이 내려지지 않을까?

끄떡하면 뻔뻔하게 취중진담 지껄이는 탄핵 중독자들이다.

한동안 대통령을 탄핵한다고 떠들어 대더니, 이제는 법무부장관까지 탄핵한다고 엄포를 주었다. 여기에 행정안전부장관까지 탄핵을 들먹이더니 결국 국회에서 단독으로 해임을 통과시켰다. 이는 다수당이 막 나가는 행패로 의회 폭거다. 다음 선거에서 혹독한 시련을 당하게 될 거라고 본다.

도가 지나치면 범죄 집단이 되는 거다.

법무부장관을 탄핵 시킬 정도라면 야당을 탈탈 털어 구속해야 할 정치꾼이 부지기수로 나온다. 그동안 정권에 빌붙어 수사를 뭉개며 협조했던 경찰과 검사는 당장에 구속해야 한다. 좌파가 하는 짓을 보면 또 다른 대권 후보를 만들고 있다. 우파 세력이 똘똘 뭉쳐 집권하도록 새로운 인물을 띄워주는 역할이다.

좌파 세력의 꼼수는 국민을 구역질 나게 하는 혐오 정치였다.

야당이 ㅎㄷㅎ 법무부장관을 탄핵시키면 좌파 정권에서 법무부장관을 지낸 3명은 모두 탄핵을 당해서 감방에서 지내야 할 인물이다. 국정을 혼란스럽게 이끌면서 국민을 불안하게 했으니 지탄받았는데 그냥 놔두어서 되겠나!

그들은 국민의 재산과 생명권은 안중에도 없다.

수구좌파 세력의 생존권에 방패막이가 되도록 조직을 와해시킨 궤변 자들이다. 이들은 국회의원의 권력이 대단한 것처럼 난리를 쳤다. 지들이 심판자로 착각에 빠져 탄핵을 남발하고 있으니 이게 정상적인 정치 집단인가 묻고 싶다.

한 발짝 앞길을 내다보지 못하는 어리석은 좌파들이다.

이들은 자기 세력을 지키려고 혈안을 떠는데 이는 멸망의 길을 재촉하는 거다. 그렇고 그런 세력이 카르텔을 형성하고 있으니 변화를 모르고 우물 안의 개구리를 벗어나지 못하였다.

검찰(검사와 경찰)은 범죄자를 잡는 기관이다

새로운 정권이 들어선 지 1년이 지났다.

바람 잘 날이 없이 힘들게 이어가니 어설퍼 보이기도 하다.

좌파 야당은 별의별 것을 끌어와 대통령을 비판하고 공격하는데 집권 여당은 무엇하고 있는가? 정부가 추진하는 일에 일사천리 지원을 해주어도 모자랄 판에 헛소리를 지껄이며 호들갑을 떠는 멍청한 돌연변이 때문에 어렵게 지내고 있다.

지금도 대통령을 힘들게 하면서 막말을 일삼는다.

뒤에서 뒤통수치며 난동을 부리고 내부 총질하는 기회주의자와 함께하는 대통령이 불쌍하다. 이들은 몇번이나 그래 왔다. 언제까지 조직의 결속을 파괴하며 뻐꾸기 신세로 살 것인가?

지난 정권에서 불법을 뭉개고 넘어간 사건이 너무나 많다.

우리는 법치국가이므로 법대로 처벌하지 않으면 불법을 방치하는 행위이다. 법치주의를 바로 세우기 위해서 부정부패와 불법행위 수사가 본격적으로 이루어지고 있다. 야당은 반항하며 '여기에서 밀리면 죽는다.' 하고 저항하는 꼴이 꼴불견이다.

좌파 정권은 적폐 청산이라는 명목으로 잔인하게 처벌하였다.

보수우파는 이들의 칼춤에 찍소리 못하고 그들의 처분에 맡겨야 했다. 많은 정치인이 자신의 죄를 속죄하며 처벌을 받아 감옥에 수감됐다. 이렇게 보면 우파는 너무나 순진하고 신사적으로 묵언 수행하고 사회를 시끄럽게 이끌지 않았다. 그러니 누가 무슨 죄목으로 몇 명이 감옥에 들어갔는지 국민은 모른다.

그런데 좌파들은 어떠한가?

그들이 저지른 무법천지는 정말 치가 떨리게 한다.

모든 불법 행위를 부정하며 아니라고 우기며 버티려고 한다.

이게 법치국가에서 가능한 일인가? 이러한 행실을 보면 보수우파는 바보처럼 당하기만 하였으니 좌파와 차이점이고, 다른 점이며, 우파가 정권을 잡아야 하는 이유이기도 하다.

좌파가 저지른 불법 행위는 지긋지긋한 철면피들이다.

검찰의 수사를 비판하며 "검찰은 허무맹랑한 추리소설을 쓰고 있다."라고 억지를 부렸다. 그 많은 범죄 행위를 끝까지 혐의를 부정하는 모습이 처량하다. 그는 빼박 증거가 나와도 무조건 아니라고 부정한다. 부정부패 사건에 연루되어 측근 4명이 극단적 선택으로 사망했는데 모른다고 발뺌하며 버틴다.

ㅈㅁ이 혼자 살려고 좌파를 괴멸시키려는 또라이다.

조의는 보내지 못할 망정 생사고락을 함께하던 측근이 사망하였는데 모르는 사람이라고 치부하니 너무나 잔인하다. 아마 망자는 억장이 무너지는 슬픔에 편하게 잠들지 못했을 거다.

그러던 어느 날 이태원 핼러윈 참사가 발생하였다.

핼러윈 데이 축제를 즐기기 위해서 젊은이들이 모여들었는데 엄청난 사건으로 번지고 말았다. 좁은 공간에 수많은 인파가 몰려 압사 사건이 발생하였다. 대명천지 이러한 사태를 사전에 예방하지 못하였으니 이건 아니다. 축제의 장이 오열의 장으로 변하여 후진국 사고에 국민은 슬퍼하며 TV에서 눈을 뗄 수가 없었다.

그런데 좌파는 희생자를 정쟁에 이용하려고 혈안을 떨었다.

정부를 공격할 건수를 잡은 것처럼 날뛰는 뻔뻔한 철면피를 보면 억장 무너진다. 좌파 또라이는 이러한 사고를 기다리고 있었는지 벌떼처럼 들고일어났다. 오히려 정쟁을 멈추고 사태 수습에 정성을 들여야 공인으로 희생자를 추모하는 길이다.

유족은 자녀 잃은 슬픔에 조용히 장례 절차를 진행하려는데!

이에 정치꾼이 나서서 북 치고 장구 치며 축하할 행사란 말인가! 사회적 참사 비극을 빌미로 악마 정치꾼이 쟁점화시키려고 발악을 떠는 처사다. 타인의 죽음(이태원 사건, 세월호 사건, 노무현의 죽음, 천안함 사고, 5·18 민주화 운동)을 정쟁으로 이끄는 좌파의 악마 코스프레이다.

좌파 TV 패널은 거짓과 가면의 민낯을 대변하며 위기를 모면하려는 모습이 안쓰럽다. 좌파를 지키려고 엉뚱한 억지 변론하다 보니 버벅거리고 횡설수설하니 국민의 조롱거리다.

철면피의 무식한 변명은 어리석음으로 밝힐 뿐이다.

범죄 행위가 이슈화되는 것을 막아보려고 막장 드라마를 펼치는 간극이 처량하다. 그들은 끄떡하면 검찰 공화국이 법치를 파괴하는 정권이라고 공격한다. 부당한 수사를 받는 것으로 피해자 코스프레를 펼치는데 들어줄 국민은 아무 데도 없다.

자유우파는 수구좌파가 집권하였으면 조폭 공화국으로 범법자가 판을 치는 세상이 됐을 거라고 비난하였다. 우파 TV 패널은 "그들이 저지른 추악한 다큐멘터리를 보는 것이다."라고 반박했다. 추악한 자가 역사의 전면에서 국민을 피곤하게 만드는 이유는 무엇 때문일까? 이 진실의 결말은 어떻게 끝나게 될까?

검찰은 '추리소설'을 쓰는 기관이 아니다.

그들이 저지른 추악한 '다큐멘터리'를 밝혀내려는 것이다.

왜! 그들은 끝까지 버티며 다큐멘터리를 소설이라고 말할까?

국민을 위해서 한 점의 부끄러움이 없이 정부를 이끌었으면 깨끗하게 수사를 받으면 될 것을 추한 모습을 왜 보이는 걸까? 이러한 면에서 우파는 추태를 부리지 않고 잘못을 인정하고 죗값을 치렀다. 신사적이고 인간적으로 정치한 측면이 있다.

아직도 부정 선거 논란을 피울 때인가?

국민 수준이 부정 선거를 논하고 있을 때입니까?

정말 창피해서 말을 꺼내기도 부끄럽다. 총선과 대선에서 "부정 선거, 부정 투표와 개표 조작이 있었다." 하는 루머가 돌았으니 이게 가능한가? 도저히 이해가 되지 않는 게임이다.

이는 무도하고 사악한 좌파 정권에서 가능했던 일이다.

사법부 수장인 ㄱㅁㅅ 대법원장은 사악한 정권의 꼬봉으로 권력의 시녀로 정권 보호막을 해주는 데 똥개 역할을 했다. 사법부가 썩어 문드러졌으니 국민이 의지하고 하소연해야 할 사연은 허공에 메아리로 맴돌았다. 무능했던 대법원장이 역사의 죄인이다.

2020년 국회의원 총선거는 어떠했습니까?

2020년 4·15 총선 이후 125건의 부정 선거가 접수되었지만, 수사와 재검표는 이루어지지 않았다. 과거 정권에서 선거를 치를 때마다 부정 선거 루머가 난무했다. 민주주의의 꽃인 선거를 권력으로 짓밟았으니 해도 해도 너무하다는 생각을 지울 수가 없다.

그 많은 선거사범뿐만이 아니라 대형 국책사업의 비리와 권력형 범죄와 불법 행위는 하나도 처벌하지 않았다. 권력 카르텔이 수사를 막고 보호해 주었다. 그러니 나라가 온당하게 돌아가겠나! 너도나도 부정부패를 저지르며 한탕 해먹으려고 혈안을 떨었다.

옛 어른께서 "윗물이 맑아야 아랫물이 맑다." 했다.

이러한 말 자체를 꺼내기도 부끄럽다. 이들에게 이 말이 통하겠나! 언급할 가치도 없다. ㅂㅎㄷ, ㄷㅈㄷ, ㅆㅂㅇ, ㅇㅈㅁ, ㄱㅎㄱ, ㅂㅎㄱ 부정부패와 선거사범은 뭉개고 넘어갔다. ㄱㅁㅅ 대법원장의 사법 시스템은 완전히 망가뜨리고 정권 수호에 앞장섰다. 결론은 대법원장을 심판해서 사법정의를 바로 세워야 한다. 그를 감옥에 넣어야 사법부의 독립과 중립, 공정, 정의를 실현하는 길이다.

수구좌파首狗左派의 특징이 무엇인지 아십니까?

일단 부정부패가 터지면 아니라고 우기고 본다. 불법 행위를 벌이지 않았다고 지껄이지만, 그래도 수사가 진행되어 목을 죄어 오면 상대방에게 떠넘긴다. 내가 한 것이 아니라 야당(국민의 힘)에서 했다고 억지와 땡깡을 부렸다. 이도 저도 먹혀들지 않으면 수사기관을 해체시켰다. 경찰과 검찰 조직을 인사권을 동원해서 없애 버리는 사악한 정부였다. 이러니 나라의 법치와 기강이 바로 서고 지켜지겠는가! 말도 안 되는 작태를 벌였던 수구 꼴통 좌파 세력이다.

위대한 국민이 사악한 정권을 몰아내 주었다.

대통령 선거에서 야당(국민의 힘)이 승리했으니 천만다행이다.

나라 전체가 부정부패의 온상이 될 뻔했다. 역대 정부에서 이렇게 사악한 정권이 있었나 싶다. 국민은 유체이탈 화법으로 희망 고문에 속아야 했으니 너무나 억울한 5년이었다.

부정 선거 자료가 인터넷을 달구어도 유야무야 넘어갔다.

국회의원 총선거를 치르며 부정선거가 난무하였는데 대통령 선거에서 불법 선거가 없었다고 볼 수 있겠습니까? 그래서 국민은 선거 때마다 의심을 가지지 않을 수 없다. 두 눈을 부릅뜨고 지켜보고 이들의 언행을 감시·감독하였다.

'지금이 어느 시대인데 부정 투표를 할 수 있느냐!'이다.

첨단 미디어 시대에 투개표 부정을 저지를 수 있습니까? 언제까지 주먹구구식 계산법으로 사용해서 의문을 사야 합니까? 선거는 투표자와 개표 결과를 연산해서 딱 맞아 떨어져야 합니다.

이러한 계산법을 모르는 것인가? 못하는 겁니까?

투표가 끝나면 바로 몇 명이 몇 % 투표했다는 숫자를 발표한다. 예를 들어 100만 명이 투표했으면, 개표도 100만 장이 되어야 한다. 이렇게 연산으로 계산하는 방법을 모르는가? 투표자 수를 표시하고 개표 과정을 투명하게 공표해야 한다.

선거가 끝나고 숫자로 검산을 해보면 나온다.

투표자와 개표 결과를 연산해서 숫자가 맞는지 계산하면 나온다. 즉, 2,000만 명이 투표했으면, 개표용지도 2,000만 장이 나와야 한다. 당선자가 확정된 후에 숫자 맞추기로 짜 맞추면 되겠는가? 선거할 때마다 부정 투표 논란으로 다툼이 벌어지니 한심하다.

투표 결과만 가지고 따질 게 아니라는 거다.

몇 명이 투표했으니 어느 후보자에게 몇 장이 나왔으며, 무효표가 몇 장이므로 당선 유무가 규명된다. 이때 투표자와 개표 결과에 맞지 않으면 시군별로 끝까지 추적해서 찾아내야 한다. 어느 후보가 부정 투표를 획책했는지 판명된다.

이러한 문제를 거론하는 자체가 자가당착이다.

나라의 지도자가 되려는 정치인이 어떻게 '부정 선거로 당선될 생각을 하느냐!'이다. 국민을 개돼지로 보는 겁니까? 법이 허술해서 이러한 문제가 자꾸 발생하는 거다. 생각 자체를 못하도록 강력한 처벌 규정과 제도를 만들어야 한다.

선거사범을 너무 관대하게 처벌해서 문제가 발생한다.

그래서 부정 선거로 당선되면 패가망신시켜야 한다. 그래야 불법을 저지르지 못한다. 고발해도 대법원에서 확정 판결을 받으려면 임기가 끝날 때까지 기다려야 한다. 대법원장 임명을 공정한 절차를 거쳐야 그나마 사법 질서가 지켜질 것으로 보인다.

권력의 시녀를 임명하니 사법 질서가 무너진다.

정치꾼의 판결을 어영부영 미루며 세월만 보냈으니 허탈하다. 선거사범은 경중을 가리지 말고 3개월 내에 판결을 끝내고 재선거 비용을 부담시켜야 한다. 선거 비용을 감당할 능력이 없으면 감옥에서 4년간 수감해야 한다.

그래야 부정 선거로 당선될 꿈도 꾸지 못한다.

선거가 끝나면 '천당으로 올라가느냐! 지옥으로 떨어지느냐!' 생사의 갈림길에서 운명을 맡겨야 하는데 부정 투표의 유혹은 꿀단지와 같은 마약이다. 그래서 권력을 가진 자는 아무런 거리낌 없이 매표 행위, 금품 수수, 개표 조작을 생각하게 된다.

지식이 없는 정치 폭군이 나라를 제대로 이끌겠나?

한심스럽고 창피해서 말을 꺼내기도 부끄러운 행위다.

우리나라의 정치 수준이 이 정도입니까? 현실 정치에 참여하고 있는 지도자 여러분, '부정 선거는 지옥으로 가는 패가망신의 길이다.'라고 인식하도록 제도를 개선해야 한다.

의심스러운 부정 투표는 지금이라도 검증할 수 있다.

선거관리위원회에서 보관하고 있으므로 이러한 방법으로 투표자(투표율)와 개표 결과를 검토하면 된다. 검찰이 원인을 찾아 규명하고 처벌해서 그동안 받은 봉급을 환수해서 국고로 넣어야 한다.

사전 투표자도 전산으로 금방 계산이 나온다.

선거인 명부의 투표자와 선거 당일 투표자를 연산해서 발표해야 부정을 막는다. 그런데 투표할 때 투표자와 투표율은 공표하는데 투표가 끝나면 투표 결과만 발표해서 문제가 된다. 투표자와 개표 수를 함께 공유해서 공표해야 시비 거리를 막을 수 있다.

우리나라처럼 선거를 자주 치르는 나라도 없을 거다.

대통령, 국회의원, 시장, 군수, 지방의원, 보궐선거, 선거 때마다 부정 선거를 논하면 되겠나? 첨단 장비를 이용해서 한 점 의혹이 없는 깨끗한 선거 결과를 국민께 발표해야 한다.

개표 방송을 할 때 투표자 수(전국, 시도, 시군구를 구분해서)를 표시하고, 인구와 투표자 기준을 두고 개표하는 진행 과정을 투명하게 알려야 공정하고 깨끗한 개표 결과를 믿는다. 그러니까 개표 방송하는 사이에 무더기 부정 투표 용지가 갑자기 끼어들지 못하도록 예방하자는 것이다.

자유우파自由右派와 수구좌파首狗左派의 시소 게임!

정치는 상대적으로 평가해서 선택하는 거다.

절대 평가는 성직자에게 주어지는 의무이고 평가 기준이다.

대통령, 국회의원 후보는 절대 평가가 아니라, 상대 평가하므로 절대적으로 좋거나 나쁨이 아니다. 누가 더 깨끗하고 부정부패를 저지르지 않았으며, 국민을 위해서 봉사를 잘할 것인가?

어찌 보면 우파와 좌파가 시소 게임하는 것은 좋은 경쟁 구도다.

서로가 정권을 주고받으며 선의로 경쟁하는 것은 칭찬해주고 싶다. 국민은 국정 수행 능력을 진단해서 잘하는 쪽에 투표권이 보장돼 있으니 얼마나 좋은가!

좌파 정권이 5년 만에 내주어 서운하겠지만 어찌하겠나?

우파 정권이 국민에 의해서 선택을 받은 것을! 이를 어찌 부정하고 새 정부를 미워하면 되겠나! 국정 수행을 잘하고 훌륭한 후보자를 내세웠으면 국민의 신임을 받았겠다. 계속 권좌에서 떵떵거리며 희희낙락 지내게 됐을 거다. 권력의 단맛에 취해 빨대가 썩어 문드러지는 줄도 모르고 즐기는 동안 국민의 가슴이 새카맣게 타들어 갔으니 너무 억울하다.

이번 선거 결과는 한마디로 비정상을 정상화이다.

미녀와 야수의 싸움에서 미녀가 승리한 결과다. 사회 곳곳에서 벌어지는 내로남불의 억지 논리가 지배하는 사회에서 벗어나려는 몸부림의 승리다. 좌파가 너도나도 내 몫을 챙기려고 싸움을 벌이는 이권 카르텔의 고리를 끊어 버리려는 시도이다.

정치는 져주면서 이기는 게임으로 경쟁하는 것이다.

한 번도 지지 않으며 유체 이탈 화법으로 희망 고문을 가하며 버티었지만 모두 잃었다. 우파와 좌파는 서로 협조를 구하며 국민의 지지를 받아 정권이 유지된다. 정쟁으로 국민을 피곤하게 할 것이 아니라 경쟁으로 정책 대결을 통해서 국민의 지지를 받는다.

이제 개천에서 용이 나오는 사회를 만들어야 한다.

"장상의 씨가 따로 있느냐?" 외치던 시대에 야수들이 만들어 놓은 끼리끼리 카르텔을 파괴하고 연약한 미녀가 잘사는 기반이 마련되는 순간이다. 가진 자의 몫, 기득권층의 이권 카르텔을 파괴하고, 서민이 주인이 되는 사회를 만드는 게 자유민주주의 복지 이념으로 정착되어야 한다.

젊은 청년에게 '나도 무엇이 될 수 있다.'라는 희망을 가지게 해주는 것은 사회 지도층이 해야 할 중요한 덕목이다. 생활하면서 꿈과 희망을 가지게 해주는 것은 무엇보다 중요하다. 부정부패와 패륜의 정치, 이권 카르텔 세력을 막지 못하면 어떻게 되겠는가? 이는 악습의 폐해에서 벗어나지 못하고 범죄자들이 판을 치며 날뛰는 사회로 빠져들게 한다.

힘 있는 자들이 법을 우습게 알고 지네들의 세상을 만들려는 화이트 컬러의 벽을 무너뜨리는 기회가 됐다. 누구에게 개천에서 용이 될 수 있는 세상을 만들어진 것이다.

어느 날 좌파 정권을 대변해주는 유튜브 방송에 국회의원이 패널로 나와 대담을 나누는 것을 보았다. 그는 윤석열 당선자의 젊은 시절에 친구 결혼식장에서 소주를 마시며 나눈 대화를 꺼내어 험담하고 있었다.

무슨 이야기를 나누는지 귀가 기울여졌다.

특별한 이야기도 아니었다. 요즘 젊은이들이 충분히 나눌 수 있는 평범한 행동을 말꼬리 잡아 비판하며 방송에 참가한 패널은 오줌을 싸듯이 깔깔거리며 박장대소하는 꼴불견이다.

따지고 보면 대통령에 당선됐는데 뭐 꼬투리 잡을 게 없나 생각하던 중 순간에 떠오른 한 장면의 추억이다. 친구끼리 어울리며 신나고 즐겁게 놀아주지 못하는 놈이 멍청하고 어리석은 놈이지 함께 분위기를 띄워주며 즐기는 게 흠이 될 수 있는가!

30여 년 전 총각 시절에 어울리며 놀던 친구가 대통령에 당선돼 국정을 수행하게 됐으면 잘돼서 좋은 일이지 당 색깔과 정파가 다르다고 가십 거리로 꺼내어 방송한단 말인가? '왜! 아기가 기저귀 차고 기어 다니며 오줌 싸고 똥 싸던 때의 행동을 험담하지!' 그랬습니까? 철면피한 쓰레기 같은 놈들이 정치한다고 잘난 체 떠드는 꼴불견이 한심스러웠다. 방송에서 농담으로 험담해도 어느 정도껏 해야 수긍이 가고 들어줄 수 있다.

젊은 시절에 함께 어울리며 놀던 친구를 이래도 되는가?

인간의 탈을 쓰고 이런 짓거리를 저지르는 머저리가 정치한다고 언론에 나오니! 누워서 침 뱉으면 그 침이 어디로 가겠나! 제 얼굴에 오물을 뒤집어쓰는 거다. 정치인의 언행은 일거수일투족이 투명하게 전달되므로 긴장해야 다음에 또 선택받는다.

아무리 당 색이 다르고 정파가 달라 미워도 이건 아니다.

남자가 목숨 걸고 지켜야 할 덕목이 있다. 사나이가 고추 달고 치사하고 좀스러운 짓이다. 머리에 권총을 겨누어도 할 말이 있고, 못 할 대화가 있다. 이러한 놈을 불알친구라고 함께 했으니? 젊은 시절에 즐기던 좋은 추억이 어두운 과거의 흠이 될 뿐이다.

사나이가 고추 달고 태어났으면 지켜야 할 지조가 있다.

불알을 떼어 동해에 사는 상어 밥으로 주어도 시원치 않다.

여성 단체와 주부들이 한마디 거들면 쩍소리 못하고 숨어버리는 불쌍한 인면수심의 인간들이다. 쥐구멍으로 파고 들어가려고 대가리 처박고 벌벌 떠는 오물을 뒤집어쓴 쥐새끼들이 날뛰고 있다. 그래도 잘났다고 떠들고 다니는 깍두기를 보면 '왜! 저렇게 살아야 하나?' 연민의 정이 느껴진다.

이렇게 좌파와 우파는 죽기 살기로 피 터지게 싸운다.

물러서면 패망한다는 논리만 작동하고 있으니 안타깝다. 하지만 국민은 누가 법을 위반하고 혐오 정치를 저지르고 있는지 잘 알고 있다. 뻔뻔한 말장난으로 국민을 호도한다고 넘어갈 국민은 아무도 없다. 다음 선거에 심판을 내려야 정신을 차리게 된다.

나라가 두 쪽이 나지 않을까 걱정이다.

선거철이 되면 지지하는 정당을 위해서 피도 눈물도 없이 싸움을 벌인다. 내 삶의 가치와 아무런 관련이 없음에도 당파적 격돌이 벌어지니 문제다. 누가 국가를 위해서 또는 지역사회에 봉사할 사람으로 적합한 인물인가? 가리지 않고 정파만 따진다.

확정된 선거는 공평한 투표가 이루어지지 않는다. 그래서 공천을 할 때부터 부정부패가 이루어지게 된다. 그러니까 매관매직으로 돈을 주고 벼슬을 팔고 사는 거다.

이렇게 불공정한 선거로 치른다면 민주주의의 꽃은 시들어 죽고 말 거다. 당에서 간부로 감투 쓰고 있으면 일확천금의 돈방석에 앉아 천하를 지휘하게 된다. 선거 때가 되면 어느 당 소속의 후보인가 따지고 든다. 학연, 지연, 지역 정서에 맡기다 보니 작대기를 꽂아 놓아도 당선되므로 결과는 이미 뻔한 일이다. 그러니 선거를 외면하고 투표에 참여하지 않는다.

얼굴값을 못하면 지탄을 받는다

이래서 몰염치한 남성 정치꾼이 비난을 받는다.

정치판에서 책잡히는 일만 저지르고 있으니 여성의 노예가 된다. 오히려 여성의 위풍당당한 여걸이 존경받고 있으니 남성은 반성해야 한다. 위선자를 정치판에서 싹 갈아엎어 몰아내야 남자의 자존심이 지켜질 판이다.

물론 윤석열 대통령을 싫어하는 사람도 많이 있다.

국민 모두가 좋아할 수 없는 일이다. 죽이고 싶도록 미워하는 사람도 있을 겁니다. 하지만 국민이 선택해준 대통령이므로 존경하고, 지켜보고, 응원해주어야 도리다. 지지하는 정당의 사람이 아니라고 무조건 미워할 게 아니다.

그의 성품과 지나온 행적들을 살펴보면 어느 정치인보다 깨끗하고 열심히 했다. 검찰 공무원으로 퇴임하였으니 정치인끼리 빚진 것도 없다. 성실하게 근무한 경력을 높이 살 수 있으니 진정성이 보인다. 수십 년 동안 정치판에서 잔머리 굴이며 말장난으로 국민을 속이며 놀아나지 않았다.

괜히 스트레스를 받으며 미워할 이유가 없다.

부정해도 역사의 수레바퀴 시곗바늘은 돌아가게 돼 있다. 지지하는 정당이 다르다고, 정파가 싫다고 쓸데없이 험담하고 비난을 보내며 열받으면 어떻게 되겠는가! 본인의 건강을 해치고 스트레스만 받으니 살맛 나는 세상이 아니다. 행복은 내 가슴속의 믿음에서 엔돌핀이 솟아나게 한다.

나중에 잘못하면 그때 비난해도 늦지 않다.

그때가 되면 거리로 뛰쳐나가 시위를 벌이며 정부를 비판하며 스트레스를 풀어야 한다. 우리나라처럼 시위 문화가 발전한 국가도 없다. 싫으면 물러나라고 시위를 벌이고, 좋으면 태극기를 흔들며 지지하는 시위를 벌이며 의견을 표현하니까!

이제 시작하는 정부에 잘하라고 응원을 보냈으면 좋겠다.

잘하는 지도자에게 잘한다고 박수를 보내며 칭찬을 해주는 아름다운 미덕에서 정치가 발전해 나가는 것이다. 좌파 야당은 칭찬하는 미덕이 부족한 것은 물론이지만, 대통령이 숨 쉬는 것조차 부정하며 쓴소리를 해대고 있으니 이게 사람입니까?

어렵게 우파 대통령에 당선돼 역사의 흐름을 바꾸는 이때!

만약에 5년 후에 국민의 지탄을 받고 물러나게 된다면 어떻게 해야할까? 생각하고 싶지 않은 상황이기는 하겠지만, 이전에 퇴진한 정권보다 더 혹독한 고통을 감수해야 한다. 믿고 따라 주었는데, 국민의 실망이 크기 때문에 이는 공약을 이용한 이율배반 정권이므로 용서받을수 없다.

정권은 유한하므로 국정 수행에 심혈을 기울여야 한다.

국민을 화나게 하는 결과를 맞이하게 된다면 나락으로 떨어져야 하겠다. 정권의 정점에서 하루아침에 범죄자로 수감돼 처벌을 받아야 한다면 이보다 비참한 인생이 어디에 있겠습니까?

앞으로 사생결단^{死生決斷}의 정치가 아니라, 국민의 안위를 걱정하는 정치를 했으면 좋겠다. 극단으로 치닫지 말아야 한다. 언론은 어른으로 역할을 공평하게 잘해주었으면 한다. 당파의 색깔에 따라 좌지우지되지 말고 여당과 야당에게 따끔하게 비판과 논평을 보내어 좋은 변화를 이끌어내야 합니다.

ㅇㅈㅁ을 지지하는 좌파는 공범이다.

좌파는 의원총회에서 검찰 아가리에 ㅇㅈㅁ을
넘겨줄 수 없다고 했다.
그러면 ㅈㅁ은 생선입니까?

좌파는 광란의 종교 집단인가?
썩은 물에서 놀고 있는 붕어 입니까?
스스로를 생선과 물고기로 여기는 꼴에서
그들의 실체가 어디에 있는지 알 수 있다.

국민은 총명하고, 똑똑하고, 현명하다

국민은 개돼지가 아니다

어르신께서 "죄를 짓지 말고 살아야 한다." 말씀하셨다. "결국 모든 거짓과 죄악은 들통이 난다."라는 삶의 진리이다.

아무리 포장된 말 폭탄으로 속이려고 해도 나는 너보다 현명해서 잘 안다. 이 상식을 모르면 살아야 할 이유를 깨닫지 못하는 바보천치이다. 이 말은 거짓 선동으로 국정을 혼란에 빠뜨리는 좌파들에게 꼭 들려주고 싶은 이야기다.

역사적으로 전라도와 광주는 민주주의의 성지였다.

나라가 위태로울 때마다 분연히 일어나 국민을 지켜 주었다.

그런데 현대사에 와서 좌파의 성지로 오명을 가지고 있어 안타깝다. 한때 신흥 경제 개발과 정치 발전을 이루던 시절에 경상도 우파 박정희 리더십, 전라도 좌파 김대중 리더십이 경쟁하며 정치하던 때는 그럴 수 있었다. 하지만, 이제 세계 9위 경제 대국으로 발전을 이루어 놓은 대한민국이 됐다.

그런데 썩어빠진 경상도 정치꾼이 전라도 좌파 민주당에 들어가 개인의 영달을 위해서 행패를 부리고 있는데 이를 용인해주어야 하는가? 부정부패와 패륜의 정치를 일삼으며 깽판을 치는데 이들의 행적을 비판하기는커녕 지지와 환호를 보내고 있으니 문제가 아닐 수 없다. 이는 전라도 근본 이념을 지키는 정신이 아니다.

손바닥으로 하늘을 가릴 수 있다고 보는가? 하늘이 알고, 땅이 알고,

국민이 알고 있는데 좌파 정치꾼 또라이만 모르고 떠들어 댄다. 이렇게 국민을 우롱하고 개, 돼지로 보며 날뛰어도 되는가? 사법 리스크로 수사를 받으면 머리 숙여 자숙하며 지내야 인간의 측은지심惻隱之心을 가지게 된다. 여기에 정치 보복, 야당 탄압이라고 억지를 부리며 떠들며 활보하는 꼴을 바라보면 기가 막힐 노릇으로 꼴깝을 떤다.

우리나라가 언제부터 이렇게 됐단 말인가! "멀쩡한 놈이 민주당에 들어가면 또라이가 된다." 했다. 정말 미친놈으로 변하여 떠들어대는 것을 보면 추악한 인간으로 보인다. 평생 나라를 위해서 헌신한 4성 장군이 민주당에 들어가면 말도 안 되는 억지를 부리며 유체이탈 화법으로 열변을 토한다. 굶어 죽을 형편에 처와 자식을 먹여 살리려고 구걸하려는 건가! 벼슬자리 하나 얻으려고 꼴불견을 보여주고 싶을까?

이들뿐만이 아니라 젊은 시절에 검사, 판사, 경찰로 근무하면서 정의를 외치던 자들이 좌파에 들어가면 돌변한다. 반대를 위한 반대, 비판을 위한 비판을 지껄이면서 이것이 정의라고 외친다. 한때는 이러한 외침의 물결이 먹혀들어갔다. 국민은 약자의 편에서 귀를 기울여 측은지심에 속아 주었다. 그런데 이제는 그들의 궤변에 귀를 기울이지 않는다. 몇번을 속아 봤고, 그들의 행적이 들통이 났기 때문이다.

수구좌파 세력의 악행에 치가 떨린다.

국민은 똑똑하고 현명하므로 바보가 아니다. 지금까지 속아 온 것도 너무나 억울하다. 이제는 세 치 혀로 국민을 속이는 것도 한계에 도달하였다.

사나이가 불알을 달고 목숨 걸고 지켜야 할 지조가 있다.

검사와 판사, 경찰 고위직, 4성 장군까지 지냈으면 불의에 목숨 걸고 저항하는 정신이 기본이었으며, 정의를 지키기 위해서 헌신하며 걸어왔을 것이다. 국가의 근본을 지켜주었던 고위직 공무원으로 젊음을 바쳤던 인물이다.

그런데 좌파에 있다는 이유로 이렇게 변신을 할 수 있을까? 아닌 것은 아니라고, 부정한 짓을 보면 잘못이라고 말해 사나이다. 이게 우리 민족의 미래를 지켜줄 정의와 근본이념이다. 하루아침에 신분을 세탁하였다 해도 이건 아니다.

수구좌파 정권은 국가 통치를 어떻게 하였는가!

지난 5년 동안 좌파 정권이 저지른 패악질은 국민을 위한 정부가 아니었다. '수구좌파에 의한 좌파를 위한 좌파의 정부였다.' 이는 국가 기관(경찰, 검찰, 법원)은 좌파의 뒷바라지를 지켜주는 좌장 역할까지 수행하였으니 이게 말이 됩니까? 물론 이러한 행동이 생존 법칙이었을지 모르겠다.

이들의 이성을 잃은 숱한 비리와 악질은 치가 떨린다.

부정부패와 불법 행위, 사회질서 교란 등 이루 말할 수 없는 악행惡行이 벌어졌는데 수사는 이루어지지 않았다. 오히려 권력은 이들의 뒤 배경으로 버티고 돌봐주었다.

그러니 나라의 기강이 바로 설 수 있겠나!

아직 그 잔재가 남아 사회를 혼란스럽게 한다. 철저한 수사로 이들의 숨겨진 야만적인 행동을 밝혀 내야 허튼 수작을 부리지 못한다. 국민은 알고 있는데 왜 그들만이 모르고 있는 것일까?

난세에 영웅이 태어난다

난세의 영웅으로 이순신 장군을 말하지 않을 수 없다.

일제의 침략으로 발발한 임진왜란은 풍전등화에 놓인 조선의 위기는 이순신 장군이 아니었으면 어떻게 됐을까? 어쩌면 지금의 이 위기를 한동훈 장관이 아니었으면 어떻게 극복할 수 있을까? 귀결시켜 해법을 찾으면 좋을 것 같다.

선조 임금의 무능은 ㅁㅈㅇ 대통령의 무능으로 이어졌다.

법무부장관을 모함하는 세력은 이순신 장군을 모함했던 집단과 다를 바 없다. 이순신 장군과 한동훈 장관이 난세의 영웅으로 평가받는 것은 오직 위기에 처한 나라를 구원하고, 범죄자로부터 국민을 보호해주어야 한다는 철학이 담겨있다. 국민의 편에서 자신의 몸을 던져 불태우는 처절한 모습이 감동이다. 수구좌파처럼 잔머리로 잔꾀를 부리며 비열하지 않은 영웅이라는 거다. 그러니까 기교를 부리며 국민을 속이지 않았다. 나라 보호와 국민 사랑에서 나오는 믿음의 행동이다.

언제나 그랬듯이 영웅이 나타나면 그를 모함하는 세력이 있기 마련이다. 역사가 알고 국민이 인정하는 이 위기의 세태를 좌파 집단이 모르고 날뛰는 형국이다. 인정할 것은 인정하고 넘어가야 나라의 미래가 밝게 발전하게 된다.

법무부장관과 논쟁을 벌이며 저격한 국회의원은 20여 명이다.

이들은 현란한 말솜씨로 무장하고 국회에서 날고 기며 한 가닥 하는 요물의 인물이다. 여당이었을 때에는 정부를 대변하며 방어망을 펼치던 베테랑이라고 자평하며 딸랑거렸다. 야당이 되어 법무부장관을 깔아뭉개려고 혈안을 떨며 별의별 해괴망측한 논리로 싸움을 걸었으나 꼴불견으로 꼬랑지 내리고 물러서야 했다.

ㅇㅅㅈ은 막걸리에 취해서 주접떠는 주모 아줌마였다.

그녀는 취객과 몸싸움하는 모습으로 의정 활동을 하였다.

주막집 주모 아주머니가 손님과 술 한 잔 얻어 마시고 어영부영 달라붙어 취중 진담을 털어놓는 꼴불견이었다. 시장에 돌아다니는 취객을 붙잡고 시시콜콜 오만 잡다한 일에 참견하며 시비 거는 아줌마다. 질문의 논점도 없이 술에 취해 취권에 말싸움을 걸며 덤비는 주막거리 집주인 아주머니였다. 횡설수설 알아듣지도 못하는 어눌한 태도로 고함만 지른다. 추악한 언행으로 대한민국 국격을 망치는 자가 국회의원이란 말인가?

이모를 외치던 ㄱㄴㄱ은 비트코인 장사로 유명해졌다.

질문의 논점도 모르고 윽박지르며 답변을 요구하는 또라이다.

이모(이 씨 성을 가진 교수)교수를 "이모(엄마의 여동생)와 논문을 작성했다."라고 열변을 토하면서 꼬투리를 잡으려고 했으나 질문의 요점이 이상하게 돌아가자 말꼬리를 내리고 말았다. "어떤 이모를 말하는 겁니까? 누가 이모와 논문을 작성했습니까?" 역으로 질문을 가하자 어리버리한 추태를 보이며 꼬랑지 내렸다.

이는 핸드폰으로 비트코인을 사고팔면서 엉뚱한 데 정신이 팔려 있으니 의회 질문이 꼬인 것이다. 국민이 바라보는 의회 전당에서 황당한 질문에 이모가 연구 논문의 공동 저자라고 호들갑을 떨었다. 질문의 요지도 모르며 망신을 주려고 했지만, 이는 국회의원의 자격을 의심받아야 했다.

범죄자 ㅊㄱㅇ은 한 모 씨로 포문을 열었다.

그는 수사받는 범죄자인데 국회의원으로 자격이 의문스럽다.

한국 쓰리엠을 법무부장관의 딸이라고 협박하면서 질문을 하였지만, 어느 기업으로 판명되자 허심키고 말았다. 이해충돌의 관계에서 질문공세를 펼쳐보았지만, 이는 자신이 지은 죄를 전 국민에게 알리는 꼴이 되었으니 망신살에 미친 것이다.

형사 처벌을 받아 법정에서 법정 다툼하는 주제에 국회의원이라고 나불대는 것을 보면 수준을 알 수 있다. 철면피도 이러한 철면피가 없다. 검수완박이 이루어졌으면 법정에 설 이유가 없었다고 외치던 자였다. 이게 말인가? 방귀인가? 서민은 교통법규를 위반해도 처벌이 두려워 벌벌 떨어야 하는데 말이다.

ㅂㅂㄱ는 사법 질서를 무너트린 또라이!

내가 먼저 장관으로 근무하였으니 너는 나의 한 수 아래야!

당신이 하는 일은 내가 전부 알고 있다는 식으로 대적하였으나 질문을 할 때마다 말문이 막히니 대응할 가치가 되지 않았다. ㅎㄷㅎ 법무부장관보다 한 수 위라는 것을 증명해 보이려고 광기 어린 질문을 퍼부었지만 별 볼 일 없는 헛발질로 끝났다.

국회 본회의장에서 국정 질문 공세를 펼쳐보았지만, 말문이 막히자 멍하니 천장만 바라보고 한숨을 내쉬었다. 논리에서 게임의 상대가 되지 않았다. 그래도 분이 풀리지 않았는지 억압적으로 호통을 쳐보았으나 이는 질문의 한계를 나타내었다.

ㄱㅁㅈ은 대통령의 여자로 맹종하며 따랐던 추태.

근사한 언변으로 제압하려고 했지만 말뿐이었다.

한때 집권당 대통령의 여자로 각광을 받으며 주요 정책을 맡으며 국정에 참여하기도 했다. 날고 기던 국회의원으로 평가받아가며 한 가닥 했던 인물이다. 질문의 논리는 그럴듯했지만 요점이 없는 현란한 말솜씨를 자랑하는 것으로 끝났다.

여기에 넘어갈 법무부장관이 아니다.

논쟁을 벌이면 벌일수록 말발이 딸리자 궤변을 들어놓으며 대응하려고 했지만, 이 또한 자신의 얼굴에 똥칠하는 헤프닝으로 끝났다. 가만히 있으면 중간이나 가고 무식이 탄로 나지나 않았을 것을 뭐 잘났다고 떠드는 망신살인가!

ㄱㅎㄱ 입만 벌리면 악담을 퍼붓는 거짓말 나팔수!

이자는 입만 열면 거짓말쟁이로 호도하는 꼴불견이었다.

그는 비례대표 국회의원을 어떻게 승계받았는지 모르게 슬그머니 국회에 들어와 악담의 나팔수로 떠들어 댔다. 여기에 엄청난 부정부패와 매관매직이 있을 것으로 추정해 본다. 말도 안 되는 언변으로 면책특권 뒤에 숨어 야당의 언변을 자처해 말 폭탄이다. 비겁한 말장난으로 국정을 요란스럽게 비난하는 멍청이다. 그의 말을 들으면 저게 말인지 방귀인지 분간을 할 수 없다.

가짜 뉴스를 생산해 떠들고, 거짓이 들통 나면 사과 한 번 하고 쥐새끼 도망치듯이 물러나며 꼬랑지 내렸다. 잠잠해지면 또 마이크 앞에 나타나 눈에 독기를 품고, 입에 담지 못할 사악한 개소리 악담 말 폭탄을 지껄였다. 한마디로 이러한 자가 국회의원 빼지 달고 거들먹거리니 한심하다. 매관매직으로 전락해 해괴망측하게 운영되는 비례대표를 없애버려야 정치가 바로 선다.

법무부장관은 이들과 한판 승부를 겨루며 힘겨운 일상이다.

야당이 수사를 문제 삼으며 엉뚱한 질문 공세를 펼치자 공세를 강하게 밀어 붙었다. 이때 법무부장권은 "범죄자의 이름과 얼굴을 가려도 똑같은 결과가 나오도록 수사하는 게 법의 원칙입니다."라고 반박하자 더 이상 질문 공세가 이루어지지 않았다. 지위 고하를 막론하고 수사는 철저하고 공평하게 이루어지고 있음을 강조한 가장 현명한 답변이었다.

법무부장관을 짓밟은 세력은 이들뿐만이 아니다.

감투 쓰고 거들먹거리는 좌파 국회의원은 정말 집요하게 물고 늘어졌지만 한 점의 흐트러짐이 없이 대응하며 물리쳤다. 이러한 힘과 논리는 어디에서 나올까? 국민을 믿고 국민의 편에서 업무를 추진하는 덕장이므로 가능한 처세입니다.

이제 이들은 이빨 빠진 호랑이에 불과하다.

여당일 때 집권당 권력의 힘을 빌려 유리한 위치에서 큰소리쳐도 들어주었지만, 야당이 된 이들의 언행은 망월폐견(달을 보고 짖어대는 똥개)과 다를 바 없는 소리가 되고 말았다.

이들도 격세지감을 느끼고 있을 거다.

여당의 국회의원으로 있으면서 야당을 깔보고 잘 난 체 떠들며 입담이 좋은 베테랑이었다. 집권하면서 지은 죄가 많으니 무슨 말로 반박하겠는가? 말을 붙이면 붙일수록 그들의 어리석음과 뻔뻔함이 밝혀질 뿐이다. 더욱 나락으로 떨어지는 꼴이 우파 세력을 지지하는 국민을 시원하게 해주어 각광을 받게 됐다. 5년 묵은 체증이 뻥 뚫리는 기분에 쾌재를 부르는 성과를 보여주었답니다.

국민은 정말 정신 차리고 정치인을 잘 뽑아야 한다.

당파를 떠나 사람 됨됨이를 보고 선택해 주었으면 좋겠다. 지역적 구태 정치는 버려야 할 과제다. 전라도 민주당, 경사도 국민의 힘이 아니라, 그 사람의 과거 언행과 행적을 평가해야 한다. 전라도에서 좌파 세력은 지팡이를 꽂아도 당선이 되고, 경상도에서 우파 세력은 작대기를 내세워도 당선이 된다는 논리를 깨버려야 할 시점이다. 지연과 학연으로 묶여 정치가 돌아간다면 정치는 썩어 빠진 괴물 집단이 될 수밖에 없습니다.

혼절의 역사를 지켜온 여걸!

혼돈의 시기에 개딸의 출현은 신선함을 주었다.

정말 깨어있는 깨 딸이었으면 얼마나 좋았을까? 범죄 수사로 사법 리스크에 빠져 허덕이는 특정 정치꾼을 지지해야 하나? 그의 쌍욕은 지성인을 거부하는 수치로 Google 인터넷을 달구어 세계인에게 회자되고, 각종 범죄로 연루되어 수사를 받고 있으며, 특정 여성과 불륜 관계가 언론에 시끄럽게 도배하는데 활보하는 꼴이 가증스럽다. 오히려 대한민국 정치발전을 위해서 당장 물러나라고 데모를 해도 부족할 판에 열광하며 지지하는 꼴불견이다.

이들은 개딸(개싸움 노름판에서 투전꾼이 딸 아지 신세)일 뿐이다.

'딸 아지'는 화투판에서 한 끗으로 최고로 낮은 숫자다. 한마디로 사회의 낙오자가 듣기 좋은 말로 개딸로 포장하고 있지만, 개딸이었다. 기자는 이들의 말 폭탄을 비난하기는커녕 오히려 홍보하고 있으니 정상적인 언론이 아니다.

이제 자랑스러운 개혁의 딸로 실체를 지켜주기 바란다.

'개딸, 개줌마(개집으로)'는 기성세대의 썩어 빠진 정치를 몰아내고, 다시 뛰는 대한민국을 만들어 보려고 모인 집단이다. 취지에 맞게 정치권을 향해 제대로 된 목소리로 정치 개혁을 일으켜 보아라! 혼돈의 시절에 역사를 이끌어 주었던 유관순 누나와 논개처럼 자신을 희생하며 나라를 구해준 딸이 되어 봐라! 그러면 후대에 빛나는 영웅의 딸로 영원히 남아있게 된다.

이러한 세상을 만들고 싶은 욕망에 나선 것 아닙니까?

좌고우면左顧右眄하지 말고 정의가 강물처럼 흐르도록 부정부패를 몰아내고 신의성실한 자세로 역사 앞에 떳떳하게 나타났으면 좋겠다. 이게 국민이 진정으로 바라는 개딸의 실체이다.

정국을 난장판으로 빠뜨리는 또라이와 어울리면 되겠나?

개딸과 또라이는 똥개와 똥파리를 끌어안고 함께 가라고 한다. 막말로 법의 처벌을 받아야 하는 정치꾼과 당을 곤경에 빠뜨리는 스토커와 어떻게 같이 하겠는가? 열 번을 양보해도 이는 받아들이기 어려운 일이다. 가정 폭력에 시달리는 여성에게 '당신이 참아야 가정에 행복이 지켜진다.'라고 설득하는 것과 다를 바 없다. 여성을 따라다니며 괴롭히는 스토커를 애교로 봐주라니 말이 됩니까?

약자는 보호해 주어야 하지만, 난봉꾼은 처벌해 한다.

이미 여성은 감정이 격해져 각방을 사용하는데 용서하고 함께 산다고 가정이 화목하게 지켜지겠습니까? 가정 폭력은 처벌해서 감옥에 보내야 법치가 바로 선다. 정치권을 풍비박산 내고 패륜 행위를 저지르는 사악한 놈은 처벌해야 한다.

왜! 정국을 비상식적으로 이끌어야 합니까?

추악한 궤변론자가 활보하는 사회가 정상의 대접을 받으며 날뛰고 있으니 이건 우리가 바라는 정의로운 나라가 아니다. 이것이 진정 개딸이 가야 할 길이라고 보십니까? 똑똑한 개딸(개혁의 딸)이 입이 있으면 대답을 해보아라!

왜! 우리나라가 저질 정치의 난장판에 휩쓸려야 하는가!

때와 장소, 위치에 따라 말을 바꾸어 지껄이는 쓰레기 정치꾼을 처단해야 한다. 얼굴에 철판 깔고 철면피 정치꾼을 이대로 보고 있어야 합니까? 정말 이건 아니다. 세상의 모든 사람이 알고 있는데 개딸과 쓰레기 정치꾼 딸 알지만 모르는 겁니까? 이제 정신 차리고 정치를 바로 세우는 기회로 삼았으면 좋겠다.

개딸이여! 대한민국의 심장을 뛰게 해라!

우리나라를 하나님께서 다스리면 잘 돌아갈까?

정말 똥물에 빠져 허덕이는 좌파의 행적이 징그럽다.

하나님이 탕평책으로 국정을 다스려도 반대를 위한 반대로 하나님을 힘들게 할 거다. '하나님! 당신이 우리 밥그릇을 빼앗아 갔어요. 당장 물러나세요.' 발악을 할 거다.

민족의 이념은 '상부상조^{相扶相助}'와 '권선징악^{勸善懲惡}'이다.

이는 삶의 근본으로 정신적 지주 역할을 해준다. 정치인의 행동은 '사필귀정^{事必歸正}'과 "뿌린 대로 거둔다."라는 진리다. 국민이 일거수일투족을 감시하기 때문이다. 아무리 잘난 체 떠들어도 돌아오는 것은 국민의 무시와 버림뿐이다.

이번에 정권이 바뀌게 된 것도 이념의 근본이다.

그 누구도 권선징악의 굴레를 벗어나지 못한다. 좌파를 둘러싸고 도움을 주는 측근은 수도사처럼 묘사하였다. 정신이 나갔어도 한참 나간 인간 말종이다. 아무리 잘났다고 떠들어도 이미 루비콘 강을 건너 돌아오지 못하는 패잔병의 정치꾼일 뿐이다.

"똥은 포장해도 똥이다. 걸레는 빨아도 걸레다."라고 했다.

한때 이러한 유머가 유행하던 때가 있었다. 요즘 정치판을 들여다보면 이 말이 하나도 틀리지 않다. 똥을 싸놓은 곳에 똥파리가 모여들게 마련이다. "개 눈에는 똥만 보인다." 했는데, 똥 묻은 똥개 정치꾼이 전국을 휩쓸고 다니며 오염시키고 있으니 똥 냄새가 진동하면서 혐오스럽기만 하다.

이들은 언론에 나와 국민을 피곤하게 만드는 것을 즐긴다.

기자는 이들의 말장난을 특종으로 다루며 인기를 끌었다. 바른말과 행동에 관심이 없고 먹혀들지 않으니 궤변자의 말 폭탄에 귀를 기울이고 특보를 내고 있으니 말이 되는 겁니까?

개딸은 물론이고 똥파리와 똥개는 어떠한 자들인가?

이들은 인성과 실력이 부족해서 제도권 내에서 함께할 수 없는 머저리이다. 실력이 없으니 공무원시험에 매번 떨어지고, 대기업에 응시해도 능력이 따라주지 않으니 취업을 못 하고 빈둥빈둥 놀고먹는 놀새들이다. 이들은 자질이 모자라 제도권 내에 들어오지 못하면서 중소기업을 무시하는 가여운 무리다.

제도권 밖에서 빌붙어 지내는 조연의 연출자이다.

실체도 없는 허상에 빠져 의지하는 좌파의 행적이 꼴불견이다.

그러니 ㅇㅈㅅ과 ㅇㅈㅁ의 주변에서 똥구멍에 바람을 불어넣는 역할에 재미를 붙였다. 여기에 동조하며 금 빼지 달고 어깨에 힘주고 다니는 얼빠진 국회의원 또라이는 물론이고, 이들을 만나 악수하고 사진 한 장 찍는 것을 영광으로 여기니 허상이다. 놀 새들이 2시에 여의도에 모여 또라이를 따라다니는 똥개 유기견 무리가 언론에 얼굴 한 번 비치는 것에 만족해하였다.

선거를 치르면서 개딸(개혁의 딸)이 언론에 주목을 받았다.

언제부터 대한민국이 개딸에 의해서 미래가 이끌어졌습니까? 특정 정당의 존폐까지 좌지우지하면서 시끄럽게 한다. 우리나라에 젊은 인재가 이렇게 없습니까? 말이 좋아 개딸이지 오고 갈데없는 똥개 유기견 무리가 똥을 쌓아 놓은 곳에 모여들어 서로가 먹겠다고 짖어대는 망원폐견望月廢犬이다.

누가 읍참마속泣斬馬謖의 결단을 내릴 지도자!

누가 수구좌파의 호두 껍데기를 깨고 속살을 먹을 것인가?

이 틀을 깰 수 있는 자가 차기 대권에 도전해서 좌파를 이끌어야 살아날 수 있다. 현재의 상태로 이끄는 수구좌파 지도부는 백해무익百害無益한 존재다. 비리를 덮어주고 보호하는 미련한 놈이 아무리 발버둥쳐도 야당의 실체를 벗어나기 힘들다.

국민은 너희들보다 훨씬 똑똑하고 현명하다.

이를 모르면 우물 안의 개구리를 굶어 죽는다. 아무리 빠져나오려고 해도 솥단지에 빠져 뜨거운 물에 서서히 익어 간다. 부패 고리에 묶여 있는 오른팔과 왼팔을 잘라내는 고통을 감수할 자가 있겠나?

이미 지난 대선 때에 이루어졌어야 할 일이다.

좌파 정권의 실정을 자성하고 과감히 탈피해서 새로운 비전으로 국민의 선택을 받았어야 했으며, ㅈㅁ을 법정에 세워 수사를 받아 정의가 강물처럼 흐르는 모습을 보여주었어야 한다. 악행(부정부패, 검수완박, 의회폭거, 무식한 국회의원)이 판을 치는데 뿌리를 뽑지 못하니 패가망신敗家亡身의 길을 재촉하는 것이다.

그들과 손절한 윤석열이 대통령에 당선된 이유이기도 하다.

윤석열이 잘나고 똑똑하고 정치적인 경륜이 높아서 대통령에 당선된 게 아니다. 부정부패와 불의에 타협하지 않은 정신 하나로 국민의 지지를 받아 대통령이 되었다.

그런데 좌파는 아직도 부패세력을 보호해 주려고 안달이다.

범죄자를 감싸는 사법의 그늘에서 벗어나지 않으니 국민이 외면하는 것은 당연한 순리다. 아무리 게거품을 물고 여당(국민의 힘)을 비난해도 먹혀들지 않는다. 이들의 간악한 세 치 혀로 살벌한 민낯을 보여주어 부메랑이 되어 돌아갈 뿐이다. 문제의 핵심을 파악하지 못하고 수

박 겉 핥기로 떠들어 봤자 아무 소용이 없다.

아무리 개딸이 설쳐대도 국정을 맡기고 함께 할 수 있겠는가?

개딸이 몇명이나 된다고 그들에 의해서 정국이 좌지우지된다면 무슨 지도자감이 되겠다고 설쳐대는가? 판을 완전히 갈아엎을 새로운 비전의 대표가 나와야 한다. 한 사람을 지키려고 혈안을 떨고 있지만, 뜨거운 물에 서서히 죽는 개구리의 신세를 면치 못한다.

노무현 대통령의 정신을 발굴해야 좌파가 살아난다.

그 이전에 백약이 무효다. 모든 것을 내려놓고 정의를 구현하는 지도자가 나타나야 한다. 이것이 문제 해결의 첫 시발이다. 3%의 지지를 받으며 출발한 바보 노무현이 대통령에 당선되기까지 험난한 여정과 난국을 극복하는 용기는 스릴이 넘치는 과정이었다. 국민을 감동시키기 충분한 위인으로 기억에 남는다.

그의 인생은 정의를 실현하고픈 한 편의 드라마였다.

국회의원이 되려고 험지를 돌아다니며 선거에 임하면서 매번 낙선했지만 이에 굴하지 않았다. 언젠가 국민이 자신의 뜻을 알아주리라 믿고 정치를 했다. 국회의원으로 5공 청산의 열정과 대통령으로 탄핵을 당하는 수모를 겪으면서 직무수행을 마치고 고향으로 낙향을 했다. 대통령의 예우는 어디에도 없었으며 죽음에 이르기까지 대한민국에 정의를 실현하고픈 열망을 담아 정치에 열정을 바쳤다.

그러니까 좌파 김대중 대통령의 행정체계 개편과 노무현 대통령의 행정수도 이전 계획은 진보좌파進步左派의 역할을 잘 수행하였다. 대한민국의 판을 바꾸어 보려고 부단히 노력이 감동을 주었다. 그런데 ㅁㅈㅇ을 거치면서 수구좌파首狗左派로 변질해 국가를 혼란에 빠뜨리는 원흉이 돼 버렸다.

수구좌파首狗左派 정권을 망친 정치꾼은 사라져야 한다.

그 대표적으로 ㅇㅎㅊ, ㅁㅈㅇ, ㅇㅈㅁ, ㅂㅈㅇ, ㅎㅇㅎ, ㅇㅁㅎ, ㅈㄱ, ㄱㅎ

ㄱ, ㄱㅅㅌ, ㄱㄴㄱ, ㅅㅇㄱ, ㅂㅎㄱ, ㅊㅁㅇ, ㄱㅁㅈ, ㅅㅊㅎ, ㅇㅁㅅ 은 대한민국의 정치를 통통에 빠지게 했다. 물론 이들뿐만이 아니라 적폐 대상으로 꼰대가 진을 치고 있으니 꼴이 사납다.

이들과 손절하지 못하고 정치 탄압을 묘사하며 억지 부리면 모두가 죽는다. ㅇㅈㅁ을 민주화에 헌신한 김대중 대통령에 버금가는 지도자로 묘사하는 정신 나간 ㅂㅈㅇ에게 무엇을 기대하고 배우겠는가! 이게 수구좌파首狗左派의 실체다.

부정부패를 숨기고 마치 천사처럼 행동하면 모를 것 같은가?

국민은 똑똑하고 현명하기 때문에 좌파에 속아 넘어가지 않는다.

지나온 행적이 정의롭지 못하다고 지역 주민으로부터 지탄받고 있으면 스스로 물러나야 한다. 국회의원뿐만이 아니라 시장, 군수, 시도지사, 시도의원, 시군의원 등 많은 정치꾼들이 똥물을 뒤집어쓰고 설쳐대는 꼴불견 때문에 국민은 피곤해서 열불이 난다.

알의 껍질을 깨고 태어나는 병아리의 비전을 보여주어야 한다.

어쩌면 당을 파토 내고 새로운 당으로 창당해서 개혁을 주도해야 할지 모르겠다. 현재의 좌파는 이미 썩은 물에 냄새가 진동하므로 아무리 맑은 물을 수급해도 소용이 없다. 이미 그 밥에 그 나물이므로 새로울 게 하나 없다.

현재의 정치 환경으로 21세기를 이끌어 갈 수 있을까?

이 상태로 여당이든 야당이든 절대로 정치발전을 이룰 수 없다. 정치에 몸담고 있는 정치꾼도 스스로 느끼고 있을 것이다. 현재의 틀을 깨부수고 나갈 용감한 리더가 필요하다.

좌파를 이끌었던 썩은 꼰대 사상이 사라져야 한다.

이들은 정치하면서 공천장사, Give and take, 누이 좋고 매부 좋은 관계로 집단 카르텔을 형성해 숱한 부정부패를 저지르며 왔을 것으로 추정된다. 지들끼리 자리다툼에 빠져 매관매직賣官賣職으로 경쟁하다 보니 고름이 곪아 터졌다.

왜! 뇌물 공화국으로 국정을 운영해야 했을까?

왜! 똥물에 뒤집어쓴 정치꾼을 법정에 세우지 못하는가?

이는 부패 카르텔 고리로 엮여 있기 때문이다. 그들이 땀을 뻘뻘 흘리며 기자회견으로 자기 변명하는 꼴불견을 볼 때는 저렇게 살아야 하나 가증스럽다. 이것이 그들의 실체를 단적으로 보여주는 확실한 증거임을 국민은 알고 있다.

어리석고 머저리 같은 수구좌파 쓰레기 정치꾼들아!

이 시대를 이끌었던 수구좌파의 민낯과 깡패 정치의 카르텔을 고발하고 역사에 기록으로 남기고 싶었다. 좌파의 패륜 정치가 대한민국이 무너지는 현상을 두고 봐서 절대로 안 되기 때문이다. 선열이 피를 흘려 지켜온 역사인데 막장 드라마로 이끌면 자녀와 후손은 어떻게 살아야 합니까?

정치판을 사유물로 여기며 난장판으로 이끌었던 좌파들아!

언론에 나와 정의롭고 고명한 척 정치발전을 이루었다고 떠들어 대니 가소롭다. 왜! 니들은 정국을 막장으로 이끌어 가나? 이들이야말로 얼굴에 철판 깔고 다니는 철면피의 실체다. 역사의 죄인으로 남아 있을 좌파를 생각하면 치가 떨리고 화딱지가 난다.

고희古稀에 느끼는 삶의 지혜와 철학!

경륜으로 얻어진 충언 이야기!

고희의 인생은 세상의 모든 풍파를 겪었으니 행복한 여정일까?

그런데 '나이가 들수록 마음을 곱게 먹고 젊잖게 살아야 한다.'라는 진리다. 조금만 싫은 소리를 들으면 서운하고 반박하고 싶은 충동이 난다. 나이 먹었다고 나잇값 하려고 아는 척하고, 이기려고 하는 꼰대 생각은 버려야 한다. 친구와 자녀는 물론이고 부부간에도 말 한마디에 순간적으로 돌변할 수 있으므로 "참는 자에게 복이 온다."고 했다.

현장에서 뛰는 정치꾼에게 전하고 싶은 말은!

돈, 명예, 부귀영화는 거추장스러운 짐이 될 따름이다.

굶어 죽지 않을 만큼 부를 축적하지 않았는가? 자녀는 장성하게 자라 사회생활 활발히 할 것이니 무엇을 바랄 게 있나! 젊은 시절에 열심히 노력해서 열정적으로 살았으면 인생 70은 노후를 즐기며 노년의 시간을 편하게 보내면 다행이지 않은가?

물론 젊은 시절에 노력한 만큼 결과를 누리게 되는 것은 부정할 수 없다. 여기까지 오는 동안 산전수전山戰水戰 공중전空中戰까지 겪으며 전쟁을 치르듯이 살아왔다. 남에게 치사하고 비겁하게 굶지 않았으니 빛나는 얼굴이라고 자부하고 싶을 따름이다.

어두운 시절에 살아남으려고 얼마나 고군분투했을까?

모진 세월의 풍파를 이겨내고 자녀와 가정을 위해서 살아왔다.

그런데, 게으름을 피우며 어영부영 살았으면, 아직도 고생하며 피눈물을 흘리고 고된 인생을 살아야 할 것이다. 인생은 사필귀정이다. 말년의 인생은 인생칠십고래희人生七十古來稀에서 말을 해준다. 노력한 만큼 부를 축적하고 사회적 안정을 누리며 편안하게 지내게 된다.

자녀는 장성해서 결혼하고 행복한 가정을 꾸렸을 것이고!

또 다른 가정으로 분가해 자녀를 낳아 잘 살면 되는 거다.

그러면 성공한 인생으로 행복한 노후를 즐기는 시간이 될 것인가? 하지만 삶은 죽음의 무덤에 들어갈 때까지 인내력이 한계에 이르는 힘을 테스트하면서 험악한 길목을 향해 걸어가는 여정이다. 그 끝이 어디까지 될까? 아무도 모른다.

이 나이가 되면 모든 짐을 내려놓아야 한다.

나의 인생이 아니라 남의 인생을 살아가야 한다는 이야기다.

거창한 말인 것 같지만 별것이 아니다. 할아버지 할머니가 됐으니 자녀와 손자를 위해서 살고, 정치인은 젊은 시절에 누렸던 권세를 후진 양성에 고민하고, 지도자는 과거의 지위와 명예를 바탕으로 나라의 미래를 걱정하며 불의와 부정부패척결에 한 목숨 바칠 각오로 여생을 보내야 한다. 두 어깨에 올려놓은 권세가 무겁지 않은가? 돈을 벌면 얼마나 벌어서 부귀와 영광을 얻겠는가? 노욕의 욕심이 화근이 되어 가정을 풍비박산 낸다.

아직도 노욕에 빠져 돈과 명예, 사회적 지위를 품으려고 안달하는 정치꾼이 있는데, 풀어주는 아량과 도리를 가져야겠다. 가정에서 후손에게 헌신하고, 그동안 누렸던 지위와 명예는 헌신짝 버리듯이 과감하게 버려라! 특히 못난 머저리 정치꾼들이 잘났다고 거들먹거리며 설치고 다니는 꼴을 바라보면 국민은 구역질이 난다.

언론에 나타나 지껄이지 않았으면 좋겠다.

머리가 허연 백발노인이 어눌한 말투로 좌파와 우파 편 가르기에 앞장서 서로가 잘났다고 싸움하며 나라가 어떻고, 정치가 어떻고, 대통령을 험담하며 욕하고 떠들어대는 꼴이 가증스러운 언변이 싫다. 국민을 위하고 국가를 위해서 일한다고 야단법석을 떨었지만, 그 속내를 들여다보면 노욕으로 가득 찬 욕심꾸러기다.

당신이 아니어도 세상을 이끌어갈 훌륭한 젊은이는 얼마든지 있으니 조용히 사라졌으면 좋겠다. 입에 사탕발림 언변으로 이율배반 국민을 농락하지 말라는 이야기다.

너희들 때문에 국가는 혼란에 빠지고 국민은 열불이 난다.

너희들은 젊은 시절부터 지금까지 정치에 몸담고 있으면서 비난을 위한 비난만 해오는 세력이다. 젊은 시절에 정치꾼의 가방 모지로 시작해서 30~40년을 정치하면서 무엇을 했는가? 투쟁과 정쟁으로 나라를 시끄럽게만 하였다. 그 자리를 빼앗기자 거리의 난봉꾼으로 돌변하여 시위대와 데모꾼이 되었으니 처량하기만 하다.

이제는 원로의 모습으로 국가와 국민을 위해서 남아라!

모든 것을 내려놓고 무엇이 국가와 국민을 위하는 길인지 찾아서 모범을 보여주어라! 우파와 좌파의 벽을 허물어버리고 삶과 죽음의 경계를 뛰어넘어야 한다. 초인간적인 모습으로 후대에 길이 남을 영광의 얼굴로 역사를 지켜주었으면 좋겠다.

"인생의 삶에서 우연은 없다."라고 했다.

그러니까 무엇을 하든지 지금의 행동이 필연의 결과로 나타나게 마련이다. 누구와 어울려 커피와 소주를 마시고, 만남과 이별의 순간을 수없이 겪으며 의미 없이 흘러가는 시간 같지만, 그 속에는 눈물과 웃음을 지으며 주고받는 평범한 대화에 결과적으로 숱한 사연이 담겨 있다. 이것이 젊은 시절 진행형 위에 나타나든지, 또는 노후에 죽을 때 언젠가 필연이 따르게 마련이다.

그때는 몰랐지만, 후대에 나의 얼굴에 잔영으로 남는다.

칭찬과 악담, 허세와 거짓, 무심코 하는 말 한마디에 운명으로 따르게 된다. 요즘처럼 개인 미디어 시대가 난무하면서 더욱 신경이 쓰인다. 가만히 있어도 스트레스 받게 하는 일이 너무나 많다. 피가 되고 살이 되는 인연으로 이끌어야 하나! 결단의 순간에 고민하게 된다. 언행이 타인을 이롭게 하면 좋은 결과로 나타나겠지만, 남의 가슴에 대못을 박으며 파고드는 멸시와 저주의 악담을 퍼부으면 불의 지옥으로 떨어진다.

"생각을 조심해라! 말이 된다. 말을 조심해라! 행동이 된다.

행동을 조심해라! 습관이 된다. 습관을 조심해라! 성격이 된다.

성격을 조심해라! 운명이 된다. 운명은 삶의 현실이다."

운명의 삶은 생각하는 대로 이루어진다는 진리다.

그런데 이러한 진리를 알고 생활하는 사람이 얼마나 될까?

특히 지식인과 정치꾼에게 이러한 글이 먹혀들까? 아무런 의미 없는 말이라는 것을 잘 안다. 그들만의 프레임에 빠져 생활하기 때문에 이들의 사고思考를 바꾼다는 것은 천지개벽해야 한다. 책을 읽고 지식과 지혜를 쌓는 것은 어불성설語不成說이다. 그래서 외부(국민)의 강한 충격을 주어 혁신이 필요한 것입니다.

국민은 순리의 정치를 원한다

세상의 흐름은 인과응보因果應報가 따르게 마련이다.

알박기 악법을 처리하며 살려고 몸부림을 쳐도 하늘에서 다스리는 법이 가만두지 않는다. 혹독한 처벌이 기다리고 있는데 무지한 정치꾼이 알 리가 없다. 이 무서운 형벌을 깨닫지 못하고 하룻강아지 범 무서운 줄 모르고 날뛰고 있다.

인성을 갖춘 사람이라면 잘못을 반성하고 잘해야 기본이다.

그런데 정권 말기에 악법을 개정하며 신의 한 수로 믿는다. 비리 범죄를 덮으려고 혈안 떨고 있는데 이게 덮어지겠습니까? 도둑놈을 대통령으로 뽑아 놓고 깡패의 말을 믿고 따라야 했다.

왜! 성실히 업무를 추진하는 검찰을 괴롭혔는지 모르겠다.

과거 정권에 대해서 검찰의 수사권을 이용해서 적폐 청산이라는 명분으로 두 명의 대통령을 감옥에 수감했다. 그런데 이제 와서 검찰의 수사권을 빼앗아 허수아비로 만들려고 혈안을 떨고 있으니 적반하장도 유분수입니다.

아무리 "악법도 법이다."라고 했지만 이건 아니다.

검찰 개혁이라는 미명 아래 '검수완박(검찰수사권 완전 박탈)'을 요란하게 외쳤으니 국민은 억장이 무너졌다. 국민은 '정치를 개혁'하라고 외치고 있는데, 이들은 지들의 살길을 찾으려고 꼼수정치로 묘수를 부렸다. 바둑에서 "묘수 두 번 부리면 패한다."라는 격언을 따르고 있다. '검수완박'은 '범죄완판(범죄자가 완전히 판을 치는 나라)' 될 거라고 본다. 썩어빠진 무식한 정치꾼의 반항이다.

그런데 좌파 정권은 최고의 법이라고 호들갑 떨었다.

어찌 보면 윤석열 정권은 이 법을 마다할 이유가 없다. 앞으로 우파 정권이 계속 집권하게 될 것인데 집권 세력의 정치인을 보호하려면 이보다 좋은 법이 어디에 있겠나?

우파가 정권을 세 번 잡으면 좌파는 한 번 잡게 될 거다.

좌파를 무시하려는 게 아니라 과거처럼 국정을 수행하면 권력을 잡지 못한다. 우파도 정신을 차리지 않으면 다음에 선거에서 좌파에게 권력을 빼앗기고 물러나야 한다. 어느 정당도 국민 위에 존재할 수 없으며, 국민이 무서운 줄 알아야 한다.

이 법은 우파 정권의 정치 세력을 보호하기 위해서 그냥 버티고 어영부영 뭉개고 넘어가면 좋다. 하지만 윤석열 정권은 부정부패를 원천적으로 싫어하므로 다시 개정하게 될 거라고 믿는다. 검찰 조직을 원상 회복시켜야 하니 방관할 수 없는 문제다.

정권을 잡은 세력이 범죄를 저지르고 나라의 기강을 문란하게 하면 어떻게 방어하고 처벌을 해야만 할까? 이때는 다시 검찰의 수사권을 강화할 것인가? 이들이 주장하는 바가 이거란 말인가? 다음 선거에서 혹독한 시련을 격을 게 뻔하다. 국회의 입법권이 자신의 소유물인 양 마구 휘두르는 머저리 때문에 열불이 난다.

썩은 지도층과 사회적 강자가 저지르는 중범죄는 무죄고, 국민은 걸어 다니며 사소한 교통법규 위반으로 처벌을 받으면, 이게 자유민주주의 나라에서 가능한 법체계란 말인가? 국회의 임무는 사회적 약자를 보호해 주는 법을 제정하는 것이다. 좌파 정권의 안위를 지켜주는 법을 제정하는 곳이 아니다.

나는 빨간불에 도로를 건너다 경찰에 걸렸다.

급하게 뛰어가는데 호루라기를 불며 따라와 거수경례하였다.

그냥 모르는 체 넘어가도 될 것을 굳이 따라와서 "무단횡단 하셨습니다. 범칙금 얼마입니다." 벌금 딱지를 발급하고 사라졌다. 서운했지만 통지서를 받아들고 두말없이 돌아섰다. 술 한 잔 마신 셈 치고 몇만 원 내면 됐지 경찰과 언성을 높이며 다툴 이유가 없다. '바쁜 일 때문에 그랬어요. 한 번만 봐주세요.' 사정하고 싶었지만 자존심 때문에 그냥 넘어갔다. 이게 바로 서민의 마음이다.

그런데 정치인은 별의별 토를 달며 따진다.

이런데 돈 쓰는 것은 무척 아까워한다. 특권을 이용해 '바빠서 그랬는데 뭐 이런 것 가지고 딱지를 끊어요!' 경찰 얼굴 한번 쳐다보고 'ㅇㅇ당 국회의원인데 한번 봐주면 안 되겠어요.' 어깨에 힘주고 윽박지르고 본다. 범죄가 발견되면 지위고하를 막론하고 처벌하는 게 수사기관의 임무다.

검찰의 수사권 박탈은 나라의 근간을 흔드는 의회 폭거다.

동물 국회의원에게 품위를 손상했으니 국회의원 자격이 없으니 법을 제정하는 입법권을 제한하는 것과 다를 바 없다. 소방관이 화재 현장에 늦게 왔으니 소방관은 불을 끄지 말고 의용소방대원에게 불을 끄라고 하는 것이며, 의료사고를 낸 의사에게 치료를 못 하게 해서 간호사가 치료하는 격이다.

광역버스 기사가 교통법규(과속, 신호위반, 보복운전)를 위반했다고 대형 면허 기사에게 버스 운전을 못 하게 하고, 2종 보통 면허 택시 기사에게 대형 버스를 운전하라는 논리와 다를 바 없다.

이렇게 극한으로 치닫는 이기적인 정당은 처음이다.

나라의 근간을 지켜온 검찰 제도를 무력화하고 하루아침에 검수완박으로 무너뜨리며 몰아붙이는 정권이다. 그 길 끝에 낭떨어지 계곡이 있음을 모르고 날뛰고 있으니 한심하다.

이상한 놈! 나쁜 놈! 사악한 놈!

ㅁㅈㅇ 정권은 정말 이상한 정부였다.

5년 내내 똥을 된장이라고 우기는 것은 물론이고, 언론에 고명한 척하면서 뒤에서는 부정부패를 저지르고 상대방에게 떠넘기는 유체이탈 화법으로 희망 고문하며 지내온 권력이다. 무엇하나 제대로 추진해온 정책이 보이지 않는데 오백 조원의 부채를 양산했다.

그렇게 퇴임하는 순간까지 국민을 향해 갖은 모략을 꾸며다.

출발할 때는 이상한 정부였는데 퇴임할 때는 나쁜 놈 정권이 돼서 누가 더 사악한 짓으로 권력에 아부하느냐? 경쟁했다. 좌파 언론은 가짜 뉴스를 생산하며 정부의 편에서 국민을 속이는 데 앞장섰다.

사악한 놈의 꼼수는 ㅂㄱㅎ 정부 때부터 했다.

나쁜 놈들이 모여 정권 찬탈의 기회를 엿보며 시위를 벌였다.

여기에 동조하며 정치꾼과 좌파 세력은 사악한 놈이 되었다. 결국, 아무 죄 없는 청순한 정권을 무너뜨리고 정권을 찬탈하는 데 성공하였다. 집권하게 됐으니 좌파들의 세상이 찾아오게 됐다.

집권 초기에는 검찰을 동원해서 적폐 청산이라는 명목 아래 지난 정부의 사법 처리에 국민의 호응을 얻는 듯했다. 이들의 호들갑에 정신을 차릴 수 없어 당연히 믿었다. 그 기간이 일 년 정도 지나자 그들의 실체가 드러나면서 가면의 얼굴을 알게 돼 짜증이 났다.

이때부터 우리 사회는 혼란스러워졌다.

ㅁㅈㅇ 정부 자체가 이상한 정권이었으니 그 밑에 빌붙어 지내야 했던 각 부처 장관은 물론이고 공공기관장과 유관기관에 근무하면 이상한 놈으로 변해야 했다. 그러니까 국가기관 조직 전체가 이상한 놈에서 사악한 놈이 장악하게 되는 초유의 사태가 벌어졌다.

좌파 정권 5년 내내 법무부장관과 검찰이 싸우며 보냈다.

왜 법무부장관이 검사와 싸워야 했습니까? 국가의 법치 행정을 지켜야 할 법무부장관이 매일 방송에 나와 검찰을 비판하는 말을 지껄였다. 그것이 당연하다는 듯이 즐겼다. 장관이 행정을 추진하는 데 무슨 설명이 필요할까? 이상한 놈의 언행을 지나 사악한 놈의 행태가 아닐 수 없는 처사였다.

정부는 검찰 조직을 정권 수호의 앞 자비로 이용하였다.

범죄 수사는 이루어지지 않았으며 깔아뭉개기에 앞장섰던 조직이었다. 국민은 범죄자를 잡아 수사해서 악마의 소굴에서 벗어나게 해달라고 애원을 하는데도 듣지를 않았다. 교통질서 위반하고 서민을 괴롭히는 잡범이나 잡는 순경에 불과하였다.

사법부는 권력의 도우미로 시녀 역할을 했다.

권력의 중심부가 썩어 문드러졌으니 범죄자를 수사하지 않았다.

사법부의 수장인 ㄱㅁㅅ 대법원장은 정권의 꼬봉으로 사법 질서를 엉망으로 만들어 놓았다. 2020년 4·15 총선 이후 125건의 선거 무효 소송이 제기 됐지만, 수사와 재검표는 뭉개고 넘어갔다. 어수룩한 정권이 국민의 눈과 귀를 막아버리고 국민 세금으로 녹을 받아먹으며 직장에 다녔으니 한심한 조직이었습니다.

국방의 무기력은 나라를 통째로 북한에 넘겨줄 판이었다.

한미 간의 군사동맹은 있으나 마나 한 휴지 조각에 불과하였으며 훈련은 이루어지지 않았다. 군인이 훈련으로 다져진 체력이 국방력을 지탱해주는 것인데 놀고먹는 돼지에 불과했으니 무슨 전투를 벌이겠는가? 70여 년을 지켜온 최전방의 GP를 폭파해서 없애버리는 대통령 밑에 병사의 군기가 바로 서겠습니까?

왜! 국회의원이 국회를 난장판으로 만들까?

'무식하면 용감하다고 했던가?' 실업자 신세로 사람 취급 못 받는 머저리다. 어쩌다 국회의원 빼지를 달아보니 눈에 보이는 게 없나? 하늘 높은 줄 모르고 다수당을 무기로 회기 때마다 악법을 만들어내는 기술자로 무소불위 폭거를 저질렀다. 이상한 놈에서 나쁜 놈을 지나 사악한 놈들이 나라를 말아먹으려고 환장한 괴물 집단이다.

5·18 민주화 운동은 현대사에 가슴 아픈 역사다.

그런데 5·18 민주화 운동을 좌파의 성지로 여기니 해괴망측하다.

좌파가 아니면 신성불가침의 명예로 독차지하려고 하니 말이 되는가? 민주주의 발전을 위해서 희생된 자랑스러운 5·18 유공자에게 훈장을 추서하고 거액의 보상금이 지급되었다.

그런데 누가 유공자인지 알지 못하도록 법으로 발표를 못 하도록 했다. 이게 정상적인 법이란 말인가? 좌파 정권이 저지르는 사악한 놈들의 추태이다. 여기에 악마 쓰레기 정치꾼이 포함되어 공개를 거부하며 못하게 하는 이율 배반자들의 꼼수이다.

자랑스러운 얼굴과 이름을 공개 못 하는 이유가 뭡니까?

얼마나 추잡하고 나쁘고 사악한 놈이 들어 있으면 이러겠는가!

좌파는 헌법 정신에 담아야 한다고 떠들면서 5·18 유공자를 모욕하고 욕되게 하는 악행이다. 시민 단체와 5·18 단체에서 해법을 찾아야 한다. 자랑스러운 유공자 이름을 골라내 전남대학교 강당에 새겨 놓고 후배에게 과거의 슬픈 역사를 빛나게 해주어야 한다.

누가 이 책을 읽고 감동받을 수 있겠습니까?

나의 고향은 충청도 청양으로 우파도 아니고 좌파도 아니다.

깡 촌에서 태어나 무식하게 농사만 지었으며, 먹고 살길을 찾아 평생 공무원으로 근무하고 정년 퇴임해서 황혼을 맞이하였다. 선거 때에 사람의 인성을 보고 투표하였다. 문재인을 찍고 윤석열도 찍었다. 하지만 지난 정권의 패악질은 우리 역사에 두 번 다시 태어나면 절대로 아니 됨을 강조하고 싶다.

좌파 야당의 세력은 우파 여당을 공격할 때마다 독재 정권을 운운하며 모진 악담을 퍼부었다. 지나보니 그들은 악담을 위한 악담으로 패악悖惡질을 저지르며 정권찬탈의 기회를 노렸다. 정권이 바뀌자 또다시 검찰 독재 정권이라고 맹비난을 퍼붓는다.

이 또한 말 같지 않은 말장난으로 헛다리 짚는 거다.

좌파 정권 5년 동안 공수표만 날렸으면서 무슨 할 말이 있다고 떠드는지 모르겠다. 국가 예산을 펑펑 쓰면서 포퓰리즘 정책을 펼치다 보니 국가 부채가 천조 원이 넘었다. 그들이 저지른 뻔뻔한 실정을 책으로 엮어도 수십 권이 나올 듯하다.

고희를 지나며 나라의 미래를 걱정하지 않을 수 없다.

자랑스러운 대한민국이 수구좌파의 놀이터로 더럽혀지는 꼴을 더 이상 눈뜨고 바라볼 수 없어 펜을 들었다. '이게 나라입니까?' 호소하는 국민이 화병에 걸려 죽을 판이다. 국민의 생명과 재산을 보호해 주어야 할 좌파 집단 카르텔이 국가를 망쳐놓았다.

　사회 곳곳에 썩어 문드러지는 소리만 들렸다.

　누가 이들의 카르텔을 깨부수고 정의로 바로 세울 것인가?

　이때 나타난 구국의 일념이 윤석열이다. 그는 자유우파와 수구좌파의 구도에 빠져 경쟁하던 정치꾼이 아닌 검찰총장이었다. 양쪽 집단에서 두려워하는 인물이었지만, 국민의 지지를 받고 전면에 나서게 됐던 용사였다. 하늘의 힘으로 대한민국을 악의 소굴에서 구하라는 지상명령을 받고 번개처럼 나타났다.

　필자는 MTB 자전거 드라이브 마니아였다.

　국토 종주 인천 아라 뱃길에서 낙동강하구, 낙동강 하구에서 인천 아라 뱃길까지 왕복하였으며, 4대강은 물론이고 제주도 일주와 울릉도 일주 두세 번을 했다. 자전거를 타면 콧노래가 저절로 나오며 힘이 샘솟아 나오며 흥이 난다.

　그런데 어느 날 병마가 찾아와 고통을 이겨내야 했다.

　식도암, 위암, 폐암 큰 수술을 여러 번 받고 회복 중이다.

　살아있음에 감사하며 남은 인생을 사회에 보답하고 스페셜 대한민국의 미래를 창조하기 위해서 심혈을 기울여 집필하였다. 자손만대 이어갈 자랑스러운 대한민국이 저질 정치로 혼란에 빠지면 되겠나? 얼마 남지 않은 인생을 헛되게 보낼 수 없어 정치를 똑바로 하라고 펜을 들게 됐다.

　선진국(미국, 영국, 독일, 프랑스, 스위스)처럼 훌륭한 지도자가 국민을 위해서 봉사하는 모범을 보여주었으면 좋겠다. 우리도 잘할 수 있으며 못할 이유가 없다. 새로이 탄생한 정권에 기대해 본다.

위기를 조장하는 좌파 세력의 인성!

사람의 언행은 본능에서 나오는 철학이 담긴 진실이다.

유치원에서 언행이 불손한 아이는 바로잡아 주어야 한다.

아이가 유치원에서 입에 담지 못할 거친 말로 매일 싸움을 한다면 다른 아이에게 교육이 제대로 이루어지겠나? 불량한 아이가 있으면 학부모가 가만히 있지 않는다. 자신의 자녀에게 피해를 주므로 유치원에 아이를 보내지 않으려고 난리를 친다.

거친 아이는 전원을 시켜야 교육 질서가 바로 서게 된다.

이러한 아이와 함께하면 다른 유아에게 피해가 커지기 때문에 격리해야 교육의 질서가 지켜진다. 거친 아이는 특수 교육을 시켜야 인성을 바로 잡을 수 있다.

"세 살 버릇 여든까지 간다." 했다.

삶은 유아원에서 성인에 이르기까지 이어진다.

그래서 "요람에서 무덤까지!"라고 했다. 행복을 추구하는 영혼은 삶의 기본이다. 이게 세상 사는 순리로 이어지는 과정이므로 삶은 한 순간의 언행에서 나오지 않는다. 유아 시절부터 터득한 철학이 담긴 인성이다. 그러니까 좌파의 인성은 이때부터 잘못되지 않았을까? 현재 국제 정세가 어떻게 돌아가고 있습니까?

러시아는 우크라이나를 침공해 국토를 초토화시키고 있다.

이게 대명천지 21세기에 가능한 일이라고 보이십니까? 자유우방 지도자는 노골적으로 "지금은 전쟁의 시대가 아니다."라고 하였다. 하지만 전쟁을 하면서 무고한 국민이 죽어 나가고 있다.

중국과 러시아는 신 냉전 시대를 당연하게 받아들이고 있다.

서방 세계의 글로벌 네트워크에 반발해 더욱 결탁하는 추세다. 이 두 나라의 틈바구니에서 생존해야 시국에 국제 정세가 우리를 옥죄고 있는데 한가하게 당권 싸움이나 벌이고 있으니 한심하다. 세계 지도자는 에너지와 식량 위기에 대처하며, 달러화의 급등에 난리를 치는데 정치권은 무엇 하고 있습니까? 국제 정세를 파악하지 못하고 다투는 모습이 국민은 피눈물이 나온다. 밥그릇 싸움! 자리다툼을 벌이는 쓰레기 정치꾼을 쓸어버리고 싶다.

무식한 정치꾼이 자리다툼에 말 폭탄이 난무하다.

군인의 팬티 예산을 깎았다고 열변을 토하는 멍청이 국회의원!

ㅅㅇㄱ는 군인의 전투화와 팬티, 양말 예산을 삭감했다며 판넬을 가지고 나와 열변을 토했다. 쓰레기 국회의원이 의정 단상에서 떠들어 대니 말이 됩니까? 자승자박해도 유분수이지 옹졸한 언변으로 국민을 호도하는 꼴이 인간이기를 포기한 처사다.

아무리 돈이 없어도 전투화, 팬티, 양말 예산을 깎겠나!

군인에게 지급되는 의식주 필수 품목은 최상의 제품이다.

지들이 그래 왔으니 정권이 바뀐 정부에 뒤집어 씌우는 거다. 정신이 나간 패륜 무리다. 지난 정권은 예산이 세워지면 수의 계약으로 업자의 주머니를 채워주었다. 업자와 짜고 막대한 예산을 업체에게 밀어주었다. 이것뿐이 아니라 군에 납품되는 무기와 물품을 수의 계약으로 엄청난 예산이 낭비되었다.

예산을 세우며 공개입찰을 공시하면 여러 업체가 달려든다.

입찰에 참여하는 업체는 가격은 내리고 좋은 제품을 군인에게 제공해주기 위해서 제품 설명과 가격 경쟁에서 우위를 차지하려고 사활을 걸고 홍보한다. 조달청 제도를 악용해서 이렇게 사악한 악담을 남발해도 국회의원 빼지 달고 활보하며 떠들어도 무난히 지내고 있으니 대한민국은 참 좋은 나라이다.

수구좌파首狗左派와 개딸들이여!

왜! 좌파는 독립투사로 착각에 빠져 투쟁하려고 하는가!

개딸들이여 그대는 유관순 누나와 논 개의 정신이 있습니까?

왜! 그대는 자주를 버리고, 한미동맹을 버리고, 굴욕을 택하여 중국 사대주의로 가는가! 민족의 5,000년 역사적 꿈을 잊었는가! 자유와 고토수복古土修復, 광개토대왕의 영광을 생각해 보아라!

왜! 너의 마음속에 붉은 깃발을 내려놓지 않는가!

왜! 권력의 유혹과 탐욕의 바구니를 버리지 못할까!

왜! 오욕의 무리들과 함께하며 욕됨으로 가득 차 있는가!

왜! 궤변을 택하고 공정公正에 귀 기울이지 않으려 하는가!

왜! 당신은 저질과 패악悖惡을 지지하는 어리석음이 되었는가!

왜! 무궁화의 노래와 태극기의 펄럭임을 새겨듣지 못하는가!

왜! 좌파 정권의 비리와 반역에 동참하고 열광하는가!

왜! 너는 비겁과 음모와 저질에 빠져 지내려고 합니까!

어찌해 우리 곁에 있는 정의와 참과 순수를 숭배하지 못하는 어리석음에 길들어 있는가! 사랑과 자비, 인간의 권리를 짓밟는 자들과 함께하지 말라! 신의 계율을 버리고 악의 경계에 서 있지 마라! 한때만 살려고 영원을 버리지 마라! 자손의 자손이 살아야 할 영광된 미래를 생각하고 행동에 옮겨 보아라!

왜! 이념의 그늘 속에 있어야 하는가!

내가 사랑하는 산천과 나의 이웃들이여! 그는 왜 역사의 정면을 바라보지 못하는가! 당신은 아직도 비난의 자리에 있어야 합니까! 아직도 파계破戒의 자리에서 왜 떠나지 못하는가!

따뜻하고 어여쁜 사람들이여! 조국을 지켜낸 선열의 후손이여! 이순신의 판옥선에서 노를 젓던 충렬의 넋들이여! 조국을 사랑하는 좌파와 개딸들이여! 대한민국의 미래를 창조하려는 의지를 가지고 있는 겁니까!

한때 청담동 사건으로 정국이 혼란에 빠졌다.

'대통령과 법무부장관이 청담동 술집에서 김행장 변호사 30여 명과 밤새워 술을 마시며 노래를 부르고 유흥을 즐겼다.'라는 것이다. 정상적인 지성을 가진 사람이라면 새빨간 거짓말이라고 치부하고 이를 믿지 않았을 거다. 이 루머가 사실이라고 믿고 비난을 보내는 자가 있으니 수구좌파 골수분자이다. 이는 허위 거짓으로 밝혀 지면서 폭로한 매체는 사법처리를 받게 되었다.

역사 이래 썩은 정치꾼이 버티는 범죄자가 있었을까?

아무리 생각해도 일반 국민은 상상할 수 없는 처사에 분통이 터진다. '왜 검찰이 쩔쩔매고 있느냐!'이다. 인간의 탈을 쓰고 조금이라도 양심에 인면수심의 창피함을 가슴에 품고 있다면, 국민을 피곤하게 만들지 않는다. 얼굴에 철판을 깔아도 유분수지 억지를 부리다 감옥에 들어가면 체면이 구기지 않는가?

궤변론자가 썩은 악취를 풍기며 대권에 도전했으니 정권을 빼앗기는 수모를 당하는 것은 당연한 이치였다. 우파는 하늘이 내려준 절호의 기회다. 역사에 천운이 따라준 영광이었다. 어찌 보면 국민에게 엄청난 국운 상승을 가져다주었다.

범죄 수사를 받으러 법원에 출석하는데 좌파 국회의원 40여 명이 조폭처럼 몰려가 그를 둘러싸고 방풍 역할을 해주었다. 야당의 ㅂㅎㄱ, ㅁㅎㅂ, ㄱㅎㄱ, ㅈㅊㄹ, ㄱㅇㅈ, ㅈㄱㅌ, ㅅㅇㄱ 등 감투 쓴 놈들이 함께 몰려다니며 세를 과시했다. 이게 법치주의 나라에서 가능하단 말인가? 다음 선거에서 심판해야 한다. 검찰에 출석해 범죄와 관련 A를 질문하면 묵비권으로 피해 가면서 엉뚱한 B와 C로 궤변을 늘어놓으며 위기를 모면하려는 꼴이다.

아무리 아니라고 무죄를 주장하며 궤변을 늘어놓아도 하늘이 알고, 땅이 알고, 하나님이 알고 있으니 심판이 내려질 것이 뻔한데, 이 굴레를 벗어날 수 있다고 보는가? 검찰이 없는 죄를 만들어내는 공무원인가! 더군다나 썩어 빠진 정치꾼을 수사하는 만천하가 알고, 국민과 세계인이 지켜보고, 언론이 매일 대서특필 집중 보도하는데 바보 멍청이는 왜 모르는 겁니까?

깨어있는 지식인은 너무한다고 비판을 보냈지만, 그 프레임에 빠진 졸개들은 그 말에 귀를 기울일지 만무다. 우주에서 비추는 밝은 태양의 빛을 외면하고 어둠의 자식으로 함께 죽으려고 따라가는 수구좌파와 개딸을 누가 말리겠습니까? 죄를 지으면 벌을 받아야 하고, 노력하면 영광의 기회가 주어지는 대한민국 국민이 누려야 할 당연한 권리다.

좌파 국회의원과 개딸은 'ㅇㅈㅁ을 구속하면 나라가 뒤집어질 것이다.'라고 엄포를 주고 있지만, 그래 보았자 그들은 썩은 곰팡이에 불과하다. 우파의 입장에서 보면 '그를 구속해야 나라가 깨끗해진다.' 믿는다. 국민은 하루빨리 구속해서 사법 정의를 실현해야 한다며 시위를 벌인다. 따라서 '그를 구속하지 않으면 나라가 뒤집어질 판이다.'라고 걱정하고 있다.

정파와 색깔과 의견이 다르면 함께 밥도 먹고 싶지 않다.

형제자매끼리 지지하는 정당이 다르면 말을 하기도 싫어진다.

명절에 가족이 모여 정치 이야기가 나오면 싸움판으로 번져 아수라장이 되고 만다. 화목한 분위기에 오순도순 대화의 꽃을 피워야 하는데 대통령 이야기가 나오면 싸늘한 분위기로 변한다.

정파가 다르면 마음을 닫아 버리고 설명을 듣지 않는다.

'그딴 소리 듣기 싫으니까 집어치워요!' 한순간에 분위기를 망쳐버린다. 토론을 벌이며 이래서 좋고, 저래서 나쁨을 이해하며 잘못된 생각을 바꾸지 않는다.

좌파여, 그대는 백의민족^{白衣民族} 홍익인간^{弘益人間}의 혼^魂과 얼을 가꾸어 나가야할 보배다. 우리 민족은 은혜로운 영광을 자손만대 이어가도록 책임을 다해야 할 의무가 있지 않은가? '대한민국은 공포와 투쟁과 질투의 땅이 아니라! 기회의 땅, 축복의 땅, 사랑의 땅으로 영원히 가꾸어 나가야 할 위대한 영토이다.'

좌파 정권은 북한 독재자의 아바타 정부?

좌파는 김정은의 꼬봉으로 아바타 역할을 하던 정부다.

ㅁㅈㅇ은 북한 김정은 독재자의 아바타 주역을 열심히 수행하며 풍산개를 좋아했던 모지리 정권이다. 김정은이는 남한 대통령을 만나는 것에 아무런 관심이 없었다. 어떻게 이용해서 돈을 뜯어내고 국제 사회에 동참할 수 있을까? 골몰하였다.

단지 핵 개발에 필요한 돈을 원했을 뿐이고, 유엔의 제재 결의를 풀어주는 데 역할을 담당해주기 바랐지만 모두 허탕으로 끝났다. 남한 대통령이 국제 사회에 나서주면 해결될 것으로 믿었겠지만, 국제 여론의 벽을 넘지 못하고 더욱 고립되고 말았다.

그런데 ㅁㅈㅇ 혼자 짝사랑하며 애걸복걸하였다.

남한에 방문해서 만나 달라고 수차례 간청하였지만, 김정은이는 우리 정부가 무슨 짓을 하든지 신경 쓰지 않았다. 오직 '돈을 얼마나 뜯어낼 수 있을까? 흥정에 골몰하였다.'에 관심뿐이었다. 돈을 많이 받아내기 위해서 작전을 꾸미며 남한 정부를 괴롭혔다. 끈질긴 방북 제의에 만나주지 않으니 전전긍긍^{戰戰兢兢} 돈으로 흥정하며 애걸복걸하는 처지였다. 돈을 주면서 벌벌 기었으니 쪽팔렸다.

남한을 우습게 보고 돈을 받아낼 궁리만 하였는데, 여기에 이용당하는 허수아비 정부였다. 오히려 엄청난 돈을 퍼주고 욕을 바가지로 먹으며 무시당하고 아무런 대책을 세우지 못했다.

유럽에서 G20 정상이 회담하는 자리에서 어떠했는가?

북한의 UN 제재를 풀어 달라고 말했다가 망신을 당하였다.

UN 안보리 회원국 만장일치로 대북 제재 결의를 했는데, 직접 당사국인 남한 대통령이 제재를 풀어달라고 제안하니 정신 나간 사람으로 바라보았다. 정상들 간에 왕따를 당해서 함께 사진도 찍지 못하는 꼴불견의 추태를 보여주었다.

좌파 정권이 김정일, 김정은이를 만나서 무엇을 얻었는가?

몇천억 달러와 외화를 낭비하면서 북한에 핵 개발과 미사일을 발사하는 데 밑천을 대주었으며, 남한에서 간첩 활동하는 데 자금으로 사용하도록 도와준 격이다. 백두산에서 김정은 독재자와 손을 잡고 사진을 찍으며 환한 미소를 짓고, 능라도 운동장에서 북한 주민 15만 명 앞에서 연설하는 모습을 보여주면서 곧 통일될 것처럼 국민에게 희망 고문하였다.

대통령이라도 북한에 퍼주기 정책을 펼치면 여적죄로 처벌해야 한다. 국민을 속이고 엄청난 예산을 낭비하며 인기몰이로 북한을 방문하는 자체를 막아야 한다.

최전방 GP 초소를 11개소를 폭파 해체시켰다.

GP 초소는 국방을 지키는 의지의 표시이며 군의 사기다.

이 초소를 폭파로 해체시켰다는 것은 국가를 방어할 의지를 포기하는 처사와 다를 바 없다. GP는 최전방에서 북한군의 동향을 파악해 사단 본부로 알리는 천병 역할을 수행하는 곳이다.

북한군과 담배를 나누어 피우며 대화하고 소통하였다.

지근거리에서 사진도 찍으며 그들의 생활상과 북한군의 심리 상태를 파악하였다. 이러한 북한의 움직임을 알 수 있는 통로를 없애 버리고 평화 협정을 맺은 것처럼 자랑스럽게 홍보했다.

전방의 대북 확성기 방송을 금지해 심리전을 무력화하였다.

휴전선에서 대북 확성기 방송은 북한군의 사상 무장을 해체하는 대단한 위력을 보여주었다. 고립된 군 생활을 하면서 고된 일과에 지쳐있는 젊은 병사의 노고를 풀어주고 기쁨을 주는 수단이었다. 자유 민주주의 문화 예술과 노래는 동토의 땅에서 고생하는 병사의 가슴을 따뜻하게 녹여 주는 크나큰 역할을 수행하였다.

남한에 대한 적대감을 잊게 하고 동경심을 가지게 해주었다.

탈북자의 말에 의하면 군 복무하는 동안 대남 방송을 듣고 탈북을 결심했다는 뉴스를 듣기도 하였다. 군사적 무력으로 남북통일을 이루는 게 아니다. 첨단 미디어 문화(노래와 춤, 가요, 심금을 울리게 하는 책)가 북한 인민의 가슴으로 파고들게 해서 서서히 평화 통일이 다가오도록 추진해야 한다.

대북 전단지 삐라 전송을 금지시켰다.

대북 전단지는 남한의 자유민주주의 생활을 알리고 북한의 독재 체재를 비판하는 매체였다. 탈북민은 북한에 두고 온 가족과 식구에게 애환과 행복을 담아 보내는 중요한 전달 수단이었다. 이를 못하게 하므로 대한민국의 발전상을 북한 동포에게 알리는 기회를 말살하였다. 북한 독재체제를 무도함을 알리고, 인민에게 자유 민주주의 우월함을 홍보하는 방법을 금지시켰다.

이는 북한의 부탁을 들어주고 질질 끌려다닌 꼴이다.

그들이 원하는 정책을 모두 들어주다 보니 무장을 해체시킨 결과였다. 이러니 군기가 바닥에 떨어졌으니 군대의 명령이 바로 서겠는가? 군의 명령체계는 목숨과 같다. 현역 병사가 하는 말이 "총을 쏠만하니까 제대를 시켰다. 포를 쏠만한 자신감이 생기니까 제대하라고 해서 나왔다." 한다. 좌파 정부 시절에 현역 병사는 당나라 군대라고 비난을 보내는 지경에 이르렀다.

그러니 북한은 우리나라를 만만하게 보고 미사일을 수시로 발사하고, 방사포를 쏘아가며 우리 국민을 시험에 들게 하였으며, 무인기를 내려보내 교란시키는 것을 여반장으로 여겼다.

이러한 시설을 원상으로 회복시키자 북한이 벌벌 떨고 있다.

자유 우파 정권은 최전방의 GP 초소를 설치하고, 대북방송을 재개해서 북한에 자유민주주의 우월성을 전파하고, 대북 전단지를 보내어 김정은 독재 체재의 잔인성을 알리고, 무인기를 금수산 태양궁전까지 보내어 평양 시민에게 우리의 첨단 기술력을 과시해야 북한 정권이 함부로 까불지 못하게 된다.

좌파 정권에서 간첩을 잡았다는 뉴스를 들어 본 적이 없다.

"간첩을 잡아서 북한을 자극할 필요가 없다." 했다. 하물며 "요즘 세상에 간첩이 어디에 있습니까?"라며, 국민에게 가스라이팅으로 안심을 시켰다. 그런가 하면 청와대에 북한에서 보낸 공작원과 함께 근무했다는 루머까지 돌았다.

그들만의 천국을 건설하고 북한과 내통했던 거다.

그러니 국가의 특급 비밀정보가 실시간으로 북한에 유출되어 공유하였다. 북한을 우방국처럼 대하며 달러를 지원해서 비밀공작을 펼쳤으니 국내 정보를 발가벗고 보여준 꼴이다.

정권이 바뀌자 여기저기에서 간첩의 활약상이 발각되었다.

경찰은 고정 간첩을 소탕하기 위해서 바쁘게 움직여야 했다.

국가의 기간산업을 위협하며 전복을 기도하던 간첩까지 찾아내 처벌하였다. 검찰과 경찰은 대단한 정보망을 가지고 있다. 이제라도 이들의 실체를 찾아내 소탕을 했으니 천만다행이다.

서해 공무원 피격 사건은 어떠합니까?

이는 아직도 아이러니하고 미스터리한 사건이다.

어떻게 공무원이 중국산 구명 조끼를 입고 북한군에 잡혀 화형을 당해야 했을까? 함선에 몇십 명이 타고 근무를 했을 것인데 어디에서 무엇을 했는가? 왜 혼자서 북한군에 끌려가 죽어야 했느냐 이거다. 좌파 정권에서 처리한 일들이 이뿐이 아니라 미스터리하게 남아 있는 사건이 부지기수로 많다. 한마디로 북한 김정은 정권의 안위를 지켜주고 아바타로 얼굴 마담을 했다.

또한, 북한군 어민이 사선을 넘어 귀순 의사를 밝히며 남한으로 넘어왔다. 조사는 형식적으로 이루어졌으며, 안대를 씌우고 입에 재갈을 물리고 판문점으로 끌고 가서 북한군에 인계를 해주었다. 판문점에서 오열하는 모습이 방송 뉴스를 타면서 좌파의 만행이 만천하에 드러났다. 이는 대통령이 국민의 재산과 생명을 보호해 주어야 할 중대한 책무를 저버린 행위다.

접시 물에 코 박고 죽어야 할 머저리, 또라이들!

터진 주둥이라고 나불대는 정치꾼들아 정신 차려라!

어느 아주머니께서 "국회의원은 국민의 적이다."라고 했다.

서민은 코로나 시국에 하루 벌어서 하루 먹고 살기 힘든 세상이다. 시장에서 국밥 한 그릇 팔려고, 물건 하나라도 팔아보려고 목 놓아 외치고 있다. 그런데 쓰레기 정치꾼들은 터진 입으로 험담이나 지껄이고, 비리와 불법을 밥 먹듯이 저지르고, 정쟁이나 일삼으면서 서민의 혈세로 세비 받아 처먹으며 부귀와 영화를 누린다.

ㄱㄴㄱ은 60억 원의 재산을 감추어두고 정치자금을 지원해달라고

유튜브와 방송에 나와 후원금 코스프레로 "정치 후원금 좀 도와주세요!"라고 철판 깔고 지껄였다. 뻔뻔스러운 것도 유분수지 터진 입으로 나불대며 읍소하는 궤변론자들아! 시궁창, 똥통에 빠져 헤어나지 말고 그곳에서 혀 깨물고 죽어라! 이런 도둑놈에게 쌈짓돈을 꺼내어 지원해주었으니 바보 멍청이가 따로 없다.

썩어 빠진 위선자 모지리 정치꾼에게 후원금을 줄 이유가 없다.

왜! 잘 먹고 잘사는 놈에게 돈을 주어 부정부패를 저지르게 합니까? 국민 혈세로 세비를 받아 챙긴다고 난리를 치는데, 후원금으로 주식과 비트코인에 투기하라고, 해외여행을 뻔질나게 다니는 놈팽이에게 잘 쓰라고 금쪽같은 돈을 주는 겁니까?

모지리 정치꾼에게 후원해 준다는 것은 미친 짓이다. 차라리 행정복지센터에 불우 이웃돕기 성금으로 내면 칭찬을 해주니 지역에서 영웅 대접받고 좋은 곳에 사용한다. 이제 정치 후원금은 줄 생각 자체를 말아야 한다. 국민이 도와주지 않아도 잘 먹고, 잘 살고, 해외여행 뻔질나게 다니며 잘 지낸다.

주변을 살펴보면 끼니를 거르는 아동이 무지하게 많다.

그리고 가정 형편이 어려워 학교 공부에 힘든 불우한 청소년에게 지원을 해주어 미래의 희망을 담아 주면 백배 천배의 가치를 발휘한다. 돈은 필요한 곳에 후원해야 제대로 된 가치를 인정받는다.

수구좌파 뻔뻔한 위선의 탈을 쓴 가면은 어디까지일까?

우리 국민의 민족성을 뿌리째 흔들어 버리고 북한 퍼주기에 날밤을 새우던 ㅁㅈㅇ, 숱한 사법 리스크에 빠져 허덕이며 뻔뻔한 가면의 얼굴에 창피한 줄 모르고 정치하는 ㅇㅈㅁ, 사나이의 자존심을 버리고 공천 한번 받아보려고 당 대표에게 딸랑거리며 굽실대는 ㅈㅊㄹ, 입만 열면 게거품을 물고 여당을 공격하고 비아냥대며 늘어지는 ㅂㅎㄱ, 위장 탈당으로 검수완박을 통과시키는데 일조했던 ㅁㅎㅂ, 국방을 지키며 고생하는 사병의 티셔츠와 팬티 예산을 삭감하는 무정한 정부라고 비난했던 ㅅㅇㄱ, 국회에서 싸움개처럼 법무부 장관과 싸우며 시비 걸지만 케이오패 당하는 ㄱㅎㄱ, 상임위원회에서 몇십억 원의 코인 장사하며 가난 포르노 연출하던 ㄱㄴㄱ, 마귀할멈 코를 가지고 악마의 본능으로 악담을 퍼부으며 물고 늘어지는 ㅊㅁㅇ, 이태원 참사 현장에 구급차를 이용하고 의정 활동으로 포장했던 ㅅㅎㅇ, 혼자 유식한 척 똑똑한 척하며 좌파 패널에 나와 우파 정부를 공격하며 떠들어대는 ㅇㅅㅁ, 가족이 위선과 파렴치 집단으로 좌파 정권의 몰락을 주도했던 ㅈㄱ, 좌파 정권에서 매관매직으로 벼슬을 팔아먹으며 부귀영화로 권세를 누리고 호화 생활을 누렸던 ㅇㅎㅊ, 좌파(민주당) 집단에서 유언비어 제조기였던 ㅇㅅㅁ, 당 대표에 인생을 걸고 돈으로 표를 매수하며 구걸하는 ㅅㅇㄱ, 채널A 사건으로 법무부장관과 국회에서 다투는 ㅊㄱㅇ, 위안부 할머니를 이리저리 끌고 다니며 동정심을 유발 후원금을 갈취해 제 돈처럼 사용했던 ㅇㅁㅎ, 의정 단상에서 고상한 척 지적인 척 언변을 묘사하며 추한 꼴 보여주던 ㄱㅁㅈ, ㅈㄱㅌ, ㄱㅇㅈ, 뻐꾸기 새끼 같은 놈이 남의 둥지에 몸담고 똑똑한 체 혼자 다 하는 ㅇㅅㅁ, 젊은 놈이 신분 세탁하고 대표 자리에 올라 거만 떠는 ㅇㅈㅅ 등, 이들은 모두 좌파 정권의 자멸을 자초하게 했던 악성 세비 기생충에 불과했던 인물이다.

지들도 정권 잡고 정치했으면서 인정해주는 미덕이 도리다.

정권을 빼앗긴 후에 정부와 대통령을 끊임없이 비난하며 탄핵을 들먹이며 힘들게 했다. 아무리 파렴치범이라고 해도 이는 불알을 달고 태어난 사나이의 언행이 아니다.

수구좌파의 행적을 들여다보면 인간의 탈을 쓴 인두겁이다.

"정상적인 사람도 수구좌파에 들어가면 또라이가 된다." 했다.

이들은 누구라고 이름도 거론하기 부끄러울 뿐이다. 모두가 파렴치한 정치꾼이기에 불의 지옥으로 빠지게 해서 몰살시켜 주어야 마땅하다. 이들을 지지하는 국민은 어떠한 사람인가?

우리 민족은 불의를 보면 목숨 걸고 싸웠으며, 정의를 지키기 위해서 사명을 바쳤다. 그런데 작금의 수구좌파 작태를 바라보고 있으면 이게 대한민국 국민인가? 죽이고 싶도록 원한이 사무치게 하는 괴물 집단이다. 그러니 위대한 영웅의 넋에 머리가 숙연해진다.

이들의 말장난, 말 폭탄, 궤변은 열거하기도 창피하다.

지들의 잘못을 상대방에게 떠넘기는데 눈 하나 깜빡이지 않고 지껄이는데 선수였다. 대한민국에서 정치하면 이래도 되는 겁니까? 이들을 지지하는 국민은 정신 상태가 제대로 박혀있는 겁니까?

이들을 생각하면 울화통이 터져 화병에 죽을 것만 같다.

정치꾼이 저지르는 6대 범죄(부정부패, 경제사범, 공직자, 방위사업, 대형 참사, 선거사범)는 범죄 시효를 정지시키고 사건이 종료될 때까지 추적해서 처벌해야 한다. 특히 선거 사범(거짓 선동, 부정 투표, 매점매석, 매표 행위, 투개표 조작 등)은 민주주의 꽃을 짓밟는 범죄 행위로 즉시 당선을 무효시키고 월급을 몰수해서 패가망신을 시켜야 한다. 권력을 불법으로 취득해 권세를 누리도록 내버려두면 되겠습니까?

법 집행을 똑바로 해서 쓰레기 정치꾼은 3족을 멸해야 한다.

이 말을 했다고 시궁창에 빠져 썩은 동아줄을 잡고 살려달라고 애원하는 못난 정치꾼이 벌떼처럼 달려들지 않을까? 그들은 이미 죽어서 썩은 냄새를 풍기는 괴물 시체에 불과하다. 벌레가 달려들어 먹잇감으로 파먹고 있을 거다. 정의를 실현하려는 민초들이 가만히 있지 않을 테니까?

젊은 시절에는 TV를 틀면 정치 뉴스를 꼭 보았다.

세상 돌아가는 새로운 소식을 듣기 위해서다. 그런데 요즘은 뉴스를 보면 열불이 나서 못 보겠다. 엉덩이에 뿔 난 못된 망아지 쓰레기 놈들이 설치고 다는 꼴이 나라를 말아먹을 것 같아 걱정이다. 이들을 누가 정치꾼으로 만들어주었을까? 정신 차려야겠습니다.

물론 고희古稀가 되면서 정치에 혐오를 가지게 하는 것도 있겠지만, 정치인의 언행이 형편없다. 국회로 달려가 의정 단상에 올라가 "너희들 모두 사퇴하고 물러나라!" 목청이 터지도록 외치고 싶다. 정치가 국민의 삶에 흥미를 주어야 하는데 너무 실망을 주니 "이 못난 정치꾼들아 접시물에 코 박고 죽어라!" 저자가 목청을 외치는 것은 '국민의 목소리'이다. '국민의 바다'는 '배를 띄우고 침몰시킨다.'라는 개념에서 소호하는 말이다.

지금은 조금도 거짓말을 못 하는 세상이다.

야당의 송곳 심사를 탓할 게 아니라, 자신이 판단해서 깨끗하지 못하고 켕기는 구석이 있으면 나서지 말아야 한다. 올바르지 못한 행동과 말장난을 지켜보는 국민도 피곤하다. 청문회에서 나오는 정부의 고위 관료는 투망에 걸린 물고기다. 거짓말과 잔꾀를 부려서 그물을 빠져나갈 수 있다고 판단하는 것은 모순이다.

자신의 과거 행적을 더듬어보면 장관 자격이 있는지, 또는 창피를 당하고 물러날 것인지 알 수 있다. 장관 자리에 올라 가문의 영광을 지키려면 학창시절부터 사회생활하며 자기관리를 철저히 해야 한다. 그렇지 않으면 본인은 물론이고 가족까지 망신당하는 꼴불견으로 처참한 인생 체험을 맛보고 물러나야 합니다.

장관을 임명하려면 너무 시끄러워 친구와 농담으로 "장관은 순진하고 깨끗한 농사꾼에게 맡겨야 한다." 말하자 안 된다고 했다. 왜? 하고 묻자 "농사를 지으려면 물꼬 싸움, 농로 경계를 두고 네 땅 내 땅 싸우며 이런저런 이유로 다투며 농사를 짓는다."라며 완벽하지 않다고 했다. 인간 사회에서 싸우지 않고 깨끗하게 사는 곳이 어디에 있을까? 정도의 차이가 있을 뿐이다.

왜! 정치꾼은 국민을 실망시키고 있을까?

국민을 위한 정치가 아니라, 자기 정치하기 때문이다.

오늘 당장 머리에 총을 맞아 죽더라도 올바른 정치를 해야겠다.

지도자(대통령, 국회의원, 시도지사, 시장, 군수, 시도 군의원)는 뽑아준 주민을 고맙게 여겨야 한다. '백수건달에게 벼슬을 달아주고 일할 수 있는 직장을 잡아주었으면 이보다 좋은 특혜가 어디에 있겠습니까?' 시민을 업어 주어도 시원치 않을 판인데 지들이 잘났다고 날뛰고 다니는 꼴불견이 볼썽사납다.

야당 대표는 눈만 뜨면 정부를 공격하며 악담을 퍼붓는다.

야당은 정책의 파트너로 국정을 협조하며 함께 이끄는 거다.

정쟁을 일으키며 대통령을 비난하고 나라를 혼란에 빠뜨리기만 하는 돌 파리 정치꾼의 자리가 아니다. 매일 언론에 나와 악담을 퍼부으며 자신의 무죄만 주장하고 있다. 무죄는 입으로 호소해서 해결되는 문제가 아니라 증거로 판단한다.

무식하고, 사리판단 못 하고, 사법 리스크에 빠져 허덕이고, 나라를 혼란에 빠뜨리며 어둠의 자식으로 살아가는 썩은 정치꾼이 불쌍하다. 그의 과거의 행적을 더듬어보면 현재의 인성이 드러난다. 왜! 이러한 자가 역사의 전면에 나와 나라의 위상을 깎아내리며 혼란스럽게 하는지 모르겠다.

그를 둘러싸고 있는 것은 젊은 기자들의 질문 공세뿐이다.

아들딸 같은 젊은 기자가 그의 행동을 꾸중하듯이 질문하면 "검찰 독재 정권이 폭정을 한다."라고 유체이탈 화법 망언으로 빠져나가려고 한다. 정말 창피해서 나잇값을 하라고 권하고 싶다. 그의 가짜 쇼는 선친 묘소까지 행패를 부리는 패륜아 짓으로 드러났다. 뻔질나게 언론에 나와 지껄이는 짓을 보면 국민은 열불이 난다.

너희들은 나이를 어디로 먹고 어른이 되었는가?

입만 열면 궤변을 늘어놓으니 국민은 스트레스 받는다.

좌파의 대부 ㅇㅅㅁ은 "학생과 청소년에게 기성 세대는 아무것도 모르니까 질문하지 말고 혼자 알아서 배우고 살아야 한다." 했다. 사회를 리드하는 어른(부모님, 선생님, 교수, 정치인, 언론인, 기업인)은 없어도 되는가? 어른이 돼서 삼강오륜三綱五倫, 삼강三綱: 임금과 신하, 아버지와 자식, 남편과 아내 지켜야 할 도리, 오륜五倫: (부자유친父子有親, 군신유의君臣有義, 부부유별夫婦有別, 장유유서長幼有序, 붕우유신朋友有信) 가르치지 못하더라도! 청소년을 바른길로 인도해주어야 한다.

'친구와 싸우지 마라! 거짓말하지 마라! 법을 잘 지켜라! 도둑질하지 마라! 올바르게 열심히 살아야 한다.' 이끌어 주어야 어른의 도리다. 지가 망나니로 살았으니 다른 사람도 그렇게 자란 것처럼 매도하는 나쁜 놈이 언론에 나와 떠드는 모지리다.

영국 속담에 '노인이 죽으면 도서관 하나가 없어진다.' 했다.

어른의 지혜로움이 사회적 역할에 이만큼 중요하다. 못된 놈이 못된 짓만 배워 가지고 떠든다. 인성이 부족한 패륜아가 지식인이라고 언론에 나오는 꼴이 가증스럽다.

정치는 화려한 언변의 말 폭탄으로 국정을 이끄는 게 아니다.

제발 좌파 세력은 '반대를 위한 반대, 비난을 위한 비난!'은 멈추어라! 무엇이 국익에 도움이 되는지 정신 좀 차리고 국정 운영에 협조해 주었으면 좋겠다. 이러한 말을 아무리 해도 소귀에 경 읽기니 마이동풍馬耳東風일 따름이다. 삶의 경험을 바탕으로 진지하게 부탁을 드리고 싶다. 국민은 똑똑하고 현명하다.

난세의 영웅으로 이순신 장군을 말하지 않을 수 없다

선조 임금의 무능은 ㅁㅈㅇ 대통령의 무능으로 이어졌다.

지금의 법무부장관을 모함하는 세력은 이순신 장군을 모함했던 집단과 다를 바 없다. 이순신 장군과 한동훈 장관이 난세의 영웅으로 평가받는 것은 오직 위기에 처한 나라를 구원하고, 범죄자로부터 국민을 보호해 주어야 한다는 철학에 담겨 있다. 국민의 편에서 자신의 몸을 던져 불태우는 처절한 모습이 감동이다.

지금 대한민국은 데모와 시위 때문에 난장판이 됐다.

어중이떠중이가 시위를 벌이는 바람에 성실하게 일하는 국민은 어디에 하소연해도 도움의 손길이 미치지 못한다. 이는 공권력을 무시하는 좌파 국회의원 때문이다. 불법 시위에 참여한 자를 현장에서 현행범으로 체포해 감옥에 보내야 법치가 지켜진다.

✔ coffee break time!

1979년 12월,
GOP에서 함께했던 전우들이 보고 싶습니다.

이제 고희의 길목에 들어서면서 지난날을 추억하고 있을
옛 전우를 생각하면 그리워집니다.
너무나 빨리 흘러가 버린 시간이 야속해지기도 해요.
맡은 바 위치에서 최선을 다하고 있을 것인데
대한민국의 정치 발전을 위해서 한몫을 하실 것으로 믿어진다.
언제 어디에서 만나게 될지 기다려집니다.

우리 민족의
혼^魂과 얼!

◆ 유구한 역사를 지켜온 선열의 흔적!

◆ 수구좌파가 죽어야 대한민국이 산다.

◆ 역사는 지유우파와 수구좌파의 대결!

◆ 이름값을 못하는 머저리 정치꾼의 심판!

◆ 선진 일류정치를 구현하는 길!

유구한 역사를 지켜온 선열의 흔적!

시련을 극복하는 선각자의 정신!

'우리 민족의 혼과 얼은 무엇일까?' 질문한다면!

'상부상조相扶相助, 인과응보因果應報, 은근과 끈기의 선비정신이 아닐까?'라고 말하고 싶다. 사랑하고, 도와주고, 용서하고, 기다리는 여유로움이다. 무엇을 이루고자 서두르지 않았으며, 자연의 법칙에 따라 이루어지리라 믿고, 실천하고, 노력하면서 이웃을 돕는 정이 민족을 지켜온 힘이라고 보인다.

그런데! 왜? 투쟁 정신으로 변하게 되었을까?

일제의 식민 통치 시대를 거치면서 혹독한 고문과 사선死線의 그늘에서 살아남기 위해서 몸부림을 치다 보니 변하지 않았을까? 또한, 6·25 전쟁을 치르면서 생사生死를 넘나드는 고통과 시련을 이겨내야 했으니 얼마나 힘든 나날을 겪어야 했습니까?

나라 잃은 고통은 어디에 갔던지 살아남으려고 몸부림을 치다 보니 투쟁 정신으로 강하게 바뀌게 됐다. 사랑하고 용서하며 이웃과 정을 나누며 지내왔는데, 죽음의 계곡을 넘어 살아났으니 '나만 잘살면 되지 이웃이 뭘 필요해!'로 변하였다.

아무튼, 수 세기 동안 외침의 시련을 겪어 왔지만, 보복으로 응징하지 않았다. 우리나라를 침략해 괴롭혀온 나라가 많았지만, 우리 선열은 '그래 보았자 너희 나라는 망하게 될 것이다.'라고 하늘의 힘천심, 天心을 믿고 기다려 주었다.

또한, 역사를 보면 그렇게 진행돼 왔다.

북방에서 만리장성을 쌓아 놓고 외세의 침입을 막아내고 영생불멸할 것처럼 위세를 떨치던 진나라의 진시황은 물론이고, 지근거리에서 우리를 괴롭히던 명·청·원·당나라가 망해서 없어졌다.

일본이라고 하는 나라가 우리를 무진장 괴롭혀왔지만 없어질 거라고 세계인이 지켜보고 있다. 또한, 5,000년 역사의 흐름을 보면 수백 번의 외침을 받았지만, 그때마다 위인이 나타나 위기를 극복하고 오뚝이처럼 일어섰다.

폐허에서 일류 국가 건설!

반만년을 이어온 유구한 역사의 대단한 민족이다.

외침으로 나라가 위태로울 때마다 혜성처럼 위인이 나타나 나라를 지켰다. 그 대표적인 장군이 온달장군, 김유신, 강감찬, 을지문덕, 이순신 장군, 안중근 의사 등 이분들 외에도 역사를 빛낸 훌륭한 인물이 무수히 많았다.

우리의 선열은 한반도를 굳건히 지켜온 강한 선각자이시다.

강대국의 틈바구니 속에서 넘어질 듯 쓰러질 듯 시련을 겪으며 약한 모습으로 견뎌야 할 때도 있었지만, 여기에 굴복하지 않았다. 오뚝이처럼 일으켜 세운 자랑스러운 민족이다.

그래서 눈물과 한이 많은 나라로 평가하기도 한다.

이 눈물의 가치로 지금은 기적을 이룬 나라가 됐다. 아직도 변화는 끝나지 않았으니 세계인이 놀라서 자빠질 때까지 기적을 이룰 혁신은 계속될 것이다.

6·25 전쟁을 치르고 국토는 잿더미로 쌓였다.

일제의 식민지에서 벗어나 삶의 기틀도 잡기 이전에 또다시 전쟁의 화마에 휩싸여야 했다. 우리 선조는 기막힌 인생을 사르셨다. 전쟁의 상흔은 모든 건물이 파괴되고, 시골을 연결해 주는 교량은 폭파되어 차가 다닐 수 없게 되었다. 거기에 공산주의를 물리치고 자유 민주주의를 지키려는 사상 투쟁까지 해야 했으니 얼마나 혼란스러웠을까? 생각만 해도 끔찍했던 시대이다.

전쟁이 끝나자 외국인이 우리나라의 국토를 돌아보고 "전쟁의 흔적을 복구하려면 100년이 걸릴 것이다."라고 야유를 보냈다. 국민의 밑바닥에 흐르는 정서와 파괴된 건물을 보고 그렇게 평가하는 것은 당연한 이치였다.

'그 외국인의 판단 기준이 잘못됐다.' 말하려는 게 아니다.

어쩌면 그 시점의 우리나라 정세와 그때의 국민성을 보았을 때 그 사람의 생각이 맞았다. 훌륭한 지도자를 만난 덕분에 20여 년 만에 전쟁의 흔적은 찾아볼 수 없게 복구하였다. 30여 년 만에 중진으로 경쟁하였으니 선진 강대국이 부러워하였다.

급격한 경제 성장은 선진국 대열에서 경쟁하게 됐다.

비극의 땅이라고 깐보던 세계인이 놀라서 바라보고 있으니 얼마나 자랑스러운가! 세계인이 부러워하는 기적을 이루기까지 은근과 끈기로 지켜온 힘은 어디에서 나왔을까? 민초들의 가슴에 흐르는 나눔의 정이었다. 민초들이 흘린 땀과 피로 지켜온 역사다. 근대에 와서 지도층의 무리한 개혁을 요구하며 혼란에 빠지기도 했지만, 국민은 슬기롭게 극복해 왔다.

호랑이는 굶어 죽어도 잡초를 먹지 않는다

역사의 흐름을 바꾸어 놓은 일제의 식민 시대!

썩어 빠진 지도자에 의해서 국민을 고통 속으로 빠지게 한 엄청난 시련의 시대였다. 그들보다 더 나쁜 놈은 그들의 눈앞에서 딸랑딸랑거리며 한몫을 챙기려는 간신배들이다. 한마디로 간도 쓸개도 없는 불쌍한 존재라고 욕하고 싶지만 아무 소용이 없다.

이것이 그들의 생존 방법이었으니까?

그렇게 해서 한 자리 주어지면 출세했다고 가문에 영광이라고 자랑하며 잘난 체 활보하던 졸개들이다. 그들을 바라보면 측은하다 못해 불쌍해 보이는 못된 놈이다.

고려 시대와 이조 시대 선비들은 그렇게 행동하지 않았다.

선비의 지조를 지키며 "호랑이는 굶어 죽어도 잡초를 먹지 않는다."라며, 명예를 소중히 여긴 민족이다. 왕권이 바뀌면 왕을 모시던 신하는 깨끗이 물러나 초야에 묻혀 왕의 권위를 지켜주었다.

이러한 기개와 배짱이 바로 우리 선조의 모습이다.

근세에 들어와 수많은 침략을 받으면서 국민성이 변하게 되지 않았을까? 혼돈의 시대에 살아남으려고 계교를 부리게 되었지만, 한 민족의 전통을 지키려는 기개가 없어져 아쉬울 따름이다.

권력의 사슬에 매달려 한 자리 차지하려고 굽실대는 꼴불견!

물론 이것이 좌파 카르텔이 살아가는 처세술이고 무한 경쟁 시대에 생존하는 방법이라고 하겠지만, 너무나 치사스럽고 더러운 인간 쓰레기다. 이제 살 만큼 살게 됐으니 사람의 기본을 지키는 시스템으로 돌아갔으면 좋겠다.

일본이 패망을 자초한 게임의 룰!

이승만은 대한민국을 자유 민주주의 기틀을 마련해준 위인이다.

식민 시대인 1939년 3월 30일, 『일본의 침략 근성^{Japan inside Out}』을 집필해서 일본이 미국 침공을 경고하였다. 이 책을 미국에서 영어로 출간해 태평양 전쟁을 대비하도록 강구하였는데, 미국 정부는 믿지 않았다. 그런데 1941년 일본군이 진주만을 침략하자 베스트셀러가 됐다. 이후 조선의 독립 운동가 이승만이 유명세를 타면서 미국 사회에 알려지게 되었다.

암흑의 시대에 지도자의 혜안이 대단했던 독립투사였다.

이 당시 영어로 책을 집필해 세계를 놀라게 할 만한 위인이 몇 명이 있었을까? 평생 조국의 독립을 위해서 희생하신 공적을 높이 평가해주었으면 좋겠다. 이승만은 일본 제국을 철천지원수로 여기며 평생을 지내셨다.

전쟁의 결과는 일본의 패망을 자초하고 말았다.

진주만에 정박해 있는 군함과 잠수함, 항공모함에 폭격을 가해 미국을 전쟁의 불바다로 끌어드렸다. 어떻게 보면 일본은 미국의 전력을 깐보고 덤벼들었으니 엄청난 군사력을 보유했던 제국이다.

미국이 어떠한 나라입니까?

일본의 선제공격으로 많은 인명과 재산 피해를 보았지만, 가만히 있을 나라가 아니다. 그것은 오히려 일본이 스스로 몰락의 길로 빠져들게 됐던 사건이 되고 말았다.

이로 인하여 일본의 패망이 앞당겨졌다.

일본은 가미카제 자살특공대를 조직해 비행기에 폭탄을 싣고 항공모함과 군사기지에 자폭하도록 했다. 일본군은 죽음을 두려워하지 않았으며, 천왕을 위해서 죽는 것을 영광으로 여겼다.

조선은 일본의 식민지 지배를 받으면서 세계 열강이 치열하게 싸우는 태평양 전쟁의 한 복판에서 벗어날 수 있었겠지만, 이 와중에 우리 젊은이들은 전쟁터에 끌려가 일본을 위해서 싸우다 희생을 당해야 했으니 너무나 억울한 역사였다.

힘이 약한 여자들은 일본군의 정신대라는 미명으로 끌려가 큰 고역을 치르게 하였다. 지구 상에 두 번 다시 이러한 비극이 발생하면 안 되겠다. 일제의 식민지 아래 세계 열강 제국이 싸우는 2차 세계대전이 한창인 태평양 전쟁에 젊은 청년이 참여하는 것을 피해갔을지 모르지만, 6·25라고 하는 동족상쟁同族相爭은 또 다른 비극으로 이어지게 한 원인이 됐다.

그들은 2차 대전 때에는 전 군이 사무라이 정신으로 무장하고 미국에 대항하여 전투를 벌였다. 미국뿐만이 아니라, 동남아 지역을 차지하려고 했으니까! 이러한 상황에서 미국은 고민하지 않을 수 없었다. 전쟁을 빨리 끝내고 희생을 막아야 했다. 원자폭탄 2개로 세계 평화가 이루어진 셈이다.

일본이 패망하자 『일본의 침략근성Japan inside Out』 책의 영향을 받아 미국의 도움으로 이승만은 대통령에 오를 수 있게 됐다. 미국이 엄청난 태평양 전쟁을 끝내고 신생 독립국가를 건설해야 하는데 지도자로 내세울 만한 인물을 찾기에 어려웠다.

이때 혜성처럼 떠오른 이승만은 구세주와 같았다.

책을 집필해 세계를 놀라게 했던 동양의 작은 나라 조선의 독립투사를 다시 찾았다. 미국의 지도층과 소통이 가능하므로 대한민국의 미래를 책임지고 맡게 됐다. 평생을 조국의 독립 운동에 헌신하며 자유민주주의 나라를 세우는 데 기초를 닦아놓은 훌륭한 대통령이시다. 이분의 공적을 높이 기려야 하겠다.

수구좌파가 죽어야 대한민국이 산다

비열하고 파렴치한 정치꾼의 허세!

지도자는 명예를 먹고 사는 직업이다.

직위를 이용해서 특권을 누리는 자리가 아니다.

국민을 대표하는 머슴이며 심부름꾼이라고 쉽게 말한다.

정치인은 명예를 중요시하므로 죽어서 묘비에 새겨 자손만대 이어지도록 전하려고 한다. 그만큼 자랑스럽고 명예로운 가문의 영광이 되는 것이다. 하지만, 결말을 들여다보면 국민을 허탈에 빠지게 하니 통탄스럽다. 정치인은 궁색해지고 할 말이 없으면 국민을 팔아가며 정당화하려고 혈안을 뜬다.

왜! 병신 정치꾼이 삽질하는 꼴을 지켜보아야 하나?

못된 정치꾼들아! 무엇이 되겠다고 용쓰지 마라!

여당! 야당! 또는 자유우파와 수구좌파! 국회의원과 대통령! 무엇이 되겠다는 헛된 꿈을 버려라! 쓸데없이 가지는 꿈은 몽상에 불과하다. 가족과 주변 사람을 피곤하게 할 따름이다.

"될 사람은 떡잎부터 다르다." 했으며, "안 될 사람은 뒤로 넘어 저도 코가 깨진다." 했다. ㅇㅅㅇ 대통령처럼 자신이 맡은 바에 열심히 일하면 국민이 불러내 왕의 자리에 오르게 해준다. 이를 부정하며 아니라고 외치고 싶겠지만, 세상의 흐름이다.

이를 부인하는 머저리 정치꾼을 쓸어내야 바로 선다.

또라이 정치꾼의 말장난에 국민은 일희일비一喜一悲하지 말아야 한다. 제발 정신 차리고 제대로 된 지도자를 선출해야 비극을 막을 수 있다. 어떤 지도자에게 나라를 위임해 이끌어 가느냐? 하는 것도 국운이 따르게 된다.

나라를 도탄에 빠지게 하는 어리석은 지도자를 몰아내라고 '국민'의 이름으로 호소하고 싶다. 그런데 신성한 국민을 팔아가며 자신의 권세를 정당화하려고 떠들고 다니는 꼴불견을 보면 그야말로 열불이 난다. '국민'의 신성한 이름은 아무 때나 탐욕으로 사용하는 말이 아니다. 독립투사가 왜적과 싸우며 조국과 민족을 위해서 목숨을 초개처럼 던지며 '국민'을 구원해주셨다.

파렴치하고 치졸한 자들이 의정 단상에서 떠들어대고, 국민을 대표한다고 나서는 것을 보면 국제적인 망신이다. 이 위대한 나라를 이끌어갈 지도자는 이순신 장군과 인도의 간디처럼 혹독한 자기희생으로 다듬어진 철인이 되어야 한다. 부정부패와 욕심으로 가득한 탐욕의 정치꾼이 국민을 이끌어 가면 되겠는가?

선거에 나서는 정치꾼은 제일 먼저 정치 개혁을 외치며 국민을 현혹한다. 자신이 나라를 이끌어갈 가장 유능한 적임자라고 열변을 토하지만, 탐욕의 궤변자로 특별히 다르지 않다.

이제 국민을 실망시키는 정치꾼은 사라졌으면 좋겠다.

좌파의 정치는 희한하게 바둑알처럼 정국을 이끌었다. 저자는 바둑 두는 것을 무척 좋아해서 아마추어 3단이다. 바둑을 두다 보면 어느 순간에 살아있던 돌이 죽어있으며, 죽은 돌이 살아서 움직이는 상황이 온다. 이는 바둑판 전체를 보지 못하고 바둑돌만 보기 때문이다. 아마추어 기사가 바둑을 둘 때 나타나는 현상이다.

아마추어 정치꾼이 권력을 잡는 게 문제다.

그들은 죽는지 사는지 모르고 상황을 막장으로 이끌어간다.

눈앞에 보이는 것을 급하게 처리하다 보니 부정부패와 불법을 저지르게 된다. 결국, 형사 처벌받아 감방에 가면서 정치 보복이라고 발악한다. 형기가 끝나 출소하면 마치 훈장을 받고 나온 것처럼 나타난다. 부끄러움이 아니라 영광으로 여기는 머저리를 걸러내지 못하고 지지해준 국민에게 책임이 크다.

권력의 마약에 취해 열광하는 설치동물!

권력은 마약과 같은 거라고 쉽게 말한다.

좌파 정권에 마약 사범이 급증하자 정권이 바뀌고 법무부장관은 마약 사범 소탕에 나섰다. 마약과 전쟁을 선포하자 ㅊㅁㅇ는 마약 사범을 소탕하는 ㅎㄷㅎ 법무부장관에게 "마약 정치 그만하고 현실 정치에 참여하라!"라고 비꼬았다.

이게 좌파가 바라보는 거꾸로 보는 세상이다.

검수완박 법안으로 검찰이 마약 사범을 수사하지 못하도록 만든 당사자가 할 소리인가? 이로 인하여 마약이 껌값이 돼 남용되었다. 마약이 거침없이 거래 되면서 똥값이 돼 중·고등학생까지 마약에 취해 범죄를 일으켜 사회적 문제가 발생하였다.

좌파가 비난하며 깔아뭉개는 사람은 관심을 끌어 인기가 급상승 하늘을 찌른다. out side에 있던 사람이 core가 돼서 유명인사가 된다. 또 다시 좌파는 법무부장관을 비난하며 차기 대통령 감으로 키워주고 있으니 별의 순간에 가까워지는 것 같다.

이쯤 되니 점술가들이 난리 치며 유튜브를 달군다.

'다음 대통령은 누가 될 것인가?'이다. 여러 유망 정치인을 올려놓고 갑론을박甲論乙駁이 벌어진다. 이 중에 'ㅎㄷㅎ 법무부장관이 다음 대통령으로 자격이 있느냐?' 하며, 바라보는 시각이 집중되었다. 이 또한 지금부터 관전 포인트로 관심을 가지게 하는데 4년 후에 어떻게 될까? 엄청 궁금하다.

점술가도 우파와 좌파로 갈려 내놓는데 누굴 믿어야 하나?

어느 기자가 무속인에게 "ㅎㄷㅎ 법무부장관이 왕이 될 상인가?" 질문하자, 무속인은 관상을 볼 때 대통령 될 상이라고 대답했다. 우파 점술가는 능력과 추진력, 재능을 볼 때 가능성이 있다고 보는데, 좌파 점쟁이는 행정가로 빛을 보겠지만, 대통령으로 자격이 없다고 잘라서 말하였다.

이는 윤석열 대통령 선거 때와 똑같은 점괘다.

그때도 우파와 좌파 점술가 극명하게 갈려 우파 점술가는 당당하게 당선이 된다고 응원을 보냈지만, 좌파 점쟁이는 될 수 없다고 무시했다. 하지만 대통령에 당선돼 국정 업무를 수행하고 있으니 무속의 점성술을 어떻게 보아야 할까? 앞으로 점술가의 점괘가 인터넷을 달구게 될 것이니 흥미가 진지하다. 믿거나 말거나 점성술은 인류가 살아있는 한 주변에서 공존하게 된다.

인류는 죽음으로 몰아가는 마약 유통을 금지하고 있다.

그런데 왜! 좌파는 검찰이 마약 수사를 못하게 막았을까? 이해할 수 없는 정책이다. 좌파 정부는 마약의 유통을 묵인하였으니 정상적인 정부였나? 묻지 않을 수 없다.

좌파의 품성은 학창시절에서 더듬어보면 알 수 있다.

우파 정치인은 중·고등학교와 대학교를 우등생으로 성실히 공부해서 모범을 이루던 부류이고, 좌파 정치꾼은 운동권 학생으로 데모 주동자였다. 정치권에 들어와 협잡꾼의 역할을 하면서 권력의 마약에 취해 헤매는 머저리 깡패 또라이 집단이다.

그러니 자유우파와 수구좌파를 보는 시각이 180도 다르다.

자유우파는 순리와 정의로 사회를 이끌어가려고 하는데, 수구좌파는 사회를 삐딱하게 바라보고 뭔가 불만이 가득 한 체 난리를 친다. 그러니 동화를 이루지 못하고 싸움질만 한다.

그러니 어중이떠중이가 돈을 싸 들고 정치판에 기웃거린다.

이들은 범죄 이력을 벼슬로 여기고 있지만, 취업이 어렵기 때문에 정치판에 목숨 걸고 덤벼든다. 형사처벌 받은 경험이 자랑이 될 수 없다. 이들을 걸러내 정치판을 혁신해야 한다.

정권을 빼앗기고 변방으로 나오자 미치광이가 됐다.

또다시 거리에서 데모와 시위를 밥 먹듯이 벌이며 거짓 선동으로 국민을 힘들게 한다. 누구든지 권력을 남용하면 국민의 심판을 받아야 하는 것은 하늘의 순리다.

어떻게 보면 탐욕의 마약에 취해 병든 무리다.

시궁창 수렁에 빠져 허우적대면서 섞은 동아줄을 잡고 살려달라고 애원하는 모습이 애처롭다. 정치꾼의 권모술수權謀術數와 위선의 언행을 보면 철면피 무리들이 모여 있는 집단 같다. 이들에게 '당신에게 정치하라고 도시락 싸 들고 다니며 끌어당기지 않았으니 사라졌으면 좋겠다.' 말해주고 싶다.

이들은 5년 동안 사바나 벌판에서 버팔로를 먹기 위해서 몰려든 악마의 카르텔이다. 하이에나는 버팔로(정부 예산)를 파먹으려고 모인 집단이었다. 그들은 운동권 카르텔, 민변 카르텔, 참여연대 카르텔, 깡패 카르텔이 잔인하게 국가 조직을 작살 내버렸다. 이들은 정부 요직에 자리를 차지하고 막장 드라마로 이끌었다.

오히려 밖에서 올바른 목소리를 내는 국민(정치인, 대학교수, 문화계, 학계, 법조계 등)을 향해 무자비한 폭거를 휘둘렀다. 그들의 카르텔에 도전하지 못하도록 처절하게 짓밟았다.

좌파의 '지랄 총량의 법칙' 위반 사실을 아는가?

인생의 삶에는 총량의 법칙이 있다.

즉 행복, 불행, 기쁨, 슬픔 총량의 법칙을 겪게 된다.

그래서 불행하다고 낙심하거나, 행복하다고 나태해서는 아니 된다. 죽을 때까지 희로애락喜怒哀樂이 끊임없이 펼쳐지는 총량의 법칙이 적용되는 과정이므로 과유불급過猶不及은 금물이다.

수구좌파는 개지랄 총량의 법칙 위반에 길들여졌다.

초등학교 시절에 동네 아이들과 싸우며 '지랄하지 마라!' 했는데 아버지로부터 꾸중을 들은 적이 있다. "사람에게 '지랄'이라고 말하면 안 된다." 가르쳐 주셨다. 그때는 무슨 뜻인지 모르고 생각나는 대로 사용했던 언어다.

사전적 뜻의 의미를 살펴보면! 지랄(함부로 법석을 떨거나 분별없이 막하는 짓, 욕으로 이르는 말) 지랄병(갑자기 몸을 뒤틀거나 까무러치는 따위의 증상을 일으키는 질환)이라고 적혀있다. 그러니까 함부로 사용할 수 없는 엄청나게 모욕감을 주는 언행이다. 그런데 이 말을 수구좌파 집단에게 해주고 싶은 말이다.

수구좌파는 건국 이래 개지랄 병에 걸려 지냈다.

이들은 대학을 다닐 때부터 공부는 뒤 전이고 지금까지 40여 년이 넘도록 정부를 비판하고 데모에 빠져 지랄하는 놈들이다. 머리에 쌓은 지식과 지혜가 없으며, 인성과 품성을 가슴에 담을 그릇이 갖추지 못하였다. 그러니 정치판에서 개 싸움하듯이 시도 때도 없이 정국을 혼란에 빠뜨리며 개지랄 떠는 것이다.

데모꾼, 시위꾼, 지랄병에 정신 나간 또라이를 제도권으로 끌어들여 정치하도록 내버려두면 되겠습니까? 어영부영 관리하면 절대로 아니

된다. 개싸움 하듯이 공권력에 덤벼들고 있는데 법대로 처벌해서 응징해야 나라가 바로 선다.

'명예훼손죄, 무고죄, 거짓 선동, 부정부패, 뇌물죄, 선거법 위반, 집시법 위반, 국가 원수 모독죄, 공무집행방해, 미필적 고의, 말꼬리 잡고, 괴담 유포, 패악질'을 저지르며 머저리짓 하는 또라이를 구속해야 한다. 특히 '국가원수 모독죄'는 기자회견 하는 현장에서 현행범으로 체포해서 감옥에 집어넣어야 정신을 차린다.

세계는 쾌적한 생활공간을 위해서 총량의 법칙을 시행한다.

그러니까 과도하고 무분별하게 자연을 훼손하는 것을 막고, 지구를 보호하자는 취지에서 운영하는 제도다. 지구촌이 일일 생활권이므로 어느 한 곳의 국가만 잘해서 지구촌이 지켜지지 않기 때문이다. 모든 나라가 참여해 지구 환경을 보존하자는 협약이다.

총량의 법칙은 모든 분야에서 적용되고 있다.

탄소 총량의 법칙(탄소 배출을 줄이자는 것이고), 공장 총량의 법칙 (무분별하게 공장 설립을 제한하는 것이고), 예산 총량의 법칙(예산을 정해두고 그 범위 안에서 수입과 지출을 규정하는)을 정해 놓고 지킨다.

총량의 법칙은 모든 물질이나 현상에는 전체에 수량이나 무게는 같다는 법칙으로 총량 보존의 법칙이다. 무슨 사물이든 총량이 정해져 있고 그것을 벗어날 수 없다. 이 법칙은 물리학에서 시작하여 현재는 우리 주변에서 흔하게 듣는 용어가 됐다. 이 외에 능력 총량의 법칙, 슬픔 총량의 법칙, 지름 총량의 법칙, 고통 총량의 법칙 등 다양한 분야에서 총량의 법칙이 적용된다.

오늘 이야기하려는 것은 전문 지식을 필요로 하는 것을 피하고 수구좌파首狗左派가 저지르는 '개지랄 총량의 법칙' 위반 사례를 언급하였다. 이들은 부정부패, 패악悖惡질, 의회 폭거, 말 폭탄, 뻔뻔함, 거짓말, 유체이탈 화법 등 총량의 법칙이 하나도 지켜지지 않았다. 눈만 뜨면 무조건 지랄을 떠는 집단이다.

어느 정도껏 행해야 국민이 참고 들어줄 수 있다.

이유 없는 반항, 이유 없는 저항, 이유 없는 비판과 비난을 하면서 정부를 어렵게 하고, 국민을 피곤하게 한다. 이게 그들의 본성이라고 하겠지만, 입만 열면 개지랄 총량의 법칙을 위반한다. 이를 용서해줄 인내력이 한계에 이를 지경이다.

이들은 괴담과 거짓 선동 제조 유포에 달인이다.

이명박 정부 때에는 광우병이 발발하자 소고기 파동이 일어나자 미국 소고기를 수입하게 되었다. 좌파는 이때를 기다렸다는 듯이 광우병을 들고 나와 거짓 선동으로 매일 시위를 벌였다.

"미국산 소고기를 먹으면 광우병에 걸린다." 말도 안 되는 시위를 벌였다. 좌파 세력은 여기에 동조해 국정을 혼란에 빠뜨렸다. 좌파 국회의원은 시위 현장에서 "청산가리(싸이나)를 먹을지언정 미국 소고기를 먹지 않겠다."라고 미친 개소리 개지랄을 떨었다. 이게 좌파가 지랄하는 거짓 선전 선동이다. 그는 청산가리(싸이나)를 먹었으며, 미 산 소고기를 먹지 않았는가? 어느 누가 광우병에 걸렸는가? LA갈비는 국민 반찬으로 각광받고 있다.

좌파의 반대를 무릅쓰고 4대강 사업을 추진하였다.

4대강을 준설해서 하천의 범람을 막고, 유속의 흐름을 원활하게 흐르도록 하천을 정비해서 홍수를 예방하고, 중간중간에 보를 설치해 가뭄 해소에 기여한 사업이다.

자전거를 타고 4대강을 달려보면 잘 정비된 강 주변의 녹지 공원은 체육 시설로 가꾸어 놓아 보기에 좋다. 왜! 좌파 머저리는 이러한 환경 시설을 제대로 보지 못하나? 좌파가 위촉한 어용 환경 단체를 동원하여 사업 추진에 엄청난 반대 시위를 벌였다. 막대한 예산을 투입해서 건설한 사업인데 5년 내내 보 해체를 주장하면서 지랄 발광을 떨었지만, 주민의 반대로 보존하게 됐다.

그런데 2023년 7월 엄청난 폭우가 쏟아졌다.

나라 전체가 물바다가 됐다. 이때 4대강은 안전하게 지나갔지만, 하천 정비사업이 되지 않은 지천은 폭우를 견디지 못하고 제방이 무너지고, 하천이 범람해서 농경지는 침수되고, 도로와 지하차도에 차량이 물속에 잠기면서 많은 인명피해를 냈다.

국토 사업으로 하천을 정비해서 홍수 피해를 막아야 한다.

농촌의 하천은 비만 오면 범람해서 농경지 피해를 주고, 도심의 하천을 가로막는 퇴적물 쌓여 유속의 흐름을 막아 주택이 침수되어 전자 제품이 물에 잠겨 못 쓰게 된다.

지금은 장마가 아니라 집중호우이므로 이에 대비해야 한다. 매년 장마철이면 반복되고 있는데 왜 지켜보고 있는가? 그래도 좌파 머저리 또라이는 하천 정비를 못 하게 막을 것인가?

박근혜 정부 때에는 어떠했는가?

ㅊㅅㅅ 씨와 경제 공동체라고 엮어 난리를 쳤다.

어떻게 개인의 일을 돌봐주는 주변 사람을 엮어 엄청난 일을 저지를 수 있단 말인가?! 혼자 사는 여성이 안타까워 도와 준 것을 경제공동체라고 묶어 비난하였다. 대통령에 당선되자 4년 내내 수 조원을 부정 축제 했다고 언론에 패널로 나와 떠들어댔다.

그리고 성주 사드 배치 기지에 온갖 괴담을 퍼트렸다.

성주에 사드 기지가 배치되자 전자파 참외 괴담을 퍼트려 농민을 파산으로 몰고 갔다. 좌파 국회의원 ㅍㅊㅇ, ㅅㅎㅇ, ㅂㅅㅁ은 가수와 연예인을 동원하여 미친 듯이 지랄 발광하며 노래를 부르고 퍼포먼스 춤을 추면서 주민 선동에 나섰다.

참외의 고장 아름다운 성주골 이름에 먹칠하는 꼴불견을 연출하였다. 주민은 여기에 부화뇌동附和雷同하면서 우파에서 좌파로 성향이 바뀌어 갔으니 대단한 위력이었다. 아직도 이들은 방송에 출현해 막말을 일삼고 있으니 한심한 족속이다. 참외가 팔리지 않아 밭에서 썩어나가자 농민은 트랙터를 이용해서 갈아엎었다.

그러면 좌파 정권이 들어서고 사드 배치가 철회되어 미국으로 다시 돌아갔는가? 이루어진 것은 아무것도 없이 시위를 위한 시위를 벌이며 대통령을 탄핵하는 데 성공한 셈이다. 이게 바로 좌파 세력이 정권을 차지하려고 술수를 부리며 패륜의 정치를 저지르는 사상 이념이다.

그리고 윤석열 정부에 무엇으로 개지랄 발광을 떨었는가?
후보 시절에는 '대장동 사건의 주범은 윤석열이다.'라고 뒤집어씌우기 선수였다. 국민이 알고 있는 사실까지 상대방에 몰아붙이면 머저리에게 투표할 거라고 믿은 모양이다. 하지만 국민은 좌파 세력을 보기 좋게 몰아냈다.

정권이 들어서자 '검찰 독재정권'이라고 비난하고, 김 여사를 주가조작으로 모함하고, 청담동에서 대통령과 법무부장관이 변호사 30여 명이 술자리을 했다.' 지랄을 떨었지만, 거짓으로 판명되면서 망신을 당하여 당의 존립까지 위협을 받았다.

결국, 일본의 후쿠시마 원자력 발전소 방사능 오염수 방수를 가지고 입에 거품 물고 개소리 발광을 떨었다. 이는 2011년 3월 11일 지진과 쓰나미로 인하여 후쿠시마 원자력 발전소가 폭발하면서 방사능이 다량으로 누출된 사고였다. 따지고 보면 방사능은 이미 그때 바다에 오염된 상태이기도 하다. 10여 년이 지난 일인데 좌파는 곰탕을 우려먹듯이 국민 불안을 일으켰다.

이는 우파 정권에서 나온 새로운 이슈가 전혀 아니다.

그러니까 좌파 정권 때부터 국제적 이슈로 문제시 돼 왔던 일이다. 2021년 4월, ㅁㅈㅇ 정권에서 국제 기준에 맞으면 방류를 허용할 수밖에 없다고 발표하였다. '그때는 맞고 지금은 틀리다.'라는 이야기인가? 꿀 먹은 벙어리 마냥 아무 말 못 하고 우호적이더니! 이제 와서 정권을 빼앗기고 반일 몰이에 앞장서 시위를 벌이며 난리 블루스를 추는 이유는 무엇 때문인가?

세계 언론이 집중 보도하며 감시하고 있는데 좌파 또라이가 무엇을 안다고 지랄합니까? IAEA(국제 핵 비확산 감시와 원자력의 평화적 이용을 위해 설립된 국제기구)에서 감시 감독하는데, 왜? 좌파는 국내 정치에 끌어들여 난리 법석을 떠는가? 정쟁을 위한 정쟁으로 매일 피켓을 들고 시위를 벌이고 있지만, 국민은 좌파 머저리 데모꾼에게 호응이 없으니 민망할 지경이다.

태평양을 둘러싸고 있는 나라가 수십 개 국이다.

11개국 과학자들이 2년여 간 검토 분석해서 안전하다는 결론을 내리고 방류를 결정하였다. 일본 정부는 방사능 피해를 알기 때문에 과학자를 동원하여 10여 년이 넘도록 각종 데이터를 감시하면서 연구한 결과를 토대로 조치하는 것이다.

인류에게 엄청난 재앙을 불러올 사건인데 거짓 성명으로 발표하겠는가? 그래도 못 믿겠다고 지랄 발광하는 좌파였다. 그러면 하나님께서 안전하다고 말하면 좌파는 믿을까? 믿고 따르면 얼마나 좋을까? 절대로 믿지 않을 세력이다.

정부가 오염물 방류를 지지하는 것도 아니고, 방류를 허용하는 것도 아니다. 반대 하지만, 단지 iaea 결정에 따르고 있을 뿐이다. 방사능 측정기를 활용해서 국제 기준에 맞는지 검사해서 방류하는 것을 감시한다. 특히 러시아 해안은 일본 열도의 뒷마당으로 이어져 있지만, 아무런 반응을 보이지 않는다.

어느 나라도 오염수 방류에 찬성이나 반대에 관심이 없다.

그런데 야당 대표 ㅈㅁ은 iaea 과학자에게 돌팔이 과학자의 발표를 믿지 못하겠다고 비난을 보냈다. 이를 중국 정부와 협의해 결정하겠다고 말하는 멍청이 머저리다. 중국이 자유 민주주의 국가로 언론의 자유가 정상적으로 작동 운영되는 체계인가? 이에 격분한 iaea 사무총장은 한국의 야당 대표 돌팔이 정치꾼이 무엇을 안다고 떠드는가? 일침을 보냈다.

핵 통제에 따르지 않는 중국과 북한이 더 큰 문제라고 말하며 좌파에 비난을 보냈다. 태평양 연안국(미국, 캐나다, 필리핀, 호주)은 한국의 야당(좌파)처럼 반대하는 정치꾼은 없다.

이는 난봉꾼 남편이 아내 모르게 외도와 바람을 피워 아이를 낳아놓고 내 아이가 아니라고 우기는 것과 같다. 여자는 DNA 검사 결과 99.9% 친자로 밝혀 졌는데 못 믿겠다고 떼쓰는 남자를 어떻게 해야 할까? 한때 미치도록 좋아서 밀월을 즐겼겠지만, 죽이고 싶도록 원망하게 될 거다. 국제적 망신을 당하고 지랄하면서 국민 불안을 조성하는 돌팔이 정치꾼이 불쌍하다.

이런 멍청이가 국회의원이라고 거들먹거리는 돌팔이다.

총리와 관계 장관을 의정 단상에 불러놓고 "총리님! 방류수를 마실 수 있습니까? 장관님! 오염수를 먹을 수 있어요?" 극단적 질문을 던지고 있으니! 오물로 뒤집어쓴 야당(민주당)은 호통 치듯이 떠들어 댔다. 하도 어이없는 질문에 "그 물을 마시겠습니다."라고 대답하였다. iaea 사무총장과 과학자도 마실 수 있다고 발표했다. 그들은 수돗물도 먹지 않고 생수와 정수기 물을 마시는 놈들이 방류수를 마시라고 미친 질문을 하는 겁니다.

바다로 흘러가는 "맑고 깨끗한 시냇물을 먹을 수 있습니까?"

그러니 국제적으로 '돌팔이 정치꾼'으로 조롱받으니 너무나 창피해서 피가 거꾸로 솟는다. 민주당 ㅇㅈㅅ 국회의원은 "똥물을 먹을지언정 후쿠시마 오염수를 먹지 않겠다." 했으며, ㄱㄴㄱ은 "어린이 생식세포 DNA가 파괴된다."라고 괴담을 퍼트리며 시위현장에서 선동했다. 누가 그에게 "후쿠시마 오염수를 마시라고 했으며, 똥물을 먹지 말라고 했습니까?" 일본을 증오하고 막말을 지껄이던 놈이 일본 여행은 뻔질나게 다녔다. 똥개 같은 놈을 국회의원으로 누가 뽑아주었을까? 반성해야 한다.

한강물이 아무리 깨끗하고 팔뚝 만한 물고기가 헤엄치며 논다고 그냥 마실 수 있을까? '왜! 뭣이 중요한지 모르고 떠드는가?' 이게 수구좌파가 거짓 선동하는 음식물 쓰레기 똥물 근성이다. 이들을 하루빨리 의정 단상에서 퇴출시켜야 한다.

처리수를 방류하면 그게 어디로 갑니까?

일본 열도 자기네 집 안마당에 뿌려지는 것이다.

방사능에 오염돼도 일본 국민이 죽고 초토화된다.

데모하고, 시위를 벌여도 일본 사람이 발광해야 할 일이지 좌파 머저리 돌팔이가 지랄 발광을 떨어야 하는가? 지랄을 하려면 바다 건너 일본 땅에서 하던지? 해산물이 어떻고? 천일염이 오염되니 사재기하게 만들고? 국민을 불안 조성하고! 어민의 생활고까지 파탄에 빠지게 하는 미친 똥개에게 몽둥이가 약이다.

어민과 상인은 전통 시장에 오지 못하게 길을 막고 끌어냈다.

장관을 지낸 국회의원이 몰상식하게 시장 바닥에 꿇어앉아 피켓 시위를 벌였지만, 그들만의 외침으로 끝났다. 이들의 만행에 철퇴를 가해 썩은 대가리에 정신 차리게 해주어야 한다.

처리 수 방류는 국제적 흐름에 따라 진행되는 것이다.

그런데 야당 대표는 6살 8살 먹은 아이가 무엇을 안다고 언론에 출연시켜 정부를 비난하는 성명서를 읽게 하였다. 북한 독재자가 선전선동을 벌이는 짓이다. 돈은 얼마나 주고 출연시켰을까? 회견문을 낭독하며 두려워하는 아이를 보면 학대에 가깝다. 장난감을 사주어 재미있게 놀고, 동화책을 읽어 주며 감성을 전해주고, TV 만화 영화에 몰두하는 아이에게 이러한 짓을 강요하다니!

부모는 아이가 느끼는 압박감을 알고 출연시켰을까?

또한, 수구좌파를 지지하는 대단한 열성 팬으로 보였다.

그렇지 않으면 사랑하는 아이에게 처리수를 방류하는 비난 회견문을 낭독하게 동원하지 못한다. 이게 대한민국을 이끄는 야당 대표 명칭이 정치꾼이 보이는 작태다. 6살 8살 아이는 어른의 사랑을 받으며 보호받을 금쪽같은 보물이다. 야당의 괴물정치 회견장에서 정부 정책을 비난하도록 이용하면 되겠는가!

손자의 재롱은 사랑으로 보호해 주어야 할 기쁨이다.

아기를 회견장에서 정부를 비난하는 회견문을 낭독하며 두려움에 떨게 할 대상이 아니다. 이게 진실이라면 자유 민주주의 나라에 정치인으로 정말 불행한 짓이다. 아기의 미래를 어떻게 보장할 것인가? 수많은 기자가 몰려들어 카메라를 들고 질문하는 회견장에 나가도록 허락해준 부모는 정상적인가?

우파 정권은 조용히 국정을 수행하였다.

정부를 흔들며 힘들게 하고, 괴롭히고, 비난하며 거리에서 시위를 벌이며 난장판으로 만든 것은 언제나 좌파 집단이었다. 좌파가 정권을 잡았을 때 우파 지지자는 이렇게 호들갑을 떨며 지랄 발광하지 않았다. 그런데 좌파 또라이는 정권을 내주자마자 국가기능을 마비시키려고 탄핵(대통령, 행정안전부장관, 법무부장관, 검찰총장, 검사, 판사, 방송통신위원장,)병에 걸려 탄핵 챌린지, 특정인을 지목하여 욕설 챌린지를 남발하고, 악법을 제정 개정해서 국민을 힘들게 하고, 수구首狗가 되어 미쳐 발광하는 놈들이다. 수구좌파는 동물농장에서 암컷을 차지하려고 혈투를 벌이는 집단이다.

국민은 항상 정권을 바꾸어 줄 준비하고 대기 중에 있다.

잘못하면 정권을 내주어야 하고, 잘하면 정권을 차지하고 집권하는 자유 민주주의 나라이다. 이 제도가 무엇이 잘못이고 불만인가? 수구좌파가 영구히 집권해야 한다고 보는가?

정부 정책에 불만을 가지고 떠드는 부류는 언제나 있었다.

특히 젊은 대학생이 군중심리를 이용해 데모에 빠져야 했다.

그런데 지금은 좌파 세력이 너무 지랄하며 떠드는 바람에 대학생이 정부 시책을 비난하고 시위를 벌이며 끼어들 자리가 없어졌다. 오히려 정국을 혼란에 빠뜨리니 반기를 드는 형편이다.

좌파의 행동이 대학생에게 천만다행이기는 하다.

좌파가 아니면 사회 문제를 이슈로 만들어 불만을 표출하며 거리로 나서야 할 것인데 조용히 있으면 됐다. 과거 4·19 의거와 부마 사태, 5·18 민주화 운동이 대표적이다. 거리로 나서지 않고 공부에 열심히 할 수 있게 해주니 너무나 일이기는 하다.

좌파여! 벤허와 막시무스가 되어 봐라!

이 영화를 모르는 사람이 있을까?

필자는 이 두 영화를 수백 번 봤을 것 같다.

한 권의 책과 한 편의 영화가 인생의 좌우명이 된다.

젊은 시절에는 비디오로 녹화해서 주말에 가끔 보며 시간을 보냈다.

로마 시대를 배경으로 하는 영화지만 심금을 울리는 철학이 담겨 있다. 가정을 지키고, 나라와 국민을 위해서 목숨 바쳐 처절하게 싸워야 했던 사나이의 울분이 느껴진다.

나는 책과 영화의 영향을 얼마나 받았을까?

공무원으로 직장 생활하면서 순탄하게 지내지 못하였다.

상사의 부당한 지시와 무리한 언행에 따지고 다투면서 승진도 한참 늦게 했다. 후배 직원이 나를 뛰어넘어 승진하는 것을 여러 번 당하고 뒤집어엎고 싶을 때가 많았다.

인사부서에 찾아가 항의하며 아슬아슬하게 지냈다.

상사의 업무지시가 부당하고 언행이 불합리하면 "그렇게 하면 안 됩니다. 그게 아닙니다."라고 즉석에서 반박했다. 한 마디로 불의를 보면 참지 못하고 발작하였다.

그러니 상사가 좋게 바라볼 이유가 없었다.

승진에 목마른 직원은 딸랑거리며 상사의 가려운 곳을 긁어주며 아첨을 떨었다. 상사의 사적 일까지 챙겨주는 직원에게 "그게 무슨 짓이야? 그렇게 행동하지 마라!" 꾸짖어 주었다. 시간이 지나면 그가 먼저 승진해서 나가는 것을 지켜보았다.

무척 서운했지만 사나이 눈물을 삼키며 어찌할 수 없었다.

그래도 이 성격은 변하지 않았다. 사람 사는 어느 곳이든 사소하게 주고받는 비리가 있게 마련이다. 특히 상하관계에서 온정주의에 말려들지 않고 아무 탈 없이 정년 퇴임하게 된 것은 너무나 자랑스럽다. 사적인 욕심에 빠져 허튼 생각을 가졌으면 엄청난 소용돌이에 휘말려야 했을지 모른다. 졸병 때는 물론이고 상사의 위치에서 위기의 순간이 여러 번 있었지만, 용기로 물리쳤다.

그렇다고 인생을 개차반으로 살지 않았다.

상사에게 아부와 아첨 떨며 비굴하게 지내지 않았으며, 상사의 위치에서 직원과 당당하게 지냈다. 동료와 직원이 피해를 당하면 물불 가리지 않고 도와주었다. 일과 시간이 끝나고 우정을 다지는 술자리가 준비되면 먹고 마시고 흥청망청 기분 좋게 우정을 나누지만, 좌판이 끝나면 누가 술값과 저녁값을 낼 것인가? 눈치 보고 미적거리게 마련이다. 성질 급한 내가 먼저 나가 음식값을 지불하고 나와야 직성이 풀렸다. 더티 플레이로 계산하는 것은 어딘지 모르게 좀팽이 같은 짓으로 여겨졌기 때문이다.

지나 보니 정의의 사도처럼 행동하였지만 순탄하지 않았다.

모름지기 사나이로 태어났으면 비열한 짓으로 생명을 연장할 게 아니라, 정의를 위해서 한목숨 바칠 각오가 돼 있어야 한다. 특히 정치에 몸담은 지도자가 되려면 더욱 그러하다. 갖은 모략을 꾸미며 정의로운 척, 당당한 척, 깨끗한 척, 국민과 나라를 위하는 척! 가면의 얼굴은 사나이의 모습이 아니다.

ㅉㅎ 국회의원이 수구좌파에게 절규하는 글이 핫이슈다.

"좌파 국회의원과 ○○○대표님, 이게 뭡니까?

제가 알고 있는 정치는 국민 한 분 한 분의 부엌을 따뜻하고 풍성하게 만드는 것이다. 하지만 작금의 정치는 한 분 한 분의 밥그릇을 빼앗아 부수고 있다.

후쿠시마 오염수 방류는 결코 반가운 일은 아니다. 단언컨대 검토한 바에 따르면 좌파 세력과 ㅇㅈㅁ이 말하는 것처럼 경기하고 발작할 두려움에 떨 뉴스가 절대로 아니다. 여러분이 시작한 공포정치 때문에! 여러분의 선동 정치가! 수산업자와 자영업자의 밥그릇이 날아가게 생겼다. 진짜로 국민을 위하는 정치를 하겠다면 야당 대표는 이 시간에 횟집에서 회를 먹으며 친분을 쌓아야 한다. '내가 사겠으니 식당에 모입시다.' 그것이 정치인이 국민을 위하는 진정한 표현이다.

좌파 국회의원 여러분! 오늘 저녁 횟집에서 회를 먹으며 우리 정부가 무슨 일을 걱정해야 하는지 객관적이고 과학적 자료를 가지고 어떻게 대응해야 할지 냉정하게 논의를 해봅시다."

그들의 지긋지긋한 짓에 얼마나 진절머리가 났을까?

후쿠시마 원전 오염수를 방류하는데, 왜! 우리나라 대통령이 비난을 받아야 합니까? 대통령이 방류를 찬성하고 허락하는 것도 아니고, iaea 의견을 따르는 것이다. 일본 정부가 한국 대통령이 반대한다고 방류를 못 합니까? 세계 어느 나라가 방류수를 가지고 국내 문제로 시위 벌이며 정부를 공격하는가?

수구좌파는 번지수를 한참 잘못 잡은 정신병자 수준이다.

방송을 켜면 우파와 좌파 패널이 출연해서 창과 방패로 갈려 매일 공격과 방어가 이루어졌다. 우파 패널은 좌파의 엄청난 공격에 어쩔 수 없이 방어할 수밖에 없는 처지다. 좌파는 왜 이러한 작태를 벌이며 국민을 피곤하게 만드는가?

이미 인류는 방사능의 혹독한 시련을 겪었다.

어쩌면 면역력이 생겨 생존의 능력을 키웠는지 모른다.

세계 2차 대전 전쟁을 치르면서 원자 폭탄의 피해를 보았다.

그때 폭발한 방사능과 낙진은 어디로 흘러갔나? 비가 오고 눈이 내려서 세척되어 바다로 떠내려갔다. 미국은 알고 있었겠지만, 발표하지 않고 지켜보았다. 그런데 어떻게 됐는가? 방사능에 오염돼 인류가 파멸해서 없어졌나? 미국은 지구 반대편에서 일어났으니 인류의 재앙이 어떻게 돌아갈까? 방관하였을 거다.

좌파가 지랄 발광할 일이 아니다.

그러니 수구좌파 짓이 세계 언론의 웃음거리다.

우파 정부가 아무리 밉고 보기 싫어도 비난의 방향을 어느 정도 잡고 지랄해야 들어주고 따라주는 거다. 차려준 밥상에 재를 뿌리는 격이 아니라, 박살을 내버리는 몹쓸(못되고 고약한) 놈이 하는 멍청이다. 그래서 좌파가 정권을 잡으면 안 되는 이유다.

무엇을 하든 분수껏 해야 인정을 받는다.

본인이 저지른 비리와 범죄 행위를 검찰의 수사 잘못으로 미루고, 밥 먹다 돌을 씹으면 김 여사에게 뒤집어씌우고, 다치거나 감기몸살이 걸리면 질병관리청에 항의하고, 시내버스와 택시 타는 게 불편하면 건설교통부장관을 욕한다. 좌파는 매일 시위를 벌이며 시민에게 피해 주며 힘들게 하는 또라이다.

이게 수구좌파가 개지랄 발광하며 미쳐 날뛰는 끝판왕이다.

무엇하나 사회 질서를 위해서 개선할 방안은 하나도 찾지 못하는 멍청이가 남의 탓으로 비난을 보내는 머저리다. 좌파 정권이 개차반으로 국정을 수행하였으면서, 우파 정권의 정책과 말 한마디 행동 하나를 못마땅하니 모두가 시비거리로 트집을 잡는다.

왜! 좌파는 세상을 삐딱하게 바라보고 있을까?

"맑은 물을 젖소가 먹으면 신선한 우유가 되고, 독사가 먹으면 독이 된다."라고 한다. "좌파가 귤을 먹으면 탱자로 변하고, 정상적인 사람이 좌파에 들어가면 머저리, 멍청이, 또라이로 바뀐다." 했다. 모든 말이 좌파의 귀에 들어가면 180도 다르게 듣는다.

꼴통 짓이나 하며 망나니로 살게 내버려두어야 편하다.

'그래 그렇게 마구 짖어대라! 그게 너희들의 쓰레기 본성이고 할 일이지!' 인정하고 넘어가야 스트레스를 덜 받는다. '미친놈 지랄하네!' 한마디 던지면 그만이다. 이들에게 '지랄을 못 하게 말하는 것은 똥개에게 똥을 먹지 못하게 매를 드는 것과 다를 바가 없다.' 여기에 엮기면 똑같이 또라이가 되고 만다. 이들 말에 엮여 반박하며 그게 아니라고 논평할 가치도 없다.

이들이 저지르는 어르신 폄하 비하 발언은 가증스럽다.

'노인을 폐인 취급하면 되겠습니까?' 젊은 시절에 온몸이 으스러지도록 일하며 자녀를 돌봐주었다. 세월의 흐름에 어찌할 수 없는 인생 말년에 자녀의 미래를 고민하며 지내는데 '남은 수명에 비례해서 투표권을 주어야 한다.'라며, 지들은 백년 천년 정치할 것처럼 지껄이는 좌파 쓰레기들이다. ㄱㅇㄱ 혁신위원장은 "왜! 미래가 짧은 노인에게 똑같이 선거권을 주어야 하나?"라고 망언을 지껄였다.

아무리 개딸(개 아줌마)이라고 해도 그렇지 자녀와 조상까지 팔아가며 수구좌파에게 미쳐 날뛰고 있으니 한심하다. ㅈㄷㅇ은 "60~70대는 퇴장할 분들이니 투표하지 말고 집에서 쉬셔도 된다." 했으며, ㅇㅅㅁ은 우파를 지지하는 20대 30대 청년에게 쓰레기라고 비난을 보냈다. 노인과 청년을 지들 입맛대로 평가하는 머저리 집단이다. 수구좌파가 어르신을 폄하하고, 청년을 비하하는 발언은 역사와 전통이 뼛속까지 스며있는 꼴통 카르텔이다.

수구좌파는 '유리하다. 불리하다.' 양단의 판단 기준만 있다.

어르신이 투표하면 좌파에게 불리하고, 청년이 투표하면 좌파에게 유리하다고 판단하고 처신하는 사고^{思考}에서 나오는 것이다. 그러면 '인생의 삶에 연령이 적고, 학력이 짧고, 재산이 없고, 미모가 뛰어나고, 지식이 짧고, 키가 작고!'로 부와 명예, 학력과 미모, 권력과 감투로 투표와 선거권이 주어지면 이게 자유 민주주의 나라에서 상식과 정의에 따르는 기준이 될 수 있겠나?

젊은 청년이 썩어 빠진 민주당을 좋아하고 있을까?

왜! 본전도 못 찾는 어르신 폄하 비하 발언을 하는 걸까?

그래야 젊은 청년에게 동정심을 이끌어내 인기를 얻으려고 마구 지껄여 대겠지만, 이런다고 청년의 지지를 받을 수 있는가? 오히려 청년에게 반감을 가지게 해서 몰락의 길로 빠진다. 좌파가 머물고 있는 정당을 들여다보면 경로당(노인정)에 가까운 정당이 됐다. 왜! 노인을 비하하는가? 10년 20년 전에 어르신(노인)을 무시하고 업신여기며 떠들던 인물이 그대로 그 자리에 머물며 꼰대 정치에 매몰돼 있으니 무엇을 배우고 기대하겠는가?

연세 많으신 할머니께서 하시는 말씀이 있다.

부모 속 썩이고, 제멋대로 망나니 짓 하는 못 된 놈에게 '귀신은 뭐 하는지 모르겠다. 저런 놈 잡아가지 않고!' 분통이 터지는 심정을 토로하였다. 이런 소리 들어도 눈 하나 깜짝하지 않는 세상이다. 정치판을 들여다보면 이 말을 해주고 싶은 양아치가 수두룩하다.

'젊은이여! 청년이여! 정신 차리고 미래를 보아라!'

'대한민국의 국정 동력을 위해서 무엇을 어떻게 할 것인지 판단하고 꿈을 펼쳐 보아라!' 우파 정권이 미숙하고 세련되지 못한 부분이 있기는 하겠지만, 잘난 체 거짓 선동하며 눈속임하는 좌파 집단과 다르다. 비전이 보이는 정당에서 꿈을 펼쳐보라고 권하고 싶다. 왜! 미래를 보지 못하고 국정농단 세력에 매몰돼 인생을 허비하는가? 대한민국이 데모꾼과 모사꾼의 나라가 돼서 되겠습니까?

이게 수구좌파의 외교 참사이고 호갱 외교다

이들에게 위선의 탈은 어디까지일까?

수구좌파 정부와 정권에서 외교 활동은 빵점이었다.

왜! 그랬을까? 좌파 정권의 태생과 그들의 정책 수행 능력이 수준 이하 엉망이기 때문이다. 상대국에게 통치 능력이 아마추어 수준으로 알려졌으니 푸대접으로 대응해주었다. 따지고 보면 국가원수가 왕따를 당하여 국제 망신이었다.

특히 좌파는 중국과 외교관계에 사대주의 수준이었다.

완전히 굴욕외교로 중국의 속국처럼 행동하며 딸랑거렸다.

국가원수 자격으로 중국을 방문했는데 수행원과 일반 식당에서 혼밥하고 돌아오는 처지였다. G20 회의 참석하였지만 왕따를 당해서 정상들과 사진을 함께 찍는 데 빠지기도 했다.

취임하자 마자 3박 4일 중국을 방문하였다.

이때 10끼 중 8끼를 혼밥 신세를 지내고 돌아왔다.

대통령이 맛집 술래 여행을 떠난 것도 아니고, 그리고 수행하며 취재하는 기자가 중국 공안 당국에게 폭행당하고 기절을 했다. 어떻게 대통령을 수행하는 기자를 폭행할 수 있단 말인가? 국가 원수를 초청해 놓고 혼밥을 시키고 기자를 폭행하는 사건을 벌여야 했는가? 왜! 국가원수를 초대해서 수행원을 폭행하는 사태가 벌어졌는가? 얼마나 만만하게 보고 업신여겼으면 그랬을까? 이러한 수모를 당하고 항의 한마디 못하고 돌아왔다.

폭행당하고 머리 조아리며 빌빌대는 모습이 외교 망신이다.

차마 대통령을 폭행할 수 없으니 수행원을 폭행한 것은 아닌지! 이는 실수가 아니라 의도된 고의적 행동이 아니었을까? 국가원수를 초청해 놓고 수행원을 폭행하는 나라가 중국이다. 중국에 머리 조아리며 총선 전에 시진핑을 초청하려고 안달하며 굴욕 외교를 펼쳤지만, 이루어진 것은 아무것도 없다.

그리고 3불 정책을 약속하고 돌아왔다.

미국의 미사일 동맹 불참, 사드 배치를 철회하고, 미국과 군사동맹 파괴 등을 약속하고 돌아왔다. 이때 중국 정부는 '한국은 패대기를 치면 말을 잘 듣는다.'라는 인상을 심어주었다. 폭행을 당했으면 외교 일정을 취소하고 귀국해야 마땅한 처사다.

좌파 정권에 대한 경멸과 멸시로 응징했던 것이다.

그런데 좌파 국회의원은 중국을 방문하며 외교 활동을 한다고 머리를 조아리고 있다. 통중봉일(중국과 통하고 일본을 봉쇄한다.)는 전략이다. 야당 대표는 상하이 밍 중국대사(국장급)를 만나 정부를 비난하는 회담을 나누며 그 옆에서 국회의원이 수첩에 받아 적는 꼴이 대한민국의 국격을 땅에 떨어뜨려도 유분수다.

ㅁㅈㅇ은 "중국은 높은 산봉우리이고 우리는 야산이다."라고 표현했다. 주권국가 수장이 외교 회담장에서 이러한 이야기를 할 수 있단 말인가? 나라를 통째로 갖다 바칠 태세로 국정을 수행하였으니 한심한 작태를 보여준 꼴이었다.

ㅂㅇㅅ은 "중국은 말이고, 한국은 말의 엉덩이에 붙은 파리다." 하면서 "파리가 말 엉덩이에 붙으면 만 리를 간다." 했다. 중국은 말이고 우리나라는 파리라니! 이 말에 중국인들이 얼마나 좋아했을까? 너무 지저분하고 국격을 떨어뜨리는 머저리다.

ㄴㅇㅁ은 주중 대사로 부임해서 방명록에 만절필동^{萬折必東}(황하는 아무리 굽이가 많아도 반드시 동쪽으로 흘러간다.)이라고 기록하였다. 이는 중국 황제에 대한 제후들이 충성을 표현하는 말이다. 이게 외교 사절단이 제정신을 가지고 외교 정책을 추진한 정부입니까? 그러니 중국 정부가 우리를 하대하고 폭력을 행사했던 것이다.

ㅅㅇㄱ은 중국을 방문하여 민주당으로 정권 교체가 이루어지도록 도와달라고 애걸복걸하였다. 정권이 교체되면 중국이 요구하는 사드 배치를 철회하고, 미국과 동맹 관계를 검토하겠다고 약속했으니 좌파의 역적 행위는 끝이 없다.

ㅁㅈㅇ이 유럽 정상회의에 참석해 북한 제재를 풀어달라고 구걸했지만 마크롱 프랑스 대통령은 "북한이 비핵화하기 이전에는 제재를 풀어줄 수 없다."라고 면전에서 망신을 주었다.

윤석열 대통령은 미국을 방문해 만찬석상에서 「American Pie^{아메리칸파이}」 팝송을 부르며 환대를 받았지만, ㅁㅈㅇ은 왕따를 당해서 미국 대통령과 어울리지 못하고 먼발치에서 바라보고 서 있는 멍청한 모습의 사진이 인터넷을 달구었다.

윤석열 대통령이 미국 방문을 성공적으로 마치고 돌아왔다.

이는 야당 대표의 눈엣가시로 좋게 보일 리가 없었을 것이다. 며칠이 지나자 그는 외교 참사라는 것을 비난하며 억지로 엮고 싶었는지 외신 기자를 초청해서 기자회견을 가졌다. 이는 외교성과에 고춧가루를 뿌리고 초를 치는 격이다.

준비해온 회견문을 낭독하였지만 회의장은 냉랭하였다.

회견 발표가 끝나고 질의 응답을 받았다. 그때 외신 기자 한 사람이 "Are you a dangers man?(당신은 위험한 인물입니까?)" 뜻밖의 질문을 받자 쓴 웃음을 지어 보였지만 회의장은 어수선해졌다. 그러니까 외국 기자는 그의 인생 스토리를 알고 이러한 질문했을 거다. 그러니 세계 언론이 그의 인성을 알고 대처하고 있으니 국제적 망신살에 황당하였을 게 뻔하다.

별의별 것이 모두 시비거리니 무슨 말인들 못 하겠는가!

대통령이 말하고, 숨 쉬고, 걸어 다니고, 밥 먹는 것까지 트집을 잡아 떠드는 시비꾼 머저리이다. 이들이 대통령을 비난할 때마다 자유우파 유튜버가 가만히 있겠나? 지난 정권의 외교 참사와 패악질 코스프레를 찾아내 두 세배로 인터넷을 달구며 보복을 했다. 우파 유튜버는 좌파 정권의 행적과 만행을 들추어내 사진으로 캡처해서 보복을 가하며 통쾌하게 복수를 날렸다.

그러니 아무리 지랄을 떨어도 누워서 침 뱉기다.

본전도 찾지 못하는 언행을 일삼으며 망신을 당하는 꼴이다.

조용히 있으면 모르고 지나갈 일을 들추어내 망신살만 펼치는 거다. 도가 지나치면 미친개가 발광하며 떠드는 소리다. 인간의 탈을 쓴 인두겁들에게 무엇을 바라고 말할 수 있겠습니까? 이들에게 욕을 해주고 싶어도 입이 더러워질 것 같아 참는다.

역사는 자유우파와 수구좌파의 대결!

인류는 '선^善과 악^惡'의 대결에서 생존하는 게임 구도다.

역사는 '선의 축: 자유우파^{自由右派}(민주진영, 자유민주주의, 국민 주권)'와 '악의 축: 수구좌파^{首狗左派}(공산진영, 사회주의, 독재 체재)'의 대결에서 살아남았다. 자유우파와 수구좌파의 전쟁과 싸움, 그리고 치열한 경쟁에서 자유우파가 승리했다. 이는 인류가 살아가는 이념이 자유우파가 유리하고 살기 좋기 때문이다.

국내 정치는 '자유우파^{自由右派}(건국 대통령, 경제발전, 평화적 시위, 잘못을 인정하는 심성, 상대와 타협하는 미덕)'는 선의 경쟁으로 정국을 이끌지만, '수구좌파^{首狗左派}(북한에 달러를 퍼주고 방문한 대통령, 종북 세력, 주사파, 극단적 시위, 잘못을 인정하지 않는 뻔뻔한 거짓말, 반대를 위한 반대)'는 악의 투쟁으로 아군과 적군을 따지지 않으며 서로가 못 잡아먹어 안달이다. 상대가 강하면 죽여서까지 목적을 달성하려고 미쳐 날뛰는 카르텔이다.

사람의 인성으로 보면 '자유우파^{自由右派}(보편과 타당, 평화, 지성본능, 시스템에 의한 법치)'는 상대를 인정하며 타협을 한다. 그런데 '수구좌파^{首狗左派}(강직과 투쟁, 독선, 야수 본능, 권력에 의한 인치)'는 불법과 탈법, 비리를 저지르며 나만 잘살면 되는 논리다.

우파와 좌파의 경쟁에서 살아남는 부류는 누구일까?

결과는 자유우파가 승리하였으며, 앞으로도 그렇게 될 수밖에 없다. 정치와 조직을 이끄는 두뇌 구조가 자유우파가 선하고 국민을 위해서 유리하게 작용하므로 지지를 받는다.

인간 사회에 자유우파가 중추적 역할을 수행하고 있다.

지구촌을 움직이는 정치, 경제, 군사, 문화는 우파와 좌파의 경쟁 구도로 엮여 으르렁거리고 있다. 한 치도 양보할 수 없는 위치에서 두 눈 부릅뜨고 지켜본다. '자유우파自由右派의 중심국(미국, 일본, 대한민국, 즉 자유 민주주의 진영)'와 '수구좌파首狗左派의 중심국(러시아, 중국, 북한, 즉 공산 사회주의 진영)'으로 이는 UN에서까지 파벌 대결이 형성돼 엄청난 힘을 과시하고 있다.

일촉즉발의 긴장 관계가 지속되면서 세계 언론이 집중한다.

이 구도는 쉽게 깨지지 않을 것이며 지속적으로 이어질 판이다. 동방의 조그마한 반도의 땅이 우파(남한)와 좌파(북한)의 나라로 갈려 지구촌을 좌지우지하며 위협하게 된 것은 우연이 아니다. 우주의 기운을 받아 하나님께서 만들어 놓은 체계가 아닐까?

지구촌의 핵심 뇌관이 한반도에 형성돼 으르렁거리고 있다.

어느 한쪽이 억한 심정을 가지고 트리거(trigger, 방아쇠)를 당기면 세계는 불바다가 된다. 우파와 좌파 진영 어느 한쪽도 양보할 수 없는 국제 정세에 끌려가는 형국이다. 우리나라 정치 상황이 이렇게 위급한데 정치꾼들은 밥그릇 싸움만 하고 있으니 한심하다. 세계 정세가 한 치 앞을 내다볼 수 없는데 우파와 좌파로 갈라져 정쟁을 일으키고 있을 때가 아니라는 거다.

왜! 러시아는 우크라이나를 침공했을까?

이는 '형제의 나라'라고 했는데 잔인한 전쟁을 치른다.

두 나라의 전쟁으로 끝나는 게 아니라 인류의 생존을 위협하고 있다. 직접 당사국인 우크라이나 국민은 하루에도 몇 번씩 지옥에 갔다 오는 생활이다. 살아있음에 감사하며 매일 위험에 처한 생활이 피를 말린다. 세계 경제의 흐름까지 암흑의 바다로 끌고 가니 21세기 있을 수 없는 잔인하고 명분 없는 전쟁을 벌이고 있다.

이 방아쇠가 한반도로 향하게 된다면 어떻게 될까?

국지전으로 끝나는 게 아니라 자유 진영과 공산 진영의 새 대결로 이어져 잔인한 전쟁이 된다. 어느 한쪽은 멸망해서 지구 상에서 없어진다. 핵폭탄까지 사용하지 못하더라도 그에 버금가는 무기가 총동원되어 초토화될 게 뻔하다. 국내에서 밥그릇 싸움에 빠져 헤매는 정치꾼을 바라보면 울분이 터져 잠을 이루지 못한다.

세계의 지식인은 '지금이 어느 때인데 전쟁을 일으킵니까?' 비난을 보냈지만, 허공에 메아리로 돌아올 뿐이다. 러시아 대통령이 노욕에 불타고 있는데 이를 제지할 수단이 보이지 않는다. 형제가 싸우고 있으니 강 건너 불구경하듯이 바라본다. 약자(우크라이나)에게 약간의 도움을 주어 무너지지 않을 정도로 지원해줄 따름이다.

하지만 자유우방이 침공을 받으면 이렇게 끝나지 않는다.

연합군을 편성해 대응하므로 전쟁을 일으킨 국가는 파멸하게 된다. 첨단 군사 장비가 우주를 훤히 들여다보고 대적하고 있는데 여기에 당할 나라가 있을까? '재래식 무기로 탱크와 전투기로 폭탄을 퍼부어 불바다로 만들면 전쟁을 승리로 이끌 수 있다.'라고 판단하는 것은 어리석은 짓이다.

이는 6·25 전쟁처럼 총싸움으로 끝나게 될 거다.

엄청난 화력을 동원해서 처절하고 잔인하게 치고받지 못한다.

자동화 소총을 들고 전방으로 병력을 투입하는 것은 총알받이 사지로 내모는 거다. 장갑차와 탱크로 병력이 움직인다고 안전할 것 같은가? 몇백km 후방에서 미사일과 포탄이 날아와 폭발하는데 헛발질만 하는 거다. 이들의 움직임을 백여km 상공 인공위성에서 감지하고 지휘하는 데 가당치 않다. 지루한 소모전을 버리면 자본과 기술이 발달한 자유우파 승리로 끝난다.

하마스와 이스라엘 전쟁은 어떠한가?

하마스(팔레스타인)의 기습공격으로 지구촌이 격랑 속으로 빠졌다.

수백 년간 이어온 민족적 감정은 잊을 만하면 죽기 살기로 싸움을 벌인다. 기습 공격을 받은 이스라엘은 엄청난 화력으로 가자지구를 파괴했다. 이 전쟁은 민족의 미래와 생존이 걸려있으므로 물러설 수 없다. 미국은 이 전쟁을 강 건너 불구경하듯이 바라만 볼 수 없는 처지다. 항공모함을 급파해서 전쟁의 상황을 예의 주시하고 있다. 이스라엘이 무너지는 것을 지켜볼 수 없기 때문이다.

이 전쟁의 승리는 어느 나라가 될까?

당연히 자유우파(우크라이나, 이스라엘)가 이기는 게임으로 끝난다.

러시아는 탱크를 몰고, 하마스는 엄청난 화력으로(미사일과 장사정포 6,000발) 퍼부어 기습 공격해 무방비 상태에서 초반에 밀렸지만, 우크라이나와 이스라엘은 과거에 빼앗겼던 영토까지 다시 찾아오고 승리로 끝나게 된다. 인류 역사에서 침략자는 멸망하게 돼 있다.

그러면 러시아의 현 체계는 무너지고 쪼개지게 될 거다.

아마 모르긴 해도 하마스는 가자지구에서 쫓겨나서 무너지게 되고 ㅍㅌ이 사망하고 쥐도 새도 모르게 사라진다. 국토를 잿더미로 만들고, 엄청난 인명피해로 분열시켰는데 이것을 자유우방이 그냥 넘어가겠는가? 패전의 책임을 물어 무지막지한 전쟁비용을 감당하기 어려워 쪼개진다. 세계의 경찰 미국의 주도 아래 자유 민주주의 나라를 건립하여 인류에 평화가 찾아온다.

침략자가 이기면 전쟁으로 인류는 소멸하고 말았을 거다.

북한이 남한을 침략해 망하기 직전에서 허덕이고, 일본이 미국을 침범했지만 원자 폭탄의 공격을 받아 국토는 잿더미가 되어 멸망하였다. 독일은 어떻게 망하였는가? 인류는 권선징악勸善懲惡이기 때문에 뿌린 대로 거두게 되었다. 사람의 힘으로 보복이 이루어지지 않으면 하늘의 힘으로 망한다.

이 시점에서 우리나라의 위치는 어디에 있는가?

이때 대통령의 책임이 대한민국의 미래를 결정해야 하는 순간에 고민이 많을 것이다. 강대국인 러시아 편에 서서 국익에 도움을 받도록 도모해야 할 것인가? 아니면 침략을 받아 국토는 폐허가 되고 국민이 고통 받고 있는 우크라이나 편에서 군수물자를 지원해 주어야 하나? 당장의 국가 이익보다 우리 민족의 미래를 지킬 수 있는 길을 택해야 한다.

그래서 많은 고민이 될 것으로 믿어진다.

물론 자유우방의 대부분이 미국의 눈치를 보지 않을 수 없다.

그러니 엘리트 수석 비서관이 모여 정책 결정을 위한 회의도 많이 할 것이다. 국제 여론에 따라 가만히 있을 수 없어 대통령은 "힘에 의한 협상 변경 시도는 절대로 반대한다."라는 논평을 발표하였다. 그리고 "만약 민간인에 대한 포격으로 대량 학살이 이루어질 때는 방어 차원에서 비살상 무기를 지원할 수 있다."라고 거들었다. 이 말에 야당 대표는 국제 여론을 무시하는 처사라며 말 폭탄을 퍼부으며 비난을 하였다.

어쩌면 세계 지도의 판도를 바꾸게 될지 모르기 때문이다.

이 전쟁(우크라이나와 러시아, 하마스와 이스라엘)은 두 나라의 전투가 아니다. 러시아와 우크라이나, 하마스와 이스라엘에서 발생한 전쟁은 중국과 대만의 관계, 남한과 북한의 관계 등, 향후 전개될 미래 정치 세력이 미묘하게 적용될 태세다. 만약에 이스라엘과 우크라이나가 패배하게 된다면 자유우파 진영은 엄청난 대가를 치르게 될 것이고, 세계 경제에 막대한 영향이 미치게 된다.

이 힘으로 좌파 공산 진영의 판도라 상자가 열릴 거다.

중국이 대만을 침공하게 되고, 그리고 중국과 러시아의 군사적 결합체로 남한을 침공하게 될 거라고 생각하면 끔찍해진다. 이게 좌파 공산 진영이 품고 있는 악마의 카르텔이 숨은 계략이다. 이 시점에서 우리는 우방을 끌어안고 세계 질서를 지켜야 한다.

우리나라 젊은이가 용병으로 참여해 피를 흘렸다.

몇명의 젊은 무명 용사가 다치거나 사망을 하였다고 한다.

왜! 아무도 알아주지 않는 이국땅에서 피를 흘려야 합니까?

우방국의 나라에서 목숨 걸고 전투를 벌이니 대단한 용기의 발현이다. 현재는 불법이고 이적 행위라고 평가할 수 있겠지만, 이들이 흘린 피가 조국을 지키는 피로 돌아올 것으로 믿어진다.

국제적 여론에 의해서 이분들의 값진 피가 저평가되고 있지만, 얼마의 시간이 지나면 귀중한 가치로 다가올 것이다. 전쟁이 승리로 끝나면 이들의 공로를 인정해 국가에서 연금을 지급하고 국립묘지에 안장해서 기리게 될 거라고 본다.

왜! 이 시기에 ㅈㅁ이 나타나 국민을 시험에 들게 할까?

이미 그는 썩은 동아줄이 되고 말았다.

이를 따르는 자는 "닭 쫓던 개 지붕 쳐다본다."인 꼴이다.

그는 좌파를 이끄는 대주주이지만 정상적인 인성을 가진 정치인으로 평가하지 않는다. 그는 인간의 탈을 쓴 악마의 실체다. 평범한 사람이라면 궤변을 늘어놓으며 이율배반적 행동하지 못한다. 그에게 죄가 있고 없음을 따지기 이전에 사상적으로 문제가 많은 인물이다. 꼼수 정치로 위기를 모면하려는 술수에 불과하다.

지나온 흔적과 흐름에 비추어 찾아보아야 한다.

개인의 사건으로 치부할 게 아니라! 좌파의 전면에 나타나 활보하게 된 시점이 아이러니하다. 국가 공권력을 상대로 무자비하게 도전하며 싸우는 것은 대단한 시추에이션이다. 아무나 할 수 있는 궤변이 아니다. 그를 따르는 좌파 성향은 어떠한 생각을 가지고 지지를 보내는가? 우리나라가 부패 공화국으로 매몰돼도 괜찮다는 것인가?

이제 좌파의 민낯을 뿌리째 뽑아 버려야 한다.

이는 우파와 좌파의 사활死活이 걸려 있으므로 무조건 결단 내야 한다. 김영삼 대통령이 전두환 대통령을 잡아 감옥에 수감하는 식으로 전격적으로 이루어져야 나라가 조용하고 편안해진다.

전두환 대통령이 권좌에서 물러나 5공 청산을 외칠 때 골목 성명을 발표하며 무죄를 주장하였다. 권력의 정상에서 누렸던 힘을 과시하며 공권력을 상대로 도전하며 합천으로 피신하였다. 이에 굴하지 않고 합천까지 수사관을 보내 서울로 압송해 구속하였다. 공권력의 위엄을 보여주고 법치주의를 실현하므로 마무리되었다. 그렇게 재판을 받아 감옥에 보내어 5공 청산이 이루어지고 조용해졌다.

좌고우면左顧右眄 어영부영하다 보면 시끄럽기만 하다.

좌파에게 변명의 빌미를 제공하고 그에게 방어와 공격의 여지를 주어 국민이 혼란에 빠지면 걷잡을 수 없다. 그는 누구보다 사법정의 실현을 외치던 궤변론자의 뻔뻔한 놈이다. 그러던 자가 검찰 수사를 받으면서 법치주의 파괴라고 외치고 있다.

쓸개 빠진 놈이 정치한다고 국민을 힘들게 하고 있으니 가증스럽다. 스스로 의혹을 절대로 밝히지 않을 것이니, 그의 죄명을 검찰이 명명백백明明白白하게 신속히 밝혀 인생에 종을 쳐야 한다. 그래야 국민이 편안한 일상에서 깊은 잠을 잘 수 있다.

여기까지 왔는데 흑黑과 백白의 결론이 흐지부지 끝나면 안 된다.

이제 와서 옳고 그름을 말하고, 사법의 정의를 따지는 것은 어불성설語不成說이다. 무슨 죄목을 걸어 빨리 구속하던지, 아니면 빨리 풀어주어 국민의 시선에서 멀어지게 해야 평온이 찾아온다.

왜! 매일 TV 패널이 말싸움하는 것을 보고 있어야 하나?

범죄자를 두고 우파와 좌파로 나뉘어 마치 검사와 변호사가 논쟁을 벌이듯이 공격하고 방어하며 변명하는 꼴이 피로감을 주고 있다. 국민까지 두 쪽으로 나누어질 판이다.

친구 서너 명이 모이면 좌파와 우파로 갈려 대화를 나눈다.

왜 개인의 범죄 사건인데 국민을 상대로 호소하며 힘들게 하나? 말도 안 되는 말꼬리 잡으며 입씨름하는 것을 듣고 있으면 화가 치밀어 오른다. 그의 꼴사나운 변명을 언제까지 보아야 하는가?

"세상에 공짜는 하나도 없다." 했다.

말도 안 되는 짓거리로 세상을 놀라게 하니 이를 이용해서 돈을 버는 유튜버는 물 만난 고기처럼 날뛰고 있다. 세상이 하도 어수선하다 보니 별의별 놈 때문에 요지경 속으로 빠진다. 이 사건의 결말이 어떻게 끝나게 될지 궁금해서 지켜보고 있다.

수구좌파首狗左派의 뿌리를 알고 척결해야 한다.

법을 따지기 이전에 역사의 흐름에서 판단하고 결판내야 한다.

좌파는 건국 이래 지금까지 정국을 혼란에 빠뜨리며 국민을 괴롭혀 온 DNA가 흐른다. 정파 싸움질만 이끌었던 머저리였다. 격변의 시기에 해방과 동시에 대한민국을 건국한 이승만 대통령은 이들과 싸워 나라를 지켰다. 수구좌파首狗左派와 절대로 타협할 수 없음을 알고 강력한 의지로 자유 민주주의 나라를 건국하였다. 이는 대단한 결단과 용기의 승리였다. 이들은 이때부터 자유우파 정권과 싸우며 정권 창출에 투쟁하던 수구좌파 꼴통이다.

이들에게 선의의 경쟁은 없으며 악의 쟁탈전뿐이다.

투쟁과 싸움이 수구首狗좌파의 사상이념이다. 여기에 당하면 자유 민주주의 근본 이념은 끝장이다. 거리와 광장에서 좌파가 시위할 때는 '투쟁과 쟁탈'이라는 단어가 빠지지 않고 등장한다. 이는 국민을 혼동 에 빠지게 하는 수단으로 이용하는 실체다.

한때 ㅇㅅㄱ와 ㅇㅈㅎ가 나타나 정국을 혼란에 빠지게 했다.

이들은 북한과 내통하면서 국가 전복을 기도하였지만, 정당을 해산 하고 국회의원 자격을 박탈하므로 조용해졌다. 그들을 소탕하자 대타 로 나타난 놈이 더 악독한 ㅇㅈㅁ이다.

역사적 흐름에서 해결 방법을 찾으면 답이 나온다.

어떻게 보면 그가 속해있는 정당까지 해산해야 할지 모르겠다. 그들 은 국가 경영을 조직 폭력배가 지배하는 식으로 운영하므로 국민은 안 중에 없다. 폭력배 집단 카르텔을 만들어 놓고 그들끼리 예산을 빼먹 는 데 혈안이므로 국가 채무를 가볍게 여겼다.

검찰은 ㅈㅁ, ㅎㄱ, ㄴㄱ을 어떻게 할 것인가?

이들을 안 잡는가? 못 잡는 것인가? 즐기는 겁니까?

이미 이들은 공공의 적으로 부상해 정국을 요동치게 한다.

거짓 선전 선동 유언비어 블랙홀에 빠져 허덕이는 형편이다.

모든 이슈가 여기에 꽂혀 끌려다니며 국정 동력이 멈추어 헤어나지 못한다. 어쩌다 대통령이 말실수하면 벌떼처럼 달려들어 닦달하는 흉 악범이다. 언론은 대통령의 국정 업무 수행에는 관심이 없다. 서민 경 제 해법을 찾아 많은 정책을 추진하는 데 알려지지 않는다.

조선 말기 고부 군수 조병갑이 패악은 극치를 이루었다.

농사지으면 반은 세금으로 빼앗아 갔다. 민폐를 끼치는 것에 반발해 전봉준이 동학혁명을 일으켜 조선은 패망하게 되었다, 이 자보다 백배 나쁜 놈이 ㅈㅁ, ㅇㄱ, ㄴㄱ이라고 하니! 그가 해먹은 패악질은 단군 이래에 최대의 부정부패로 얼룩진 비리 사건이다. 이 자를 옹호하는 수구좌파 세력의 결말은 어떻게 될까?

이렇게 해먹을 동안 언론은 무엇을 했는가?

뒤에서 뇌물을 받아먹고 한통속이 됐으니 허수아비였다.

언론은 국가의 미래 발전을 위해서 괴물 정치꾼의 부정부패를 비판하고 해법을 찾아 주었으면 얼마나 좋았을까? 강 건너 불구경하듯이 뒷짐 끼고 바라만 보았다. 따지고 보면 수구좌파 대부가 사법 리스크에 빠져 죽으려고 하니 우파는 즐거운 거다.

여당(국민의 힘)은 이 상황을 즐기며 바라보는 것 같다.

다음 총선에서 과반이 훨씬 넘는 200석을 차지하게 될 것으로 보인다. 그러니 서둘러 감옥에 보낼 이유가 없다. 우파 정권에서 헌법을 개정할 수 있는 의석을 확보해야 한다. 이는 우파 정권이 역사적 사명 앞에 처해있는 과제이다. 벌써 여론은 여당으로 돌아서서 격차를 벌리고 있으니 총선 이후에 처벌을 바라는 심정이다. 이 상황에 회심의 미소를 지으며 즐기고 있다.

신임 검사에게 범죄자 교육으로 활용하는데 좋은 시험용이다.

뻔뻔한 범죄자를 어떻게 다루어 처벌해야 하는지! 범죄자는 궤변에 능수능란하고! 변명에 통달할 때 대처 방법! 범죄자가 빠져나갈 궁리에 말려들지 않는 방법 등 현장의 교육으로 체험하고 있다.

사바나 들판에서 호랑이가 버팔로 새끼를 잡아놓고 새끼 호랑이에게 사냥감으로 가지고 놀게 해주는 것과 같다. 한참 동안 물고 뜯고 목을 조르며 놀다가 새끼 호랑이가 지치면 잡아먹도록 도와준다.

범죄자가 거짓 선동으로 아니라고 주장하면 끝이 아니다.

검찰은 증거가 차고 넘치는데 좌파는 입만 열면 거짓말의 명수다.

수사가 부당하면 혐의에 대한 질문을 제대로 진술하고 반박하면 된다. 엉뚱한 서면 답변서를 내밀고, 모르는 일이라고 동문서답東問西答으로 회피하면 깨끗하단 말인가! 말 못 하는 벙어리마냥 눈만 껌뻑이며 딴청부리는 멍청이다. 검찰의 빼박(빼도 박도 못하는 증거)에 말문이 막히면 진술거부와 묵비권으로 허세를 풍기는 꼴불견이다.

이게 법치주의 나라에서 가능한 행위인가?

법을 농락하고, 조롱하면서 언론에 뻔질나게 나와 '검찰 공화국! 깡패 정권! 야당 탄압! 정치 보복! 정적 제거!'라고 악담을 퍼붓고 있다. 비리 범죄자 처벌이 정치 보복, 깡패 정권이면 어찌하란 건가? 이러한 자가 대통령이 됐으면 우리나라가 어찌 됐을까? 그의 말에 따르면 부패가 판을 치는 조폭 공화국으로 가슴을 쓸어내리게 한다. 차라리 검찰 공화국이 천만다행으로 백배 났다. 하나님께서 보살펴 주신 덕분에 대한민국을 악의 소굴에서 구해내 주셨다.

하마터면 국가 기능이 불법 천지로 격랑에 빠질 뻔했다. 국민은 하나님을 원망하며 원통하게 됐을 것인데 끔찍하다.

설령 죄가 없더라도 야당의 대표로 부당함을 변명할 게 아니라 행동으로 보여 주어야 지도자다. '국민 여러분 이러한 모습을 보여 주어 죄송합니다. 부덕의 소치입니다. 검찰에 나가 성실히 조사받겠습니다.' 아쉬움을 표현하면 국민이 알아서 평가를 해준다. 지성을 갖춘 정상적인 사람이라면 입이 열 개라도 할 말이 없을 거다. 그런데 언론에 나와 황당무계하게 떠드는 궤변론자다. 물론 인성을 갖춘 사람이라면 이 지경의 상황을 끌고 왔겠는가?

검찰이 없는 죄를 만들어내는 기관이 아니다.

그는 언론에 '없는 죄를 만들어 뒤집어씌운다.' 수백 번 외쳤다.

국민과 세계 언론이 지켜보고 있는데 검찰이 허튼 행정을 펼치겠는가! 도둑이 제 발 저리는 격이다. 세상이 호락호락 넘어가지 않는다. 아무리 아니라고 주장해도 하늘이 보고, 땅이 알고, 국민이 심판한다. 끄덕하면 사필귀정事必歸正이라고 주장하는데 무슨 의미로 지껄이는 건가? 자신의 구속을 알고 있는 것인가?

그가 지껄이는 말을 듣고 있으면 소가 웃을 일이다.

그들 도와주던 주변 사람이 사법처리를 받아 구속되는데 혼자만 아니라고 주장하면 무죄가 됩니까? 오히려 '그들은 아무 죄가 없습니다. 내가 책임을 지겠습니다.' 도와준 사람을 구제해주어야 지도자의 덕목이고 책임을 다하는 자세다.

'주변 사람이 죽어 나가도 나와 관계없다.' 한다.

혐의가 나오면 밑에 직원이 한 일이니 나는 모르는 일이다.

이는 지도자의 자질이 아니라 조폭 두목이 지껄이는 작태다. 이러다 구속되면 좋은가? 억울하다고 우기며 떼거리로 몰려다닐 것인데 생각만 해도 역겹다. 사법 질서를 파괴하고 나라의 근간을 흔드는 자가당착自家撞着이다. 억지 부리며 버티면 무죄가 되고, 죄를 인정하면 유죄가 되는 것은 법치주의가 아니다. 가중처벌해서 법질서를 바로 세워야 공권력의 권위가 선다.

수구좌파首狗左派를 지지하는 개딸과 또라이는 어떠한가!

ㅈㄱ의 강에 빠져 허덕이더니, 그 강을 건너기 전에 ㅈㅁ의 늪에 빠져 모두가 죽으려고 헤매고 있다. 좌파를 리드하는 정치꾼과 그들을 지지하는 개딸들이 너무나 추잡하다. 어쩌다 이러한 자가 역사의 전면에 나타나 국정을 더럽히는가? 거짓말의 벽돌로 쌓아 올린 방탄 국회가 그를 지켜줄 수 있다고 믿는 것은 어불성설이다.

한때 '우리가 ㅈㄱ이다.'라고 호들갑을 떨었다.

지금 그들은 어디에서 무엇 하고 있는가? 제2의 ㅈㄱ 사태를 벌이면서 '우리가 ㅈㅁ이다.'라고 함께 죽으려고 용쓰고 있다. 성현의 말씀이 '죽어봐야 저승길을 안다,' 했다. 어떻게 범죄자와 함께 죽으려고 하는지 지성을 갖춘 똑똑하고, 현명한 국민이라면 절대로 불가능하다. 너무나 창피하고 부끄럽다.

이것은 범죄자를 도와주는 것도 나라를 구원하는 일이 아니다. 천박한 행동으로 자신을 초라하게 만들 뿐이다. 오히려 범법자를 처벌해서 쓰레기 정치꾼이 정치판에 끼어들지 못하도록 정의가 바로 서는 깨끗한 정치 문화를 선도해야 한다.

지금 대한민국은 풍전등화^{風前燈火} 위기에 처해있다.

왜! 누구 때문에 이렇게 됐습니까? 수구좌파^{首狗左派}가 정권을 빼앗기자 미친개처럼 날뛰기 때문이다. "미친개에게는 몽둥이가 약이다."라고 했다. 법대로 처벌해서 '감자'에 처넣어야 한다.

검찰과 ㅈㅁ은 누가 죽을 것인가?

언제! ㅈㅁ을 구속해서 법정에 세울 겁니까?

왜! 그를 구속하지 못하고 정국을 난장판으로 만듭니까?

이는 누가 질문하는 이야기일까? 국민이! 여당(국민의 힘)이!

이는 그가 속해있는 좌파 민주당 국회의원이 묻고 질문하는 괴현상이 벌어지고 있다. 법정 공방이 지루하게 이루어지면서 불체포 특권을 이용해 국회 장막 뒤에 숨어있으니 피로감에 쌓였다. 아무리 대표라고 해도 사나이의 정의가 아니기 때문이다. 오죽했으면 국민은 물론이지만 자당 국회의원이 짜증을 내면서 빨리 구속해서 평정을 찾았으면 좋겠다는 심정을 표출하고 있을까?

"검찰이 수사하는 게 아니라 정치를 하고 있다."라며 반박한다.

그러면 '범죄자의 수사는 잘못된 것이고, 정치는 더럽고 치사한 것인가?' 본인이 정치하면서 정치를 폄하해도 되는가? '정치는 권모술수權謀術數(남을 교묘하게 속이는 술책)에 불과하다.'라는 건가? 지가 정치하고 있으면서 정치를 모독하는 머저리다. 아무리 부끄러움을 모르고 뻔뻔한 파렴치범이라고 해도 너무 빗나간 언행이다. 야당 대표가 입만 열면 검찰의 수사를 비난하고 정치를 혼란스럽게 한다.

수구좌파首狗左派 사는 길은 소크라테스 길을 가는 거다.

군중의 지지를 받으며 사회 개혁을 외치던 철학자 소크라테스를 죽이려고 정적에 쌓여 고군분투하였다. 그때 적들은 악법을 만들어 처벌하려고 할 때 소크라테스 측근은 도망가서 몸을 피하라고 충고를 했으나! 당당하게 "악법도 법이다." 외치며 독배를 마시고 그들의 눈앞에서 죽음을 선택했다. 이렇게 못하더라도 사나이가 불알을 달고 태어났으면 정의감은 있게 마련이다.

왜! 이렇게 범죄자를 수사하는데 시끄러워야 합니까?

그는 이미 철면피한 괴물 정치꾼으로 당당한 척하고 있지만, 수사받으며 겁먹은 똥개가 꼬랑지 내리고 짖어대는 꼴이다. 법의 심판이 두려워 방탄 언론 플레이로 위기를 모면하려고 꼼수를 부리는데 가능하겠나! 조용히 죗값을 치러야 한다.

너희가 생각하는 것처럼 국민은 바보가 아니다.

범죄수사를 받는 야당 대표가 검찰에 출두할 때마다 수십 명의 국회의원이 몰려다니며 악취를 풍기는 쓰레기 정치꾼이 혐오스럽다. 검찰에 출석하면서 "나는 잘못한 일이 없습니다. 검찰이 나오라고 해서 나가기는 하는데 검찰 공화국이 무리한 수사로 나를 처벌하려는 거다."라며, 검찰 독재정권이 헌정 질서를 파괴하는 현실이라고 맹비난했다.

"참새가 죽어도 짹소리를 낸다."라고 했는데, 초등학생 웅변하는 것도 아니고 열변을 토하면 믿어줄 국민이 어디에 있겠나! 인간이기를 포기한 처사다.

1960~1970년대 선동정치로 국민을 무시하던 때의 꼴불견이다.

서울지검에 출석하며 단상에 올라 초등생 웅변으로 떠들었다.

"저는 권력이 아니라 세상을 바꾸는 권한을 원했습니다. 저에게 공직은 명예나 지위가 아니라 민생과 경제를 바꾸는 책임과 의무였습니다. 위임받은 권한은 오로지 국민을 위해서 사용했으며 단 한 푼의 사익을 취한 바가 없습니다. 티끌만 한 부정이 있었으면 10여 년에 걸친 수백 번의 압수수색과 권력의 탄압으로 이미 가루가 되어 사라졌을 겁니다.

비뚤어진 세상을 바꾸는 것이 이번 생애에 저에게 주어진 소명이라고 봅니다. 어떠한 고난에도 굽힘 없이 나갈 것입니다. 기꺼이 시지프스가 되겠습니다."

이 글을 읽으면 검찰에 출석하는 게 아니라 대선 출정식 같다.

이는 기氣를 낭비하고 뼛속의 진액까지 빼내 생명을 단축하는 헛된 짓이고 저열한 정치 공작이다.

이게 검찰에 출석하며 수사받는 범죄자가 할 소리인가?

이렇게 깨끗한 자가 왜 검찰에 몇번이나 불려 다니고 있나?

모든 정치꾼이 이렇게 깨끗하고 정의로웠으면 좋겠다. 이렇게 청렴한 사람이 왜 수사를 받아야 하는가? 이러다 구속되면 좋은가? 유체이탈화법도 어느 정도껏 해야 들어줄 수 있다.

아무리 열변을 토하며 깨끗한 척, 정의로운 척, 무죄를 주장해도 그가 저지른 죗값은 반듯이 받아야 한다. 영광스러운 대한민국이 좌파 쓰레기 더미에 의해서 더럽혀지는 것을 검찰이 지켜주고 있다. 검찰은 선량한 사람을 괴롭히는 깡패가 아니고 사회를 어지럽히는 범죄자를 잡아 감옥에 보내는 국가 공무원이다.

여당의 ㄱㄱㅎ 대표께서 한마디 일침을 가했다.

'권력형 토건비리 범죄 혐의자가 조사받으려 검찰에 출석하는데 마치 영웅이 개선하는 것 같은 모습이다. 항일 독립 운동 한 것도 아니고, 민주화 운동을 한 것도 아니고, 대한민국 산업화에 기여한 것도 아닌데, 뭐가 그렇게 자랑스러운지 의아스럽기만 하다.' 비난을 보내며 통탄스러워했다.

조사받고 나오면서 지껄인 언행은 가관이다.

'검찰 독재 정권이 수사하는 것이 아니라 정치하고 있다. 진실을 밝히려는 질문이 아니라, 기소를 목표로 조작하여 반복된 질문에 국가권력을 사유화했다.' 하니 너무나 파렴치한 범죄다. 검찰청사 앞에 우파 지지자는 'ㅇㅈㅁ을 구속하라!' 외쳤으며, 좌파 지지자는 'ㅇㅈㅁ은 청렴하다.'라며 시위를 벌이며 두 쪽으로 나뉘었다.

조사받고 나오자 기자가 마이크를 대자 지껄였다.

"저를 희생 제물로 삼아서 정권의 무능함과 정치 실패를 감추어 보겠다는 것 아니겠습니까? 정권의 무도한 폭력과 억압은 반듯이 심판받고 그 대가를 치르게 될 것입니다." 이렇게 떠들고 싶을까? 인성을 갖추었으면 자숙하는 모습을 보일 것인데 뻔뻔함의 극치다. 쥐구멍이라도 있으면 파고 들어가야 할 몰염치 범이 떠든다.

경기도지사 시절에 저지른 법인카드의 유용은 어떠한가?

비서가 자신이 존경하며 모셨던 도지사를 공금횡령 혐의로 국민권익위원회에 부패 신고까지 하였다. 얼마나 창피한 일인가! 믿고 따랐던 비서였지만, 너무나 추악한 행동을 용서할 수 없었던 모양이다. 이 직원은 공익 신고자로 포상을 해주고 보호해주어야 마땅하다. 이런 추태 짓은 역사 이래 최초라고 보인다.

도지사가 법인카드로 소고기, 초밥, 건전지, 햄버거, 샌드위치, 도시락, 제사용품 등 살림살이 용품을 구매했으니 너무 심하였다. 직장인에게 법인카드는 독배나 마찬가지다. 꿀단지의 유혹(법인카드를 사적으로 사용)을 물리치려면 대단한 용기가 필요하다.

열심히 일하는 직원이면 정상 참작을 감안해서 용서하겠지만!

도지사가 이렇게 치사한 짓을 했으니! 청렴을 신조로 여겼던 말단 공무원의 눈에 울분이 터졌을 게다. 월례 조회 때마다 청렴을 강조하며 공무원의 품위를 지키라고 훈시하였지만, 막강한 지위를 이용해 뒤에서 호박씨 까는 행동을 한 것이다.

전과 5범에 추후 처벌을 받아야 할 죄목이 수두룩하다.

국회의원이 되더니 불체포특권 뒤에 숨어서 황당무계 적반하장^{賊反荷杖}도 유분수다. 정부와 검찰을 향해서 저항하는 꼴이 안하무인^{眼下無人}이다. 야당 대표의 꼴사나운 면모만 보여줄 뿐이다.

검찰은 창과 방패의 대결이 됐으니 물러설 수 없는 처지다.

그는 입만 열면 거짓말로 열광하며 지지하는 광팬에게 동정심을 유발하는 데 혈안이다. "10원 한 장, 사탕 한 개 받아먹지 않았다. 검찰 공화국 독재 정권이 죄 없는 사람에게 죄를 뒤집어씌운다." 지껄이며 위기를 넘기고 싶겠지만, 밤잠을 설치며 오줌을 지리고 있을 게 뻔하다. 피를 토하는 거짓 해명으로 수사를 피해가고 싶은 심정을 모르는 바가 아니다. 하루해가 뜨면 거리로 나서는 출근길이 두려울 거다. 피를 말리는 속 타는 심정이 얼굴에 그려져 있다.

그의 인성은 어떻게 평가해야 좋을까?

그는 배신의 아이콘, 변절의 아이콘으로 믿지 못할 사람이다.

이렇게 이야기하면 인신공격을 한다고 따질 수도 있겠지만, 그가 살아온 과거의 품성과 언행을 들여다보면 안다. 이러한 자가 정치판을 휘어잡는 것은 추잡하고, 비열하고, 치사한 짓이다. 왜! 대한민국의 정치가 이렇게 됐을까? 도저히 이해가 되지 않는 처사다.

야당 국회의원이 ㅈㅁ이 보여준 지난 1년을 평가했다.

"그가 1년 동안 보여준 리더십은 '모르쇠!'였다. 쌍방울 모르겠다. 백현동 모르겠다. 대장동 모르쇠, 갑질 행위도 모르겠다. 또는 수년을 함께 해온 지인을 모르겠다. 해외여행 다니며 뒷바라지해준 사람도 모르겠다. 얼굴을 맞대고 골프 친 사람이 죽었는데 모르겠다. 수차례 전화한 사람도 모르겠고, 아들이 성폭행으로 수사받자 모르겠다. 마누라가 법인카드를 사용한 것도 모르쇠, 측근이 수사받으며 극단적 선택을 했는데 모른다.

대북 사업으로 북한에 지원된 800만 달러는 부지사와 쌍방울이 했다. 결재 서류와 자필 증거 자료가 있는데 나는 정말 모르겠다. 모른다. '모르는 일이다.'만 계속 반복해서 외쳤다. 왜! 이런 종류의 정치꾼이 있어야만 하는가?"

당 대표로 뽑아놓고 얼굴 마담을 시키는 것도 똑같다.

정상적인 사람이면 창피함을 알고, 부끄러움을 알고, 미안함을 표현하는 게 도리다. 이렇게 뻔뻔하게 해도 되는가? 이게 좌파가 개지랄 발광하는 실체로 정말 싫다. 이렇게 한순간에 배신자, 변절자로 변한다는 것은 그의 인성이 어디에 있는지 보여 주는 증거다. 그 옆에서 딸랑대는 머저리도 똑같이 치사하기는 마찬가지다.

이자는 피도 눈물도 없는 괴물이다.

자신에게 유리에게 돌아갈 때는 머슴처럼 부려 먹지만!

상황이 불리하게 돌아가면 오른팔 왼팔로 이용하던 측근은 물론이고 가족도 단칼에 내쳐 버리는 악당이다. 이 자의 옆에 있으면 언젠가 오물을 뒤집어쓰고 죽게 될지 모른다. 하루빨리 그 곁을 벗어나 멀리하는 게 상책이고 살아남는 방법이다. 이를 모르면 한순간에 모든 죄를 뒤집어쓰고 죽어야 한다. 그때 가서 후회해도 돈, 명예, 권력, 가족을 떠나 버리고 혼자 남아 세상을 원망해도 소용이 없다.

선무당이 사람 잡는다

부와 명예, 권력의 가치가 죽음보다 앞설 수 없다.

모든 걸 내려놓고 안정을 취해야 건강하게 생명을 지킨다.

그와 함께 근무했던 고위직 공무원이 극단적 선택을 하면서 "○○ 대표님! 모든 것을 내려놓으세요." 충언하고 떠났다. 이 한마디에 그가 처해있는 현재 상황이 압축돼 있다. 그의 얼굴(눈과 입술)에 어두운 그림자가 드리워졌으니 이미 건강에 적신호가 왔다.

무속이 말하기를 "그는 이미 심장과 폐, 정신건강에 엄청난 압박이 가해지고 있으며, 당료와 고혈압으로 정상적인 생활이 어렵다." 진단하였다. 이미 판단 능력을 상실하고 엉뚱한 짓을 하는데 지지하는 졸개는 무조건 헌신할 게 아니다. 당신의 미래를 지키려면! 스스로 운명을 창조하려면! 사기꾼의 늪에서 빠져나와야 한다.

그의 언행을 지켜보면 이상 징후가 발견된다.

좌파에 처한 상황과 돌아가는 현상을 보면 알 수 있다.

인성을 갖추고 국정을 논하는 사람이라면 도저히 할 수 없는 말을 아무 때나 서슴없이 지껄인다. 무리한 지시에 무작정 따르는 허수아비와 졸개 무리들아! 지금 대한민국이 정상적으로 돌아가는 정세로 보이는가? 세계 언론이 그의 말과 행동에 관심을 가지고 평가하며 상당한 불쾌감을 표출하고 있다.

'서툰 정치로 인생을 허비하며 두려움에 떨지 마라!'

무엇이 자신을 위하고, 대한민국 정치를 위하고, 국민을 위하는 길인지 선택을 강요받고 있다. 그는 잘못된 길을 선택하여 여기까지 오는 동안 인생을 너무 가혹하게 혹사시켰다. 한계를 뛰어넘는 과유불급過猶不及으로 삶은 비패鄙悖(비열하고 도리에 어긋남)해졌다. 순리와 상식이 통하지 않는 무리한 언행과 법을 무시하는 안하무인眼下無人의 업무추진은 그를 기피하게 만들어 놓았다.

면전에서 말은 못해도 사람이 보는 눈은 똑같다.

그의 실체가 감추어져 아무것도 모를 때는 국민의 지지를 받으며 열광하였지만, 이제는 아니다. 지도자는 살아온 과거에서 오늘을 알 수 있으며 미래를 예측할 수 있다. 아무리 발버둥을 쳐도 때는 이미 지나갔으며 허망한 짓이다. '정치인이라면, 정치에 꿈을 가진 사람이라면, 국민의 생명과 재산을 보호해 주어야 할 책임을 가진 지도자라면!' 반면교사로 삼아야 한다.

어르신께서 "세상에는 세 부류의 사람이 있다." 하셨다.

"사회에 꼭 필요한 사람! 있으나 마나 한 사람! 있어서는 절대로 안 될 사람!"이다. 있어서는 절대로 안 될 사람(태어나면 절대로 안 될 사람으로 가족과 사회 및 국가에 패악(悖惡)질하는 못된 놈, 형제자매에게 쌍욕 하고, 외도와 불륜으로 배우자를 배신하고, 거짓과 패륜으로 인성이 망가진 놈!)으로 인성이 개차반인 또라이가 정치하면 어떻게 될까? 국민은 스트레스와 화병에 걸려 죽게 되므로 몰아내야 안전하다.

수사하며 일부 기업이 연루되어 가슴이 아프기는 하다.

부패한 지방 권력과 결탁해서 민원을 해결하였으니 석연치 않은 구석이 있다. 하지만 권력을 가진 자가 불법을 저지르며 그물을 쳐놓고 기다리고 있는데 걸려들지 않을 기업이 어디에 있겠나! 기업인은 정상을 참작해서 도와주어야 한다.

좌파 세력은 공천 장사로 매관매직하며 떼돈을 벌었다.

돈으로 차지한 자치단체장은 인허가권을 사유화해서 장사를 해먹으며 거드름을 피웠다. 시장 군수는 물론이고, 지방의회 의원 자리에 공천해줄 때도 돈을 많이 내는 놈에게 자리를 주었을 것으로 추정된다. 그러니 돈이 벼슬자리 역할을 한 셈이다.

한자리 해 먹고 싶은 졸개들은 돈을 싸 들고 문전성시 하였다.

그렇게 해서 자리가 주어져 벼슬자리에 올랐으니 본전을 찾아야 하므로 국민의 피 같은 돈을 갈취해 받아먹었다. 수구좌파首狗左派 정권에서 사회 구석구석에 쌓여있는 부패의 연결고리다. 하지만 이제는 깨끗하게 끊어버려야 한다. 자유우파自由右派 정권이 묵은 적폐를 청산하고 새로운 세상을 만들고 있으니 너무나 자랑스럽다.

이 수사는 지방 권력이 남용해서 발생한 개인의 토착 비리다.

야당을 죽이려고 대표를 무리하게 수사한다고 거짓 선동하는데, 이 사건은 수구좌파 정권에서 수사하던 불법 사건을 사법부가 묻어 두었던 것을 계속 진행하는 거다. 범죄자가 야당 대표가 되더니 좌파와 우파의 싸움으로 엮어가는 것은 본질을 호도하는 짓이다.

어쩌면 ㅇㅈㅁ이 버티고 있으니 여당에게 행운이다.

무슨 이상한 궤변의 이야기를 합니까? 의문을 보내기 충분하겠지만, 야당 대표가 사법 리스크에 빠져 헤매고 있으니 이는 여당과 대통령에게 큰 행운이고 버팀목이다. 국정 운영의 블랙홀이 돼서 다른 것은 보이지 않으니 슬프기는 한데! 이러한 자가 정치판을 흔들며 혼란스러우니 아무리 궤변을 떠들어도 치욕의 정치이기 때문이다.

*ㅇㅈㅁ의 말을 ㅇㅈㅁ의 말로 반박을 해본다.

ㅇㅈㅁ이 ㅇㅅㅇ 대통령을 비난하며 주장하는 말에 주어를 바꾸어 표현한 글이다. 어쩌면 요렇게 적중하는지 경악을 금치 못한다.

'ㅇㅈㅁ은 오늘 헌법 정신에 따라 검찰에 출두해서 처리해야할 것이다. 이미 그만두어야 할 대표직을 수행하는 것은 입이 10개, 100개라도 할 말이 없다. 야당 대표는 국민에게 석고대죄하는 자세로 사과해야 한다. 국민을 이기는 야당 대표는 없다.' 자신의 문제로 대통령을 비난하는 망나니짓이다. 정부 정책의 흐름을 마비시키고 야당 대표의 행패는 뻔뻔한 괴물이다.

이 사건은 검찰도 만만하게 보아서는 아니 된다.

이자는 인두겁을 쓰고 벼룩의 간을 빼먹는 병아리다.

국민과 당원의 피를 빨아먹으며 살아온 빈대 새끼와 같다.

뻔뻔한 거짓말과 궤변을 늘어놓으며 방어막을 펼치며 벼룩의 간을 빼먹는 빈대다. 여기에 이용당하면 바보 멍청이가 되고 만다. 그가 살아온 가면의 얼굴이니 인성을 탓할 게 아니다.

어느 유튜버가 일갈하며 비난했다.

"○○당은 종교 집단입니까? ㅈㅊㄹ 의원 표현은 섬찟하다. '참회하라!' '속죄하라!' 동료 국회의원을 비난하고 있으니 말이 됩니까? 당 대표 가결 표를 던진 국회의원이 왜 벌을 받아야 합니까? 잘못을 저지르고 사법 리스크에 빠져 잘못 했으면 벌을 받아야 하는 것 아닌가? ㅇㅈㅁ은 '나는 당당하게 내 발로 걸어서 나가겠다.'라고 공공연하게 했던 말이다. 그래서 대표의 뜻에 따라 찬성을 했던 것이다.

그런데 왜! 이제 와서 처벌해야 하는가? '죄와 벌입니까?' 헌법이 보장한 국회의원의 선택권을 모멸적으로 몰아붙이니 언어도단言語道斷으로 도저히 이해가 되지 않는 처사다."

좌파 카르텔이 철판 깔고, 떼창으로 덤비는 것을 물리치려면 우파는 정신을 바짝 차려야 한다. 공권력을 농락하며 우습게 보는 무리에게 본때를 보여주어야겠다. 필사의 각오로 법치를 완수해야 나라의 기강이 바로 선다. 저들은 집단 난투극을 벌일 태세로 죽기 살기 덤벼들고 있으니 쉽게 마무리되지 않을 것이다.

이름값을 못하는 머저리 정치꾼의 심판!

이미 ㅈㅁ은 생불여사生不如死다

그는 이미 '생불여사生不如死(살아있어도 죽은 목숨)'이다.

그는 국회 본회의장에서 "불체포특권을 포기하겠습니다."라고 열변을 토했지만, 온몸은 두려움에 떠는 쥐 새끼꼴이다. 그러니 정부를 비난하고 검찰 독재 정권이라고 독설을 퍼부었다. 좌파 언론에 편승해 추잡한 인생을 사는 ㅇㅎ, ㅇㅈ, ㅎㄱ은 직업적 음모론자로 정부를 비난하는 데 혈안 떠는 언행이 멈추지 않았다.

어느 코미디언이 할머니 유머로 일갈해서 인터넷을 달구었다.

"야! 육시랄 놈들아! 니들이 나라를 어지럽히니까 내가 말년에 쉬지를 못해! 죄를 지었으면 조사를 받는 게 당연하지! 사내 새끼가 왜 이리 혓바닥이 길어? 정치 탄압 같은 개소리 하고 자빠졌네! 네가 무슨 독립군이냐? 탄압을 하게? ㅇㅈㅁ이 네 얘기여! 범죄 조사 받으러 가는 게 그리 쫄리냐? 민주당인지 다 붙어 터진 당인지 니들이 그리 깡패처럼 떼로 모여 선동하니까 머저리 ㅇㅈㅁ이가 큰 잘못이 없는 줄 알아! 개소리 집어치우고 검찰 수사 받아! 알겠니?" 이렇게 세기의 웃음거리로 멸시당하며 버티고 싶을까?

그리고 원로 코미디언이 유머로 일갈하기를!

"이 새끼는 입만 벌리면 자동으로 거짓말이 나오는 놈이야!" 비난했으며, 어느 유튜버는 "이 자는 정치꾼의 자격이 없는 게 아니라, 사람의 자격이 없다." 했다. 너무 잔인한 말처럼 들리기는 한데 어딘지 모르게 아니라고 반박하기에 어색한 것은 왜! 그럴까?

검찰의 수사가 다가오자 단식투쟁으로 한판 승부를 걸었다.

이러면 감옥 가는 것을 막을 수 있겠나? 황당한 짓에 기자도 쓴웃음을 지었다. "무도한 정권을 심판하겠다. 검찰이 나를 향해 스토킹하고 있다." 정말 생뚱맞고, 허무맹랑하고, 황당하게 쌩쇼 하는 짓이 지긋지긋해서 징그럽기까지 하다. 조사에 불응하면 현장에서 현행범으로 체포해야 헛소리 못 하고 정신을 차린다.

막다른 골목에서 최후의 방어 수단으로 보는 모양이다.

"이념보다 민생! 갈등보다 통합! 사익보다 국익!"을 백 브리핑 간판을 달아 놓고 농성을 벌였다. 이게 불법 비리로 수사받는 범죄자가 할 소리인가? 단식의 목적도, 당위성도, 명분도 없는 처사로 독종이 하는 짓이다. 팔자를 지가 꼬아서 말아먹고 있는데 언제까지 억센 감정 폭발을 들어주어야 하나? 법무부장관은 '단식을 한다고 수사가 없어지겠나?' 비꼬았다.

이를 곱게 봐줄 국민이 어디에 있겠는가?

한솥밥을 먹는 좌파의 초선 의원이 일갈했다.

"단식투쟁까지 들어갔다는 것은 더 이상 남은 전략이 없다는 말과 같다. 이게 마지막 수단이겠다. 180석이나 안겨준 거대 정당인데 고작 하는 꼴이 단식이나 하는가? 이래 가지고 국민의 공감을 얻기 힘들 것이다. 결과적으로 ㅇㅈㅁ의 발목을 잡게 되고, ㅇㅈㅁ 체제를 붕괴시키는 결정타가 될 것이다." 이것은 그동안 믿고 따르던 동료 국회의원이 마지막 발악하며 떨고 있는 범죄자에게 경고를 해주는 충고로 여겨진다.

단식하는 이유는 권력의 부당함에 저항하기 위해서다.

정치인이 공공의 이익을 위해서 목숨 바쳐 투쟁하는 것이다.

개인의 사법 질서를 파괴한 자가 공권력에 저항하며 단식을 한다는 것은 어불성설語不成說이다. 자유 민주주의 나라에서 절대로 용납이 되지 않는 행위다. 국민이 바라보면 뻔뻔함의 극치이며 정치꾼의 도리가 아니다.

간, 쓸게 빠진 교활하고 사악한 머저리들아!

사기꾼의 꼬임에 빠진 추잡한 것들아! ㄱㅁㅈ, ㅊㄱㅇ, ㅈㅊㄹ, ㅈㄱㅌ, ㅂㅊㄷ, ㅅㅇㄱ, ㅂㄱㅇ, ㅁㅎㅂ ㅇㄱㅇ, ㅂㅂㄱ, ㅊㅁㅇ, ㄱㅎㄱ, ㅇㅎㅊ, ㅂㅇㅁ, ㅅㅎ 무식하고 천박해서 불쌍하다. 좌파를 막장으로 말아먹으며 딸랑거리고 있지만, 니들은 썩어빠진 쓰레기통에서 똥파리가 먹을 것을 달라고 두 앞발을 모아 용서를 빌고 있지만, 때려잡아야 할 해충에 불과하다.

이런다고 그가 눈 하나 깜빡 할 것 같은가?

간과 쓸개를 빼주며 목숨까지 바칠 것처럼 행동하고 있지만, ㅈㅁ의 머릿속은 국회의원 빼지 달려고 아첨하며 덤벼드는 똥파리로 "니들이 언제 봤다고 딸랑거리며 대가리 조아리나? 내가 끌어주고 밀어줄 측근은 따로 있다."라며 우습게 여긴다.

수년간 음으로 양으로, 돈으로 권력으로 뒷바라지 해준 똘마니가 얼마나 많은데! 그들에 비하면 니들은 발꿈치 때만도 못하다. 대통령이 되기만 음지에서 목 빠지게 기다리고 있는데 챙겨주어야 하니 너희들은 멀지 않아 토사구팽兎死狗烹당하게 될 거다.

그때 눈물 콧물을 질질 짜며 세상을 원망해도 소용없다.

그가 지나온 행적을 더듬어볼 때 아무리 아첨 떨며 딸랑거려도 절대로 보듬어주지 않는다. 여건이 불리하게 돌아가면 단칼에 손절해 쓰레기통에 갔다버릴 휴지조각으로 여긴다.

하지만 그는 썩은 고목이 돼서 버티지 못하고 쓰러져 버렸다.

썩은 고목이 쓰러져 버걱버걱거리니 버섯이 피어나고, 개미와 해충, 벌레가 달려들어 파먹고 있다. 인생을 살아오면서 주변을 황폐시키고 사막화했으니 식물이 자라지 못하는 거다. 여기까지 오는 동안 과유불급過猶不及에 허덕이며 운명의 삶이 무너지고 말았다. 개딸(개 아주머니)의 운명이 어떻게 될지 궁금하다. 모르긴 해도 인생을 갈취당해 "닭 쫓던 개 지붕 쳐다본다." 꼴이 되지 않을까?

사람의 운명은 사주팔자에 의해서 정해졌다.

사업가, 정치인, 연예인, 깡패, 사기꾼 등 수만 가지 직업이 있다. 좌파는 ㅈㅁ을 차기 주자로 믿고 따르는 머저리가 있는데, 이미 썩은 동아줄에 썩어 문드러진 고목에 불과하다. 이자의 사주팔자 운명은 깡패와 사기꾼, 조폭의 피를 가지고 태어났으나! 남의 운명을 강탈해서 공적영역에 들어와 팔자를 폈다. 여기에 이용당하여 자신의 인생을 빼앗겨 극단적 선택으로 사망한 중생이 불쌍하다.

사나이가 불알을 달고 태어나 이럴 수 있을까?

조폭 두목의 사기꾼이 행정의 영역에 끼어들어 국민을 상대로 사기 행각을 벌이고 있으니 대단하다. 말하자면 조폭 사기꾼이 남의 운명을 강탈해 정치꾼이 됐으니 세상이 뒤집어진 것이다. 여기에 놀아나는 졸개들과 개딸의 운명이 어떻게 될지 궁금하다.

'검찰과 ㅈㅁ은 외나무다리 위에서 혈투가 벌어질 판이다.'

자유우파 정권과 수구좌파 세력의 대결 양상이 형성됐으니 한 치도 물러설 수 없는 결판을 벌일 태세다. 언론에 나오는 그의 범죄 사건이 수십 건인데 구속을 못 하고, 법정에서 범죄를 밝혀내지 못하면 공권력과 검찰의 명예는 땅에 떨어지고 만다. 재판 결과에 따라 어느 한쪽은 처참한 결과를 맞이할 거라고 예상이 된다.

사법 정의를 바로 세워야 할 판사의 양심!

결국, 법무부장관은 체포 동의서를 국회에 제출하였다.

법무부장관은 체포 동의안을 제출하고 당위성, 필요성을 열심히 설명하였지만, 좌파는 다수인을 무기로 성토장이 되어 1차 부결시켰다. 언제까지 국회의 보호막 뒤에 숨어 지낼 것인가? 거짓말의 벽돌로 쌓아 올린 방탄 국회 장막 뒤에 숨어 목숨을 구걸할 때인가? 세상에 불변의 진리는 '부정부패와 불법으로 벌을 받아야 할 사람은 반드시 처벌받아야 한다.'라는 사실이다.

범죄자를 보호해주어 무엇을 얻을 수 있다고 보는가?

당장은 살아있을지 모르겠지만 모두가 죽는 길을 택하고 있다. 여론을 무시하고 뭇매를 맞아 전체가 죽게 됐으니 버티지 못한다. 몇개월 뒤 또 다른 범죄 혐의로 2차 체포 동의안을 제출하여 가결되어 법의 심판을 받게 되었다. 단식농성을 벌이며 "검찰 독재 정권의 폭주 기관차를 멈추게 해주세요."라며 부결을 바라는 심정을 발표했지만, 양심의 힘은 이를 받아들이지 못하게 했다.

대통령 선거를 치르면서 무어라 말을 했는가?

"대선에서 떨어지면 없는 죄를 만들어 감옥에 갈 것 같습니다."라며 스스로 죄가 있음을 인정한 셈이다. 이때 이렇게 많은 범죄 행위가 있으리라 누가 생각을 했을까? 도저히 이해가 되지 않는 행위다. 범죄 행위를 권력의 힘으로 덮어버리려고 갖은 모략을 꾸미었지만, 천심과 민심의 힘으로 거부했으니 현명하고 똑똑한 국민이다.

이는 국민에게 선전포고가 아니라 범죄 사실을 공포한 것이다.

검찰이 없는 죄를 만들어 구속하는 기관이 아니라! 범죄자를 잡아 국민을 보호해주는 의무를 가지고 있는 공권력의 보루인 특수 기관이다. 검찰에 출석할 때에는 청사 앞에서 열변을 토하며 '검찰 독재 정권'

이라고 외쳤지만, 이는 허상에 불과한 짓이다.

법원에 구속영장 심사 출석하며 새하얀 얼굴에 엄청 졸았다.

법원 청사 앞에서 젊은 기자들의 질문공세가 빗발쳤다. 검찰청사 앞에서 당당하던 모습은 온데간데없이 아무 말 못 하고 물에 빠진 쥐 새끼꼴로 벌벌 떨었다. 법원에 향하는 발걸음이 저승길로 피하고 싶은 심정에 한없이 약한 약자 코스프레로 시선의 초점을 잃었다.

지팡이를 짚고 걸음도 제대로 걷지 못하면서 처량한 범죄자의 신세를 보여주었다. 늙고 병들어 요양병원에 들어가 링거나 맞으며 누워있을 노인의 몸으로 발악하는 꼴이 한심하였다.

검찰은 구속의 필요성을 역설하고 열띤 강변을 역설하였다. 그럼에도 ㅇㅊㅎ 판사는 기각을 염두에 두고 건성으로 청취했다.

ㅈㅁ은 판사를 향해 울면서 읍소하며 구속을 면하고 기각시켜줄 것을 사정했다. 판사는 그에 보답을 해주듯이 구속영장을 기각하여 풀어주었으니 어이없는 짓을 저질렀다. 그는 천신만고 끝에 구사일생으로 풀려났으니 천만다행이었다. 지옥과 천당을 드나드는 문턱에서 서성거리는 찰나의 순간에 천당을 선택해준 것이다. 염라대왕이 벌떡 일어나 판사를 지옥으로 끌고 가야 할 판이다.

기각 이유는 "방어권 보장과 직접 증거 부족 야당 대표로 증거를 인멸할 이유가 없다."라는 변명을 했는데, 이유 같지 않은 이유를 너저분하게 역설하였지만, 그 결말이 어떻게 돌아갈지 궁금하다.

물론 정치꾼의 구속영장이 기각된 사례는 많았다.

ㅈㄱ, ㅇㅎㅈ, ㄱㄱㅅ, ㄱㅇㄱ, ㅇㄱㄷ, ㅎㅁㅅ 구속영장이 기각되어 재판을 받았지만, 모두 유죄 판결을 받아 감옥에 들어갔다. 이들의 운명과 다를 바가 없다. 정치 판사의 혜택을 받아 구속을 면하여 좋아할지 모르겠지만, 언 발에 오줌 싸기다. 당장은 따뜻해서 좋아하겠지만, 그 발이 얼면 동상에 걸려 잘라내야 한다.

정치꾼의 범죄는 '권력형 비리'로 직접 저지르지 않는다.

측근과 직원에게 지시하고, 부탁하고, 시켜서 대리로 처리하게 한다.

이 사건의 범죄는 권력형 범죄와 비리의 표본을 보여주는 증거다. 손을 안 대고 코 풀고, 손에 피 한 방울 묻히지 않고 살인을 저지르고, 한마디로 몇백억 원의 돈을 갈취하는 날강도이다. 권력의 힘은 이만큼 막강한 파워를 가지고 있다. 권력을 이용해서 기업의 인·허가를 빌미로 뒷돈을 받아 챙기면 나라의 근간이 무너진다.

권력에 맛을 본 자는 죄의식이 없이 마구 휘두른다.

누구든지 투망에 걸리면 벗어나지 못하고 이용당하여 피를 흘려야 결말이 난다. 좋은 방향이든 나쁜 결과든지 이끌어내 자신의 목적을 달성하는데 두려워하지 않았다. 권력형 비리는 3개월 이내에 대법원 판결을 끝내고 그동안 받은 봉급은 국고로 환수해야 정신 차린다.

무엇을 하든지 인성을 가지고 열정을 바쳐야 한다.

한번 틀에 박힌 썩어빠진 근성은 죽을 때까지 바뀌지 않는다.

사람의 인성은 고쳐서 사용할 수 있는 물건이 아니므로 버려야 할 것은 과감하게 버려야 안전하다. 권력을 가진 자의 심성이 개차반이면 세상의 흐름도 개차반으로 흐르게 마련이다. 나라 전체가 쓰나미처럼 밀려오는 비리 흙탕물에 빠지고 만다.

그의 행적을 더듬어보면 인간의 가면을 쓴 설치동물에 불과하므로 '시지프스' 형벌을 내려 죗값을 치르게 해야 한다. 그런데 "직접 증거 자료가 부족하고 다툼의 여지가 있다."라고 명시한 것은 죄를 인정하면서 기각의 명분을 쌓은 것에 불과하다.

사법 정의가 사망한 날이라고 말하고 싶다.

이렇게 판시하면 정치꾼의 권력형 범죄와 비리를 처벌하지 못하는 선례를 남기게 한다. 오히려 막강한 정치 권력을 이용해서 막장으로 이끌어가는 정치꾼에게 범죄의 날개를 달아주고 부추기는 꼴이다. 사법부가 이를 바로 잡아주지 못하면 대한민국의 미래는 암울해진다. 국회의원 300명이 열띤 토의와 논쟁 끝에 체포 동의서를 가결시켰는데 판사 한 사람이 기각시키는 것은 어불성설이다.

불구속 재판을 받으면 3~4년 걸려야 대법원 판결이 나온다.

정치꾼은 구속해서 맡은 직을 박탈(국회의원, 시도지사, 시장, 군수)시켜야 사법 정의가 바로 선다. 불구속이 무죄를 인정하는 것이 아니기 때문에 벼슬자리 직을 연장해주어 심리적 부담감을 줄여주게 한다. 재판을 받는 동안 임기 4년이 끝나고 감옥에 가면 이게 처벌인가?

피땀 흘려 바친 혈세를 낭비하고 사법부가 범죄자를 보호해주는 격이다. 권력을 가진 자에게 솜방망이 처벌하여 활보하는 정치꾼이 얼마나 많은가? 정치꾼에게 면죄부를 주어 날개를 달아주면 안 되겠다. "지연된 정의는 정의가 아니라 공범의 범죄다."라고 했다.

판사의 양심과 정의가 무엇인지 모르는 ㅇㅊㅎ 판사가 부끄럽다.

이러한 자가 법을 재단하는 판사의 자리에 앉아있으니 썩은 정치꾼에 편승해 사법질서를 무너뜨리고 있다. 권력을 가진 자에게 법의 심판은 더욱 엄격하고 세밀한 잣대로 처벌해야 하는데, 야당 대표라는 이유로 구속을 면하게 했다는 것은 형사 소송법을 다시 배우고 공부해서 판사의 업무를 담당해야 할 인물이다.

야당은 기세등등하게 법무부장관 파면과 탄핵을 외쳤다.

영장이 기각됐으니 법무부장관이 책임을 져야 한다는 이유다.

이렇게 사법 정의가 무너지자 엉뚱한 곳으로 불똥이 튀었다. 법무부장관이 탄핵을 당해야 할 게 아니라, 영장 심사를 기각한 판사를 파면해야 한다. "술은 먹었는데 음주운전은 아니다. 때리기는 했는데 폭행죄가 되지 않는다. 남의 물건을 훔치기는 했지만 절도죄는 아니다." 이러한 판결을 내린 판사가 정상적인가?

여기에 편승해 젓가락 들이대는 우파 또라이는 어떠한가?

뭐가 잘났다고 숟가락 들고 언론에 나와 거들먹거리며 지껄이는지! ㅇㅈㅅ, ㅎㅈㅍ, ㅇㅅㅁ, ㅇㅇㅈ 4인방은 접시물에 코 박고 죽어야 할 미친 정치꾼이다. 잊을 만하면 좌파 유튜브에 나와 얼굴 내밀고 이름을 알리고 싶어 하는 좀팽이다.

좌파보다 더 심한 독설을 퍼 붙는 이들의 정체는 뒤통수에 권총을 들이대고 내부 총질하는 배신자다. 대통령은 어려운 시국에 국정을 책임지고 이끌어가야 하는데 영혼이 나간 껍데기 정치꾼과 정치하려니 피를 말리게 한다.

어떻게 한솥밥을 먹으면서 이럴 수 있을까?

이들은 어렵게 정권을 잡은 때부터 사이드에서 그래 왔다.

그냥 윤석열 대통령이 못마땅하고 싫은 것이다. 언제까지 외부에서 굴러들어온 불청객으로 여길 것인가? 이제 인정하고 함께 정국을 이끌어갈 때가 되지 않았는지 묻고 싶다. 그가 아니었으면 지들이 대통령이 되었을 거라고 착각에 빠져 지내는 정신 나간 몽상가이다.

정치는 상대를 인정해주는 미덕에서 함께 성장하는 거다.

아무리 미워도 한솥밥을 먹는 식구가 됐다. 세상 돌아가는 이치가 똥인지 된장인지 모르고 덤벼드는 이들과 함께할 수 있을까? 법치를 바로 세우는 길이 이렇게 힘들고 어려우니 통탄할 일이다.

국정을 함께 이끌어가는 대통령이 미워도 이건 아니다. 대통령을 험담하며 깎아내리면 너희가 대통령이 될 수 있는가?

작당해서 박근혜 대통령을 탄핵해 몰아내고 정권을 좌파에게 물려주고 말았는데, 또다시 넘겨주려고 그러는가! 정신을 차리지 못하는 머저리들아! 하루살이 불나방처럼 불길 속으로 뛰어드는 너희들을 바라보면 불쌍해서 내가 울분이 터져 눈물이 난다. "사람은 고쳐 쓰지 못한다." 했는데 그런가 보다. 아직도 그 버릇을 버리지 못하고 똑같은 짓을 벌이고 있다. 좌파의 편에서 범죄자를 보호해주는 이들이야말로 정치판에서 몰아내야 할 간신배이다.

구속은 심적 고통을 주어 죄를 짓지 못하게 사전 통제수단이다.

구속영장 심사하는 판사가 사법의 심판을 판시하는 결정이 아니므로 너무 걱정할 필요는 없다. ㅇㅊㅎ 판사 같은 머저리 법조인 때문에 부정부패와 비리 정치꾼을 처벌하지 못한다. '쓰레기 정치꾼에 쓰레기 판사가 만들어낸 합작품의 결과다.' 그가 지은 죄가 어디로 가겠는가? 사법의 정의가 살아있음을 확실히 보여주어야겠다.

사법부가 무죄 추정의 원칙을 지키는 기관이 아니다.

무죄 추정은 서민에게 적용되어야 할 과제이지만, 정치꾼에게 무죄 추정이 아니라 '일벌백계一罰百戒(죄를 지으면 반드시 처벌을 받는다.)'를 사수하는 거다. 판사는 고관대작의 벼슬자리가 아니라 양심에 따라 국민을 보호하고 지켜주어야 대한민국의 법치가 바로 세워진다.

정치꾼의 꽃놀이 판에 사법이 법치를 바로 세워야 한다.

권력의 마약에 취해 놀아나는 정치꾼을 처벌하지 못하면 '이게 나라입니까?' 원망하게 된다. 좌파는 'ㅇㅊㅎ이 나라를 살렸다.' 흥분하고 있지만, 우파는 'ㅇㅊㅎ이 나라를 망쳐놓아 벼랑 끝으로 내몰았다.' 한탄이다. 법치를 무시한 처사로 변호사 협회까지 난리다.

시민은 배가 고파 슈퍼에서 빵 하나 훔쳐 먹어도 처벌받는다.

피도 눈물도 없이 가혹하게 처벌해서 벌금을 때리고 감옥에 보내는데, 수백억 원의 부정 축제와 권력형 부정부패 비리를 구속하지 못하면, 이게 법치주의 나라에서 가능한가? 정치권에서 비일비재하게 벌어지는 권력과 돈의 밀착 된 사법 거래는 당장에 처벌해서 감옥에 가두어야 할 범죄 행위다.

판사의 성향에 따라 '구속과 불구속, 유죄와 무죄로 판단하는 기준은 사법질서의 정의를 망각하는 행위다.' 구속을 피했으니 소원을 이루었다고 하겠지만, 불구속 수사를 받으며 엄청난 소용돌이가 몰아칠 태세다. 죄를 지었으면 법의 심판을 받아 죗값을 치르게 해야 자유 민주주의 나라에서 법치를 실현하는 거다.

1심 법원, 2심 고등법원, 3심 대법원까지 이어질 게 뻔하다.

이 과정에 피 말리는 법정 공방이 지루하게 벌어질 판이다. 적어도 5~6년이 걸릴 것인데, 다음 대통령 선거 때까지 법정 다툼이 치열하게 벌어질 거다. 그렇게 되면 선거 판세가 요동치겠지만, 수구좌파의 몰락과 자유우파의 우세가 유지될 거라고 본다.

우파가 수사받을 때는 이렇게 개판 치지 않았다.

우파 정권에서 수십 명의 정치인이 영어囹圄의 몸으로 투옥되었다. 좌파 정권은 중앙부처에서 블랙리스트까지 만들어 놓고 잔인하게 처벌하였지만, 죄를 순수하게 인정하고 법의 심판을 받았다.

누가, 언제, 어떻게, 무엇 때문에 검찰에 끌려가 수사를 받고 구속됐는지 모르게 지나갔다. 나라를 위해서 큰일을 하다 보면 본의 아니게 불법에 빠지게 되는 경우가 있다. 모르고 지나갔으면 다행이겠지만, 발각되었으면 법의 심판을 받아 처벌은 당연한 이치다.

왜! 이렇게 좌파 머저리는 정국을 혼란스럽게 하는가!

죄를 지었으면 깨끗하게 인정하고 죗값을 치러야 사나이다운 처신이다. 치사하고 못난 놈들아 불알을 떼어 동해 바다에 사는 고래 밥으로 주어도 화가 풀리지 않을 지경이다.

이제 와서 좌파에게 무슨 말이 필요하겠는가?

인간이 되어라! 사람이 되어 봐라! 법의 심판을 받아라! 선당 후사로 당을 살려 내어라! 너는 부모와 자식도 없느냐? 아무리 외쳐도 통하지 않는다. 그를 보필하던 측근이 죽어도 '모른다.' 외면하면 끝이다. 오직 혼자 살려고 몸부림치며 좌파 카르텔을 죽이고, 모두를 죽음의 계곡으로 몰고 가는 형국인데 어떻게 말리겠나?

검찰은 빈 깡통과 빈 수레의 요란한 소리만 낼 게 아니다.

법치의 위상과 공권력의 위엄을 보여주어야 한다. 세기의 재판으로 번졌으니 우파와 좌파의 피 말리는 두뇌 싸움이 됐다. 어쩌면 법의 심판이 제대로 이루어지지 않아 어영부영 끝나게 되면 우파 정권은 국민의 저항을 받아 무너지고 만다.

하지만, 구속해서 사법 처리 되면 좌파 세력은 몰락해서 시궁창 쓰레기통에 빠지게 될 거다. 그를 따르던 또라이는 꼴도 보기 싫으니 정치에서 물러나야 한다. 국가를 혼란에 빠뜨려 국민을 피곤하게 만든 죄를 물어야 한다. 뻔뻔하고 몰염치한 좌파 정치꾼이 지역주민 앞에 나서지도 못하도록 어둠의 자식으로 만들어 버려야 한다.

ㅈㅁ이 대통령에 당선되었다면?

비리와 부패 공화국, 조폭과 깡패가 판을 치게 됐을 거다.

대통령 선거를 치르면서 "세상에서 ㅇㅈㅁ보다 더 나쁜 놈은 ㅇㅈㅁ에게 투표하는 놈이다."라는 피켓을 들고 외치는 슈퍼 우먼의 사진이 인터넷을 달구었다. 이 여인은 대단한 결기로 저항하며 우먼 파워의 힘을 보여 주었다.

어쩌면 이 사진은! 아마 영구적으로 회자 될 것으로 보인다.

얼굴에 철판 깔고 뻔뻔하고 비열하게 지껄이는 좌파에 얼마나 치가 떨리면 그랬을까? 물론 좌파는 역적으로 보이겠지만, 우파의 입장에서 보면 눈물이 나도록 동정심을 가지게 해준다.

ㅇㅈㅁ은 대선경선 후보로 2017년 1월 11일 TV방송에 출연해 대담을 나누며 아나운서가 대선에 승리하면 1호 공약으로 무엇을 추진하겠습니까? 질문하자 '훌륭한 윤석열 지검장을 검찰총장으로 임명해서

권력의 부정부패를 깨끗하게 일소하겠습니다.' 라고 답변을 하였다. 그런데 2022년 대선에서 경쟁하며 대장동 사건의 주범은 윤석열이라며 역적으로 몰아붙였다. 이 얼마나 이율배반적이고 허무맹랑한 자의 허망한 꿈이었던가 묻지 않을 수가 없다. 그를 대선에서 떨어뜨린 것은 대한민국을 범죄의 소굴에서 빠져나오게 하늘이 도와준 국민의 현명한 선택이었다.

좌파가 저지른 판도라 상자는 땅속에 묻혀버렸을 거다.

이 순간에도 쏟아져 나오는 숱한 권력형 범죄 비리와 부정부패! 그가 살아온 과거에서 찾아보면 그렇게 보인다. 지난 정권에서 저지른 불법과 패악悖惡질이 만천하에 드러나면서 계속해서 이어받게 되었을 것인데 국민은 혀를 깨물고 죽어야 할 판이다.

수구좌파首狗左派가 헤집고 다니는 꼴에 조용할 날이 없다.

이 시점에서 그가 대통령에 당선되었다면 우리나라는 어떻게 됐을까? 그의 처신을 보면 생각만 해도 끔찍하다. 무법천지가 판을 치는 좌파들의 쌩쇼가 펼쳐졌을 것이다.

인생은 '던진 만큼 되돌아온다.'라는 필연의 원칙이다.

산울림의 법칙, 메아리의 법칙, 부메랑의 법칙이다. "콩 심은 데 콩 나고 팥 심은 데 팥이 난다." 이것을 모르면 인생을 헛사는 거다. 정치판에 기웃거리며 선한 척 언쟁을 벌이는 이율배반적인 또라이가 수두룩하다. 선행을 베풀면 선한 믿음이 돌아오고, 악행을 저지르면 감당하지 못할 힘든 역경을 맞이하게 된다.

수구좌파의 부패 사슬은 소름 끼치도록 진절머리가 난다.

그가 저지른 백현동, 대장동, 성남 FC, 쌍방울 관련 사건, 변호사비 대납, 대북 송금, 뇌물 수수, 음주 운전, 검사 사칭, 시장 도지사 시절에 저지른 권력형 부정부패는 자취를 감추고 땅속에 묻혀버렸다. 이미 법의 심판을 받고 죽어야 했을 인물인데, 어떻게 살아서 여기까지 왔을까? 불가사의한 일이다.

그는 선거를 치르면서 자신이 지은 죄를 알고 있었다.

대통령 선거에서 떨어지면 감옥에 갈 것을 알고 회술레당하는 현실을 걱정하고 구원을 요청하였다. 대선에 출마한 것은 감방에 수감되는 길을 피하려고 도박을 벌였지만, 범죄자를 선택하지 않고 그를 낙선시켰으니 위대한 국민이다.

철판 깔고 뻔뻔하게 변명하는 꼴이 발광의 극치다.

여러 번 검찰에 출두하였음에도 범죄 소명이 제대로 이루어지지 않았다. 명백한 증거가 온 천하에 돌아다니는데! 이미 세상이 변하여 있는데 거짓으로 무죄를 주장하면 피해갈 곳이 있나! 결백은 언론에 외치는 게 아니라, 법원에서 사실로 증명하는 거다.

그의 범죄는 까도 까도 끝이 밝혀지지 않는다.

이 사실은 경기도지사 후보 토론회에서 밝혀졌다.

그런데 도지사에 당선됐으니 수구좌파는 무엇을 보고 투표했는지 한심하다. 부정부패와 비리로 썩은 냄새가 진동하는 조폭, 깡패집단이다. 또한, 좌파 정권 때에는 민주노총과 한국노총, 동부연합, 중부지역당, 남총련, 전교조, 개딸, 간첩, 주사파, 종북 마피아 카르텔이 지원해주었을 것으로 추정된다. 대통령이 됐으면 이들에게 진 빚을 갚아야 했으니 정부 예산으로 흥청망청 과시했을 게 뻔하다. 국정이 엉망진창 이끌어졌을 것인데 소름이 돋는다.

민주노총 간부의 간첩 사건과 ㅇㅁㅎ 보좌관의 간첩사건은 국정원의 수사를 받지 않았을 것이며, 위안부 할머니의 보조금을 횡령해 개인이 착복해 사용했는데 사건 수사와 재판은 이루어지지 못하고, 쌍방울이 불법자금 대북 송금은 밝혀지지 않아 거대한 공룡 구름으로 승승장구하였을 거다.

머리는 부정부패와 비리 백화점으로 채워진 허수아비다.

부패 정치꾼과 정경유착은 뇌물 공화국으로 국가 예산에 빨대를 꽂아 놓고 빨아먹었을 것을 생각하면 울분이 터진다. 좌파 카르텔 집단에 의해서 대한민국은 불법이 판을 치는 조폭 공화국으로 오염됐을 거라고 보면 가슴을 쓸어내게 한다. 일촉즉발一觸卽發의 위기에서 구해내신 윤석열 대통령이 자랑스럽다.

방위산업의 첨단기술이 사장되어 폐기됐을 것이다.

북한 김정은과 내통해서 인기몰이 정책을 추진하면서 자유 대한민국의 근간이 흔들리고 국민은 고통 속에 살아야 했을 거다. 국제 무역은 자율 경쟁이 아니라, 국가의 통제 경쟁으로 정부에 밉보이면 도산하고 망하는 기업이 수두룩하게 나왔을 거다.

살아온 인성이나 시장과 도지사 경력을 볼 때 인치를 기반으로 좌지우지하면서 기업에 막대한 피해를 주었다. 특혜를 누리는 기업은 공적자금을 천문학적으로 투입해 떼돈을 벌게 해주어 부를 축적하게 해주고, 정부에 협조하지 않는 기업은 가차 없이 페널티를 주어 도산 위기에 빠지게 했을 것이다.

눈에 보이는 파렴치범을 지지하니 정상적인 사람으로 보이지 않는다. 미쳐도 이만저만 미친 짓이 아니다. 끼리끼리 모여 꿀단지에 빨대를 꽂고 빼먹는 거지 근성에 길든 못난이들이다.

방관자여! 떡고물이 떨어지기 바라는가? 너희 밥통이 날아간다.

정신 차리고 무엇을 어떻게 해야 광명을 찾을 수 있을지 생각을 해보아라! 너만 모르고 있다. 좌파의 실체를 형제자매와 자녀, 손자 손녀는 이미 알고 대처하고 있다. 이 바보 멍청이 같은 놈들아!

이자는 정치꾼이기 이전에 인간이기를 거부한 머저리다.

한때 꿀단지를 끌어 앉고 빨아먹던 ㄱㅁㅂ, ㅈㅇㅎ, ㅇㄷㄱ, ㅈㅈㅅ. ㄱㅇ, ㅇㅎㅇ, ㄱㅅㅌ 이들은 위기에 몰리자 법정에서 진술하는 것은 천만다행이다. 이제 정상의 궤도에서 처벌을 받고 행복한 삶이 주어졌으면 더 이상 바랄 게 없다.

ㅈㅇ과 ㅈㅁ은 팬덤 정치의 극치를 이루었다.

범죄 혐의를 폭로하며 진실이 밝혀지자 이들을 향해 변절자로 몰아붙였다. 이는 직원을 이용해서 천문학적 부를 축적하고, 권력의 맛을 영원히 누릴 것처럼 혈안을 떨었다. 결국, 본인이 반역자로 낙인이 찍히고 웃지 못할 망나니로 비칠 뿐이다. 빼 박 증거로 측근들이 모두 진술하는데, 혼자만 아니라고 변명하면 무죄가 되는가? 언제까지 깨끗한 척, 고귀한 척 버틸 수 있을까?

이렇게 억지를 부리면 빠져나갈 수 있다고 보는가?

당을 쑥대밭으로 만들어 놓고 함께 죽으려고 용쓰는 것을 바라보면 대단한 족속이다. 여기에 이용당하는 패거리 또라이는 어떻게 될까? 그들의 눈에는 국민이 허수아비로 보이는가? "죽어 보아야 저승길을 안다." 했다.

좌파는 정권이 바뀌어 세상이 변하였는데 모르는가?

아직도 지네들 세상인 줄 아나? 정치는 초원의 들판에서 자라는 잡초를 잘 보듬어주어야 한다. 그런데 잡초가 자라지 못하도록 짓밟아 뭉개버려 황무지로 만드는 머저리다. 들판에서 잡초를 뜯어 먹고 사는 초식 동물을 굶어 죽게 하는 꼴불견이다.

국민이 감시하는 정의의 사도는 그를 법정에 세우게 하였다.

그러면 ㅈㅁ을 처벌해서 감옥에 가두면 수구좌파首狗左派는 멸문지화滅門之禍 조용해질까? 절대로 그렇지 않다. B가 아니면 C가 나타나 꼴통 짓으로 좌파를 이끌어 혼란에 빠지게 할 거다. 그때 처벌해서 감방에 처넣어 법치를 완성하면 된다.

새로운 자유우파 정부가 들어선 지 2년이 지났다.

아직도 좌파 무속인은 다음에 대통령에 ㅈㅁ이 될 거라고 점괘를 내놓고 있으니 과대망상에 빠진 대단한 신봉자이다. '잡으려는 자와 도망가는 사!'로 평가하며 절대로 무너지지 않을 거란다. 그를 좌파 세력의 대부로 신격화하며 요란 떨고 있는데, 이게 대한민국에 처해있는 정치 상황이니 너무나 황당하다.

역술 점술가는 "다음 선거에 자유우파 정권이 지킨다." 했다.

좌파 정권에 넘어가지 않으며 자유우파 정부가 유지될 거라고 예측하였다. 그리고 '오 씨, 한 씨' 성을 가진 사람이 될 거라고 봤다. 궁금한 미래를 알고 싶어 하는 인간의 심리가 아니겠는가? 이 또한 지켜보아야 할 관전 포인트이기는 하다.

자유우파 입장에서 보면 천만다행이지만, 좌파는 천인공로할 일이라고 한탄하겠다. 역사 이래 점술가는 나라의 국운을 예단하고 국민이 걱정하며 궁금해하는 바를 풀어주었다. 어느 점괘가 맞아서 국민의 지지를 받고, 비난을 받게 될지 관심거리가 됐다.

"법은 만인에게 평등하다."라고 쉽게 말한다.

이는 힘이 없는 국민에게 적용하는 말이고, 권력자는 남의 말이니 소 귀에 경 읽기다. 못된 정치꾼이 법의 심판을 받고 새 사람으로 태어났으면 좋겠다. 그리고 그간 저지른 잘못을 반성하고 뉘우치는 정치인이 되기를 바라고 싶지만, 그의 성품을 볼 때 쉽게 이루어질 것 같지 않다. '역사 이래 국민을 볼모로 사기 치는 멍청한 정치꾼이 있었나!' 싶다.

인간의 탈을 쓴 악마 집단 카르텔!

수구좌파首狗左派는 어느 나라 인간이란 말인가?
수구좌파首狗左派는 누구를 위해서 정치를 하는가?
수구좌파首狗左派가 살려고 국민을 죽이는 또라이 집단이다.

좌파의 언행은 정말 지긋지긋해서 국민은 치가 떨린다. 좌파가 집권하고 있을 때 나라가 난장판으로 운영되었지만, 그럭저럭 넘어갔다. 그들이 잘해서 조용했던 게 아니라 권력에 취해 난리 블루스를 추는 동안에 도끼자루 썩는 줄도 모르고 세월이 지나갔다. 보수 우파는 그들처럼 악행으로 악담을 퍼부으며 정부를 비난하지 못했기 때문에 감추어졌던 일이다.

지들이 잘못해서 정권을 빼앗겼으면서, 우파 정권이 들어서자 다음 날부터 대통령을 탄핵해야 한다고 떠들어 대는 또라이다. 밑도 끝도 없이 지껄이는 모습이 뱀처럼 사악하고, 하이에나처럼 잔인한 또라이 카르텔 세력이다. 아무 때나 의정 단상에서 사사건건 시비 걸며 비난을 보내는 악마들이다.

아마 5년 내내, 국정을 마비시키고 국민을 피곤하게 만들 것인데 생각만 해도 끔찍하고 징그러워진다. 다음 선거에서 낙동강 오리알 신세로 만들어 주어야 한다. 그렇지 않으면 나라의 미래가 암담해질 것 같아 걱정이다.

수구좌파^{首狗左派} 정부는 '뻰대기' 정권이었다.

뻰대기(뻔뻔하고, 대책 없고, 기가 막힌다.)라는 뜻이다.

5년 내내 검찰과 싸우며 정국을 막장 드라마로 이끌었다.

집권 초기에 검찰을 이용해서 적폐 수사에 혈안을 떨며 자랑스럽게 여겼다. 하지만 중반기를 넘어가며 좌파의 썩은 적폐가 만천하에 드러나자 검찰의 칼끝은 그들을 향하였다. 시궁창에 빠져 헤매던 집단이 저항하니 엉망진창이 된 그들의 실체가 드러났다. 똥 밭에 뒹굴며 똥 냄새를 풍기던 머저리, 또라이가 깨끗한 척, 청결한 척, 고귀한 척 세상을 포장하고 나섰다. 그리고 검찰을 향해 개혁 대상이라고 외치며 압박을 가했다.

하지만 검찰은 썩어빠진 쓰레기 정권에 굴복하지 않았다.

썩은 냄새를 풍기는 곳을 도려내려고 수사의 방향은 더욱 강해졌다.

부패한 비리 권력에 저항하는 모습을 국민이 알게 되면서 정권을 통째로 우파에게 넘겨주게 되는 계기가 됐다.

우파 정권이 들어서고 국제 정세가 개선되어 갔다.

특히, 정권은 맑고 깨끗해졌으며, 북한과의 관계는 180도 바뀌었다. 북한이 도발하면 이에 상응하는 군사적 대비 태세를 갖추고 응징하라고 강조했다. 민주당 ㅂㅅㅈ 대변인은 입에 게거품을 물고 "정전 협정 위반이다." 비난하며 떠들어 댔다. 북한을 편들어도 유분수지 야당(민주당)의 대변인이 북한이 보낸 간첩이 아닌지 궁금하다. 북한이 도발하는 것은 괜찮고, 군사적 대응을 정전협정 위반이라고 지껄이면 어떻게 하자는 것인가?

북한은 수십 번 미사일을 발사하고 방사포를 발포하였다.

무도한 북한 정권을 향해 규탄이나 싫은 소리 한 번도 꺼내지 못하는 수구좌파 정권이다. 북한을 향해 비난하는 논평을 보내지 않은 좀팽이가 궤변을 늘어놓으며 지랄 떠는 것을 보면 화딱지가 난다. 머릿속은 친일이면서 입으로는 반일을 외치고, 친북에 조롱당하며 이중 태도로 정부를 공격하려는 얼빠진 집단이다.

북한의 도발에 군사적 대비 체제를 갖추고 3배의 보복 공격으로 대응하도록 특단의 조치를 취하였다. 이에 정전협정 위반이라고 떠들고 있으니 대한민국 국회의원이 할 소리인가! 그러면 방사포와 미사일이 날아와 도시가 파괴되고 아파트가 붕괴되어 시민이 죽어 나가도 몸으로 맞고 있으란 것인가?

좌파가 정권을 잡고 있을 때는 어떠했습니까?

북한이 미사일을 발사에 세계를 놀라게 했을 때도 "정체 미상의 발사체를 발사했다."라며 미사일을 미사일이라고 꺼내지 못하고, 우리가 지어준 남북연락사무소를 폭파해도 아무런 비난을 보내지 않았으며, ㅈㅇ 대통령을 삶은 소 대가리라고 막말 지껄여도 아무런 대응을 못하던 좌파 정부였다.

강력한 대응 의지를 보여주어 적이 넘보지 못하도록 취하는 게 정부의 역할이다. 평화는 말로 약속하며 탁상에 앉아 A4용지에 잉크로 쓴 협정서로 지켜지지 않는다. 강력한 군사력과 국력을 바탕으로 위험에 빠지지 않게 한다.

지금 윤석열 대통령은 수구좌파와 전쟁 중이다.

반 헌법세력, 반국가세력, 부정부패 비리 정치꾼과 치열한 전쟁을 치르며 국운을 좌우할 건곤일척乾坤一擲(운명을 걸고 단판걸이로 승부를 겨룸) 전투를 벌이며 사활을 펼치고 있다. 미숙한 점이 보이겠지만, 노련한 놈이 국민을 기만하는 것보다 낫다. 여기에서 타협하고 물러서면 청년의 미래는 암울해진다.

국회의원 배지를 한 번 더 달면 가문의 영광이 되는가?

정치를 시작할 때 초심으로 돌아가 너를 돌보며 처신하여라!

'무엇이 나라와 국민을 위하는 길이고 깨끗한 정치인지 모르는가?' 머저리가 정치한다고 거들먹거리는 짓을 보면 열불이 난다. 불알을 떼어다 동해 바다에 사는 상어 밥으로 주어도 시원치 않다. 시민은 바보가 아니다. 똑똑하고 현명하므로 다음 선거에서 낙동강 오리알 신세를 면치 못하게 될 거다.

허상이 판을 치는 사회는 아니 된다

어느 날 생생한 꿈을 꾸었다.

대한민국이 허상이 날뛰며 지배하고 있었다.

수구좌파가 야당이 되면서 갖은 모략을 꾸미고 있다.

여당일 때도 국민을 무기력하고 허탈감에 빠지게 하였다.

지도부는 가면의 탈을 쓴 유체이탈 화법으로 국민을 농락하고, 그들의 안위를 지키려고 악법을 제정하고 개정하며 거짓 선동으로 국민을 속였다. 정부를 이끌어가는 지도층이 악행을 저지르며 사회 질서를 혼란시키면 되겠는가?

수구좌파는 허상을 포장하는 권모술수의 달인이다.

허수아비 같은 허상이 국민을 속이고 난리를 치는데 '저것은 사람이 아니야 허상이야! 거짓말로 현혹하는 거야!' 외치며 만류했지만 개딸의 발광은 멈추지 않았다. 좌파의 나팔수로 ㅇㅅㅁ과 ㄱㅇㅈ은 방송에 나와 떠들어 댔다. 자극적인 말과 카드라 거짓말 험담으로 젊은 층의 청취를 사로잡았다. 여기에 부화뇌동附和雷同하며 미친 광팬이 모여들고 있으니 정상적인가?

진실은 감추어지고 허상이 난무하니 허무한 짓이다.

새로 선출된 대통령을 무력화시키려고 갖은 모략이 판을 치며 탄핵을 시킨다고 열광하고 있다. 검찰의 조직을 무력화시켜 놓았으니 사건 사고가 발생해도 범죄자가 큰소리치고 있으니 공권력은 땅에 떨어지고 말았다.

이제 진실의 실체가 움직이는 사회를 만들어야 한다.

정치인의 언행을 믿고, 사회 지도층의 행동을 믿을 수 있도록 시스템에 의해서 움직여야 한다. 거짓과 선동 정치로 사회를 혼란에 빠지게 하면 국민은 화딱지가 난다.

좌파 정부에서 마약 사범과 부정부패와 도둑이 판을 치고, 간첩이 정부 요직에 침입해 국정을 농단하는데 "요즘 세상에 간첩이 어디에 있습니까?" 거짓 선동하고, 썩어빠진 정치꾼이 국민을 힘들게 하고, 비밀연애와 외도가 난잡해서 가정이 파괴되고, 선생님이 학생에게 폭행을 당해서 극단적 선택하고, 부모는 자녀에게 학대당하여 삶을 포기하고, 거짓이 진실을 덮어버리고, 세상이 온통 거꾸로 돼서 정상적으로 돌아가지 않았다. 이는 좌파 정권에서 만연한 거짓 선동에 속아 잘못된 시스템 때문에 감춰진 일이다.

왜! 이러한 꿈을 꾸게 되었을까?

혐오스러운 정치에 환멸을 느끼며 나타난 현상 같다.

정부에서 정책을 수립하면 야당(민주당)은 사사건건 부딪치고 시비 걸고넘어졌다. 그냥 한 번쯤 인정하고 넘어갈 수 있을 것 같은데 악착같이 반대를 위한 반대로 물고 늘어졌다. 그러면서 이게 민주주의라고 자화자찬하며 정당화시키려고 한다.

정권이 바뀌고 과거 정부의 부정부패 수사가 이루어졌다.

예상한 대로 정권을 내준 세력은 정치 보복이라고 강하게 거부하고 저항하였다. 그들도 그렇게 수사를 해왔으면서 이래도 되는 건가? 지들이 수사하면 적폐 청산이고 다른 정권이 수사하면 정치 보복이란 말인가? 이게 바로 이율배반적인 언행이다.

좌파 정권이 집권하고 적폐 수사를 하면서 유명한 말을 했다.

"도둑을 잡는 게 도둑에겐 보복으로 보일 수 있겠지만, 정의와 상식의 구현이다. 적폐와 불의를 청산하는 게 정치 보복이라면 그런 정치 보복은 맨날 해도 된다." 얼마나 매혹적인 말인가?

불법을 저지른 적폐 정치꾼을 수사하면서 정당화시키려는 말 중에서 최고로 잘 표현한 어법이다. 이 말의 뜻대로 부정부패를 저지르지 않고 깨끗한 정치를 했으면 정말 훌륭한 정치인으로 역사에 길이 남아 있게 됐다.

좌파 정권이 집권하면서 유명한 말을 했으니까!

수사 기관을 향해 '우리는 깨끗한 정권이었으니까 아무리 수사를 해봐라!' 당당하게 응해야 정의를 바로 세우고 과거에 했던 말에 책임을 지는 사나이다운 모습이다. 정권을 빼앗기고 하는 짓거리가 잡범과 좀

도둑 수준이다. 권력은 유한하니까 정권이 바뀔 때마다 적폐 수사는 계속 이어질 테니 왈가불가 따질 이유가 없다.

법치주의 나라에서 법 집행을 무력화시키면 되겠는가?

어느 정권보다 법치를 강조하며 시끄럽게 해왔다. 집권 기간 내내 가면의 얼굴로 검찰을 개혁 대상으로 몰고 가더니 이제 와서 벌벌 떠는 생쥐꼴이 뭔 말입니까? "진실은 깨끗하고 간단명료한데, 거짓은 지저분하고 변명으로 가득 차 있다."라고 했다. 국가 경영을 담당했던 정권이 몰락하는 몰골이 너무나 지저분하다.

국민을 이분법으로 편 가르기 재단하는 또라이를 모른 체!

미쳐버린 정신병자 정치꾼을 따라다니며 지지하는 세력이 있으니 한심하다. 그러면 그들은 누구란 말인가? 이들은 배우지 못하고 가난한 자가 사회적 불만을 가지고 무식하게 떠든다. 정치꾼의 말에 현혹되어 대리만족하며 열광하는 또라이다.

또 한 황당무계한 말로 강성지지자를 흥분시킨다.

"무당(무속인)의 나라가 됐습니다."라며 여당을 비난하고 열변을 토하며 "저는 무당을 전혀 모릅니다."라고 지껄였다. 그가 굿을 하는 사진이 인터넷을 달구고 있는데 말이다. 수구좌파首狗左派는 시위대와 군중을 모아 놓고 지록위마指鹿爲馬(사슴을 가리키며 말이라고 함)를 외치며 위선을 말하는 머저리들이다.

그는 소문을 상대방에 뒤집어씌우는 데 선수다.

궤변의 말장난으로 지껄이며 대한민국을 이끌어갈 지도자가 할 소리인가? 필자가 이렇게 꼬집으며 고발하는 것은 국민을 막장으로 이끌어 가는 폭군의 위선자이기 때문이다. 그리고 선열께서 목숨 바쳐 지켜온 나라인데 이들에 의해서 더럽혀지는 것을 두고 봐야 하겠나? 이제 막을 내려야 한다.

이는 수박(겉과 속이 다른 사람) 궤변자의 말장난에 불과하다.

누가 수박이고 참외(겉과 속이 참된 사람)란 말인가? 모두가 그 밥에 그 나물이면서 지랄을 떤다. 의정활동에서 국민을 우롱하며 정치를 하겠다고 난리다. 어쩌면 대통령이 되겠다는 야욕과 망상에 빠져 헤맨다. 한 나라의 지도자가 되려는 자가 막말과 국민을 분열시키는데 왜! 언론은 이를 걸러내지 못하는 걸까? 선진강국^{先進强國}으로 번창하려면 썩어빠진 정치 깡패를 퇴출시켜야 한다.

이게 바로 실체가 없는 허상이 지배하는 사회다.

좌파 정권이 수사하면 정당한 법 집행이고, 우파 정권이 수사하면 정치 보복이라고 악바리를 부리면 되겠는가? 사회는 공평한 잣대로 법 집행이 이루어져야 법치주의다. 이 기사는 언론의 톱뉴스로 지면을 채웠다. 이제 와서 법치를 무시하며 이합집산으로 몰고 가려는 행위는 내로남불의 끝판왕이라고 꼬집지 않을 수 없다.

왜! 대통령을 힘들게 비난하고 난리 블루스는 치는가!

대통령이 되려고 하는 사람들이 이래도 되는 겁니까?

상대방을 존경해주는 미덕에서 존경받을 수 있다. 이는 세상 사는 이치이며 살아가는 삶의 도리이다. 좌파는 머저리 또라이짓 하면서 대통령이 될 수 있다고 보는 것은 어불성설^{語不成說}이다.

좌파의 인성은 세상의 모든 진실을 음모라고 외치며 주장하는 못된 습성이다. 해가 동쪽에서 뜨고 서쪽으로 지고, 달이 저녁에 뜨고 지는 것도 음모라고 주장하였다. '대통령이 앉아 있으면 서라고 말하고, 서 있으면 앉으라 하고, 걸으면 뛰어라 하고, 뛰면 걸어라!'라고 호통 치며 억지를 부린다. 좌파의 실체를 모르고 당하면 얼마나 억울할까? 국민은 똑똑하고, 현명하니 모든 진실을 안다.

선진 일류 정치를 구현하는 길!

다원 사회에 무한 경쟁 시대!

정치인의 기본 덕목은 신의와 성실의 원칙이다.

지도층의 공약과 약속은 철학이며 믿을 수 있어야 한다.

그런데 우리나라 정치꾼은 화장실 갈 때와 나올 때 상황이 180도 다르게 행동한다. '선거 할 때에는 모든 것을 다해줄 것처럼 야단법석을 떨지만, 당선이 되면 언제 그랬느냐!'고 벼슬의 마약에 취해 머리를 숙이지 못하고 거들먹거린다.

또한, 당선되는 순간 누구도 건드리지 못하는 오만방자한 권력의 뒤에 숨어 지낸다. 어느 기업의 회장이 말씀하시기를 '정치는 사류이고, 사법은 삼류이며, 언론은 이류이고, 기업은 일류다.'라고 했다. 사류정치가 일류기업의 성장을 리드할 수 있다고 자만에 빠지는 것은 어불성설語不成說이다.

우리는 무한 경쟁을 해야 하는 다원 사회에서 지낸다.

5천만 국민이 오천만 개의 직업을 가지고 경쟁하는 거다.

학창시절 공부를 잘해서 정치인과 판사와 검사, 고위 공무원으로 근무하는 것도 중요하겠지만, 20~30대 젊은 청년이 골목 좋은 곳에서 핸드폰을 팔아도 한 달에 몇천만 원을 번다. 막말로 유명 맛집에서 칼국수와 삼겹살 식당을 경영해도 정치꾼이 잘난 체 떠드는 사류 정치보다 나은 직업이다.

그래서 정치인이 사회를 이끌어가는 시대가 아니다.

'왜! 정치는 사류이고, 기업은 일류일까?' 그야말로 기업은 치열한 경쟁을 하면서 위기를 극복하려고 극한의 노력을 한다. 세상에 없는 신비의 아이템을 찾아내려고 신제품 개발에 채찍이다. 정해진 기한 내에 결과물이 나오지 않거나 생산을 못 하면 그 자리에서 근무할 자격이 없어진다.

그러니 책임을 다하기 위해서 밤새워 피나는 노력을 한다.

강단이 없거나 능력이 부족하면 회사에 붙어있지 못하고 자진사퇴하고 나가야 한다. 변혁의 시대에 따라가지 못하면 도태되므로 눈썹이 휘날리도록 뛰어야 생존 경쟁에서 살아남는다. 그리고 최고 엘리트 인재를 뽑아 적재적소에 근무토록 한다.

예를 들어 컴퓨터 부서에는 전자 통신의 달인을 뽑고, 자동차 생산과 판매부서는 자동차에 능통한 직원을 선발한다. 의약품의 생산 부서는 의학 관련 대학을 나온 전문직으로 채용한다.

또한, 러시아 지점으로 직원을 보낼 때는 러시아어와 중국어에 능통한 자를 선발하고, 독일과 프랑스에서 근무할 직원은 영어는 필수고 프랑스어와 독일어를 잘하는 사람을 보낸다. 필기 시험과 실기 면접을 통과해야 하며 다각도로 평가해서 능력을 본다.

대학을 졸업하는 젊은이들은 취업 경쟁에 시달린다.

치열하게 싸우는 무한 경쟁에서 살아남으려고 숨이 막히게 공부한다. 회사에서 요구하는 스펙을 쌓고 자격증을 가지고 있어도 백지 한 장 차이로 탈락한다. 그런데 정치권은 인맥(혈연, 지역, 동문)에 의한 매관매직으로 취업시키니 4류 정치로 흐른다.

국정 업무 수행은 전문 공무원이!

좌파는 정치 권력을 어떻게 남용하였는가?

전문성과 능력에 관계없이 측근(자기 사람)을 기용했다.

어공(어쩌다 임용된 공무원)이 기존의 룰을 무시하고 판을 치다 보니 국정을 혼란스럽게 하면서, 전공(공채로 채용된 전문 공무원)은 손을 놓고 있다. 그러니 자질이 부족한 공무원이 국정 업무를 수행하다 보니 삐걱대며 지나갔다. 문제 해결에 기회를 놓치고 똥인지 된장인지 모르니 우왕좌왕 허둥대기만 한다.

엉뚱한 말로 국민을 기만하며 위기를 넘기려고 하였다.

외교관을 선발하려면 나라별 인종별 종교별로 파악해서 적재적소에 근무토록 해야 기본 실력으로 즉석에서 해결한다. 국정이 엉망진창 돌아가는 게 눈으로 뻔히 보이는데 유체이탈 화법으로 호도하는 꼴이 아마추어 수준이었다.

한마디로 중병에 걸린 암 환자가 입원해서 수술을 받으며 '제발 나 좀 살려주세요. 죽지 않게 수술을 잘해주어요.' 애원하는데 외과 의사를 보내어 수술토록 하는 꼴이다.

그러니 죽을병에 걸린 말기 암 환자를 제대로 치료하겠나!

외과 의사는 수술 집도를 못 한다고 솔직히 말해야 하는데 배워서 고치겠다고 끝까지 악바리를 부리는 것과 다를 바 없다. 그동안 환자는 병세가 악화돼 시름시름 앓다가 사망하게 된다.

그래서 일류 정치를 구현하려면 어떻게 하면 좋을까?

전공(전문 직업 공무원)을 잘 활용해서 국정을 수행해야 된다.

전공은 업무 추진 능력이 탁월하며 국가의 미래를 책임지고 이끌어 가는 전문 일꾼이다. 공정과 정의가 통하는 미래 사회를 만들어 가려고 심혈을 기울인다. 그래서 어공이 말로 외치는 말장난의 전문 행정이 아니라, 국가의 미래와 국민의 복지를 책임지는 전공에게 국정을 맡겨야 한다. 중앙부처와 지방자치단체 공무원을 잘 활용해서 국정을 책임지고 이끌어야 한다.

어공은 정권이 바뀌면 함께 물러나야 한다.

전공은 그 자리에 남아서 그 업무를 연속해서 추진하며 정국을 안정적으로 지킨다. 이게 왜 그렇게 힘들고 어려울까? 어쩌다 정권을 잡은 세력이 잘 난 체 거들먹거리며 국민을 우습게 여기고, 전공을 무시하고 아무것도 모르는 어공이 권력에 빌붙어 개판 치기 때문에 나라가 혼란에 빠지게 된다.

과거에 비하여 국민의 삶이 무척 행복해졌다.

산업화를 이루고 일류 국가를 건설하여 세계인이 부러워한다.

하지만 정치권에서 벌어지는 저질 정치를 헤어나지 못하고 있어 문제다. 이제 자격 미달의 머저리 정치꾼을 의정 단상에서 몰아내야 한다. 변화를 이끌어내려면 국민의 의식 수준도 크게 달라져야 정치권이 정신을 차리고 봉사할 것이다.

특정 지역과 정파만 따지며 투표하는 괴현상이 특이하다.

그래서 시장, 군수와 국회의원이 되려면 지연, 혈연, 동문, 금품 수수가 난무하니 인재 등용이 어렵다. 국민을 위해서, 지역 향우를 위해서 헌신할 수 있는 인재를 뽑아주었으면 좋겠다.

공천은 당선으로 연결되니 부정부패가 사라지지 않는다.

이러한 공식이 성립되지 않도록 국민이 시범을 보여줄 때가 됐다. 특정 지역에서 당파 싸움이 벌어지지 않도록 다음 선거에서 국민의 현명한 선택을 해주리라고 기대해본다.

정치꾼을 심판해서 정치인으로 바꾸어야!

도덕적으로 흠결이 있으면 정치에 나서지 말아야 한다.

각 부처 장관뿐만이 아니라, 청와대 고위 비서관, 공공기관 산하 단체장과 임원을 임명할 때에는 전문직을 선발해서 뽑아야 한다. 200가지 이상 질문서를 체크하도록 해서 공개 경쟁으로 채용해야 한다. 똥물에 뒤집어쓴 흠결이 있는 자기편 사람이 아니라, 능력 있고 깨끗한 사람이 국정을 수행토록 시스템을 제도화해야 한다. 파렴치하고 자격미달자가 열 받게 하면 스트레스만 받는다.

좌파 정권은 공금을 횡령하고, 세금을 체납하고, 연구 논문을 편취하고, 부동산 투기로 시장 경제를 교란시키고, 자동차세를 체납해 번호판이 영치되고, 고위직에 근무하면서 특혜를 누리고, 일반 시민은 생각하지 못하는 불법과 탈법이 특권층에서 벌어지고 있으니 국민은 기가 찰 노릇이다. 이를 세계 언론이 지켜보고 있음에도 임명하였으니 지도자의 자질이 국제적 망신이다.

좌파는 임명하기 하루 전에 미납 세금을 납부하면 끝이다.

그러고 아무 잘못이 없다고 항변한다. 뻔뻔스러운 광경을 보면 이들이 정말 국정을 맡아 일할 자격이 있는지 묻지 않을 수 없다. 이들을 장관이나 공공기관장으로 임명할 것이 아니라 형사처벌해서 벌금형에 처하고 감방으로 보내야 국민의 정서가 풀린다.

가혹하다고 말하고 싶겠지만, 선출직 공무원으로 나오지 않으면 된다. 따질 이유가 없다. 국민은 사욕의 정치꾼 때문에 피곤하다. 파렴치한 정치꾼이 세상에 없었으면 좋겠다.

국민에 의해서 선출되어 특혜를 누리며 사는 것도 감지 덕 한데, 직위를 이용해서 국민을 우습게 보고, 무소불위의 권력을 휘두르고, 국가의 권력 시스템을 사적으로 멋대로 사용하고, 공금을 횡령하고, 비밀정보를 활용해 부를 축적하면 되겠는가?

국민을 대표해서 움직이는 정치인을 없앨 수는 없다.

사명감을 가지고 청렴결백하게 근무하도록 법으로 제도화해야 한다. 이들의 부정부패와 싸움박질하는 꼴을 왜 보고 지내야 한단 말인가! 스스로 자신에게 물어보고 답을 찾아야 한다. 나라를 위해서 충실히 근무하라고 봉급도 많이 주는데 부정부패로 부를 축적하도록 용인한다면 열불이 납니다.

국민이 정신을 차리고 정치꾼을 제대로 선택해야 한다.

특정 지역은 작대기와 지팡이를 세워놓아도 당선이 된다고 하니 이게 민주주의입니까? 작대기에게 6선 국회의원을 밀어주어 20년 이상 국회의원 벼슬을 달아주고 있으니 창피하다. 다음 선거에서 당장에 갈아치워 국민의 주권을 찾아야 한다.

왜! 지팡이와 작대기에게 벼슬을 달아주어야 하나?

이들의 직업은 놀쇠였으며 떠돌이 잡배로 머저리였다.

마땅히 할 일 없으니 막걸리나 얻어 마시고 음담패설을 주고받으며 시간을 보내는 허풍쟁이다. 아무나 만나 잡담이나 나누고 막말에 말꼬리 잡으며 큰소리치는 놈팽이다. 지팡이와 작대기에게 권력의 감투를 씌워주니 국민을 개돼지로 취급하는 거다.

청년회, 부녀회, 통장회의에 따라다니며 얼굴 내밀고 막걸리에 점심 한 끼 얻어먹으면 신나서 좋아하는 놈팽이다. 이러한 자들에게 권력을 쥐어주면 되겠나? 하루아침에 신분 세탁하고 권세를 누리며 머리 위에서 오두방정을 떤다.

국민은 바른 정치에 열망하는 붉은 악마!

　나는 옳은데 네가 나쁘다고 하면 내로남불 끝판이다.

　지들이 잘나서 나라를 이끌어가는 선출직 공무원에 선택됐다고 좋아하겠지만, 국민의 입장에서 보면 '바보 멍청이에게 정치를 맡겨 놓은 것 같다.'라며 화가 치밀어 오른다.

　좌파가 언론 개혁, 검찰 개혁을 외치면서 무엇을 얻었는가?

　무엇이 사법 개혁이고, 무엇이 언론 개혁인지 묻지 않을 수 없다.

　정부의 중요 요직에서 감투 쓰고 갑질 행세하며 똥 싸 놓고 뭉개며 자기편 사람을 지키려고 혈안을 떠는 게 개혁이란 말인가? 그들의 불법을 감시하는 언론과 수사하는 사법부를 적으로 몰아붙이는 세상이 됐으니 해도 해도 너무하다.

　한마디로 개혁의 대상이 누구를 개혁하겠다고 나서는가?

　좌파는 권력의 마약에 취해 아무 말 잔치를 지껄이는 정치 폭군으로 언어 폭행을 저지르는 행위가 옳고 정당한가? 언론과 사법부가 바른 말을 하면 개혁의 대상이라며 억지를 부리면 어떻게 하자는 논리인가? 적반하장賊反荷杖도 유분수다. 똥 묻은 개가 겨 묻은 개에게 짖어대는 꼴이다. 똥 싸고 뭉개는 놈이 방귀 낀 사람에게 냄새난다며 방에서 나가라고 호통을 치는 격이다.

　각종 비리에 얼룩진 파렴치범을 비례대표 국회의원으로 추천하면 어떻게 되겠나! 형사처벌을 받아야 하는 정치꾼이 날뛰는 작금의 세태가 말해준다. 이는 국민을 개돼지 봉으로 보는 거다. 개혁을 하려면 자격 미달의 어리석은 정치꾼부터 처단해서 정치 개혁을 이루어야 한다. 뻔히 보이는 거짓말 말장난으로 호도하면 믿고 따라갈 국민이 어디에 있겠나?

　독일 총리가 말하기를 "정치인은 다음 세대를 생각하고, 정치꾼은 다음 선거를 생각한다." 했다. 정치꾼들이 설쳐대는 작금에 귀담아들어야 할 덕목이 아닐까? 그런데 우리 현대사를 들여다보면 옹졸한 정치꾼들에 의해서 집권을 연장하려는 갖은 술책(부정 선거, 체육관 선거, 관권 선거, 포퓰리즘 매표 행위)으로 국민을 괴롭혀왔지만, 위대한 국민은 이를 용납하지 않았다.

우리 국민은 정치에 열광하는 '붉은 악마'다.

필드에서 뛰는 선수에게 잘하라고 응원을 해주는 거다.

정치인으로 붉은 악마의 호응을 얻지 못하면 필드에서 나와야 한다. 팬들이 환호해주는 응원에 응답하지 않는 선수(정치인)가 운동장에서 뛰려고 한다면 어리석은 짓이다. 관중 없는 선수는 있으나 마나 한 무자격이다.

선열께서 한강의 기적을 이루어 놓은 위대한 나라다.

이제 통일의 기적을 이루고 세계로 뻗어 나가야 할 시점에 정치인의 책임이 어느 때보다 중요하다. 언론과 지식인은 썩은 정치꾼 퇴출에 앞장서 정의의 사도가 돼야 한다. 침묵하고 무관심으로 바라보면 공범이 되고 만다.

세상이 아무리 험악하고 썩었다 해도 그렇지 하다 하다 사회 지도층까지 이렇게 쓰레기로 변할 수 있는가! 이대로 내버려 두면 국민은 누구를 믿고 살아야 하나? 너무나 잔인한 현실이 끔찍해서 한 발짝 밖으로 나가기 두렵다.

대통령이 동남아시아 캄보디아를 방문하고 곧바로 G20 정상회담을 참석하려고 인도네시아를 순방하였다. 세계 각국의 정상과 외교 활동을 활발히 추진하며 국위를 선양하며 큰 성과를 거두었다.

하나님! 우리나라가 어쩌다 이렇게 됐습니까?

하나님! 위기의 대한민국을 구원해주세요.

캄보디아에서 김 여사는 심장병 어린이를 보듬어주었다.

이뿐만이 아니라 가정 형편이 어려운 어린이에게 의료 지원을 해줄 것을 약속하며 국위를 선양하고 귀국하였다. 그런데 좌파 야당 정치꾼 ㅈㄱㅌ "빈곤의 포르노를 연출하였다."라며 궤변을 늘어놓았으며, 미국 방문에서 화동에게 스킨십으로 애정 표현한 것을 성적 학대라고 지껄였다. 아무리 야당으로 정부를 비난하고 싶어도 이건 인간의 탈을 쓰고 미치지 않으면 나올 수 없는 짓이다. 이게 수구좌파^{首狗左派}의 민낯을 보여주는 실체이다.

할러윈데이 때 사고가 발생하여 국민은 시름에 빠졌다.

이때 민주당 국회의원 ㅅㅎㅇ이 할러윈데이 사고 현장에 득달같이 달려가 봉사 활동했다고 홍보를 하였다. 시간이 지나 병원 구급차를 이용한 갑질이 밝혀져 의료 구조 활동을 방해한 것으로 나타나 엄청난 파장을 일으켰다. 그는 재난 포르노 사진을 찍으며 잘 난 체 떠들었다. 이태원 참사를 정치적으로 이용해 연출한 포르노 작가와 다를 바 없는 처사라고 비난하였다.

이들은 세상을 거꾸로 보는 습성을 가지고 있는 악마다.

좌파 정권에서 대통령 부인은 유명 관광지를 찾아다니며 여행을 즐기며 버킷리스트를 수행하였다. 이를 바꾸어 말하면 '좌파 대통령 부인이었던 ㄱㅉㅅ이 관광 포르노를 연출하였다.' 비꼬는 형국이다. 이런 이미지 때문에 퇴임 후에 품위가 땅에 떨어져 비난을 받는다. 이를 덮으려고 억지 논평을 내며 환장하니 어처구니가 없다.

캄보디아 언론은 일면 톱 기사로 선행을 칭찬하였다.

그런데 좌파 정치꾼은 빈곤 포르노라고 비난하고 있으니 미쳐도 이만저만이 아니다. 세계 유명 정치 지도자는 아프리카의 빈곤과 가난에서 치료받지 못하는 어린이를 구해주려고 의료 봉사활동을 국가적 차원에서 지원하고 있다.

물론 유명 연예인과 가수와 정치인도 이러한 일에 참여해 많은 실적을 올려 국격을 빛내 주었다. 그때는 찍소리도 못하던 좌파 정치꾼들이 었는데 김 여사의 행동에 개 짖는 소리로 시끄럽게 하니 다시 각광을 받고 있으니 다행이다.

무엇을 잘못했다고 악바리를 부리며 증오하고 투쟁을 벌이나!

대통령과 정부의 모든 정책을 부정하고 반대하는 세력이 무슨 말인들 못 하겠는가! 좌파의 개 짖는 소리만도 못한 언사로 최후의 발악을 떠는 거다. 대통령은 국민을 믿고 국정을 수행하면 되므로 수구좌파의 개소리에 말을 섞으며 따질 필요가 없다. 좌파가 정신을 차릴 때까지 법대로 처리해서 법치를 바로 세우면 된다.

수구좌파首狗左派 악질 코스프레는 치가 떨리게 한다.

이렇게까지 저질 정치를 펼쳐야만 하는가! 국익과 국민의 이익은 아무 데도 없다. 오직 거짓 선동 정치 게임에 빠져 혈안을 떨기만 하니 너무나 잔인하고 어처구니없는 짓이다.

대통령이 외국 순방 중에 별의별 것을 트집 잡아 떠들었다. 일본을 국빈 순방하는 것을 좌파 세력이 좋게 바라볼 일이 없다.

이는 경술국치庚戌國恥(1910년 8월 29일 통치권을 일본에 빼앗기고 식민지가 됨) 이후 나라를 팔아먹었다. 억지 주장을 펼치고 있으니 징그러운 논평이다. 어느 대통령도 이웃 일본을 방문하여 미래 지향적 정책을 논하였다. 김대중, 노무현, 문재인 대통령도 일본을 방문해 우정을 과시하며 국정을 논의하였다.

그런데 왜! 이렇게 지랄 발광을 떨어야 할까?

이게 좌파의 반일 선동 정치로 치가 떨리게 한다.

ㅈㄱ 민정수석이 반일선동 죽창 가를 외치고 나선 것은 말할 것도 없으며, ㅇㅁㅎ은 위안부 피해자를 도와주려고 한 푼 두 푼 기부한 돈으로 발 마사지숍에 가고, 애견 호텔에서 호화 쇼핑하고, 기부금을 유용해서 유죄 판결 받고 좌파가 외치는 반일 운동의 실체다.

한 분이라도 살아계실 때 제대로 사죄와 보상을 받으셔야 할 위안부 피해자와 강제 징용 피해자에게 '일본의 사과는 진정성이 없다. 정부가 주는 돈을 받으면 안 된다.' 대안도 없이 가스라이팅하며 정부를 비난하였다. 가장 악랄하고 못된 거짓 선동가이다.

수구좌파 정권에서 한일 관계는 역대 최악으로 치달았다.

이웃 나라와 적대적 관계로 교류가 이루어지지 않으니 수출길이 막혀 재고가 쌓여갔다. 이들은 기업이 망해도 남의 일처럼 강 건너 불구경하듯이 처리하였다. 그런데 무슨 할 말이 있다고 지껄이며 개지랄을 떠는지 모를 일이다.

좌파의 전임 대통령의 업적까지 갈아먹는 해충이다.

김대중 대통령과 노무현 대통령도 한일 관계 개선에 많은 노력을 기울였으니 전혀 새로운 시도가 아니다. 좌파 정권의 외교 행위는 우호 관계이고, 우파 정권이 말하면 경술국치란 말인가?

오히려 망쳐놓은 한일 관계를 복원시켜 놓았다.

좌파는 일본 정치인과 밥 먹는 것까지 가십거리로 비판을 보내고 있으니 그들의 지랄병은 어디까지 갈까? 김대중 노무현이 일본을 방문하면 관계 개선이고 윤석열 대통령이 순방해서 성과를 거두면 굴욕적 외교란 말인가? 국민은 수구좌파 꼴통의 세 치 혀에 속아서 놀아나지 않았으면 좋겠다.

왜! 미래 지향적으로 공동의 이익을 창출하는 계획이 나쁜가?

수구좌파는 정저지와井底之蛙(우물 안의 개구리)로 과거에 매몰돼 미래로 나가지 못하면 이보다 어리석은 짓이 어디에 있겠습니까? 북한에 빌붙어 생존해온 것들이 국제 여론의 흐름을 알기나 하겠는가?

우리나라의 경제는 미국, 일본과 협력하며 성장하였다.

지난 정권은 미국과 일본 사이에 이간질시켜 놓고 왕따 당해서 설 자리가 없어지자 죽창가를 외치며 반일 외교로 경제를 망쳐놓은 주제에 무슨 할 말이 있다고 떠들어대는가!

그러면 어떻게 하자는 건가? 영원히 싸워야 하는가?

미국은 일본을 원자폭탄으로 공격하여 엄청난 피해를 주었다.

모든 과거를 잊어버리고 최고의 우방국으로 원원하며 지구촌을 리드하고 있다. 독일과 프랑스는 어떠한가요? 세계 2차 대전을 치르면서 독일은 프랑스 국토를 초토화시켰지만, EU 공동체 선두 주자로 유럽을 이끌고 있다. 언제까지 과거에 매몰돼 있어야 하나?

이미 민간인(관광, 어학연수, 기업인 왕래, 무역, 한류 문화 공유) 교류는 활발히 이루어지고 있는데 정치권만 적대시하며 죽기 살기로 싸운다. 우리 정부는 대승적 차원에서 화해의 손짓을 보내고 있는데, 일본 정부가 독도 문제와 강제 징용 피해자 보상 등에 대해서 억지를 부르는 것은 뒤통수를 치는 꼴이 한심하다.

정부는 미래를 향해 동반자 관계로 유지하려는 거다.

그런데 그들은 독도와 위안부 현안, 징병과 교과서 문제를 일으키며 엉뚱한 트집을 잡아 양국 정상회담에 초를 뿌렸다. 왜! 그들은 좀팽이 기질을 버리지 못하는 걸까? 반항하는 철부지 막내동생처럼 여겨진다. 막내의 못된 성깔을 버리지 못하니 어르고 달래며 미래의 동반자로 끌어안고 가야만 한다.

그리고 얼마 지나지 않아 미국 국빈 순방에 올랐다.

미국 대통령을 만나는 것은 지구촌 뉴스거리다. 국빈 방문으로 의전 행사를 세계 언론이 두 정상이 나누는 대화를 집중보도 하였다. 한미 동맹 70주년을 기념하기 위해서 정상회담을 하는데 밑도 끝도 없이 외교 참사라고 비난을 보내는 또라이다. 출발하기 전부터 외교 폭망을 바라는 인디언식 기우제를 지내며 호들갑을 떨었다.

지난번 순방 때에 MBC 기자는 '바이든과 날리면'을 가지고 한참 동안 시비를 걸며 시끄러웠다. 이게 무슨 의미로 중요하다고 좌파 언론은 미국 정부에 전화까지 하면서 항의하며 지랄을 떨었다.

이번 정상회담 국빈 방문에서 상당한 성과를 거두었다.

이에 배가 아픈 또라이 ㅁㅅㅅ은 대통령이 미국 상하 국회에서 영어로 연설한 것을 '사대주의자'라고 비꼬아 비난을 보냈다. 역대 대통령 중에서 영어로 연설한 지도자는 많았지만 아무도 토를 달지 않았다. 국제 통용어로 연설하는 게 '사대주의자'라고 지껄이며 추태를 보내고 있으니 말이 되는가? 이런 놈팽이를 국민의 대표로 뽑아 놓고 국민의 세금으로 먹여 살리고 있으니 한심하다.

미국을 철천지 원수로 세뇌 교육을 시키는 북한도 영재 어린이에게 영어 교육을 철저히 가르치고 있다. 영어를 못하면 국제적 왕따를 당하기 때문이다. 영어를 못하는 놈이 어리석고 바보 같은 놈이지 누가 누구를 비난하는지 소가 웃을 일이다.

이번에 국빈 방문은 12여 년 만의 환대를 받은 정상회담이다.

'워싱턴 선언'을 통하여 한 미 동맹의 우위를 다지는 큰 성과를 거두었다. 세계 지도자가 부러워하는 정상회담을 수구좌파 꼴통 ㅇㅈㅁ은 '글로벌 호갱 외교'라는 신조어를 만들어 비난을 보내었다. 국정의 파트너로 함께 일해야 하는 야당이 언제까지 반대를 위한 반대로 국제적 망신을 당하며 국격을 망치는 언행을 할 것인가?

세계의 지도자가 보는 눈은 똑같다.

미국은 물론이고 우방국에서 훤히 들여다보고 대처한다.

그런데 그들만 모르고 지들이 잘났다고 떠들고 있다. 이번 순방에서 나타난 미국 정가의 움직임과 환대를 보면 우리나라 국격의 위상이 어디에 있는지 알 수 있게 해주었다. 역사상 처음으로 만찬장에서 「American Pie 아메리칸 파이」 팝송을 열창해 참석자에게 기쁨을 주었다. 이게 바로 우방국과 우호 관계를 말해주는 표상이다.

세계 지도자는 미국 대통령과 만남을 갈망하고 있다.

법치 질서의 중심 국가 미국은 자유 민주주의 진영 대부이며 지구촌 경찰로 활약하는 덕분이다. 자유 민주주의와 공산 사회주의 대결 구도에서 한미 동맹 관계는 그 어느 때보다 중요한 시기다. 두 정상이 만나 회담을 나누게 되었으니 세계의 뉴스거리가 아닐 수 없다.

대통령은 국위 선양을 위해서 해외 순방을 다닌다.

유럽의 EU 정상이 모여 회의를 진행하면서 대통령을 초대해서 참석하였다. 이만큼 경제적 위상이 높아졌으니 선진국 정상과 어깨를 나란히 하게 됐다. 돌아오는 길에 극비리 우크라이나 방문하였다. 좌파 머저리 국회의원이 벌떼처럼 대들어 비난을 보냈다. "전쟁 중인 나라에 왜 갔느냐? 러시아와 중국의 외교 관계를 보아서 방문하면 안 된다."라는 이유다.

자유 우방국이 전쟁의 고통과 참상을 새겨두기 위해서 방문해 도움을 주는데 우리가 모른 체하면 되겠나? 6·25의 참상을 겪었으니 인명 구조 구호품(의약품, 전투식량, 의료 구호품, 군복)을 지원해주면서 전쟁의 참상을 극복하도록 공유하였다. 위험을 무릅쓰고 과감하게 달려간 대통령의 결단에 찬사를 보내고 싶다.

선열의 숨결이 부끄럽지 않습니까?

수구좌파는 하나님의 심판이 두렵지 않은가?

구국 구원의 성도여 이 상황을 어떻게 받아들여야 합니까?

성직자가 "대통령 전용기 추락에 염원을 모으자!"라고 악담했다.

ㄱㄱㄷ 신부를 이대로 두고 봐야 하나! 우리 주변에 이러한 자가 있다는 현실이 너무나 부끄럽다. 이는 성도가 아니라 썩은 냄새를 풍기는 음식물 쓰레기로 협잡꾼에 불과하다.

가톨릭 신부가 "대통령 전용기를 하늘에서 추락하라고 기도했다." 한다. 저주의 말 폭탄으로 국가 원수를 간접살인하는 자가 성직자란 말인가? 악마의 언행을 일삼는 ㅂㅈㅎ이 가톨릭 사제라고 성당에서 하나님 사랑을 말하고 교리를 전파하는 신부입니까? 과거 행적을 더듬어보니 좌파 집단의 꼬봉으로 드러났다.

세상천지에 이러한 성도가 어디에 있습니까?

성도이기를 포기한 미친놈을 잡아 평생을 감방에서 살도록 가두어 헛소리를 못 하게 해야 한다. 이들의 뇌 구조를 어떻게 개선시켜 사회에 동참시켜야 하나! 아무리 생각해도 뾰쪽한 해결책이 나오지 않으니 어디에서 구원의 손길을 찾아야 합니까?

대통령이 아무리 미워도 그렇지 이건 아니다.

그들에게 무슨 피해를 주었다고 이렇게 증오하는가!

대통령은 국익을 위해서 외교 활동을 활발히 수행하는데 위로의 말은 못 해줄망정 괴담을 퍼뜨리고 있다. 이러한 자가 사제복을 입고 신도에게 복음을 전파하는 사제단이라고 말할 수 있겠습니까?

북한 독재자에게 한마디도 못 하면서 대통령을 욕되게 한다.

이게 대한민국 성도란 말인가? 인권의 보편적 가치를 말하는데 북한 독재정권이 3대 세습에 대한 언급은 하나도 없다. 북한 인민 20만 명이 정치범 수용소에 수감돼 고통받는데 무엇을 했나? 국제사회에 알리고 성명을 내어 해결 방법을 찾아내야 보편적 가치 실현에 최선을 다하는 성도의 길이다.

천주교 정의 구현 사제단은 좌파의 꼬붕으로 알게 됐다.

그러니 이명박 정부와 박근혜 정부 퇴진 운동에 앞장서 거리로 나섰다. 그렇게 해서 우파 정권이 무너뜨리고, 국가의 정체를 말아먹은 문재인 정부가 들어서자 조용하게 지냈다. 이제는 윤석열 정부가 들어서자 또다시 갖은 모략으로 모두 까기를 꾸미고 있으니 어느 나라 사제단이란 말입니까? 막연하게 추앙하던 가톨릭 신부의 정체가 만천하에 드러나니 말문이 막히게 한다.

아무리 수구좌파 또라이에게 미쳤다 해도 이건 아니다.

해도 해도 너무한 정신병자 처사다. 전용기에 언론사 기자와 정부요인, 기업인 등 200명 이상이 탑승해 각국 정상을 만나 외교 활동을 펼치고 있는데 사제복을 입은 성도가 비행기의 추락을 기원하는 글을 올리고 추악한 행동으로 국기를 흔들고 있다. 기가 막히고 코가 막히는 악행을 국민의 이름으로 처단해야 한다.

또한 ㅂㅈㅎ 신부는 어떠합니까?

대통령 전용기에서 대통령과 김 여사가 추락하는 패러디 만평을 그려놓아 언론이 특종 보도를 하는 바람에 세상을 놀라게 했다. 이를 즐기고 환영하는 집단은 누구였을까? 연일 악담을 퍼부어대는 수구좌파 카르텔이다. 수구좌파를 대신해서 떠들어대는 종교 지도자의 행동에 쾌재를 부르며 지켜보고 있을 게 눈에 선하다.

천주교와 기독교가 전하는 교리의 원리가 무엇인가!

'원수를 사랑하라! 죄는 미워하되 사람은 미워하지 마라!' 뭐 이러한 것이 아니겠나! 그런데 대통령 전용기의 추락하는 기원을 드리자고 호도하고 있으니 이게 성도와 신부가 할 말입니까! 경찰을 향해서 당신

은 무기를 소지하고 있으니 민중봉기를 획책하는 글까지 올려 대한민
국을 벼랑 끝으로 몰고 가는 형국이다.

ㅈㄱㅎ 목사가 거리에서 좌파를 비판하는 대목은 대단한 결기다.

목사님은 교회에서 교리를 전파하며 조용히 지내면 좋을 거라고 생
각했다. 목사님은 박근혜 대통령이 부당하게 탄핵을 당하자 좌파 정치
꾼을 비난하기 위해서 거리로 나오게 된 것을 알게 됐다. 이들의 말 폭
탄과 패악질을 눈뜨고 발라볼 수 없었던 것이다.

그는 한결같은 믿음으로 좌파 정치꾼에 저항하였다.

지금에서 뒤돌아보니 목사님의 행동이 자랑스럽게 여겨진다.

수구좌파首狗左派의 잔인하고 악마적 언행에 목사님이 대응하지 않
았으면 어떻게 됐을까? 지금도 대한민국을 지키고 정치 발전을 위해서
거리로 나서야 하는 그의 심정이 이해가 된다. 수구좌파 정권 5년 동안
나라의 기둥 뿌리가 망가졌기 때문이다.

야당 대변인 ㄱㅎㄱ의 말은 촌철살인으로 치가 떨린다.

이러한 자가 국회의원으로 있다니 대한민국은 참 좋은 나라다.

비례대표 국회의원을 어디서 골라왔는지 오물에 뒤집어쓴 요물이
다. 벼슬자리를 매관매직하였어도 이건 너무한 작태이다. 자신의 비리
를 방어하고 변명하기 위해서 땀을 뻘뻘 흘리며 언론에 나타난 모습은
물에 빠진 생쥐꼴이다. 정신을 못 차리고 변명하는 몰골이 똥물에 빠
져 헤매는 쥐새끼로 꼴불견이다.

그들은 우리나라가 어떻게 되기를 바라고 있는가?

나라 팔아먹은 이완용보다 못한 인간 말종 쓰레기들아!

니들은 6·25가 발발하자 김일성을 추종하며 양민을 학살한 빨갱이
후손은 아닌지 궁금하다. 너희 부모 조상과 형제자매는 종 북 좌파 빨
갱이가 되어 마을 주민을 죽창으로 치르며 난리 쳤다.

저의 아버지도 서당 친구에게 죽창에 찔려 죽음의 문턱에서 살아 돌

아오셨다. 훈장 밑에서 함께 공부하던 유생이 갑자기 죽창을 들고 설치는 바람에 죽은 시체가 되어 시궁창에 버려졌다. 이 소식을 들은 할아버지께서 아들을 시체 더미에서 구사일생 구해내 집으로 데려와 극진히 치료해주어 깨어나셨다. 그리고 몸이 회복되자 6·25 전쟁에 참여해 인민군을 물리쳤다.

우리 선조는 대한민국에 태어나 기구한 인생을 한평생 살면서 후대의 영광을 지켜주었다. 선열께서 험한 삶을 살며 나라를 구해내셨으니 훌륭한 선각자다. 조국이 좌파에게 공산화되는 위기를 목숨 바쳐 막아주셨으니 너무나 자랑스럽다.

전쟁이 끝나자 이승만 정권을 흔들며 정국을 혼란에 빠뜨렸다.

그 혼란한 시국에도 종 북 좌파는 정권을 흔들며 매일 데모를 일으키며 이승만 대통령을 물러나라고 외쳤다. 이에 굴하지 않고 폐허가 된 국토를 재건하는 데 심혈을 기울였다. 좌파 빨갱이들이 얼마나 지긋지긋하며 원수처럼 보았을까? 이들과 싸우며 위기에 처한 대한민국을 지키고 떠난 초대 대통령이 존경스럽다. 그 좌파左派의 잔재 세력이 아직 살아 숨 쉬고 있으니 너무 가증스럽다.

아름다운 금수강산에서 이들과 함께 생활하니 슬프다.

이들과 같은 하늘 아래에서 생활하고 숨을 쉬고 지내는 것조차 싫다.

수구좌파와 맑은 물과 맑은 공기를 나누어 사용하는 것도 아깝다. 지난 정권에서 이들의 민낯과 실체가 밝혔기 때문이다. 다음 총선에서 모두 낙선하고 낙동강 오리알 신세를 맞이하게 될 거다.

이렇게 정국을 난장판으로 만든다고 정권을 잡을 것 같은가!

너희가 아무리 억지와 난동을 부리며 비난해도 속지 않는다.

수구좌파首狗左派가 집권하고 ㅇㅎㅊ은 20년 집권을 말하였다.

하지만 국민은 5년 만에 정권을 빼앗아 자유우파에 넘겨주었으니 천만다행이다. 이들이 말하는 꼬락서니를 들어보면 앞으로 20년 집권 기회를 주어서는 아니 된다. 국가를 통째로 말아먹은 흉악한 악마 카르텔 집단이기 때문이다.

이렇게 이야기하면 게거품을 물고 따질 계륵이 있을 게다.

아니 좌파를 지지하는 세력은 때려죽이고 싶도록 감정이 격해질 수 있겠지만, 이것은 어디까지나 세상을 살아온 경험을 바탕으로 의견을 피력하는 거다. 이는 국민을 대변해서 절규하는 목소리니 잘 들어 주었으면 좋겠다. 아무리 패악질로 여론을 속이며 뻔뻔해도 국민은 총명하고, 똑똑하고, 현명해서 잘 안다.

헌법 개정에 5·18 정신을 담느냐 마느냐를 두고 혼란스럽다.

그런데 5·18 유공자가 베일에 가려있으면 헌법에 담을 이유가 없다. 헌법 전문에 올리려면 떳떳하고 자랑스러운 유공자가 되어야 한다. 유공자를 공개하고 숭고한 정신으로 민족의 영혼을 담아 기려야 헌법 정신에 부합符合하는 것이다.

아무리 좌파의 얼굴이 뻔뻔하고 파렴치한 정치꾼이라 해도 그렇지 5·18 유공자에 이름을 올려 보상금을 타 먹을 수 있단 말인가? 하루빨리 가짜 유공자를 골라내 서훈을 박탈하고 희생자의 명예를 지켜주어야 한다. 이러고 후손에게 떳떳하게 정치했다고 말할 것인가? 인간이기를 포기한 패륜의 행적과 지랄병에 물들어 있기 때문에 수구좌파가 정말 싫다.

민족의 죄인이 정치판을 좌지우지했던 썩어빠진 정치꾼이 담겨 있으면 걸러내야 한다. 이들을 심판해서 3족을 멸하도록 망신 주어 역사를 바로 세워야 한다. 자유 민주주의 발전을 위해서 희생하신 선열의 뜻에 먹칠하는 역적은 파멸시켜야 마땅하다.

✔ coffee break time!

필자는 자전거를 타고 달리는 라이딩을 무척 좋아한다.

국토종주 왕복 2번, 4대강 라이딩 2번, 제주도 일주 3번, 울릉도 일주 2번 다녔으니 자전거 마니아였다. MTB를 타면서 바람을 가르며 달리면 콧노래가 저절로 나오며 신바람 난다. 이 시간만큼은 스트레스를 확 날려 보낼 수 있어 상쾌하다. 한편으로 보면 너무 과격하게 운동하면서 몸을 혹사시키며 지치게 했던 것 같다.

✔ coffee break time!

대통령 탄핵이 동네 똥개 이름입니까?

아무 말이나 지껄이면 탄핵을 할 수 있는 겁니까?

언제부터 우리나라 대통령 위치가 이렇게 땅에 떨어졌습니까?

국민의 축복 속에 태어난 정권을 마구 흔들어 대면 어찌하자는 건지 도저히 모르겠다. 칭찬을 해주는 좋고 좋은 말이 많고 많은데 그들의 말은 듣고 싶지 않다. 말꼬리 잡고 비난하며 말발이 딸리면 탄핵을 꺼내 든다. 터진 입이라고 마구잡이로 지껄이는 말 폭탄을 퍼붓는 탐욕의 정치꾼을 몰아내야 한다.

비호□□의 등에 탄 대통령

물론 윤석열 대통령을 싫어하는 사람도 많이 있을 거다.

국민 모두가 좋아할 수 없는 일이니까! 죽이고 싶도록 미워하는 사람도 있겠지만, 국민이 선택해준 대통령이므로 존경하고, 응원해주고, 지켜보아야 도리 아니겠는가!

지지하는 정당의 사람이 아니라고 무조건 미워할 게 아니다.

그의 성품과 지나온 행적들을 살펴보면 어느 정치인보다 깨끗하고 열심히 해왔다. 정치 초년생으로 정치인끼리 빚을 진 것이 없으니 자유롭게 통치할 수 있다.

무엇보다 검찰 공무원으로 퇴임하였으니 믿을 수 있다.

좀 미숙한 면이 있을지 모르겠지만, 성실하게 근무한 경력을 높이 살 수 있으니 진정성이 보였다. 수십 년 동안 정치판에서 잔머리 굴리며 말장난으로 국민을 속이며 놀지 않았다.

스페셜 대한민국
시스템으로 혁신!

◆ 애국가와 국책 연구기관의 개혁!

◆ 의회제도 상하 양원제 개선!

◆ 세종시에 행정 수도 정착!

◆ 법인 택시를 자치단체에서 공영제 운영!

◆ 도청을 폐지하고 행정 체계 새편!

애국가와 국책 연구기관의 개혁!

고난의 시대를 극복하고 이끌어온 애국가!

애국가는 국가 기틀의 미래를 상징하는 표상이다.

애국가愛國歌는 일제 식민지 강점시대(1910년 윤치호, 안창호 등 독립운동가 여러 명의 손을 거치며 가사를 썼으며, 1935년 안익태 작곡해서)에 작사·작곡되었다. 다분히 독립운동의 투쟁 정신과 국가를 찾아야 하는 의미가 담겨 있다. 억압된 국제 환경 속에서 살아남으려고 안달하는 우리 선열의 모습이 그려진다.

혼란기에 민족을 하나로 단결시키는 역할을 충분히 했다.

또한 '고난의 시대를 이겨내는데 조금도 손색없이 꼭 필요하게 잘 만들어진 애국가였다.'라는 것은 두말할 이유가 없다. 일제의 억압에서 벗어나려고 몸부림을 치시던 선각자의 영혼이 훌륭하게 전해진다. 나라 잃은 서러움을 '애국가를 부르고, 만세를 외치며 눈물로 한을 달래면서 단결'했던 찬미가였다.

우리 민족은 애국가를 부르며 똘똘 뭉쳤다.

'대한 독립 만세! 대한민국 만세! 순국선열께 만세!'를 외치며 세계 열강의 지도자를 향해 목이 터져라 구원을 호소하는 독립운동가獨立運動歌이기도 하다. 일제의 억압을 받는 식민지 국민이었지만, 세계 언론이 관심을 가져주지 않았다. 동방의 조그마한 나라로 무시하니 너무나 억울하였다. 이에 굴하지 않고 살아서 숨 쉬고 있음을 절규하는 영혼의 실체였다. 꺼져가는 조국을 세계만방에 알리려고 몸부림을 치시던 선각자의 모습이 그려진다.

하지만, 지금은 지구촌 시대로 급변하고 있다.

세계 곳곳을 손바닥 눈금 보듯이 하는 미디어 시대다.

통일을 이루어야 하는 마당에 언제까지 과거의 슬픔을 안고 투쟁 정신으로 살아가야 합니까? 그렇게 지낼 수 없는 시대이다. 세계 10대 경제 대국으로 번창하였으니 한류 문화를 배우려고 지구촌이 부러워하는 나라가 됐다.

애국가를 부르며 자신감과 나라 사랑의 기쁨을 가져야 한다.

그러니까 경쟁과 투쟁 정신을 부추기는 가사와 곡이 아니라 국민 정서를 부드럽고 함께 더불어 사는 믿음을 주어야 한다. 미래를 창조하는 음조 곡으로 새로이 만들어야 한다.

애국가를 바꾸고 수도를 옮기는 게 불변의 진리가 아니다.

이러한 이야기를 꺼내면 마치 망국적 행위이며 정신 나간 사람으로 취급하는데 이는 잘못된 정서다. 역사 이래 수도는 여러 번 이전하고 새롭게 건설하였다.

그렇게 해서 국민을 하나로 단결시키고 새 시대에 맞는 정책으로 국가 발전을 이루었다. 서울은 조선의 건국과 함께 600년 전에 만들어진 수도다. 왕조시대 건설된 중앙 정부 정책을 언제까지 따라야 합니까?

지금은 국호를 '대한민국'으로 바꾸었다.

새 시대를 맞이하였음을 의미하고 알리는 것이다.

이때는 권력을 가진 똑똑한 사람이 결정하고 발표하면 국민은 따르게 마련이다. 이에 반박하며 아니 된다고 반론을 제기할 사람이 어디에 있을까? 이 결정은 자신의 탐욕과 부귀영화를 위해서 말하지 않았다. 오직 조국의 미래와 국민을 위해서 모든 열정을 바쳤다. 그러니 국민은 믿고 따랐던 것이다.

이제 시대적 흐름에 맞도록 나라의 기반을 세워야 한다.

도시의 건축물은 강과 하천, 산과 바다를 배경으로 현 시대에 어울리는 도시 기반으로 새롭게 짜야 한다. 도시는 그 시대의 풍습을 알리는 중요한 역할을 한다. 엉거주춤하는 행동으로 망설일 이유가 없는 일이므로 당장에 추진해야 좋다.

그때와 비유하면 음악의 범위도 엄청난 발전을 거듭했다.

그야말로 악기와 음향의 효과는 물론이고 음악의 천재들이 눈부신 발전을 이루어 놓았다. 그런데 단순 사회에서 만들어진 애국가를 고집할 이유가 없다.

또한, 과거의 음악을 변경할 수 없는 철칙이 아니다.

여기에 고착화되면 미숙하고 어리석은 사고일 뿐이다. 어려운 시기에 나라를 이끌어온 위대한 미담을 본받아 미래의 새로운 세계를 펼쳐야 할 필요가 있다.

나라 사랑과 행복이 넘치는 가사로 작사 작곡되어야 한다.

현재의 애국가는 학교에서 부르는 '교가'이며, 회사에서 부르는 '사가' 같은 의미가 담겼다. 인권과 복지국가를 지향하고! 자유 민주주의와 인간의 존엄 민족의 위대한 업적을 담고! 용기와 정의를 바로 세우는 데 창의적으로 참여하고 실천할 수 있도록 했으면 좋겠다. 정부에서 예산을 반영해 애국가를 공모하면 시대에 맞는 훌륭한 곡이 나온다.

그리고 지금의 애국가는 3·1절, 8·15 광복절 행사 등 독립을 쟁취하려고 선열께서 목숨 바쳐 싸워야 했던 기념일과 행사 때 활용하고, 미래의 애국가는 공무원 아침 조회, 운동 경기장, 국가행사, 각종 사회 단체 행사에서 부르면 된다.

세계의 애국가를 연구해 통일 대한민국에 맞는 가사와 작곡으로 창작해 국민이 자연스럽고 부르게 할 필요가 있다. 북극과 남극은 물론이고 아프리카와 열대의 사막 한가운데서 땀 흘려 노력하는 열정을 노래에 담으면 어떨까? 남북 통일을 이루어야 하는 당위성을 담고 지구

촌과 소통할 수 있는 노래 가사로 흥겹고 재미있게 부를 수 있도록 제
정하면 좋을 것이다.

온고이지신溫故而知新의 계승 발전!

좌파 정부에서 광복회는 부패와 비리의 온상이었다.

어렵게 생활하는 독립운동가의 후손에게 지원되어야 할 기부금이
○○광복회장이 치부하는 데 사용하였다. 철면피 행위를 바라보려니
창피해서 말하기도 싫다. 광복회장이 돈이 없어 먹고살 길이 어려워 이
짓을 했을까?

그는 "박근혜 대통령을 존경하는 사람보다 김정은을 좋아하는 국
민이 낫다." 지껄였다. 이게 말인가? 방귀입니까? 북한 인민의 인권을
짓밟는 독재자를 좋아하다니! 완전히 종북 세력에게 광복회장의 벼
슬을 내준 거다. 고양이한테 생선을 맡긴 꼴이다. 애국가를 만들어
나라 잃은 슬픔을 달래고 독립을 외치며 지켜온 순국선열께 머리가
숙여진다.

좌파 정권의 행적에 피눈물이 나오려고 한다.

이러한 자를 광복회장 자리에 앉혀 놓고 국가의 녹을 먹게 했으니
이게 정상적으로 돌아가는 정부였을까? 대한민국이 이렇게 더럽혀져
도 되는 겁니까? 순국선열의 얼을 더럽히는 현상을 세상 사람에게 묻
고 싶다.

아무리 정치가 썩었다고 해도 이렇게 오염되어야 했을까?

언론에 나와서 그렇게 떠들며 자랑스럽게 외치던 자가 가면의 얼굴
로 국민을 속여 왔으니 서글퍼진다. 이러한 자를 그 자리에 앉아 있게

해준 대통령도 똑같은 사람으로 다를 바 없다. 그 밥에 그 나물로 패가 망신시켜도 화가 풀리지 않는다.

패륜의 정치로 오염시키는 언행을 보면 열불이 난다.

순국선열께서 목숨 바쳐 지켜온 자랑스러운 나라를 어리석은 자들에 의해서 더럽혀지는 현상이 역겹다. 이들은 나라 사랑과 국민의 안위는 어디에도 없다. 권력을 돈벌이 수단으로 이용해서 더럽혀도 되는 겁니까?

아름다운 금수강산과 위대한 국민의 나라로 지켜야 한다.

특권과 반칙이 없는 사회, 공정과 상식이 통하는 나라가 되어야 한다. 만년 이어온 온고이지신溫故而知新의 정신을 계승 발전시켜야 할 자랑스러운 민족이다.

애국은 높은 지위에 오르려고 혈안을 떠는 게 아니다.

국가와 국민을 위해서 나를 희생하는 신념에서 나오는 양심의 철학이다. 선거철이 되면 시장을 돌아다니며 눈물을 질질 짜며 호소하는 정치꾼이 애국가를 부르며 애국자인 척 악어의 눈물을 흘리는 자에게 동정을 주면 아니 된다. 이들은 자신이 필요할 때 애국을 말하고 국가의 미래를 언급하는 것은 어불성설이다.

이들은 자신들의 정치적 목적을 달성하기 위해서 위선과 가면을 뒤집어쓴 협잡꾼에 불과하다. 나라의 미래를 이끌어야 하는 수장(대통령과 국회의원)이 탐욕의 눈물을 흘리는 꼴불견을 지도자로 뽑아 놓으면 아니 된다.

보통 사람으로 '시장에서 물건을 파는 거친 할머니의 손을 잡고 도와주지 못해서 죄송합니다.' 동정을 보내는 연민의 감동에서 나오는 눈물이 지도자의 표상이다. 민심을 돌보며 위로하는 진심이 느껴지게 한다.

선거철만 되면 시장에 나타나 더러운 손을 내밀며 '한 표 부탁합니다.' 열변을 토하는 게 요즘 정치꾼의 행태다. 국민은 이러한 정치꾼의 자가당착 행위에 속아서 넘어가는 어리석은 우를 범하지 말아야겠다.

지도자는 과거의 삶에서 오늘과 미래를 발견할 수 있다.

정신적 사상적으로 온전한 사고思考를 가지고 있는지 언론이 철저한 검증이 필요하다. 이만큼 과거의 언행이 중요하다. 이를 무시하고 선거 때마다 나타나 국민과 주민을 위해서 일한다고 열변을 토하는 주민을 이용하려고 하면 되겠는가! 폭군을 뽑아 놓고 나쁜 놈이라고 욕할 것이 아니라, 뽑을 때 잘 뽑아서 일꾼으로 부려먹는 게 유권자의 책무이다.

아무튼, 애국가를 시대에 맞는 곡으로 바꾸어야 한다.

단도직입적으로 말하면 미래의 무궁한 발전을 위해서 빨리 개선해야 할 필요가 있다. 정치, 경제, 문화, 국방이 발전한 만큼 우리나라의 표상이 되도록 말이다. 붉은악마의 용맹과 기상을 세계만방에 알려야 한다. 가사는 그대로 사용하더라도 곡의 음조를 바꿀 필요가 있다고 본다.

현재의 애국가는 느리고, 슬프고, 미래 지향적이지 않다.

그래서 애국가를 부르면 눈물이 나오게 한다. 왜 애국가를 부르며 슬픔의 눈물을 흘려야 하나! 지금도 애국가만 부르면 숙연해진다. 나라 잃은 슬픔을 달래려고 애타는 마음을 담아 애국가를 부르며 눈물을 닦아야 했던 과거를 떠올리게 한다.

이제 애국가를 부르며 눈물을 흘려야 할 때가 아니다.

자랑스러운 대한민국의 기상을 높이는 애국가로 되어야 한다. 빠르고, 용기를 북돋워주고, 기쁨이 넘치게 해서, 힘이 솟아나는 발전적인 노래로 국민 애창곡으로 만들어야겠다. 세계 무대로 향하는 진취적인 용맹을 가지도록 제정하자는 이야기다.

공공기관 이전으로 지방 소멸 막아야!

공공기관을 지방의 소도시로 이전은 시대적 흐름이다.

통일이 되면 서울대학교를 세종시로 이전시키고 고려대와 연세대는 평양으로 옮겨 국토의 균형발전과 북한 지역에 천년대계 교육환경을 조성해 주어야 한다. 평양을 명실상부한 세계적인 교육도시로 발전시킬 수 있어야 한다.

한국개발연구원, 국토연구원, 과학기술정책연구원, 대외경제정책연구원, 산업연구원, 통일연구원, 한국법제연구원, 한국여성정책연구원 등 많은 국책 연구기관이 있는데, 이들 기관의 업무 능력과 특성에 맞는 지방으로 이전시켜 혁신을 이루어야겠다.

허울 좋은 기관(페이퍼 오피스)이 아니라 실질적인 기능을 발휘하도록 과제를 주어 연구하도록 채찍을 가해야 한다. 또한, 쓸데없이 존재하는 기관은 통폐합시켜 기능의 효율을 높여야 한다.

공공기관의 내면을 파고 들어가 보면 가면을 쓰고 세금을 축 내는 기관이 부지기수다. 누구를 위한 공공기관이란 말인가? 무엇을 하기 위해서 존재하고 있는지 따져 봐야 한다. 벼슬자리를 만들기 위해서 운영되는 공공기관은 없애야 좋다.

자영업자와 노동자가 밤잠을 설치며 피땀 흘려 벌은 금쪽같은 돈을 세금으로 바치는데 놀고먹는 관변 단체와 국책 연구기관 근무자에게 월급을 준다는 것은 어불성설이다. 이들 기관을 과감하게 없애든지 줄여서 줄줄 새는 세금의 낭비를 막아야겠다.

서울에 아파트를 아무리 지어도 주택난이 해소되지 않는다.

공공기관을 농어촌으로 이전시켜 인구 분산 정책을 펼치고 국토의 균형 발전과 지방소멸을 막는다. 수도권은 이미 너무나 많은 인구 과밀

현상으로 밀집되어 포화 상태다. 육군사관학교, 대법원, 대검찰청, 헌법재판소를 지방 도시로 이전시켜야 한다.

이들 공공기관이 대도시에 있을 이유가 없다.

국가 재정으로 운영되는 공공 행정기관을 당장 지방의 소도시로 이전시켜 소멸해가는 지방을 살려야 한다. 행정기관이 형성되면 그곳은 5년 내에 커다란 도시로 변모한다.

고령화 시대에 시골은 노인이 농사를 지으며 살아간다.

우리 국민은 노인 어르신께서 농사지은 쌀과 곡식을 먹고 산다. 이들이 돌아가시면 농촌은 빈집으로 남아 있을 것인데 사회적인 문제가 아닐 수 없다.

지방의 인구 증가는 공공기관 이전에서 찾아야 한다.

수도권에 아무리 좋은 복지정책을 펼치고. 주거난을 해소하려고 해도 수요와 공급의 한계에 부딪치면 해결책이 나오지 않는다. 수도권은 포화 상태이고 지방은 소멸해 가는데, 특정 지역에 투자하는 것은 국가의 미래를 병들게 할 따름이다.

지방의 소도시를 살리는 특단의 조치를 빨리 취해야 한다.

대기업과 중소기업의 본사를 지방으로 이전해서 인구 증가에 기여한다. 사람이 북적대면 상권이 형성되고, 상권이 들어서면 삶의 활기를 찾을 수 있다. 시골에서 농사만 지으며 살 수 없기 때문에 도시로 떠난다. 농촌에서 대문을 열고 나가면 논과 밭에 일거리가 기다리는데 죽을 둥 살 둥 모르게 일하는 시대가 아니다.

소도시에 문화공간을 확대해 주어야 삶이 윤택해진다.

물론 행정복지센터에 나가면 취미 생활을 즐길 수 있는 공간이 마련돼 있다. 돈을 벌면 유용하게 사용할 수 있는 문화 시설이 있어야 인간다운 생활을 영위하게 된다.

의회 제도를 상하 양원제 개선!

비례대표 제도 개선!

의회의 운영 방식을 상하 양원제로 바꾸어 볼 필요가 있다.

국민성을 볼 때 지고 못 사는 성품 때문에 사회적 악습이 판을 친다. 상대방에게 지지 않으려는 고집을 부리니 타협과 상생의 정치를 못 하고 있다. 현재의 국회운영 체계에서 여당과 야당이 사사건건 시비거리고 타협을 못 하는 정치 풍토에서 싸움만 한다. 나의 편은 선이고, 잣대로 치닫는 극단의 정치를 피하자고 호소하는 게 이렇게 억울한가!?

왜 정치꾼은 국민이 주인이라는 것을 인정하려 들지 않을까?

지네들이 최고이고 나라를 이끄는 지도자로 착각하기 때문이다. 선출직(국회의원과 시장, 군수, 도의원과 시군 의원)이 비리와 불법으로 구속되면 월급과 수당 등 모두 지급을 중지해야 한다. 법정 공방에서 무죄를 받으면 그동안 지급되지 않은 급여를 주면 된다.

일반 국민과 회사원은 위법 부당 행위가 나타나면 즉시 경찰서에서 조사를 받아야 하며, 공무원은 즉시 파면이 되어 옷을 벗어야 한다. 그리고 부당함을 호소하며 잣대로 치닫는 극단의 정치를 피하자고 호소하는 게 이렇게 억울한가!?

법정에서 싸우려면 엄청난 변호사비에 무기력해진다.

돈이 없으면 법정에 호소도 못 하고 그냥 해임당하고 노가다를 다니며 생계를 유지해야 한다. 이 얼마나 불합리하고 억울한 제도인가? 공무원이라는 이유로 청렴 의무를 엄격히 적용하며 학대에 가까운 처벌을 강요받는다.

정치인에게 이러한 잣대로 평가해서 엄벌에 처해야 한다.

공무원보다 더욱 청렴하도록 제도적 가치를 정립해서 운영해 법치 질서가 지켜지고 정치풍토가 맑아집니다. 현재의 정치 풍토는 '정치꾼에 의한 정치! 정치꾼을 위한 정치! 정치꾼의 정치!'를 하면서 국민의 머리 위에서 군림하려고 든다.

정치꾼에게 엄청난 특혜를 주는 것은 크나큰 범죄 행위다.

또한, 장관을 임명하려면 청문회를 실시하지만 형식에 불과하다. 여당은 당연히 통과 의례 절차이므로 칭찬 일색이고, 야당은 트집을 잡아 낙마시키려고 안달을 한다.

이때 청문회 과정에서 나타난 결과(도덕성과 업무 능력, 공직자로 갖추어야 할 자세, 부정부패, 위법 부당 행위, 역사관과 사상의 검증)를 검증 심의해주는 역할을 수행한다. 야당이 억지 주장하며 낙마시키려는 청문회인지, 여당이 도와주어 임명토록 하는지 궁금하다.

그리고 비례대표 제도를 폐지하든지 개선되어야 한다.

지역구 국회의원은 선거를 통하여 주민의 선택을 받아야 하는데 비례대표는 가만히 앉아 특권이 주어지는 권력이다. 그래서 배정된 지방의원과 국회의원에 대하여 도덕성, 정책 평가 능력을 청문회를 실시해서 선출토록 해야 할 필요가 있다.

상원 50명, 하원 200명으로 유지하면 되지 않을까? 전국을 광역시군 50개 정도로 개편해서 상원은 광역시군에서 한 명씩 선출하고, 하원은 인구 비례해서 200명 선출해서 정치의 효율을 높이면 바람직하겠다. 현재 국회의원 300명은 인구 비례해서 너무 많은 의원을 보유하고 있다. 작고 효율적인 의회 운영 방안을 찾아야 정치 선진화를 이루어야 한다.

또한, 비례대표 선출하는 의원 검증 시스템을 두어야 한다.

비례대표(국회의원, 시도의원, 기초단체) 제도를 없애든지, 임기개시 이전에 130%(10명이면 13명) 선발해서 청문회를 실시하자는 것이다. 그중에서 깨끗하고, 능력 있고, 국회의원 자격이 있는지 평가해서 자리를 주어야 한다. 우파 정권에서 200석 이상 국회의원을 당선시켜 헌법을 개정이 이루어지도록 했으면 좋겠다.

대한민국을 획기적으로 혁신하는 제도를 만들어야겠다.

당 대표에게 눈도장 찍고 부정부패 범죄자, 권모술수權謀術數와 위선자僞善者, 임기응변臨機應變으로 국민을 우롱하는 간신배가 정치권에 발을 들여놓지 못하도록 하자는 거다. 이들은 금성에서 온 특별한 사람이 아니다. 오히려 엄격한 잣대로 평가해서 국민의 심부름꾼으로 부려 먹어야 한다.

높은 사람에게 눈도장 찍고 얻는 벼슬자리가 아니다.

실력과 능력에 관계없이 대통령과 당 대표의 의중에 따라 어중이떠중이 몰려드는 것을 막아야 한다. 누가 더 많은 당비를 내고, 공천 헌금을 많이 냈느냐에 따라 공천 여부가 결정된다. 사람의 청렴도, 인간성, 정책능력을 보지 않고, 매관매직으로 자리를 나누어 주니 범죄자가 깨끗한 척 위풍당당하게 정치판에 들어온다.

이제 악습의 관행은 과감하게 버려야 할 과제다.

국가 조직은 전문 분야에서 충실한 사람이 각자 맡은바 최선을 다하도록 제도를 마련해주면 된다. 거대한 국가 조직은 시스템에 의해서 자동적으로 잘 돌아가게 돼 있다.

선거 자금 보전금 제도 폐지!

정치꾼은 나랏돈을 쌈짓돈으로 사용하는 괴물이다.

나라의 곳간을 빼먹는 방법과 수단에 능숙한 도둑놈이다.

왜! 이러한 제도로 운영되도록 내버려 두어야 하는지 의심스럽다. 선거를 치르고 당선되면 영광의 자리에 오르게 되지만, 낙선해도 선거 비용을 보상해주기 때문에 걱정하지 않는다.

선거 비용을 정부에서 보전해주기 때문이다.

정치꾼은 나라의 예산을 쌈짓돈 사용하듯이 펑펑 쓰고 다닌다. 오히려 선거 한번 치르고 나면 떼돈을 벌어 나온다. 기탁금 몇푼 내고 선거는 대충 치르고 떨어져도 선거 비용을 지원해 주니까! 옛날처럼 패가망신하는 일이 없다.

그러니 먹튀 현상이 벌어지는 거다.

선거 때만 되면 돈을 싸 들고 정치판에 기웃거린다.

돈 많은 졸부는 출세하고픈 욕망에 빠져 수단과 방법을 가리지 않고 중앙당을 찾아다닌다. 국회의원과 시장 군수 공천을 받으려고 혈안을 떤다. 이러한 정치 행태는 당장에 바꾸어야 할 불합리한 과제다. 정치꾼을 위한 정치꾼의 나라가 돼서 선진 일류 국가를 건설할 수 있겠는가?

그런데 왜 국회의원은 아무 곳에서 선거에 나서도 되는가?

거주지가 다른 충청도 사람이 전라도에 출마하고, 전라도 사람이 경상도에서 출마하고, 인천 사람이 서울에 출마하고, 서울 사람이 인천에 출마하니 이러한 법이 어디에 있나 싶다.

아무 연고도 없는 지역에서 국회의원과 시군 의원이 되겠다고 나서는 게 주민의 대표로 인정할 수 있을까? 한마디로 주민을 우습게 보는 처사이므로 심판을 내려야 한다. 우리 지역에서 태어나 초·중·고등학교를 다니고 지역 발전에 기여한 사람을 주민의 대표로 뽑아야 한다. 그래야 주민을 위해서 온몸을 바쳐 일하게 된다.

이는 선진 정치 발전을 위해서 개선되어야 할 과제다.

이러한 후보자를 국회의원으로 만들어 주어 의정 단상에 내세워 큰 소리치게 하고 있다. 주민은 바보들의 행진을 해야만 하니 한심한 작태다. 선거직(국회의원, 시도지사, 시도의원, 시군의원) 출마 자격 조건에 해당 지역에 1년 이상 거주자로 해서 사실상 주민의 대표자가 될 수 있도록 제도화해야 한다.

이들은 법을 만드는 입법기관으로 자신은 무제한 특권을 가지고 최대의 혜택을 누리도록 법을 제정하였다. 그러면서 핑계도 많고 남의 탓으로 돌리며 그들의 배를 채우는데 조금도 부끄러워하지 않는다. 이들은 나라가 어떻게 되든 천년만년 흥청망청 해먹을 것처럼 난리 블루스를 추며 놀아납니다.

'정치꾼들은 기업을 경영하는 것보다 수익이 났다.' 한다.

돈을 벌기 위해서 '대통령과 국회의원, 시도의원에 출마한다.'라고 보아도 좋을 듯하다. '국민을 위해서 봉사 활동을 한다.'라는 말은 궤변에 불과하다. 선거에 출마해서 일정 비율 15% 이상을 득표하면 국고 보조금이 나오니 선거에 떨어져도 손해 볼 일이 없으니 떼돈을 벌고 배를 채우게 된다.

대통령의 경우에 15% 이상 투표율이 나오면 450억 원가량 보조금이 나오는데 이보다 대박이 나는 사업이 어디에 있겠는가! 인기 좀 있으면 국회의원과 시도의원에 출마해 한턱 챙기고 조용히 사라져 뒷골목에서 살면 된다.

여당, 야당 대표 체계 폐지 해체!

왜! 옥상 옥의 계륵의 자리를 만들어 놓았을까?

세계적으로 유례가 없는 당 대표 체계를 당장 폐지하자!

국회의원을 대표하는 원내 대표가 있으면 됐지, 왜! 당 대표가 있어야 하는지 의문을 가졌었다. 당 대표는 무엇 하는 자리이고, 원내 대표는 뭐 하는 사람인가? 직장에 다니며 정치를 모르고 TV 뉴스를 볼 때 많은 의문을 가져야 했다.

세월이 흘러 알게 된 사연은!

박정희 대통령과 대적하며 김대중 당 총재와 김영삼 당 총재가 양대 산맥을 이루며 정치 경쟁을 하면서 만들어진 호칭이다. 이들은 계보 정치를 이끌면서 당 대표(총재 자리)를 만들어 여당과 야당의 당 대표가 나라를 이끌어가는 것처럼 포장하였다.

우리 국민처럼 벼슬을 좋아하는 나라가 있을까?

당 대표(총재)가 국회의원을 다스리며 발아래 두려는 의도에서 만들어진 벼슬자리다. '여당에 대통령이 있으면 야당엔 당 대표가 있다.'라는 식으로 서로가 대적하고 싶은 열망에서 만들어진 자리다. 옛날에는 대통령이 여당 총재(대표)를 역임했었다.

여당 총재(대통령)가 전권을 가지고 국정을 휘두르면 야당이 불리하기 때문에 정치와 행정을 분리해 놓았다. 야당 총재와 여당 총재(대통령)가 만나 영수 회담을 열면서 대통령과 대적했던 제도다. 이러한 폐단을 막기 위해서 여당 대표가 생겼다.

대통령은 정치에서 물러나고 행정에 전념하도록 한 것이다.

이 제도는 헌정사에 제일 잘한 일이다. 좌파는 노무현 대통령이 선거에 개입했다고 탄핵을 시켰다. 정치와 행정을 분리시켜 놓고 야당 대표는 왜! 대통령을 만나려고 할까? 이해가 되지 않으며 법을 위반하는 행위다. 대통령이 야당 대표와 잘못 엮여 말실수로 정치적 발언이 나오면 구설수에 오를 수 있으므로 만날 이유가 없다. 절대로 야당 대표와 만남은 금물이다. 대통령에게 정치를 못 하게 해놓고 영수 회담을 구걸하는 의도는 잘못된 행위다.

야당 대표와 대통령하고 동급이라는 이야기는 어불성설이다.

어떻게 야당 대표와 대통령이 동급이 될 수 있나? 정치적 회담은 당 대표끼리 동급으로 자리를 마련하면 되는 것이지? 과거 프레임에 빠져 대통령과 국정을 논하려고 하는 파트너십의 논리는 끝내야 한다. 이는 정권이 바뀔 때마다 일어나는 현상이지만, 이번 기회에 당 대표끼리 민생을 협의하도록 확실히 지켜야 한다.

야당 대표는 차기 대통령이므로 맞장을 뜨고 싶은 거다.

그러니 기선을 제압하려고 한 발짝도 물러서지 않고 투쟁한다.

야당의 당 대표가 여당의 당 대표를 뛰어넘어 대통령과 대적하며 파트너가 되고 싶겠지만 서로가 품위를 지켜야 한다. 야당의 당 대표는 차기 대통령감이므로 대적하며 국정을 논하는 것처럼 포장하고 싶겠지만 순리를 지켜야 한다.

하지만 이번에서 윤석열 대통령이 당선되므로 이러한 논리는 개 박살 나고 말았다. 당 대표가 아니라 누구라도 능력을 갖추었으면 하늘에서 내려와 국민의 지지를 받고 대통령이 되는 선례를 남겼다. 당권 싸움만 하는 당 대표 자리를 만들어 놓았으니 ㅇㅈㅁ과 ㅇㅈㅅ 같은 또라이가 탄생하게 되는 것이다. 국정을 파국으로 몰고 가는 비참한 꼴을 보지 않으려면 당장에 폐지해야 하는 이유다.

이러한 당 대표는 우리나라만 있는 제도라고 한다.

원내 대표끼리 정책을 협의하고 국정을 논하면 되지 옥상옥의 벼슬자리를 만들어 놓고 싸움질만 한다. 이해가 되지 않는다. 당장에 폐지해서 여당과 야당의 원내 대표가 의회에서 책임지고 국정을 논할 수 있도록 제도를 만들어야 한다.

이번에 야당 대표의 행태로 보아 뼈저리게 느끼는 현상이다.

야당 대표의 엉망진창의 거짓말 언행에 정국의 블랙홀로 빨려들어 정치가 한 발짝도 나가지 못하고 있다. 나라가 두 쪽으로 나누어져 있으니 해결책을 내놓아도 전혀 도움이 되지 않는다. 무슨 말만 하면 죽기 살기로 비난하고 덤벼드니 대통령도 어찌할 바를 모르고 멍하니 바라보아야 한다.

이게 사람 사는 곳에 정치인가 묻고 싶어진다.

여당이 먼저 당 대표 체계를 폐지하고, 야당에 폐지하도록 권고해야 한다. 당 대표 체계가 법적으로 명시돼 있는지 모르겠다. 법이 있다면 법을 개정해야만 한다. 물론 국회의원과 시장 군수 시도 의원은 공천장에 당 대표 직인을 찍어야 하니 법에 명시한 것 같다. 이를 원내 대표 직인으로 바꾸어 추진하면 된다.

정치와 행정은 국민의 심부름꾼!

정치꾼이 국민을 봉으로 보기 때문에 문제다.

왜! 국민이 이러한 대우를 받으며 열광해야 합니까?

빈둥빈둥 지내는 실업자 건달에게 벼슬자리에 오르게 해주었으면 주민을 위해서 봉사활동을 잘해야 할 것 아닌가? 좋은 직업 꽃보직을 차지하게 해주었으니 이 은혜는 하늘과 같다. 갚아야 할 빚은 아니라고 하겠지만, 떵떵거리며 살게 해주었으니 이보다 큰 혜택이 어디에 있겠습니까? 이 빚을 갚으려면 시민을 매일 업어 주어도 은혜에 보답하지 못한다.

지역 주민이 아닌데 어떻게 주민의 대표가 될 수 있겠습니까?

지금까지 얼굴 한 번도 보지 못한 놈이 내가 거주하는 곳에 출마해서 국회의원이 되는 것은 정말 화가 치밀어 오른다. 시민이 이들을 퇴출시키지 않으면 봉이 되고 만다.

국회의원에 대한 국민 소환제를 도입해야 합니다.

선출직이 직무를 제대로 수행하지 못하고, 부정부패와 불법을 저지르면 지역 유권자의 5분의 1 이상 참여하고 과반 이상이 찬성하면 자격을 박탈해서 끌어내려야 정신을 차린다. 그렇지 않으면 헌법재판소에서 이들의 자격을 심의해서 해임하는 제도를 만들어야 법질서가 바로 서게 된다.

정치를 잘하려고 고뇌할 필요가 없다.

상식에 어긋나지 않는 일상의 생활에서 찾으면 된다.

그런데 이게 왜 이렇게 어려운가? 국민을 우습게 보고 가볍게 보기 때문이다. 국가의 녹을 먹으면서 '국민으로부터 버림을 받으면 높은 지위에서 내려와 옷을 벗어야 한다.'라는 두려움에 정치하면 거만 떨지 못한다. 공무원은 민원이 발생하면 완료될 때까지 주민의 편에서 진력을 다해 처리해 준다. 정치꾼도 공무원처럼 열심히 일하면 국민의 지지를 받을 수 있을 것이다.

지금은 누가 누구를 지시하고 따르는 시대가 아니다.

타인의 영역은 전혀 알지 못하므로 조금도 침범하지 못한다.

각자 알아서 움직이는 사회이므로 내 영역은 나만이 최고로 잘할 수 있는 특권이다. 그런데 선출직에 당선되면 특권을 누리는 벼슬이라고 머리를 쳐들고 다닌다. 혼자 잘난 체 떠들고, 똑똑한 체 나돌아다니고, 주민을 향해 이래라저래라 말한다면 꼴불견이 아닐 수 없다. 이들은 '국가와 국민을 위해서 일합니다.' 야단법석을 떨지만, 부패한 정치꾼의 달변가에 불과하다.

대법관이 썩어 빠진 정치꾼에 부화뇌동 정치 판결을 해주는 작금의 사태가 창피하다. 이는 시궁창의 쓰레기통에서 국수 가락을 주워 먹는 쥐새끼 같은 짓이다. 법치가 썩으면 국가를 지탱해주는 기둥이 무너진다. 이게 바로 사법 농단이고, 곪아 터진 권력에 붙어 어영부영 말장난 판결하며 관계를 지속하면서 임기가 끝나면 무대에서 사라진다.

살면서 죄를 짓지 않았으면 두려워할 이유가 없다.

좌파 정권이 퇴임하자 위법 부당한 행위가 지면을 채웠다.

법의 심판이 두려워 악법을 개정해 놓고 정치 보복이라고 떠들고 있다. 감사원의 조사와 검찰의 수사에 야당 탄압이라고 프레임을 씌워 무엄하다느니 무례하다고 반박하고 있으니 말이 됩니까? 지구 끝까지 찾아가 탈탈 털어 심판해야 법치가 바로 선다.

그나마 정치의 기본을 보여준 자가 있었으니 다행이다.

그들(ㄴㅁㅎ, ㅂㅇㅅ, ㄴㅎㅊ)은 자신의 잘못을 가슴에 안고 무덤으로 가지고 간 용기가 빛을 발휘해 차라리 감탄을 자아낸다. 이들은 사나이의 추한 모습을 보여주지 않고 변명하지 않았다. 깨끗하게 죽음을 택하여 모든 잘못을 끌어안고 떠났다. 이게 우리 민족을 지켜온 절개이며 순국선열의 뜻을 더럽히지 않는 정신이다.

그런데 지금 그는 어떠합니까? 물에 빠진 생쥐 꼴이다.

아무리 열변을 토하며 정치권을 비판해도 개선될 기미가 보이지 않으니 요원한 문제이다. 시작은 미미하고 계란으로 바위 치기라고 하겠지만, 자그마한 외침의 울림이 정치 발전을 이루는 시발점이 되기를 바라는 마음이다.

정권이 바뀔 때마다 정치 보복이라는 말이 나오지 않도록 깨끗한 정치로 부끄러움이 없이 잘했으면 좋겠다. 지구촌 시대에 한국의 문화와 경제 발전을 바라보고 부러워한다. 젊은 세대가 꿈을 가지고 미래의 희망을 펼쳐 보일 나비효과를 기대해 봅니다.

고위 공직자의 특권을 폐지야 한다

어느 시민이 "국회의원은 국민의 적이다."라고 했다.

국회의원에게 주어진 186개의 특권을 없애고 일반 시민과 똑같이 살도록 해야 한다. 세비를 근로자 평균 임금으로 하고, 보좌관은 3명으로 축소하고, 면책특권 폐지, 불체포 특권을 폐지하고, 선거는 정당에서 실시하고, 정치 후원금 제도 폐지와 선거 비용 환급을 없애고, 정당에 대한 국고 보조금을 폐지해야 한다. 이러한 특권이 이들에게 부정부패를 저지르도록 불법을 조장하는 거다. 실업자에게 직업을 가지게 해준 것도 엄청난 특혜다.

우리나라의 정치는 '정치꾼에 의한, 정치꾼을 위한, 정치꾼의 정치!'를 하고 있다. 누가 이러한 법을 만들어 정치꾼에게 무한의 특권을 주고 부정부패와 불법을 저지르게 했을까? 지구 상 어느 나라가 정치꾼에게 이러한 특권을 누리도록 법으로 제도화했나! 말도 안 되는 짓이다.

과거에 무의식 행적이 오늘의 얼굴로 나타난다.

그래서 장래 정치에 꿈을 가지고 노력하고 있다면 학창시절부터 자아실현에 절제된 생활로 인성을 갖추어야 한다. 뼈를 깎는 고통을 감수해야 훌륭한 정치인으로 성장한다. 지금은 유리알처럼 투명한 사회이므로 몇십 년 전의 행적까지 밝혀낸다.

권위주의 시대에는 정치가 국민을 이끌어갔다.

그때는 단순 사회이므로 똑똑한 놈이 한마디 하면 따라갔다.

따지고 보면 선출직(대통령, 국회의원) 공무원들이 특권과 권세를 누리며 떵떵거리며 살던 때이기도 했다. 국민이 피땀 흘려 번 돈을 바치는 세금을 집권 세력이 빼먹고 달아나버리는 먹튀 현상을 언제까지 지켜보아야 한단 말인가? 야비한 정치 행태를 국민의 이름으로 처단해서 막아야 한다.

정치권에 빌붙어 지내고 퇴임하면 벼락부자가 되어 나온다.

이들에게 세금으로 먹여 살리는 뒷바라지를 해주어야 하는가!

노동 현장에서 구슬땀을 흘리며 일을 해보았는가? 아파트 건설 현장에서 짐통을 지고 벽돌과 모래를 날라 보았나! 배를 만드는 조선소에서 용접을 해보았을까? 원양어선을 타고 고기 잡는 고통을 겪어보았는가! 새벽에 시장에 나가 목이 터져라 외치며 야채를 팔아보았는지! 한여름에 들판에 나가 피땀 흘려 농사를 지어 보았는가? 무엇을 하며 여기까지 왔는지 따져 보아야 한다.

그런데 한자리 차지하면 무소불위의 권력을 휘두른다.

방송인이 정치를 비판했다고 방송 출연을 금지시키고, 가수가 노래로 정치 풍자했다고 국민이 좋아하는 트로트를 부르지 못하게 하는 행위가 정치꾼들이 할 일인가? 그들이 무엇인데 세상을 제 마음대로 움직이고 농락하는가? 국민이 잠시 위임한 권력을 마구 사용해도 되는가? 머슴이 머슴을 두면 머슴으로 마구 부려먹듯이! 개구리가 올챙이 때 생각을 못 하는 것과 다를 바가 없다.

좌파의 역겨운 과거 행적에 "썩은 사과보다 덜 익은 사과가 좋다." 했으며, "괴물보다 식물이 낫다."라며 야당(국민의 힘) 후보를 지지해야만 했을까! 섞은 사과는 동물도 먹을 수 없지만, 덜 익은 사과는 익혀서 먹으면 된다. 괴물은 사람을 해치는 동물이다. 깨어있는 국민이 정치를 감시 감독하면서 사회가 맑아진다.

한때 아버지를 아버지라 부르지 못하도록 패륜을 저질렀다.

그리고 도둑과 강도, 부정부패 사범을 잡으려는 검찰의 손과 발을 묶어 놓고 수사를 못 하게 했다. 부정을 부정이라고 말하지 못하게 하고, 정의를 부르짖으며 공정을 바로 세우려는 것을 개혁의 대상이라고 외쳤으니! 이게 공산주의도 아니고 자유 민주주의 나라에서 가능한 행위인가?

세종시에 행정수도 정착!

운기를 다해가는 수도 서울!

서울은 수도의 기능으로 생명력을 다해가는 도시가 됐다.

무학대사가 한양으로 도읍을 천도하면서 5백 년 도읍지라고 했다. 조선의 건국이 1392년이므로 6백 년이 지났으니 지기^{地氣}와 천기^{天氣}가 끝나고 쇠퇴기에 허덕이고 있다. 수도를 옮겨 민족의 미래에 새로운 기운을 불어 넣어줄 필요가 있다.

이 시점에서 역사의 획을 전환시켜 바꿀 때가 됐습니다.

우리 민족이 번영하는 천 년의 수도가 되도록 꾸며야 한다.

그래서 하루빨리 수도를 세종시로 이전해서 수도권 인구의 과밀을 막아야 한다. 대통령 집무실, 국회, 행정부의 각 부처를 이전시켜 행정의 효율을 높여야 한다. 이미 이전되어 정착돼 있어야 할 행정 수도입니다. 기득권층의 반발로 늦어지고 있는데 이는 단세포적인 판단이며 거시적이지 못한 시각이다.

국토의 균형 발전과 인구 분산 차원에서 시급한 현안이다.

통일 대한민국은 북한의 주민까지 서울로 몰려올 것인데 이를 어떻게 대처하고 수용하겠나! 서울은 이미 포화 상태이므로 아파트를 아무리 때려 지어도 수요를 감당하지 못한다.

이는 이미 박정희 대통령 때부터 논의되었던 국토종합개발계획에 행정수도 이전이 포함되어 검토하였다. 갑작스러운 사망으로 뜻을 이루지 못하고 사장 되었는데 반백 년이 지났다. 논란거리로 남아있다는 것은 지도자의 혜안이 부족한 탓이다. 윤석열 정부에서 청와대를 용산으로 이전하였지만, 임시방편에 불과하며 이 기회에 행정수도를 옮겨야 한다.

이제 이전을 긍정적으로 검토할 시점이 되지 않았을까?

정보화 시대에 정부통신의 발달은 공공기관과 기업의 본사가 수도권에 있을 이유가 없다. 인구 분산 정책을 추진해서 국민의 행복지수를 높여 준다. 평양은 교육과 관광명소 도시, 서울은 경제수부 도시, 세종시는 명실상부한 행정 수도로 가꾸면 된다. 그 밖에 산과 강을 비롯해 해안은 그 지역 특성에 맞는 도시로 개발해 취미와 직업에 따라 살아가도록 가꾸어야 한다.

한때 "관습법에 따라 수도는 서울이다."라고 했다.

이는 변화를 두려워하는 단세포적인 오류가 아니었을까?

대한민국의 수도는 서울이고, 현재의 애국가는 지켜야 할 만고불변 萬古不變의 진리가 아니다. 시대의 흐름에 따라 변화가 필요하므로 영구불변의 법칙은 아닐 것이다.

역사 이래 수도는 여러 번 이전하고 새롭게 건설하였다.

이러한 이야기를 꺼내면 마치 망국적 행위이며 정신 나간 사람으로 취급하는데 이는 잘못된 정서다. 선열께서 나라를 이끌어온 철학을 본받아 국민을 하나로 단결시키고 새 시대에 맞는 정책으로 국가 발전을 이루어야 합니다.

수도의 이전은 단순히 행정기구의 이전이 아니다.

국가의 국운이 걸려 있는 중대한 획을 긋는 종합 계획이다.

옛 청와대 위치는 산 밑에 절터마냥 자리 잡고 있다. 혼자 쓸쓸히 서 있는 외로운 기와집이다. 대통령이 되려고 활발하게 움직이던 사람이 대통령에 당선돼 청와대로 들어가면 물에 빠진 생쥐처럼 움츠려 지낸다. 무엇을 잘못했는지 모르지만 죽음을 두려워하는 죄인의 몸으로 고립돼 있는 모습이다.

어쩌면 청와대 집터의 음기가 세고, 양기가 부족해서 그러한 현상이 나오지 않을까? 옛 청와대는 산 밑에 오두막집으로 절간처럼 보인다. 산과 장막이 가로막고 있어 국민의 접근을 금지하고 있으니 음지에서 양지로 나와야 한다.

정의와 상식이 통하는 건전한 정신으로 함께해야 한다.

세계의 지도자가 근무하는 대통령궁은 웅장하고 그 위용이 어마어마함을 알 수 있다. 미국의 백악관과 의사당처럼 장엄하고 웅장하게 건축해 도심의 한복판에 우뚝 서 있다.

서울에서 혼돈의 시대를 극복하고 경제 부흥을 이루었다.

우리 선열께서 한양에 왕궁을 건립한 것은 선견지명이 있었다. 무학대사가 한양으로 천도하지 않고 개성에 정착하던지, 평양으로 천도했다면 어떻게 됐을까? 해방과 동시에 수도는 북한 지역에서 공산주의 이념에 따라야 했다.

지도자는 조국의 미래를 100년, 1,000년 꿰뚫어보아야 한다.

어떠한 일을 하든지 국가의 이념과 체재를 바꾸는 데 지도자의 과감한 결단과 용기가 필요하다. 지도자의 정신 이념이 이만큼 중요하다. 미래를 내다보고 지휘하는 정책으로 결단하는 데 깊은 혜안을 가지고 있어야 한다.

세종시에 광장 문화 비전 제시!

국정은 대통령이 정책을 결정하고 집행하는 기관이 아니다.

대통령은 국가의 최고 수장인데 장막의 뒤에 숨어있는 것처럼 보이면 되겠는가? 국민 속으로 파고들어 타협하고 지구촌 사람과 어울려

코리안 드림을 이루어야 한다.

청와대를 양지로 이전해서 생기를 불어 넣어주어야 한다.

새로운 청와대는 사통팔달로 통하는 6거리 광장에 10층 청사로 'ㄷ' 자 모양이 되도록 웅장하게 건축해 비서와 참모들이 함께 근무할 수 있도록 마련해 주어야 한다. 광화문 광장의 10배가 넘는 광장을 조성해 축제의 장을 펼치도록 하면 좋겠다. 광장 문화는 권력의 표현이고, 나라의 힘을 나타내며, 평화의 상징이기도 하다. 세계의 관광객이 몰려와 시민과 어울려 광장에서 춤을 출 수 있다면 얼마나 영광스러운 나라인가?

이미 로마는 2,000년 전에 광장 문화를 실천했다.

영화「벤허」에 나오는 광장 문화가 그걸 증명해 주었다.

광장에서 왕의 즉위 행사를 거행하였으며, 국가의 중요 안건이 있을 때는 시민이 모여 정책 결정을 내리기도 했다. 주요 행사 때 로마 시민이 광장으로 나와 춤을 추며 축제를 벌이는 모습이 로마의 힘과 국력을 상징하였다. 로마는 세계를 정복하고 성을 쌓아 지킨 것이 아니라 길을 만들어 소통하였습니다. 그래서 "로마는 하루아침에 이루어지지 않았다." 역설했던 것 같다.

대통령의 취임식과 퇴임식을 할 때 국민이 모여 축제를 벌이며 거행하면 얼마나 좋을까! 봄에는 꽃동산이 되고, 여름에는 숲이 우거지고, 가을에는 만추를 느끼며, 겨울에는 얼음판을 만들어 시민이 광장으로 나와 썰매와 스키를 즐기도록 해준다.

서울은 자기 몫을 챙기려는 집회와 시위가 매일 벌어진다.

그것도 대통령실(청와대) 주변에서 확성기를 틀어 놓고 불만을 표출한다. 도심은 아파트 숲으로 주민은 시끄러운 시위대의 목소리에 밤잠을 설친다. 이들의 불만을 정부가 끌어안을 수 있도록 광장을 마련해 주고 기쁨의 장으로 마련하자는 것이다.

대통령실을 옮겨야 하는 이유 중의 하나가 될 수 있다.

서울은 복잡하고 교통 혼잡과 인구 집중으로 대통령실이 있어야 할 곳이 아니다. 드넓은 광장에 시민이 모여 집회와 시위도 하고, 축제의 마당을 벌이는 등 다양한 의견 표출이 될 거다.

청와대 발코니에서 광장을 바라보고 국정을 생각한다.

국민이 요구하는 상황과 불만을 한눈에 바라보고 해결책을 논하는 거다. 광장에서 벌어지는 국민의 요구사항과 정체성을 보면서 이슈를 알 수 있다. 사람의 입에 오르내리는 풍문(여론)은 가계를 흥하게 하고, 망하게도 한다. 또한, 정부의 정책을 지지하고, 거부하며 의견을 표출하게 되므로 매우 중요하다.

국가 원수는 나라의 얼굴이고 상징이다.

세계 지도자는 집무실에서 정책을 꾸미고 대화를 나눈다.

그만큼 위치와 시설의 웅장함, 그리고 함께하는 사람의 품격이 시대를 좌우한다. 물론 개인의 영달과 민족의 미래까지 결정하는 자리다. 국민의 명예를 지켜주고 조국의 번영을 창달하는 맛을 즐기기 위해서 대통령에 도전하기도 하겠다. 생각만 해도 가슴이 뛰고 미래의 광장 문화와 국력이 머릿속에 그려진다.

세종시에 미래 천 년의 기반 시설을 준비해야 한다.

공공기관은 물론이고 육군사관학교, 공군사관학교, 한국은행 등 국책 기관을 이전시켜 도시 기반을 닦아야겠다. 국공립 대학교와 연세대학교, 고려대학교까지 이전하면 좋을 것이다.

대기업의 본사를 설치토록 권장하고 정부 부처를 완전히 이전해서 도시 기반을 완결하면 되겠다. 완벽한 도시 기반을 가지려면 30~40년은 걸리겠지만, 빨리 추진해야 할 과제이다.

대통령실(청와대)을 태홍대^{太弘臺} 단군의 건국 이념으로!

한때 청와대의 이름을 공모하기도 했다.

국민이 보내준 여러 의견이 많았었는데 필자는 청와대를 '태홍대 太弘臺(Humanity House)'로 했으면 좋겠다. 태홍대^{太弘臺}(국가를 상징하는 태극기에 홍익인간을 담은 집, 정부를 상징하는 태극 모양과 인간 세계를 널리 이롭게 하는 집)이라는 뜻이다.

광장 문화는 세계 언론이 집중적으로 조명하는 곳이다.

아침에 일어나면 세계 언론은 그곳에서 무슨 일이 벌어졌을까? 기쁨과 슬픔, 즐거움 등 거짓 없는 상황이 그대로 방영된다. 이 조명발을 대한민국으로 끌어들여야 한다. 평일에는 텅텅 비어있는 절간이 아니라, 24시간 365일 세계인이 찾아와 북적북적 붐비는 광장의 도시가 되도록 꾸며야 한다.

대통령이 '태홍대^{太弘臺}' 3층 발코니에 나와 관광객을 향해 손을 흔들어 환영하며 맞이하도록 개방되어야겠다. 대통령을 바라보고 관광객의 환호성을 지르도록 꾸미면 좋겠다. 이것이 미래의 대통령에게 기대하는 국민의 소박한 바람이다.

흔히 사람의 운명은 이름을 따라간다고 했다.

그 사람의 인격은 이름을 분석해보면 미래를 알 수 있다.

사주팔자, 주역, 신점, 역학, 토정비결 등, 보면서 그 사람의 과거 행적과 미래를 예측하는 점사를 들여다보면 이름은 빼놓을 수 없다. 남자와 여자가 만나게 되면 결혼 상대로 짝을 맺는데 탈이 있을까? 없을까? 장래를 걱정하며 점사를 보고 만남이 이루어진다. 이만큼 이름이 중요하게 작용한다.

'사람은 죽어서 이름을 남기고, 호랑이는 죽어서 가죽을 남긴다.'

했다. 지역의 이름이나, 건물의 이름을 보면 어떠한 인물이 나올 거라는 예감을 가지게 한다.

청와대는 어마어마하게 큰 기와집이라는 뜻이다.

개인이 사는 기와집으로 으리으리한 느낌을 주어 좋을지 모르겠지만, 국민의 영혼을 담을 수 있는 집인데 차갑고 딱딱한 어감으로 좋은 호감을 가지지 못한다. 대통령이 근무하는 사무실을 따뜻한 온기를 느끼게 해주어야 한다.

옛 어른께서 생각할 때 기와집은 엄청 좋은 뜻으로 생각했을 거라고 믿어진다. 초가 삼 칸 집을 짓고 어렵게 살던 시절에 고래 등 같은 기와집은 서민의 꿈이었다. 하지만 지금은 으리으리한 고층빌딩이 즐비해 마천루를 이룬다. 이제 기와집은 초라하게 다가온다. 별로 호감을 가지지 못하고 어색할 따름이다.

'태홍대太弘臺'는 국민의 영혼을 담을 수 있는 집이다.

대통령은 국민이 겪는 산전수전은 물론이지만 공중전까지 아껴주고 보듬어줄 수 있어야 하겠다. 국민의 모든 시름을 달래주어야 하며 생명과 재산을 보호해줄 의무가 있다.

‘자유우파^{自由右派}의 중심국(미국, 일본, 대한민국, 즉 자유 민주주의 진영)’와 ‘수구좌파^{首狗左派}의 중심국(러시아, 중국, 북한, 즉 공산 사회주의 진영)’으로 이는 UN에서까지 파벌 대결이 형성돼 엄청난 힘을 과시하고 있다.

우파와 좌파의 경쟁에서 살아남는 부류는 누구일까?

결과는 자유우파가 승리하였으며, 앞으로도 그렇게 될 수밖에 없다. 정치와 조직을 이끄는 두뇌 구조가 자유우파가 선하고 국민을 위해서 유리하게 작용하므로 지지를 받는다.

법인택시를 자치단체에서 공영제 운영!

서민의 손과 발이 되어주는 택시!

결론부터 말하면 법인택시를 공영제로 운영해야 한다.

공공기관이 관리해서 택시의 서비스를 개선에 집중해야 한다. 법인택시 회사에 예산이 지원되는 경영주에게 국민의 피 같은 세금을 낭비하는 거다. 이들은 외제차를 굴리며 보란 듯이 번듯하게 생활한다. 어렵다고 죽는소리 하면서 기사의 노동력을 이용해서 피를 빨아먹으며 부를 축적하는 기업주다.

물론 오고 갈데없는 무직자를 채용해주어 노동의 기회를 주는 것은 잘하는 일이라고 볼 수 있겠지만, 이는 기업에 도움이 되어야 가능한 일이다. 사고를 내면서 회사에 조그마한 피해를 주면 갖은 모략을 꾸미어 일을 못 하게 했다.

회사에서 부당한 대우에 건의로 한마디 했더니!

그다음 날부터 차가 고장이 났다며 한 달 동안 배차를 해주지 않아 일을 못 하고 빈둥빈둥 놀아야 했다. 사무실을 찾아가 따지고 노조위원장에게 항의했지만 배차는 되지 않았다. 이게 택시기사를 길들이는 방법이다.

택시는 서민이 필요할 때 편리하게 이용하는 교통수단이다.

출퇴근 시간에 택시는 꼭 필요한 서민의 발인 동시에 주부가 시장을 다닐 때 이용하는 편리한 교통이다. 재래시장과 백화점에서 생필품을 구매하고 집에 갈 때 타고 다니는 운송 수단이다.

저녁 늦은 귀가 시간에 택시가 없어 발을 동동 굴려야 한다.

택시 기사는 잠을 못 자고 늦은 시간까지 일해야 사납금을 입금하고 최저 임금도 안 되는 돈을 번다. 열불 나게 일해서 택시회사 먹여 살리는 꼴이다.

12시간 꼬박 일해도 20만 원 벌기 힘들다.

베테랑이 되어야 이만큼 벌 수 있는데, 사납금을 입금하고 나머지 몇만 원을 일당으로 챙겨 간다. 이는 편의점에서 알바로 일하는 학생만도 못한 돈벌이다. 공영화되면 사납금이 없어지므로 기사의 돈벌이가 좋아진다.

회사는 손 안 대고 코 푸는 격이다.

가만히 앉아서 기사의 노동력을 이용하여 운영된다.

택시 요금은 그대로인데 해만 지나가면 사납금을 올려 기사의 피땀을 쥐어짜는 형국이다. 열악한 환경에서 일하고 임금을 제대로 받지 못하니 이직율이 높다.

그래서 택시를 시군에서 공영제로 운영되어야 하는 거다.

기사가 열심히 일해서 돈을 버는 만큼 소득이 되니 얼마나 좋은가? 시군은 택시의 감가상각비, 보험료, 세금 등 납부하도록 하면 적당하지 않을까? 가스비와 교통 법규 위반 등 기타 부대 비용은 택시 기사가 부담하도록 한다.

부실한 택시 회사를 지방자치단체에서 매수하면 된다.

택시 회사의 경영난으로 폐업하는 회사가 많다고 하는데 시기적으로 적당한 때인 것 같다. 기타 필요한 비용책정은 행정기관에서 정확한 산정 기준을 정하면 된다. 코로나 19 사태로 손님이 없어 빈 차 대기 시간 많다. 피골이 상접하게 일하는데 택시기사의 등골을 빼먹는 기업이 많아 문제라는 거다.

증차 수요가 생기면 공영택시로 운영해 경쟁력을 높여 준다.

인구 증가에 따른 법인택시 회사에 증차를 정지하고 지방자치단체에서 운영하는 방안을 검토해볼 때가 됐다. 택시기사는 일한 만큼 소득을 얻을 수 있으며, 시민은 서비스 혜택을 받을 수 있어 좋다. 악덕업자의 횡포에 시달려야 하는 택시기사는 울며 겨자 먹는 식으로 얽매어 고단한 일과를 보내고 있어 안타깝다.

　제도가 정착할 때까지 법인택시와 공영택시를 병행해서 운영하면 된다. 1인 1차 하는 택시 한 대를 한 사람에게 고정배차 시스템으로 한다. 어쩌면 취업하기 어려운 퇴직자에게 재취업의 기회를 줄 수 있으므로 당장 추진해도 된다.

　버스는 시행착오를 거치며 공영제로 잘 운영되고 있다.

　택시도 버스처럼 자치단체에서 공영제로 운영해서 택시기사의 생계수단을 책임져 주어야 한다. 열심히 일해서 택시회사에 배를 불려 준다면 어불성설이다. 한마디로 노인의 노동력을 이용해서 기업의 이윤을 챙기며 경영하는 이율배반의 제도다.

　택시 기사는 열악한 환경에서 일하는 직업이다.

　연세가 많은 노인의 몸으로 가정 형편이 어려운 가장이 생계를 이어갈 수 있도록 책임을 완수하는 거다. 이들에게 따뜻한 도움의 손길이 펼쳐질 수 있는 정책을 정부에서 펼쳐야 합니다.

　택시는 공공의 서비스를 제공해주는 교통수단이 되어야 한다.

　통일을 대비해 시범적으로 운영을 해봐야 한다. 공공의 교통수단을 이용해서 개인 회사에게 돈을 벌게 해주는 불공정한 시책은 빨리 폐기해야 한다. 열악한 환경에서 일하는 택시 기사와 주민에게 도움이 되도록 정책을 펼쳐야 한다.

1분에 자동차 한 대 생산!

자동차는 문명의 발달을 이끌어 온 원동력이다.

자동차는 1886년 독일에서 최초로 발명되어 인류에게 새로운 교통 수단이 열렸다. 우리나라에 1903년 고종 황제의 전용차로 캐딜락이 들어오면서 자동차 운행의 시초가 됐다.

자동차의 발명은 무엇을 의미할까?

편리하게 이동할 수 있는 교통수단이다. 백 리 길을 걸어 다니고, 천 리 길을 개나리 보 짐을 지고 한 달을 걸어야 했던 고려 시대와 이조 시대를 떠올리면 알 수 있다. 인력거에 의지하고 말을 타고 이동하던 거리를 자동차라는 교통수단이 발명되면서 빠르고 편리하게 이동할 수 있게 됐다.

그러면 인류에게 가장 위대한 발명은 무엇일까?

잘 모르긴 해도 시간의 발견이 아닐까? 학자에 따라 "원의 발명이다. 불의 발견이다. 통신의 혁명이다."라고 여러 학설이 있지만 필자는 시간의 발견이 아닐까? 말하고 싶다.

시간의 개념을 알고부터 인생을 논하게 되었다.

옛날에 시간의 흐름(속도)을 표현하고 싶을 때는 "화살처럼 빠르다." 라고 막연하게 비유하며 유식한 척했다. 그때는 세상에서 가장 빠른 것이 화살이었다. 그래서 세월이 화살처럼 빠르다고 비유하였을 거다.

지금은 화살보다 빠른 게 엄청 많다.

그러면 화살의 속도는 얼마나 될까? 어쩌면 마하 0.5 정도 될 것 같다. 화살보다 빠른 비행기, 비행기보다 빠른 총알! 총알보다 빠르다는 미사일! 미사일보다 빠른 로켓이 있다. 최신형 전투기는 마하 3 정도 날지만, 로켓은 마하 10 정도 날며, 지구의 중력을 이탈해 우주로 향한다.

세계는 속도 경쟁에 내몰려 있다.

속도 경쟁에서 이겨야 승리하는 시대라고 한다.

그런데 우리 민족은 옛날부터 무엇을 하든지 빨리 해야 직성이 풀렸다. 중국집에 가면 자리에 앉으면서 자장면을 시키고 빨리 달라고 야단을 친다. 조금이라도 늦으면 안 먹고 나가면서 빵을 사 먹는다고 윽박을 지른다. "우물가에서 숭늉을 찾는다."라는 말이 어울린다.

우리 민족의 빨리 빨리 근성!

시대가 변하면서 빨리 빨리 원동력은 자동차가 됐다.

우리나라가 이만큼 발전하게 된 동기도 우리 민족의 빨리 빨리 근성이 한몫하였다. 자유 민주주의는 말할 것도 없고, 국민의 의식 수준, 경제 발전, 미디어 문화 강국 등 30~40년 만에 눈부시게 성장한 세계 유일의 국가다.

하여튼 지금은 시간의 속도를 측정해서 관리한다.

소리의 속도 마하, 빛의 속도 광속, '빛이 일 년간 가는 거리(속도), 광년!'이라고 한다. 이렇게 요동치는 속도의 경쟁에 동화되지 않으면 '시대에 뒤떨어진 놈!'이라고 몰아붙인다. 무시당하기 싫으면 아는 척이라도 해야 한다.

그런가 하면 1초를 나누고 쪼개어 세밀하게 분석하는 시대다.

밀리 초(천 분의 1초), 마이크로초(백만 분의 1초), 나노초(10억 분의 1초)를 계산하고 있으니까! 옛날에는 극초음속 단위는 생각하지 못했지만, 지금은 식은 죽 먹기다.

그러니 인류는 속도전에 내몰려 미치광이가 됐다.

이것도 모자라서 피코초(1조 분의 1초), 펨토초(천조 분의 1초)로 나누어 계산하고 있다. 옛날에 시간을 이야기할 때에는 '1분 1초를 아껴야 한다.' 막연하게 말했지만, 지금은 눈으로 보이고 계산이 나오므로 실감이 난다.

이뿐이 아니라 극단의 시간으로 우주를 꿰뚫어 본다.

펨토초는 빛이 머리카락 절반 정도 지나가는 극단적으로 짧은 시간이다. 일반인은 계산하기 어려운 아토초 있다. 시간으로 경쟁하고 있으니 상상이 되지 않는다.

누구나 아는 이야기지만 빛은 1초에 30만km를 간다.

이것은 1초에 지구를 7바퀴 반을 돈다. 그러면 지구의 둘레가 4만km라고 계산이 나온다. 달까지의 거리는 35만 5천km이므로 빛의 속도로 1초면 간다.

태양까지는 8분 정도 걸린다고 하니까 1억4천4백만km라고 대충 계산이 된다. 혹성, 명왕성을 탐험하기 위해서는 빛의 속도로 가야 한다. 그 연구가 계속되고 있으므로 언젠가 탐험이 가능할 것으로 믿어진다.

사람은 스피드 미학에(빨리 달리고 싶은 욕구) 빠져 있다.

스피드의 미학은 질주 본능이다. 운전대만 잡으면 빨리 달리고 싶은 욕구가 난다. 무한 질주, 무한 스피드는 하늘에서 이루어진다. 육지에서는 400km 정도 스피드를 낼 수 있지만, 바다에서는 시속 1,000km, 하늘에서는 5,000km 이상의 속도를 내면서 지구의 중력을 벗어나 우주로 향한다.

마하 1의 속도는 시속 약 1,200km라고 한다.

우주로 향하는 로켓은 마하 10의 스피드를 낸다. 인류는 지금 속도와 경쟁에서 이기려고 야단이다.

이제 속도의 관리는 경제력을 나타내는 척도가 됐다.

인류는 지금 빛의 속도로 이동하는 문제를 해결하려고 혈안이다. 사람을 태우고 우주를 향해 빛의 속도로 날아갈 수 있다면 우주에 숨어

있는 행성의 발견이 가까워질 거다.

이게 바로 인류가 찾고 있는 속도의 미학이다.

그러면 빛의 속도보다 빠르게 갈 수 있을까? 이 속도는 사람의 머릿속에 있는 꿈의 속도다. 머리에서 이루어지는 순간이동의 상상이므로 실현에서 불가능하다. 어쩌면 현실에 존재하지 않는 꿈의 속도로 남아 있게 될 거다.

이렇게 계산하니 시간과 경쟁하기 위해서 자동차가 발명되었다. 자동차뿐만이 아니라, 항공기는 수백 명의 사람을 태우고 하늘을 날아간다. 기술의 발달로 로켓의 발명은 사람이 우주로 향하는 도전을 가능하게 해주었다.

느림의 미학을 찾아야 해요

이제 시간으로부터 해방을 꿈꾸는 시대가 됐다.

20세기에 들어와 시간의 속도 경쟁에 얽매여 지내왔지만, 다시 시간으로부터 해방하여 느리게 천천히 사는 과제가 대두되었다. 심리학자 로버트 레빈은 "모든 자연의 문화에는 고유의 시간과 무늬가 있다." 했다.

산속에서 한 시간과 도심의 한 시간은 너무 다르다.

또는 직업과 개성, 남자와 여자, 청년과 노인, 또는 위치와 장소에 따라 시간의 가치가 엄청 다르다. 시간을 어떻게 관리하느냐에 따라 성공과 실패를 좌우하게 한다.

산업화 사회로 발달하고 인구 밀도가 높아질수록, 개인주의로 변하고 경쟁이 치열해 지면서 시간이 빠르게 흐른다. 시간은 돈이라고 야단이다. 돈을 많이 버는 방법을 찾기 위해서 시간을 세분화해 놓고 경쟁을 한다.

심한 경우에는 시간에 찔려 피를 흘리기도 한다.

하루 종일 바쁘게 쏘다녀도 왜 그리 바빴는지 모른다.

저녁에 하루를 돌아보면 특별한 이유도 없이 바쁘게 움직여 왔음을 알게 해준다. 촌놈은 눈 만 뜨면 논과 밭에 나가 농사일을 돌보기 바쁘다. 도심의 하루는 지루한 시간을 달래보려고 친구를 만나 커피숍에서 수다 떨고, 백화점에 드나들며 눈요기하며 보냈을 뿐이다. 이렇게 농촌과 도심에서 시간이 다르다.

뭐가 그리 바쁜지 운전대만 잡으면 빨리 가려고 안달이다. 직장에 출퇴근할 때는 물론이고, 여행을 하건, 업무상 움직이든, 가족과 함께 친척 집에 가도 빨리 가야 직성이 풀린다.

왜 그럴까? 사람은 질주 본능이 잠재돼 있어서 그런 것 같다. "왜 빨리 가니! 빨리 가서 무엇을 할래?"라고 물으면 할 말이 없다. 정말 촌음寸陰을 아끼며 한 일이 무엇일까? 공부를 많이 해서 공무원 시험에 합격하였나? 연구 논문을 작성했나? 아니면 돈을 많이 벌었는가? 사업을 성공으로 이끌었나! 그림이 보이지 않는다.

이제부터 시간에 쫓겨 다니지 않으려고 한다.

느림의 미학을 즐겼으면 좋겠다. 여름에는 소낙비를 맞으며 등산을 다니고, 자전거 타고 출퇴근하며, 십리 길은 자전거를 타고 다니며 한 템포 늦추는 느림의 문화를 가지려고 한다.

바쁜 현대인에게 자동차는 없어서 안 될 중요한 교통수단이다. 경제가 눈부시게 발전하면서 꿈의 자동차가 거리를 누빈다. 좁은 땅에 삼천 만대가 넘는 자동차가 거리를 달리고 있다. 고속도로와 시골길은 자동차 물결로 넘쳐난다.

어쩌면 우리나라가 세계에서 자동차 밀도가 가장 높지 않을까? 좁은 국토에 휴일 고속도로를 바라보면 자동차의 물결이 넘실거린다는 말이 실감이 난다. 첨단 기술은 자동차를 생산하는 능력까지 눈이 부시도록 발전을 하였다.

과거에는 운송 수단의 자동차였지만 지금은 그 가치를 헤아리기 힘들 만큼 다양한 종류로 변했다. 일반인이 타고 다니는 보통승용차에서부터 경주용 차, 수륙양용 차, 억대의 승용차는 보통이고 몇십억 원을 호가하는 승용차도 즐비하다.

자동차 한 대가 중소기업을 운영하는 경영 가치가 있다.

중학교 다닐 때(1969년도) 어느 책에서 읽은 기억이 나는데, 미국의 포드 자동차 회사에서 5분에 자동차 한 대식 생산한다고 배웠다. 그 내용을 보고 '어떻게 5분에 자동차 한 대가 나올까?' 하고 굉장한 의문을 가졌을 때이다.

왜 특별한 의문을 가져야 했을까?

자동차 바퀴 하나만 수리해도 30분 이상 걸리는데 어떻게 5분에 자동차 한 대가 생산될 수 있을까? 쓸데없는 고민을 하면서 거짓말이라고 하던 시절이다. 물론 생산 방식의 기술과 종업원 수를 알지 못하고 결과만 보고 이야기한다면 누구나 이러한 의문을 가지기 충분하다. 그러나 자동차 생산 공장을 견학하고, 기술의 발전을 알게 되면서 그때 가졌던 의문이 풀리게 됐다.

지금은 기아 자동차와 현대 자동차 공장에서 약 1분에 한대 씩 생산된다고 하니까 상상이 간다. 그때와 비교하면 기술력이 엄청 많이 발전한 것은 사실이다. 그 당시 포드 시스템, 테일러 시스템은 행정학을 공부하는 학자들에게 높은 활용가치가 있었다. 그로 인하여 새로운 학설이 나오기도 했다. 학자들은 앞으로 산업은 이 두 가지 시스템에 의해서 발전하게 될 것이라고 전망하였다.

첨단 전자 제품 다루듯이 자동으로 움직여진다.

30톤이 넘는 추레라 트럭은 우락부락한 젊은 남자가 운전하는 고된

직업이었지만, 지금은 20대 예쁜 처녀가 낭만을 즐기며 달린다. 운전
석은 삶을 윤택하게 해주는 안락한 생활공간으로 식사와 잠자리 휴식
등 일상이 이루어지는 곳이다. 스테레오가 빵빵하게 나오는 오디오와
DMB를 틀어 놓고 짐을 산더미처럼 싣고 고속도로를 달린다. 직업에
귀천이 없다고 했는데, 나만의 생활공간을 가지고 거리를 누비며 돈을
벌 수 있으니 얼마나 좋은가! 이 트럭만 있으면 고관대작이 부럽지 않
으니 운전하는 여유로움에서 행복이 느껴진다.

인품을 재단하는 My car!

내 승용차를 아끼지 않는 사람은 아무도 없을 거다.

한 마디로 금쪽같이 아끼고 사랑하며, 가족처럼 때로는 애인이 되어
함께한다. 하루 일과는 자동차와 시작해서 저녁에 My car에서 내려야
하루가 마무리된다. 돈이 많고 적음을 따지지 않으며, 나의 분신으로
늘 함께하는 존재다.

물론 자동차는 나의 신분을 표현하는 시대가 됐다.

돈이 많으면 좋은 승용차의 뒷좌석에 앉아 볼일을 볼 것이고, 적으
면 생계수단으로 함께 한다. 이를 부정하지 못한다. 단지 돈이 많은 사
람과 적은 사람이 이용하는 방법에 차이가 있을 따름이다.

고된 생업의 현장을 끝내고, 또는 직장에서 퇴근하여 하루를 무사히
마치고 집에 도착하면 안전한 일과를 보내준 My car에 감사하다. '오늘
하루 수고 많았다. 안전한 일과를 마무리하니 고마워! 나를 지켜주어
감사하다.' 속으로 묵언수행 대화를 나누고 헤어진다.

옛날 속담에 사람의 목숨을 유식하게 말하면 '인명재천人命在天'이라

고 문자를 썼다. 그것은 '사람의 운명과 목숨은 하늘의 뜻에 달려 있다.'라는 의미겠다.

하지만, 지금은 '인명재차人命在車'의 시대에 살고 있다.

그러니까 '희로애락은 물론이고 사람의 인품과 운명까지 자동차에 달려 있다.'라는 뜻이다. 아니라고 하는 분도 있겠지만, 좀 더 깊이 생각을 해보면 그런 것 같다. 자동차에 의해서 그 사람의 품위와 인격을 재단하고 있으니까!

자동차를 보면 성격이 좋고 나쁨을 평가함은 물론이고, 돈이 많고 적음, 또는 사회적인 지위까지 알 수 있으니 자동차는 인생의 외면을 표현하는 자체이기도 하다.

크고 좋은 차를 타면 돈이 많고 사회적인 지위가 높을 거라고! 작고 아담한 차를 타면 검소할 거라고! 또는 차를 깨끗하게 세차해서 반들반들하게 광택까지 내어 관리하고 실내 장식이 잘 꾸며져 있으면 어딘지 성격이 좋고 얌전할 거라 믿어진다.

그런데 승용차가 여기저기 부딪쳐서 깨지고 찌그러져 지저분하면 어딘지 사납게 보인다든지 좋은 인상을 받지 못하는 것은 사실이다. 좋은 이미지를 가지지 못하는 것은 물론이고 성격과 직업까지 의심을 받는다. '저 사람 깡패 두목인가?' 또는 '사기꾼 아니야!' 좋게 평가하지 않으니 가까이하기에 두렵다.

그리고 유명 백화점과 호텔에 갈 때도 값비싼 승용차를 타야 대접을 받는다. 프라이드와 티코를 타고 가면 도어맨이 쳐다보지도 않는다. 호텔 입구에 서지도 못하고 변두리에 대도록 짜증을 낸다.

기분이 나쁘겠지만 어쩔 수 없는 일이다.

그렇다고 도어맨에게 '당신 지금 사람 차별하는 거예요!' 따질 수 없다. 따져보았자 스트레스만 받는다. '앞으로 이 호텔에 오지 않겠어요.' 하면 'You 마음대로 하세요!' 할 거다. 사회의 흐름이 그런데 누구를 탓하겠습니까?

제네시스와 체어맨, K9을 타고 가야 도어맨이 다가와 '어서 오세요! 무엇을 도와 드릴까요?' 말을 붙인다. 'Work-Shop에 왔어요. 세미나장이 어디예요?' 하면 '차는 제가 대드리겠습니다. 10층 올빼미홀로 올라가세요.' 친절하게 안내를 해준다.

그러니까 좋은 차를 타고 다여야 대우받을 수 있는 것은 사실이다. 누구도 이를 부정하지 못한다. 친절하게 맞이해주면 엔돌핀이 솟아나고 기분이 좋아진다.

소형차 타고 일류 호텔 정문에서 멸시를 당하고 울분을 토할 필요가 없다. 세상이 그러려니 이해하고 넘어가야 한다. '왜 사람을 무시합니까? 작은 차 타고 왔다고 깔보지 마세요! 나도 좋은 차 있어요.' 아무리 외쳐도 알아주지 않는다.

자동차에 의해서 인격을 재단하고, 품위를 평가하고, 부의 가치와 척도를 따지는 현실을 무시할 수 없다. 단순하게 사고로 인하여 안전을 걱정해서 좋은 차를 선호하는 게 아니다. 돈이 없어서 좋은 차를 가지지 못하지 능력만 주어진다면 누구든지 좋은 차와 좋은 옷을 입고 다니고 싶은 게 사람의 욕망이다. 자본주의 사회에서 능력만 주어진다면 하고 싶은 일은 할 수 있다.

거리에서 움직이는 첨단 장비는 사람의 생명을 담보로 이용되므로 조심해야 한다. 조그마한 허점이 보이면 생명을 위협하는 괴물이 된다. 잘 다루고, 잘 이용하면 편리하고 이로운 장비로 도움을 주지만 잘못 다루면 흉기로 변한다.

어쨌거나 하루 일과를 보내면서 무사히 지낼 수 있도록 해준 주변 환경에 감사하고, 자연의 순리에 의지하며 살아가는 미약한 존재임을 깨닫게 될 때가 많다.

그래서 항상 함께하는 자동차는 기계장비가 아니라, 동반자로 움직이는 생명체와 같은 존재다. 또한, 내가 최고로 아끼는 소중한 My Car 이므로 귀중하게 다루어야 할 책임이 있다. 소홀히 다루면 허점을 파고 들게 되므로 안전을 지켜주는 My Car에 항상 감사하는 마음을 가지게 해준다.

지금은 어디를 가든지 승용차와 함께 하는 시대다.

자동차로 생업을 유지하는 사람은 자동차와 잠시고 떨어지지 못한다. 어쩌면 24시간을 자동차와 함께하며, 의식주 생활을 자동차에서 모두 해결한다. 자동차에서 잠자고, 아침 점심 저녁을 먹으며, 백 리 길 천 리 길을 돌아다니며 돈을 벌어 생계를 유지한다.

현대 사회는 하루가 다르게 급변하는 시대다.

이 변화의 물결이 자동차에 의해서 이끌어지지 않을까? 질문하고 싶다. 물론 다른 요인에 의해서 변화는 계속되고 있겠지만, 대중이 이용하는 자동차가 없다면 변화의 물결은 느리게 흘렀을 거다.

그런가 하면 시대의 흐름은 '달리는 자동차의 타이어를 교체하라!' 재촉한다. 어떻게 달리는 자동차의 타이어를 교체할 수 있을까? 타이어가 펑크 났으면 안전한 곳에 정차해서 수리하는 게 상식이다. 그러나 시대의 흐름은 이것을 강변하고 있다.

또한, 변화의 물결이 태풍처럼 몰려오는 이때!

변화를 두려워하기보다 혁신의 물결에 맞서야 한다. 부딪치고 깨어지는 고통을 치유하려는 도전정신이 나를 한 단계 발전시켜 준다. 그래야 살아날 수 있기 때문이다.

그러면 변화는 무엇을 의미할까?

움직임에서 나타나는 좋은 결과, 즉 업그레이드된 모습이다. 오늘보다 내일, 내일보다 모레, 모레보다 글피에는 돈을 많이 벌고, 학문을 더 많이 터득하여 지혜를 쌓아가는 에너지의 작용이다. "고여 있는 물로 변화를 이끌 수 없다. 흐르는 물이어야 물레방아를 돌릴 수 있다." 했다.

어느 슬픈 나라에 관한 이야기가 있다.

그 나라의 젊은이들은 정치도 경제도 모른다.
오로지 돈이 많기를 바랄 뿐이다.

그 나라의 60넘은 고령층은 미래도 짧고, 뇌도 썩었다.
따라서 기대 여명에 따른 차등적 투표권이 주어질 뿐이다.
그 나라의 여성은 정치판에 나와서 설치는 암컷에 불과하다.
그 져 숫 컷을 위하여 챙김의 대상일 따름이다.

그 나라의 유권자는 선거제도와 표 계산방식을
알 필요가 없다고 했다.
그 져 아무에게 투표하면 된다고 하였다.

이게 바로 좌파 정권이 만든 나라였다.

도청을 폐지하고 행정 체계 개편!

작금의 도청은 paper office라고 말하고 싶다

조직의 시스템을 체계적으로 개편해서 효율을 높여야 한다.

현재의 도청체계는 어정쩡한 행정 조직으로 주어진 업무가 없다. 주민을 위해서 도민을 위해서 직접 추진하는 업무가 없으니 예산을 시군에 전달하는 역할을 할 뿐이다. 주민과 관련된 업무는 시군에서 추진하므로 지도 감독하는 업무도 없다. 그런데 무엇을 하는지 모르고 엄청난 공무원이 책상을 차지하고 근무하고 있다.

행정체계는 중앙부처를 중심으로 광역시·도청 ⇒ 시·군 ⇒ 읍·면·동 3단계로 이루어졌다. 이를 광역시· 군 ⇒ 구청 ⇒ 읍·면·동으로 개편해서 업무의 신속을 기해야 한다. 현재의 도청을 폐지하고 개편하자는 이야기다.

젊은 시절에 시청에서 근무하면서 주변의 권유로 도청에 전입시험을 치르고 선발돼 상급 관청인 도청에 근무하게 됐다. 그런데 시청에 근무할 때는 주민과 어울리며 바쁘게 업무를 처리하였는데 도청에서 무엇을 하는지 모르겠다는 느낌을 들었다. 괜히 도청으로 왔다는 생각까지 했다.

그때부터 행정 체계를 어떻게 개편하는 게 좋을까? 생각하게 됐다. 10여 년이 지나 졸병 때인 1999년부터 생각했던 것을 기술하는 거다. 현 체계를 개편하지 못하면 도청은 놀고먹는 꽃보직 공무원의 놀이터가 되고 만다.

도청은 놀며 지내는 paper office라는 거다. 도청 공무원은 도민을 위해서 열심히 일하지 않는다. paper company가 있듯이 paper office로 운영되는 종이 사무실이다. 자리만 차지하고 있는 공무원이 부지기수로 많으며 이에 따라 예산도 엄청 소요된다. 이렇게 이야기하면 핏대를 올리며 따지고 싶겠지만, 파킨슨 법칙에 의하면 업무량에 관계없이 공무원 수는 무조건 증가하게 돼 있다.

심하게 이야기하면 도청은 공무원들끼리 페이퍼를 주고받으며 바쁜 일과를 보낸다. 도민을 위해서 처리하는 업무가 아니라 자기네들끼리 바쁘다. 도민은 도청이 어디에 있는지 어느 부서에서 무슨 일을 추진하는지 전혀 모른다.

어느 날 도청에 근무하는 후배 공무원을 만나게 됐다.

그에게 "요즘 도청에서 근무하는 분위기가 어떠세요?" 물으니 "왜! 사무실에 출근하는지 모르겠어요!" 한다. "하루 종일 뭐하고 퇴근하는지 모르겠다."라는 것이다. 시청에 근무할 때에는 시민의 민원을 해결해주며 보람을 가지고 일했는데 도청에 와보니 공무원의 정체성을 잃어버렸다고 했다.

법이 제정되고 조직이 확대되면 공무원을 증원한다.

정보화 시대에 공무원을 30% 줄이고, 봉급을 20% 올려 주어야 마땅하다. 그리고 현행(9급, 7급, 5급) 3단계 공무원 채용을 5급 행정고시를 없애고, 8급과 6급으로 신규 채용해야 한다.

고학력 시대에 9급과 5급은 갭이 너무 크다. 5급 행정고시는 과거에 국민의 교육 수준이 낮은 시절에 과거급제 선발하는 것도 아니다. 그렇지 않으면 교원을 선발하듯이 7급으로 채용해서 승진시키면 됩니다.

그리고 공무원의 증원은 법으로 엄격히 제한해야 한다.

중앙부처(행정안전부)에서 철저히 관리해야 한다. 시장 군수, 도지사가 바뀔 때마다 자기 사람을 심어두기 위해서 꼼수로 채용되는 직원이 엄청나게 많다. 자리도 없이, 업무도 없이, 특정한 사람을 꽂아두기 위해서 놀고먹는 자리를 만들어 실업자를 구제해주는 것은 전문 공무원의 사기를 저해하는 행위다.

시군과 읍면동에서 근무하는 공무원은 매일 주민의 민원을 처리하고 해결하기 위해서 눈코 뜰 새 없이 바쁘다. 그런데 도청 공무원은 빈둥빈둥 놀면서 지내는 빛 좋은 개살구 조직이다.

도지사에 당선되면 영광스러운 높은 지위에 올라 만여 명의 직원이 받들어 주니까 명예를 들먹이며 목에 힘주고 다닌다. 하지만 그들의 면면을 들여다보면 행정의 달인으로 존경스럽고 부러운 게 아니라, 허울 좋은 허수아비 가면을 쓴 정치꾼으로 보인다. 옛날 어르신께서 "감투 쓴 인간은 전부 도둑놈이다." 하신 말씀이 뇌리를 때리고 있어 서글퍼진다.

공무원은 나라를 이끄는 근간이다.

공무원의 정신 자세가 이만큼 중요하다. 공무원이 썩으면 다른 곳은 들여다볼 필요도 없다. 정부의 모든 계획과 정책은 공무원에 의해서 만들어지고 국민의 정서가 지켜진다. 정치와 행정은 공무원의 손에 의해서 돌아가기 때문에 뿌리이고 기둥이고, 근본이라고 한다. 시장 군수의 잘못된 정책도 공무원이 바른길로 이끌어 가면 거부하지 못한다.

지역 특성에 맞는 광역시군으로 개편!

도청을 폐지하고 광역시군으로 개편하자는 것이다.

도시는 생활권 중심으로 메가시티, 산과 강을 중심하고, 해안과 평야를 중심하는 광역시군으로 개편해서 메가 벨리로 엮어주면 지역 특성에 맞는 생활권을 살릴 수 있다.

그래야 산과 강을 제대로 관리 할 수 있으며, 메가시티로 도시를 형성해서 광역 도시계획(도로, 교통, 도시가스, 의료, 학교, 기반시설)을 세워야 주민의 삶이 윤택해진다.)

예를 들어, 설악산을 중심으로 속양시(속초시, 인재군, 양양군)를 합치고, 지리산을 중심으로 함래군(함양, 구래, 산청)이 통합하고, 내장산을 중심으로 단창군(단양군, 고창군, 순창군) 통합되어야 국립공원 관리가 제대로 됩니다. 지금은 몇개 시군에 걸쳐있으니 상대방의 시군에 미루게 되므로 운영이 소홀합니다.

우리나라의 중요한 수자원을 효율적으로 관리하기 위해서 한강, 낙동강, 섬진강, 금강 4대강 주변의 시군을 통합해서 하나의 시군으로 개편하여 청정지역 깨끗한 물관리가 이루어지도록 만들어 주어야 한다. 그 중요한 한강수계의 경우 여러 시군에 걸쳐있으니 관리가 제대로 안되고 있다.

해안을 중심으로 태산시(태안, 서산, 당진), 신포시(신안군, 목포시, 순창군), 영평군(영광, 함평, 장성), 내륙을 중심으로 무진장군(무주, 진안, 장수)으로 개편하자는 것이다. 기존의 시군을 없애는 게 아니라, 광역 시군에 일반 구청을 두어 운영하자는 거다. 행정 체계를 재편성하면 현재의 공무원을 상당히 줄일 수 있다.

도시를 중심으로 과거에 시흥군(안양시, 의왕시, 군포시, 과천시)을 통합하고, 옛날에 화성군(수원시, 화성시, 오산시)을 합치고, 안산시와 시흥시를 통합하며, 파주, 김포, 고양을 통합하는 방법으로 추진해 전국에 226개 기초단체를 메가시티, 메가 벨리 60개 정도로 광역화하고 중간에 구청을 두어 읍면동 행정 체계를 유지하면 주민의 삶을 중심으로 효율적이고 체계적인 행정 수요를 감당하게 된다.

세종시를 천년 도읍지 수도로 가꾸어 자리매김해야 한다.

행정구역을 광역화시켜야 도시의 아파트값은 내려가고, 농촌 지역에 아파트 가격은 올라간다. 서울과 수도권 아파트 가격을 미친 듯이 날뛰는 바람에 젊은 세대가 평생 봉급을 모아도 장만할 수 없는 헬조선으로 만들어 놓았다.

지방자치제도 개편은 엄청난 혁신을 가져온다.

사회적 시스템(교육, 경찰, 소방, 법무, 조세)운영에 변화를 가져오게 돼 체계적이고 짜임새 있게 운영된다. 어쩌면 대한민국의 미래 국운이 걸려 있는 현안 사항이기도 하다. 현행 조세제도 아래에서 도청은 예산을 시군으로 이첩시켜 주는 중간 전달자 역할을 할 뿐이다. 예산의 집행과 사용은 대체로 시군에서 한다.

2023년 8월 새만금 세계 스카우트 잼버리 축제가 열렸다.

그런데 준비 부족으로 파행으로 끝나는 바람에 국제적 망신을 샀다. 이를 두고 중앙정부(행정안전부, 가족여성부)와 지방자치단체(전라북도, 부안군) 책임 소재 공방이 이루어졌다. "공동 책임은 무책임이다."라고 했으니 서로에게 떠넘기기에 바빴다.

여당과 야당 국회의원도 서로에게 책임을 미루었다.

여당은 전임 정권에서 준비 부족이라고 하고, 야당은 현 정권이 잼버리 축제를 망쳤다고 하였다. 이는 지방자치단체장의 무능에서 발생한 사건이라고 볼 수 있다. 중앙정부에서 엄청난 정부 예산을 지원받아 놓고 준비가 부족했던 것이다.

이를 해결하려면 지방자치단체제도에서 찾아야 한다.

지금 부산 엑스포 유치 경쟁이 한창이다. 대통령은 국제 회의 행사에 찾아다니며 부산 엑스포 홍보에 바쁘다. 행사 진행에 따른 운영과 책임 소재를 확실히 해두어야 탈이 없다. 중앙정부는 예산과 정책을 지원해주면 실제 운영권은 자치단체에 있다. 자격 미달의 단체장 때문에 세상이 뒤집어질 판이다. 이만큼 정치인의 자질과 능력이 중요하다. 매관매직으로 자리를 팔아먹은 좌파들의 꼴불견을 단적으로 보여주는 사례다.

조세 제도를 직접세와 간접세로 개편!

저자는 전문가가 아니므로 언급하기 어렵기는 하다.

조직이 개편되면 각 분야의 전문가들이 모여 연구하고 새로운 제도를 마련해야 된다. 국세, 도세, 시군세로 운영되고 있는 조세 제도를 국세(간접세)와 지방세(직접세)로 개편해서 집행해야 예산의 효율을 높일 수 있다. 광역시군에서 지방비(직접세와 직접수입) 운영하고, 정부는 국비(간접세와 간접수입) 관리하면 된다. 재정이 열악한 광역시군에 교부금으로 지원을 해주면 조세 저항을 해결한다. (세목은 현행대로 부과하고 직접세와 간접세로 구분해서 운영)

예산을 부처별, 사업별 지원할 것이 아니다.

총액(총량)으로 교부하면 지방자치단체에서 실정에 맞도록 편성하고 집행하면 된다. 자치단체에서 세입 예산과 세출 예산을 편성하면 예산의 흐름이 보인다. 이때 예산이 부족하면 국비를 교부해 주어 세목에 따라 편성하고 집행토록 제도화해야 한다. 이렇게 해야 중앙과 지방 공무원의 일손을 줄일 수 있다.

자치단체는 짜임새 있는 예산의 편성과 집행을 한다. 각 부처에서 자치단체에 국비지원 예산을 교부해주는데 총괄 예산으로 운영하면 중앙공무원의 일손을 줄일 수 있다.

지방자치제도를 개편하면 지역주의도 해소될 수 있다.

선거철만 되면 동서(경상도, 전라도)지역 갈등으로 싸움이 벌어진다.

이유 없는 색깔론, 사람의 능력과 성품에 관계없이 괜히 상대방을 미워하고 시기하는 정치 풍토, 내 편은 범죄자도 괜찮고, 상대방은 아무리 능력 있고 깨끗해도 거부감을 가지고 비판하는 선입견을 버려야 할 과제다.

통일이 되면 남과 북의 지역 갈등까지 벌어질 것인데 이를 어떻게 감당하겠는가? 이를 해소하려면 행정구역 개편해서 통합의 정치에서 찾아야 한다.

과거 권위주의 시대에 행정구역을 너무 세분화하였다.

한마디로 손바닥만 하게 경계를 구획 정리해 놓았으니 근시안적이었다. 헌법을 개정해서 지방자치 제도와 권력 구조를 어떻게 운영할 것인가? 명문화시켜야 한다. 지역 이기주의를 타파하고 행정 편의 주의를 과감하게 탈피시켜야겠다.

우리 역사에 도청이라고 하는 행정 조직은 없었다.

고구려, 고려, 조선을 거치면서 군과 현의 제도로 중앙정부에서 직접 관리하였다. 도청의 제도는 일제(1910년)가 식민 통치를 하면서 수탈의 목적으로 설치된 조직이다. 그런데 왜 지식인들은 이러한 사실을 모르고 있을까?

어느 책에서 읽은 역사적 사실을 근거로 한 표현이다.

중앙공무원이 정책을 꾸미고 도청에서 일본 공무원이 근무하며 시군 공무원을 감시 감독하는 수탈을 용이하게 하려고 만든 조직이다. 그런데 정치권에서 벼슬자리를 차지하려고 다툼을 벌이며 운영되고 있는데 우선적으로 개선되어야 할 숙제다.

도청에 근무하면서 느낀 간절한 소망을 피력하는 거다.

졸병 때에는 몰랐는데 5년 정도 지나자 이러한 조직이 왜 있나 싶었다. 옛날에는 예산, 인구, 복지, 농사 등 통계 업무를 취합하는 작업을 했는데 지금은 전산으로 자동 취합이 되므로 작업을 할 필요가 없다. 도청에서 처리해야 할 업무가 있다고 해도 극히 일부분에 불과하다. 이도 해당 시군에 이관해서 처리하면 된다.

이렇게 되면 대한민국의 판을 다시 짜는 기회다. 행정 조직은 물론이고 경찰과 세무 조직에 엄청난 변화가 온다. 도경에서 시군 경찰서 수사를 지휘 감독하고 있는지 모르겠는데 시군 경찰에서 수사하고 검찰에 송치하면 된다. 경찰청→ 충청남도경찰청 → 시군 경찰서 운영되는데 전국을 광역시군 자치 경찰로 운영하면 수사 체계를 개편할 수 있다.

즉 모든 조직은 지방자치단체장의 권한으로 운영된다.

세금(예산), 교육(교육청), 경찰, 법무, 소방, 의료, 인구(노인, 신생아) 정책을 책임소재를 명확히 해서 권한을 주고 결과에 대한 책임도 물어야 한다. 불법과 비리가 생기면 즉시 법의 심판을 받아 해임하고 파면시켜 선거를 다시 치르도록 한다.

통일을 대비해 미리 추진되어야 중대한 과제다.

현재 공무원으로 북한까지 근무하면 업무를 추진할 수 있다.

갑작스러운 충원보다 행정 조직 개편으로 조화롭게 이끌 방법을 지금부터 준비해야 한다. 너무 비대해진 공무원 조직을 축소 개편해서 비효율적으로 운영되는 구조를 샤프하게 개선할 필요가 있다. 공무원을 공무원답게 대우를 해주어 정부 정책을 이끌어야 한다.

부단체장에게 실질적 권한 부여!

광역시, 군의 부단체장은 공무원으로 임용하고 권한 부여!

부단체장의 임기를 2년으로 두어 책임행정을 구현토록 해야 한다.

선거로 선출된 단체장의 임기 절반인 2년으로 해서 단체단장이 무법천지로 지방자치 행정을 휘두르지 못한다.

부단체장은 중앙정부에서 임명해서 단체장의 독주를 막는 시스템으로 운영되어야 한다. 물론 의회에서 견제하는 기능이 이루어지는데, 같은 당 의원이 다수일 때에는 끼리끼리 꿀단지를 차지하려고 난리 블루스를 추며 예산을 빨아 먹었다.

부단체장이 업무를 책임지고 단체장의 횡포를 막아야 한다.

결재 시스템에 의해서 단체장의 부당한 행정을 제지하도록 조직체계를 만들어 전문 공무원이 업무를 전담하는 것이다. 정치인이 단체장으로 선출되지만, 부단체장은 행정의 달인에게 지방 행정을 맡겨 지역경제를 발전시키는 데 도움이 된다.

부단체장이 허수아비로 근무하는 시스템을 바꾸어야 한다.

직업 공무원으로 평생을 근무하는 데 모범이 되는 우상이 되어야한다. 또한, 행정의 달인이 퇴직하면 단체장으로 출마해 지방행정을 이끌어 가는 시스템이 되면 더욱 좋다.

과거 권위주의 시대에 시도지사는 물론이고 시장 군수까지 대통령이 임명했다. 개발도상국가에서 나라를 발전시키는 데 효과적이었다. 대통령이 국가 발전의 종합 기획을 세우고 강력하게 밀고 나가면 됐다. 고속도로를 만들고, 공단을 건설하고, 간척사업 등 국가의 기간사업을 추진했다.

이것을 민주주의 발전에 최고의 제도라고 한다.

조그마한 나라에 기초와 광역으로 나누어 단체장을 뽑고 있으니 정상적이지 않다. 하나의 지방자치단체로 만들어 정착시켜야 한다. 그래서 유사시군을 통폐합해야 하는 이유다. 막대한 예산으로 운영되는 공무원 조직을 샤프한 조직으로 개편해서 줄줄 새는 혈세를 줄여야겠다. 그리고 인구 감소로 지방이 소멸되어 가는 대한민국의 현상을 조직 혁신에서 찾았으면 좋겠다.

한때 정치권에서 도청을 없애야 한다고 열띤 토의가 이루어지기도 했다. 기득권 정치 세력의 저항에 부딪쳐 슬그머니 자취를 감추고 말았다. 도청을 없애고 전국을 광역 시군으로 개편해야 대한민국의 기초단체 시스템이 제대로 정착될 수 있다. 그래야 조직과 인력, 예산 등 모든 면에서 효율적이고 체계적인 국가 시스템이 정상적으로 작동하게 된다.

대통령은 하늘에서 내려주는 천운天運의 자리다.

윤석열은 국민이 응원해서 정치를 혁신하라는 간청을 받고 정치에 발을 들여놓게 됐다. 국민의 열망은 그를 대통령의 자리에 오르게 해주었다. 이게 자유 민주주의 나라에서 가능한 특별히 주어지는 기회였다. 주어진 자리에서 묵묵히 책임을 다하면 국민이 알아서 불러내 지도자의 위치에 서게 해준다.

"사주팔자와 관상은 과학이다."라고 했다.

외모에 풍기는 인상은 숨기지 못하는 역학이다. 진실과 거짓 가면의 얼굴로 속이려고 해도 본심을 가리지 못한다. 바늘과 송곳은 주머니에 감추어두어도 언젠가 바지를 뚫고 나오게 마련이다.

✔ 쉬어가는 자리 coffee break

　좌파의 모진 등살을 어떻게 이겨내야 할까?

　윤석열 대통령은 사방이 지뢰밭으로 적에게 둘러싸였다. 이 멍청하고 쓸개 빠진 보수 우파 정치꾼들아, 잘났다고 떠들지 말고 정신 차려라! 똘똘 뭉쳐 국정을 안정적으로 이끌어 책임을 다하라는 이야기다. 이러다 좌파가 저지른 인면수심 꼬임에 빠져 또다시 박근혜 대통령의 전철을 밟지 않을까? 걱정이다.

정치는 국민의 생명과
재산을 보호하는 것!

◆ 자치단체와 공공기관 혁신!

◆ 삶은 뿌린 대로 거둔다

◆ 리더는 국민의 가슴을 뛰게 하는 요술쟁이!

◆ 수신제가^{修身齊家} 치국평천하^{治國平天下}!

◆ 운명^{運命}을 창조^{創造}하는 삶!

자치단체와 공공기관(관변단체)의 혁신!

실질적인 지방자치 정부 체계로 운영!

시군을 광역화해서 한 개의 지방자치제를 운영하자는 거다.

구청 구의원이 벼슬이라고 주민의 머리 위에 군림한다.

각종 이권에 개입해 특권을 누리고, 문제 해결에 전혀 도움이 안 되고 쓸데없이 설쳐대는 벼슬아치가 너무 많다. 시민을 피곤하게 만드는 이런 제도를 원천적으로 없애야 한다.

시군구청 의원은 오만 잡다한 일에 간섭하며 잘 난 체 이권을 챙기는 계륵에 불과하다. 구청장과 구청 의원을 선출하고 관리하는 예산이 엄청 들어간다. 이러한 예산을 주민의 삶(등산로 보수, 거리 환경 조성, 주민자치센터 취미 교실 활성화)에 보탬이 되도록 사용해야 한다. 이렇게 이야기하면 핏대를 올리며 싸우자고 덤비는 사람도 있겠지만, 꼴불견의 인물이 활보하는 세태를 바라보면 열불이 난다.

물론 깨끗하게 시정과 구정을 위해서 발로 뛰는 의원이 대부분이라고 하겠지만, 잇속에 이권을 챙기는 계륵이 있다. 주민의 머리 위에서 설쳐대며 쓸데없는 감투가 됐다.

조그마한 나라에 두 단계(광역, 기초)의 자치단체 필요한가?

전혀 도움이 되지 않으며, 이는 행정의 비효율이고 낭비다. 하나의 지방자치단체(특별시, 광역시군)로 개편해서 주민의 삶을 건강하고 행복하게 이끌어야 한다. 이들이 하는 일이 무엇인가? 만만한 공무원에게 큰소리 몇번 치고 세비나 받아먹는다. 지들이 생각을 해봐도 한심할 거다. 계륵 조직으로 만들어 놓고 놀면서 월급만 받아먹고 살게 해 주었다.

광역시는 하나의 도시 계획으로 이루어져 있으므로 구청장은 공무원을 발령하면 된다. 광역시에서 통합으로 관리하는 공무원조직인데 구청장과 구의회 의원을 선거로 뽑을 이유가 없다. 30년 이상 근무한 공무원이 구청장으로 승진해 나가면 행정의 달인으로 효율을 높이고, 부정부패를 저지르지 못한다. 그간 지켜온 공무원의 명예를 한순간의 오명으로 패가망신당하면 망신이다.

또한, 특별시, 광역시군은 하나의 도시로 이루어졌다.

그런데 구청마다 조례와 규칙이 대동소이하게 따로 있다.

시민의 입장에서 보면 서울시 조례와 규칙이 있으면 됐지 강남구 조례 규칙과 서초동 조례 규칙이 따로 있을 필요가 없다. 공무원 지네들끼리 따지며 치고받고 싸움이 벌어진다.

공무원 수를 줄이고 월급 인상!

서울시에 25개 자치구청과 424개 주민 센터가 있다.

자치구 의회를 폐지하고 서울시 의회에서 종합 행정으로 추진하면 된다. 도시는 하나의 도시 계획으로 도시 기반을 이루었다. 시장과 구청장이 당 색깔이 다르면 또 다른 갈등을 부르며 다툼이 벌어진다. 공무원끼리 다투어야 하니 말이 됩니까? 시민은 그들의 싸움에 새우 등 터지는 꼴이다. 구청장이 각자 다른 목소리로 떠들면 서울시장이 시정을 제대로 이끌어갈 수 없다.

농어촌의 인구 감소는 지방 소별 시대를 예고하고 있다.

공무원 봉급도 주기 어려운 시군에서 지방의원까지 선출하는 것은 정말 어불성설이다. 예산의 낭비와 비효율은 물론이고 꼴에 감투 쓰고 거들먹거리는 졸부를 없애야 한다. 주민의 머리 위에 올라앉아 놀고먹는 꼴불견의 자리를 없애 버려야 그나마 견딜 수 있다. 이을 빨리 개선해서 실현하지 않으면 재정이 파탄 나 빚더미에 쌓여 몰락하고 말 거다.

인구가 줄어들면 공무원을 감소해야 하는 것 아닌가?

파킨슨의 법칙Parkinson's law은 공무원의 수는 일의 양과 관계없이 증가한다는 생태학적 법칙이다. 영국의 경영학자 시릴 노스코트 파킨슨Parkinson, C. N.이 주창하였다. 조직 내 관료주의의 확산에 종종 적용되는 게 사실이다.

파킨슨 법칙에 따르면 업무량의 관계없이 공무원은 무조건 증가하게 돼 있다. 이는 사람이 밥 먹고 똥 싸는 것처럼 생리 현상과 같다. 법이 제정되고 행정이 전문화되면서 필연적으로 따른다.

그리고 중앙과 지방 공무원을 줄여야 한다.

정원을 30% 줄이고, 월급은 20% 올려 공무원의 사기를 높여 주어야 한다. 공무원으로 한 번 채용하면 평생을 국가에서 먹여 살려야 한다. 퇴직하면 죽을 때까지 연금을 지급한다. 그렇지 않으면 국가 재정은 파탄이 나고 말 거다.

공무원 정원이 1,171,650명이라고 한다. 여기에 선출직까지 합하면 너무 많다. 행정, 경찰, 소방, 교원, 헌법 기관 등, 감투만 쓰고 놀고먹는 공무원이 너무 많다는 이야기다. 책임을 확실히 부여하고, 일의 강도를 높이고, 정원을 줄여야 국가 부도를 막고 건전 재정을 수립한다.

과거 농경사회에서 농사지도 업무가 중요했다.

복지 사회로 발전하면서 경제 규모가 커지는 것에 비하여 어려운 이웃과 장애인의 보살핌, 어르신을 돌보는 돌봄 업무가 주요한 사업으로 바뀌었다. 새로 태어나는 영유아의 지원과 산모의 보살핌은 국가의 책임이므로 예산이 폭발적으로 늘어났다. 그래서 공무원이 증가할 수밖에 없다.

이를 행정조직 개편과 지방자치 개혁에서 찾아야 한다.

근본적인 해결책을 개발하지 못하고 다람쥐 쳇바퀴 돌리는 정책으로 제자리에서 맴돌고 있어 문제다. 과감하게 추진하는 국가 시책으로 '스페셜 대한민국 시스템으로 혁신!'이 이루어져야 한다. 국가의 기본 운영체계 틀을 바꾸어야 한다는 이야기다.

통일을 대비해 관변 단체 정비!

관변단체는 정부 지원금으로 운영되는 돈 먹는 하마다.

한국자유총연맹, 새마을운동중앙회, 바르게살기운동중앙회, 어버이연합, 재향군인회, 고엽제전우회, 참여연대, 각종 시민단체 등 정부 보조금과 지방자치단체 지원금으로 운영하는 계륵의 공공기관이 무지하게 많다. 정부 정책에 간섭하며 감 놔라, 배 놔라 하면서 그들의 의견이 반영되지 않으면 거래로 뛰어나가 시위나 벌이면서 패악질만 저지르는 머저리 조직이 됐다.

권위주의 시대에 벼슬아치가 만들어 놓은 필요악의 조직이다.

이러한 조직이 중앙에서부터 시군을 거쳐 읍면동까지 전달되고 있으니 말이 됩니까? 이뿐이 아니라 수천 개의 어용 조직이 정부 보조금으로 운영되고 있는데 당장에 해체해야 한다.

이 시대에 이러한 단체가 시민과 국민을 위해서 필요한가?

시대가 변하였으니 국민 저변에 깔려 있는 허울 좋고 빛깔 좋은 개살구 조직은 없애 버려야 한다. 한 그루의 사과나무를 심어 국민의 삶에 피와 살이 되도록 가꾸어야 합니다. 이곳에서 근무하는 사람이 스스로 반성하고 성찰을 해야 한다. 월급 받아먹는 재미로 어영부영 넘어간다면 후대에 크나큰 죄를 범하는 행위다.

통일이 되어도 이러한 관변단체를 북한에 설치할 것인가?

정치권에 눈도장 찍고 한 자리 차지하려고 발버둥 치는 매관매직의 벼슬자리를 언제까지 유지해서 민폐를 끼쳐야 한단 말입니까! 이들 관변단체는 국민의 삶과 아무런 관련이 없다.

중앙은 물론이고 시군에 사무실까지 마련하고 출퇴근하면서 무슨 일을 하는지 모른다. 선거운동을 해주고 그 대가로 자리가 주어지면 놀면서 월급 받아먹고 이권에 개입해 비굴하게 잘난 체 얼굴마담이다. 어깨에 힘주고 다니지만 주민의 눈총을 사는 불명예스러운 자리다. 그야말로 권위주의 시대에 높은 사람에게 눈도장 찍고 자리하나 얻으려고 혈안 떠는 꼴불견이다.

이제 과감하게 정부지원을 끊어야 할 때가 됐다.

누군가가 말했듯이 사람에 충성하는 자리는 없애야 한다.

특정 정치 집단에 편향되어 연명하는 시민단체에 왜 정부 보조금이 지원되어야 합니까? 특정인에 의해서 사회가 좌지우지된다면 이는 이권에 개입된 조직으로 계륵에 불과하다. 자생단체는 국민을 사랑하고, 지역 주민에게 애향하고, 조직에 감사하며 공평무사하게 봉사해야 신임을 받고 명예가 지켜진다.

노동현장에서 집단행동은 어떠합니까?

대기업의 복지 정책은 최고 수준의 혜택을 준다.

그런데 무엇이 부족해서 매일 거리로 나와 시위를 벌입니까?

그 직장, 그일, 맡겨진 임무가 싫으면 사표 내고 나오면 될 것 아닌가? 그 직장에 입사하려고 밤잠을 설치는 젊은 청년이 부지기수다. 철밥통 연봉에 따뜻한 밥 먹고 세계여행을 다니며 최고의 혜택을 받고 누리면서 뭐가 부족해서 거리로 나서는가?

한국노총, 민주노총, 금속노조, 건설노조, 등 노동자를 위한다는 허울 좋은 이름을 걸어놓고, 감투를 서로가 차지하려고 피 터지는 싸움을 한다. 왜! 이들 기관에 보조금을 지원해주어 불법을 조장하고 시민생활에 불편을 주어야 하나! 하루빨리 지원금을 폐지하고 자생 조직으로 운영하도록 해야겠다.

빛 좋은 개살구 조직을 개편!

정치꾼 내면의 사상을 들여다보면 탐욕의 무리다.

국민의 지탄을 받으면서 날뛰며 다니는 꼴을 보면 부끄러운 수치를 모르는 궤변론자다. 국민을 개돼지로 보지 않고 저렇게 떠들 수 있을까? 그들 자신이 생각해도 국민이 한심스럽다. 청중이 모인 자리에서 정치적 발언 몇마디 떠들고 악수 한 번 해주면 좋다고 열광하며 지지하니 우습다.

얼굴에 철판을 깐 뻔뻔한 자가 아니면 못하는 짓이다.

자신의 목적을 달성하기 위해서 불법을 저지르고, 치사한 행동을 마다하지 않으며, 상대방의 비방을 일삼는데 지지하는 미친 팬들이 있으니 이러한 맛에 취해 정치하는 거다.

이들을 좋아하며 열광하는 궁중을 바라보면 제정신일까?

방송 패널로 나와 그들의 잘못과 불법을 방어해주기 위해서 열변을 토하는 모습을 보면 인간으로 혐오스럽다. 그렇게 해서 그가 대통령에 당선되면 한 자리 차지하려고 혈안이다. 당선되고 보은 혜택이 주어지지 않으면 뒤통수를 치며 협박으로 이어져 배신으로 변하는 것을 여러 번 보았다.

당선되면 '나에게 떡고물이 떨어지지 않을까?' 기대하는 반대급부 때문이다. 정치꾼의 불법과 잘못된 행동을 비판하지 못하고 응원을 해주는 이유다.

선거가 끝나고 인사철이 되면 문전성시를 이룬다.

시장 군수는 물론이고 시도지사에 몰려오는 자리 다툼은 피 터지게 한다. 그러나 이 또한 독배를 마시는 현상으로 빠져들기 쉽다. 논공행상으로 자리를 나누어 주다 보면 편법이 따를 수밖에 없다.

정부에서 운영하는 공공기관을 지방으로 이전시켜야 한다.

기능과 역할에 따라 지방의 특색에 맞는 곳으로 이전해서 지역 경제 활성화와 인구 증가 정책을 추진해야겠다. 이들 기관을 수도권에 두어야 할 이유가 없다. 교통이 복잡한 도심에서 벗어나 경치 좋고 풍경 좋은 시골의 한적한 곳에 청사를 지어 놓고 근무하면 업무 능률도 오른다.

민원인과 접촉이 적은 연구 기관과 위원회와 같은 기관이 엄청난 청사를 지어 놓고 수도권에 있을 이유가 없다. 공공 기관이 정착하면 그곳에 도시가 형성돼 인구가 증가하게 된다.

일반 국민은 그들이 무엇을 하는지 아무것도 모른다.

대단한 일을 하는 것으로 믿는다. 하지만 그 속을 들여다보면 속 빈 강정이다. 지들끼리 치고받으며 이권 다툼과 싸움질이다. 누구 끝발이 좋은가? 예산을 많이 따오는지에 따라 그들의 위치가 결정되어 준다. 그러니 정부 보조금은 눈먼 돈이다.

공공기관의 구조조정이 필요!

공공기관은 젊은이들이 선호하는 최고의 꽃보직이다.

방만하게 운영되는 공공기관의 구조조정이 필요한 시점이다.

정부산하 350여 개의 공공기관이 있다. 여기에 지방자치단체에서 운영하는 지방 공공기관까지 합하면 1,000여 개의 공공기관이 정부의 보조금과 지원금으로 운영되고 있는 셈이다.

비영리 민간단체는 12,000여 개가 된다고 한다.

이들 기관에 지원되는 일 년 예산이 약 6조 원이라고 했다.

이 엄청난 기관이 정부 보조금을 받아 무엇을 할까? 정부기관이 자신들의 의사를 반영해주기를 바라면서 국회의원과 장차관을 찾아다니며 보조금을 받아내려고 로비 활동이나 한다. 그들의 의견이 반영되지 않으면 정부를 비난하고, 정권 퇴진 운동이나 하면서 대단한 권력을 가지고 있는 것처럼 처신한다.

정부 보조금을 받아 사용하면서 정권 퇴진 운동이나 하는 게 무슨 시민단체고, 국민을 위한 단체입니까? 어깨에 힘주고 냉난방이 빵빵하게 나오는 사무실에서 신문이나 뒤적거리며 시간만 때운다. 밑에 직원에게 커피 심부름을 시키며 자리만 차지하고 있다.

점심때에는 맛집 식당에 찾아다니며 이쑤시게로 이빨을 닦으며 식당을 나서고, 저녁이 되면 누구를 만나 소주 한잔 얻어먹으며 향응 접대를 받으며 한소리할까? 궁리하는 놀고먹는 빛 좋은 개살구 기관이다. 이들은 국민의 혈세를 빼먹는 약탈범이다.

그러면 정권이 바뀌면 깨끗이 물러나면 얼마나 좋은가! 마치 지들이 전세를 낸 것처럼 마르고 닳도록 해먹으려고 야단법석을 떤다. 대통령과 정권이 바뀌고, 지방자치단체장이 바뀔 때마다 자리 다툼이 벌어진다. '정권이 바뀌었으니 물러나라! 임기가 보장돼있으니 임기를 채우겠다.' 길고도 지루한 색깔론 편 가르기에 빠져 투쟁의 끝이 보이지 않는다. 여기에 투입된 예산을 빼먹으려고 엄청난 로비까지 어마어마하다.

정권이 바뀌고, 지향하는 정책이 다르면 스스로 떠나야 마땅하다. 기관장으로 임기를 채우겠다고 억지를 부리는 것은 가증스럽고, 초라한 모습으로 정부에 대한 예의가 아니다.

성과에 관계없이 엄청난 연봉이 지급되고 있다.

또한, 놀고먹는 기관이 수두룩하다. 물론 정부 정책에 따라 피땀 흘려 일하는 기관도 있지만, 그렇지 못한 기관이 다수가 운영되고 있어 문제라는 이야기다. 공무원의 연봉은 철저하게 정부 통제를 받는다. 봉급 한번 인상하려면 정부의 국무회의에서 심의하고 국회의 승인을 받는 등 절차를 철저히 진행된다. 그런데 공공기관의 연봉은 공무원처럼 통제 시스템이 완벽하지가 않아 느슨한 형태로 운영되어 연봉이 공무원보다 엄청 높게 책정됐다.

공공기관의 연봉 기준을 공무원 수준으로 책정해야 한다.

이들 기관에 대한 연봉 체계를 공무원에 맞추는 통제 시스템을 두어야 한다. 연봉 책정 기준과 직원 채용 정원 기준을 자율에 맡기고 위원회에 위임해서 운영하다 보니 통제 시스템이 제대로 작동하지 못하고 있다.

그래서 공공기관장의 연봉 책정 기준을 법으로 정해야 한다.

기관장이 바뀔 때마다 없는 자리를 만들어 자기 사람을 채용해 증원하려고 혈안이다. 그러니 낙하산을 타고 내려오는 직원이 해를 거듭할수록 늘어난다. 한번 채용하면 높은 연봉을 받는데 자르지도 못한다. 정년까지 맡은 업무도 없이 어영부영 빈둥빈둥 시간만 때우며 지나간다.

시군에서 운영하는 지방 공공기관장의 연봉은 시장 군수 연봉과 비슷하게 맞추고, 시도의 지방 공공기관장의 연봉은 시도지사 연봉과 비슷하게 책정을 해주어야겠다. 직원도 직위와 직급에 따라 공무원 연봉과 비슷하게 정해 둘 필요가 있다. 연봉을 인상 시켜 줄 때도 공무원 연봉과 연계시켜야 공평하다.

정부 산하 공공기관의 봉급을 공무원 수준으로 정해야 한다.

공공기관 직원이 공무원 연봉보다 많이 받도록 책정한다는 것은 어불성설이다. 이들 기관에 대한 통제 시스템이 느슨하다 보니 업무추진 능력과 성과에 관계없이 성과급을 서류로 만들어 놓고 받아 챙기는 경우가 있다. 책상에 앉아 페이퍼 보고서만 잘 꾸미면 몇백만 원, 몇천만 원의 성과급이 통장에 찍히니 밤새워 서류 작성에 날 밤을 새우며 '밤새워 일 열심히 했다.' 자평한다.

돈 빼먹는 서류를 만들어 보고하는 데 이들이 최고다.

페이퍼 오피스를 운영하는 기관이다. 오늘 당장 연봉 체계를 공무원 수준으로 바꾸어야 그나마 살아남을 수 있다. 적자 공기업은 통폐합을 시켜야 정부 산하에 어마어마한 조직을 줄인다. 이러한 조직이 우리가 내는 세금으로 운영되는 기관이다.

공기업 부채가 600조 원이 넘는다. 그래도 연말이 되면 셀프 성과급 잔치를 벌인다. 페이퍼로 업무 실적 올리고 돈을 타 먹는 먹튀 현상을 벌인다. 이는 업무를 감독하는 기관이 없을 뿐만 아니라, 근무 형태를 제대로 된 평가가 이루어지지 않기 때문이다.

열심히 일하는 기관이면 누가 뭐라고 하겠습니까?

허울 좋은 이름만 내걸고 운영되어 놀고먹는 기관이 문제다. 국민이 내는 피 같은 세금으로 방만하게 운영해서 되겠습니까? 이들 기관에 대한 굳은살을 혁신해서 날씬한 조직으로 탈바꿈해야 할 때가 됐다. 기관장의 연봉이 과거에 비하여 기하급수적으로 많이 인상되었다.

왜! 연봉을 1억5천만 원 넘게 받아야 하는지 의문이다.

해가 지나가면 서류상으로 만들다 보니 근로자보다 엄청난 연봉을 받는데 30% 삭감해야 한다. 공공기관은 꽃보직으로 근로자는 뼈 빠지게 일해도 4~5천만 원 받기도 어렵다.

이러한 조직이 꼭 필요한 기관인지 따져보아야 한다.

아니면 정치꾼의 필요로 만들어진 조직인지 살펴보아야 할 때이다.

직원의 채용을 엄격히 제한하는 제도를 만들어야 한다. 실업자를 구제해주는 기관으로 운영되는 것은 아닌지? 집권 세력이 정권이 바뀔 때마다 자기 사람을 심어 놓기 위해서 설치한 조직이 없는지 철저하게 검토해야 한다.

국민의 삶에 긴요하지 않은 조직은 폐지해야겠다.

기능이 유사한 기관은 통합을 시켜 기관장을 없애고 직원을 감축시켜 국민 세금 낭비를 줄여야 한다. 권력을 유지하려고 정부 예산을 물 쓰듯이 퍼부어 정부 곳간 비우는 것은 아니 된다.

어떻게 보면 정부 돈을 빼먹으려고 만든 자리 같다.

공무원으로 근무하면서 공공기관과 시민단체, 관변 기관을 생각하면 열불이 났다. 행정기관의 산하 기관인데 공무원과 비교가 되지 않게 많은 돈으로 처우하기 때문이다.

집권 세력은 화이트컬러 카르텔을 형성해 놓고 정부 예산으로 자신들의 치부를 위해서 사용한다. 국민이 차려준 토종 꿀단지에서 여왕벌이 섭취하는 로열젤리를 빼먹으며 희희낙락하는 것은 후대에게 죄악을 저지르는 행위다.

✔ coffee break time!

좌파를 이끄는 정치꾼의 막 말에 국민은 열불이 난다.

'눈을 떠 보니 후진국이다.'
터진 입이라고 지껄이면 말이 되는 게 아니다.
이렇게 대한민국을 깔아뭉개며 망하게 말하고 싶을까?

이자는 정치에 자격이 없는 음식물 쓰레기에 불과하다.
정치를 정쟁으로 이끌면서 한발 짝도 앞으로 나가지
못하게 하는 머저리 꼴통 돌 파리 정치꾼에 불과하다.

왜! 이러한 자가 역사의 전면에 나타나 국제적으로
망신을 당해야만 하는가?
국민은 총명하고, 똑똑하고, 현명하다.

삶은 뿌린 대로 거둔다(사필귀정)

생활의 지혜는 긍정의 마인드에서 나온다

"삶은 뿌린 대로 거둔다." 했다.

앞에서 여러 번 이야기하였지만, "콩 심은 데 콩 나고, 팥 심은 데 팥이 난다."라는 당연한 말씀을 어르신께서 자주 들려주셨다. 그런데 왜! 자꾸만 언급하고 있는가? 스페셜 대한민국을 창조하고 푼 간절한 뜻이 담겨 있다.

You은 사회를 아름답게 가꾸려고 얼마나 노력하는가?

'사필귀정事必歸正'은 어디에서 많이 들어 보았을 이야기다.

아니! 누군가 비난을 하든지, 또는 칭찬을 해주면서 들려주고 싶을 때 사용하는 말이다. '좋은 마음으로 좋은 일 하면 좋은 결과를 얻을 수 있지만, 나쁜 생각을 가지고 못된 일에 빠지면 망하는 결과로 이어진다.'라는 필연의 법칙이다. 당연한 말이고, 당연한 이치고, 당연한 현상을 왜 말하고 있을까?

열심히 노력해서 좋은 결과를 얻으면, 또는 어영부영하다가 기회를 놓치거나 나쁜 결과를 얻으면 사필귀정이라고 평가하며 칭찬하고 비난을 보내게 된다.

열심히 일하고 근검절약하면 부자가 될 수 있지만, 낭비가 심하고 게으르면 가난에 빠질 수 있다. 좋은 일 하면 좋은 결과, 나쁜 일 하면 나쁜 결과로 이어진다. 이것 모르는 사람이 어디에 있겠나? 바보천치도 알겠다며 항변하고 싶겠다.

하지만 말처럼 쉽게 실천할 수 있는 행동이 아니다.

생활하면서 주변 상황을 돌아보면 잘못된 길로 빠지게 하는 속물이 너무나 많다. 잘못된 만남, 잘못된 친구, 잘못된 생각, 잘못된 환경 등! 유혹의 손길을 뿌리치고 내 의지대로 가는 게 쉽지 않다. 도박의 길로 빠지게 하는 빠칭고와 경마는 물론이고, 몸을 망치게 하는 마약과 음주, 현란한 몸짓으로 유혹하는 여성의 몸짓과 상술까지! 이를 물리치려면 대단한 절제가 필요하다.

어쩌다 잘못된 게임(경마, 카드, 골프, 놀음, 주식, 비트코인)에서 돈을 잃고 본전 생각에 빠져나오지 못한다. 코인에 투자한 돈을 날리고 다시 찾아보겠다며 남의 돈을 끌어다 재투자에 빠지는 것은 도전이 아니라 패망의 길을 재촉하는 만용이다.

이러한 오기는 결국 나를 파멸의 길로 빠지게 하는 오만에 불과하다. 단지 어리석음을 과시하며 사필귀정事必歸正이 될 뿐이다. 몇번 해보고 돈을 잃었으면 경험으로 경제 여건에 맞게 이끌어 가면 된다. '운명이 수렁에 빠지느냐! 밝은 세상으로 나오느냐!'이다.

그런데 사람은 본능적으로 도박의 심리를 가지고 있다.

몇사람만 모이면 어떠한 게임을 즐길 것인가 탐색하게 됩니다. 게임하면 꼭 내기를 해야 직성이 풀린다. 나이가 많고 적음을 가리지 않는다. 그래야 스릴이 넘치고 실감이 난다.

벌칙을 정하지 않으면 심심하고 재미가 없다. 돈이 없으면 '이기는 사람이 진 사람을 때리기!'를 걸어놓고 게임을 해야 룰이 지켜진다. 때리고 맞는 게임을 어렸을 적에 시골에서 많이 해본 경험이 있다.

윷놀이하면서 말판 4개를 먼저 내는 편이 이긴다.

이긴 편이 진 편을 윷 가래로 손목을 때렸다. 2개 내고 2개 남으면 두 대 때리고, 3개 내고 한 개 남으면 한 대를 맞았다. 어두운 시절에 놀이 문화가 없으니 무식하게 놀았다.

지금은 게임을 부추기는 요물이 거리에 지천으로 깔렸다.

이러한 유혹에 빠지지 않는 것도 대단한 용기가 필요하다.

경마, 경륜, 카지노, 카드와 고스톱뿐만이 아니라 노래방에서 노래를 불러도 그냥 부르지 않는다. 노래방 값을 누가 낼 것인가? '점수가 작게 나오는 사람이 돈을 내는 거다.'라는 벌칙을 정해놓고 게임을 즐긴다. 주변에서 벌어지는 놀이 문화가 도박심리에서 벗어나지 못하는 본능에서 나오는 현상이다.

자유우파를 이끌어 왔던 졸장부에게!

자유우파 대부들이여 You은 어느 위치에서 무엇을 하는가?

그동안 기득권 정치를 이끌었던 ㅇㅈㅇ, ㅎㅈㅍ, ㄱㅁㅅ, ㅇㅅㅁ, ㅇㅊㅅ, ㅎㅌㄱ, ㅇㅈㅅ, ㄴㄱㅇ, ㅈㅈㅇ, ㅇㅈㅎ, ㅇㅇㅈ 잘난 놈아! 여생을 촛불이 되어 조국의 앞날을 밝게 비추어 달라고 목 놓아 외치고 싶다. 역사의 뒤안길로 조용히 사라졌으면 좋겠다. 이 못난 놈들아! 터진 입이라고 주절거리지 말고 입 다물고 있어라!

"때리는 시어머니보다 말리는 시누이가 밉다." 했다.

너희는 뭐가 잘났다고 대통령을 흔들며 시누이 노릇을 하는가!

정치 신인이라고 무시하고, 과거에 매몰돼 좌파의 꼬임에 빠져 정쟁을 일으켜 국정을 혼란스럽게 해온 것밖에 없다. 반성하고 회계하는 시간을 가져야 용서가 된다.

누가 국가 원수를 모욕하고 욕되게 하는가?

그가 아니었으면 너희가 대통령이 될 수 있었을 것이라 착각에 빠져 헤매는 자들이 있는데, 당장 망상에서 벗어나 꿈에서 깨어나야 한다.

현실을 직시하고 맡은 바 임무에 충실해라! 그렇게 행동하면 다시 태어나도 대통령이 될 수 없다. 이제 당신의 헌신으로 후대가 잘되기 바라는 심정을 모아 여생을 조용히 보내라! 그래야 후손이 영광의 축복을 받고 누리게 된다.

상대를 존경해주는 미덕에서 나의 가치가 존재하는 것이다.

그렇게 할 일이 없어 대통령의 말꼬리나 잡으며 곤경에 빠지게 하는가? 너희가 잘났으면 박근혜 정권을 무너뜨리고 좌파에 넘겨주었을까? 국민에 의해서 어렵게 정권을 잡고 집권하였으면 보답할 일을 찾아야 할 것 아닌가! 또다시 나타나 발목이나 잡으며 흔들어 대면 어찌하자는 것인가!

그동안 어디에서 무엇하고 어떻게 행동을 했는가?

니들이 지껄이는 것을 들어 보면 귀에 담을 말은 하나도 없다.

한마디로 내 말 좀 들어주세요. 나의 편이 되어 달라고, 내 말이 진심이니 믿어 달라고, 응석을 부리며 따라다니는 졸장부 사내의 궤변에 불과하다. 애교는 한두 번 들어줄 수 있지만, 자꾸 지껄이면 스토킹으로 사랑하는 연인을 괴롭히는 스토커 범죄다.

언어는 의사전달이 이루어져 소통이 되어야 말이 된다.

개뿔 알지도 못하면서 터진 입이라고 아무 말 잔치를 벌이며 잘난 체 떠들지 말고 맡은 바 일에 열심히 하라! 국정을 수행하는 업무는 중앙정부에서 잘하도록 비선 라인을 통해서 도와주면 된다. 충정 어린 조언이 필요할 때에도 개별 행동으로 지도자의 통치 행위를 방해하지 마라! 특히 탈당을 번복하며 이 당 저 당 기웃거리고 왔다 갔다 했던 기회주의자는 당의 중책을 맡으면 안 된다.

서로가 소통하지 않으면 고통이 따르기 마련이다.

대통령의 의견과 비전을 비판하는 자는 그의 곁에서 기웃거릴 필요가 없으며, 여당을 조용히 떠나 다른 정치를 해야 한다. 대통령은 국가 전체 흐름을 보고, 판을 짜고, 인재를 배치하고, 정책을 수립한다. 자신의 마음에 들지 않는다고 언론과 방송에 나타나 떠들지 마라! 아무리 지껄여도 누워서 침 뱉는 격이다. 이것을 모르면 정부 요직에 몸담고 있을 자격이 없다. 시골에 내려가 전원주택을 지어 놓고 소일거리로 농사나 지어라!

대통령이 아무리 실수해도 야당의 언행보다는 훨씬 낫다.

외국 순방 중에 말실수를 했다고 앞뒤 문맥을 잘라내고 맹폭을 가하는 또라이들아, 왜곡시키지 않았으면 좋겠다. 좌파 대통령이 외국에 나갔을 때 저지르는 거짓말과 궤변보다는 진실이 담겨있는 말이다. 대통령의 언행은 '불편한 진실'을 가감 없이 언급했을 따름인데 말꼬리 잡는 처사다.

야당의 사악한 말 폭탄에 어떻게 응대하는가!

대통령의 말실수에 벌떼처럼 달려드는 이유는 무엇인가?

모래알처럼 흩어진 무식하고, 어리석고, 비겁한 자들아!

대통령을 곤경에 처하게 떠들지 마라! 삐걱대는 소리를 내는 순간 다음 선거에서 야당에 정권을 빼앗기고 황야로 내몰려야 한다.

필자는 암이 찾아와 투병 중에 눈물을 감추며 쓰는 글이다.

어쩌면 썩어빠진 정치꾼들 때문에 암에 걸렸는지도 모르겠다.

여러 번 암 수술(식도, 폐, 위, 장기)을 받고 언제 죽을지 모르는 시한부 인생을 살아가고 있지만, 대한민국의 미래를 위해서 이 한 몸 바치려는 열정에 피를 토하는 심정이다, 혼탁한 정치를 바라보면 가슴이 터질 것처럼 아프고 괴로워서 잠을 이루지 못한다.

국민의 생명과 재산을 보호해주어야 할 가치는 알고 있는가?

북한군이 탱크를 몰고 내려오면 이에 맞서 싸울 정치꾼이 몇이나 될까? 서로가 먼저 살려고 한강 다리를 넘어 도망갈 허수아비다. 선량한 국민이 북한군과 맞서 싸워 목숨을 잃어야 할 판이다. 우크라이나와 러시아의 전쟁을 어떻게 보는가? 노정객의 욕심 때문에 죄 없는 국민이 희생되어야 하니 너무나 잔인하다.

지구촌은 빛의 속도로 경쟁하며 뛰어가고 있다.

그런데 정치권은 정부의 지원금으로 주머니 쌈짓돈 사용하듯이 흥청망청 펑펑 쓰면서 싸움질만 한다. 우물 안 개구리로 한 치 앞을 내다보지 못하는 얼빠진 놈들아! 또다시 나라를 위기에 빠뜨리려고 지랄하지 말고 정치판에서 사라졌으면 좋겠다.

DMZ 군사 분계선을 실크로드 관광지로!

산티아고와 같은 세계적인 여행길로 만들자는 거다.

이것은 필자가 평소에 생각했던 지론을 피력하는 것이다.

군사분계선 526km 걸어서 종단하는 여행코스로 만들자는 의견이다. 필자는 최전방 GOP 철책에서 군 복무 경계 근무하고 제대했다. 군대에서 복무한 군인만이 알고 있는 군사 분계선은 남북이 대치하는 3·8선 철책이다. 최전방에서 고된 훈련을 받으며 체험한 군대 생활이 생생하게 그려지는 그림을 여행지로 활용하자는 착상이다.

동해 바다에서 서해 바다까지 고속도로를 건설하는 거다.

평상시에서 관광과 물류 운반 도로로 사용하고 군인은 군사 도로로 활용토록 하는 것이다. 고속도로 옆으로 DMZ 보도 길을 만들어 걸어서 횡단하는 여행길을 꾸미자는 거다.

제주도 올레길과 세계인이 걷고 싶어 하는 스페인의 산티아고의 여행지보다 스릴이 넘치고 가슴 벅찬 길로 다가올 거다. 이곳은 지구촌 어디에서 볼 수 없는 군사 분계선으로 이를 관광지로 개발해 세계인에게 보여주자는 생각이다.

걷고, 뛰고, 마라톤 코스로 활용하고, 때로는 자전거를 타고 시원한 바람을 가르며 달리는 첩첩산중의 고갯길을 관광 명소로 만들었으면 좋겠다. 군사적으로 대치하는 철의 장막을 설치해 군사보호 구역으로 감추어둘 비밀 장소로 유지할 필요가 없다.

산티아고에 밋밋하고 지루한 고갯길이 아니라 스릴이 넘치고 체력을 테스트할 수 있는 길이다. 군인이 철통 방어하는 일촉즉발 남북의 군사적 대치 상황을 세계인에게 알리고, 보여주고, 체험하게 하자는 거다. 관광 효과뿐만 아니라 국제적 위상을 높여 관심을 집중하게 될 거다. 평화 시대에 군사적 대치 상황에 위험한 나라가 있나 싶을 정도로 감탄이 나오게 환상의 코스로 만든다.

도로 건설은 군사 분계선을 지키는 군부대에 맡기면 된다.

높은 산이 나오면 터널을 뚫고, 강이 있으면 다리를 놓아 들판을 가로 지르는 평화의 길로 연결해야 한다. 사단별로 구획을 정하고 군부대 건설 장비를 동원해서 도로를 만들면 개발 비용도 많이 들지 않을 것이다. 또한, 군사 도발 긴급 사태 발생하면 군사도로 활용할 수 있도록 연계한다. 도로변에는 안전 경계석을 높이 세우고 이탈을 방지해서 지뢰로부터 사고 위험을 예방하는 게 좋다.

이 상상은 우리나라의 국방력과 경제력으로 볼 때 조금도 부담이 되지 않는다. 국가의 안보를 지키는 데 큰 도움이 될 거다. 하드웨어는 군부대에서 건설하고, 소프트웨어는 민간 자본으로 투자하면 좋은 시설이 유지 운영 될 거다.

중간중간에 먹고 자고 쉴 수 있는 숙박 시설을 준비하고! 산을 넘고 강을 건너는 비포장도로에 마사토를 깔아주어 맨발로 걷기 좋게 해주어야 한다. 군인이 경계 근무하고, 군사 훈련과 군악대 행사하는 모습을 생생하게 체험하도록 만들어 준다. 여행하면서 경계 근무하는 군인과 훈련받는 모습을 사진 한 장 찍는 것도 순간포착의 귀중한 장면으로 남는다.

자전거 라이딩과 보행자가 함께 다닐 수 있도록 한다.

MTB 자전거 마니아들이 함께 달릴 수 있도록 드라이브 길로 만들어 주면 더욱 빛나게 된다. 동해 바다에서 서해 바다까지 걸어서 보름이 걸리고, 자전거 마니아들은 5박 6일 바람을 가르며 달리는 기분은 최고가 될 거라고 보인다.

국토종주 코스와 4대강 길에 이어 군사 분계선은 자전거 길은 마니아가 달리고 싶어 열광하는 코스로 개발되어야 한다. 유럽의 자전거 길과 일본의 로드 해변 길은 환상적으로 각광 받는다. 세계의 자전거 마니아들이 몰려올 거라고 기대가 된다. 철저한 신원 조회로 구간 구간에서 신분을 확인해서 이탈을 방지해야겠다.

지금의 국토 종주 자전거 코스는 정상적이지 못하다.

국토 종주를 왕복해보았지만 지루하고 시설이 미흡해서 어딘지 모르게 미완의 작품처럼 느껴졌다. 그런데 비무장지대 자전거 길은 완전히 판타스틱하게 환상의 코스가 될 거다. 통일이 되면 더욱 빛이 나는 세계의 문화유산으로 유지될 거라고 확신이 든다.

통일전망대는 필수 코스로 만들어야 하겠다.

그리고 JSA(자유의 집)는 중간 기착지로 꼭 연결시켜 남과 북의 군인이 대치하고 있는 현장을 알리면 좋다. 평화유지 UN군이 지키고 있음을 현장에서 체험하게 된다면 감탄이 저절로 나오겠다. 군인과 사진 한 장 찍으며 기념을 남기면 좋은 추억이다. 평화 시대 지구촌에 이러한 나라가 있었나!

잠자고 있던 어둠의 땅에서 깨어나 기회의 땅이 될 거다.

여행하면서 망원경으로 바라보는 겹겹이 쌓인 북한 지역은 미지의 땅에 가고 싶은 곳이다. 첩첩산중 너머로 보이는 산하山河는 세계의 관광객에게 궁금증을 유발하는 장소가 되어 주리라 믿어진다.

우리만 알고 말로 외치는 비무장 지대가 아니다.

세계인이 걸어서 두 눈으로 직접 확인하고 우리나라에 처한 상황을 세계 만방에 알리는 좋은 장소가 되기도 하겠다. 감추어 두어야 할 군사 보호구역 비밀의 장소가 아니다. 평화 시대에 군사적으로 대치하는 위험한 곳이 있었나 싶다.

이 또한 유명한 관광 코스의 길이 될 거라고 예상이 된다.

여행을 갈망하는 국제 마니아는 어디로 가야 새로운 여행지가 있을까? 세계 지도를 놓고 기웃거리며 고민에 빠지기도 한다. 그곳이 바로 대한민국의 DMZ 비단길이라고 손뼉 치며 달려올 수 있도록 해주어야 한다. 국제적인 관광 상품을 활용하지 못한다는 것은 어리석은 짓이다. 이는 내일 당장 추진해서 하루 빨리 해결해 주어야 할 우리의 숙제이기도 하다.

"떠나는 사람만이 목적지에 이른다."라는 말이 있다.

이는 산티아고의 코스보다 엄청 유명한 관광지로 발전하게 될 거다.

이 코스는 생각만 해도 가슴이 떨리고 벅차오른다. 미래는 "준비하는 자가 기회를 잡을 수 있다." 하였다. 통일을 준비하는 지금 이 순간에 허송세월하며 보낼 수 없다.

국제 관광객이 몰려오는 진주처럼 값진 코스가 될 거다.

여행하면서 만나는 젊은 연인끼리 국제 커플이 탄생하도록 환상의 코스로 꾸며야 한다. 그리고 국제 결혼으로 이어지는 만남의 광장이 되도록 숙박 시설을 꾸며주어야 합니다. 여행을 끝내면 DMZ(비무장지대) 여행 후기를 집필해서 대한민국의 유명한 관광지로 알려지면 베스트셀러 책이 될 거다. 지구촌의 무대는 우리가 생각하고, 상상하는 대로 길이 열리게 되었다.

윤석열 대통령! 뉴 패러다임의 선봉장

수구좌파의 모진 등살을 어떻게 이겨내야 할까?

윤석열 대통령은 사방이 적으로 지뢰밭에 둘러 쌓여있다.

이 멍청하고 쓸개 빠진 보수우파 정치꾼들아, 잘났다고 떠들지 말고 똘똘 뭉쳐 국정을 안정적으로 이끌어 책임을 다해라! 이러다 좌파가 저지른 인면수심 꼬임에 빠져 또다시 박근혜 대통령의 전철을 밟지 않을까? 걱정이다.

윤석열 대통령은 비호飛虎(달리는 호랑이)의 등에 타고 있다.

번개처럼 달리는 호랑이 등에서 뛰어내리지도 못하는 처지가 됐다. 호랑이 목덜미를 잡고 눈썹이 휘날리도록 달려야 하는 새로운 패러다임의 선봉장이다. 어쩌면 큰 부상을 당하게 될지 모르겠지만, 자유우파께서 도와주어야 한다. 여기에서 옳고 그름을 따지며 잡음을 내면 너희들은 차려준 밥상에 재를 뿌리는 격이다.

못난 것들아! 내 밥그릇을 빼앗겼다고 생각하지 마라!

윤석열에 의해서 수구좌파 정권을 몰아내고 찾아올 수 있으며, 지방 선거에서 성공을 거두었다. 여당이 되었으니 정부 예산으로 월급을 받으며 근무하게 될 사람이 부지기수다. 이 막중한 임무를 무엇으로 보답해 주어야 할지 생각을 해보아라!

대통령의 존엄이 너무나 처량하고 불쌍하다.

어려운 시국에 모진 시련을 극복하고 대통령에 당선되었지만, 주변은 하이에나와 들개의 무리가 득실거리는 사바나 들판에 홀로 서 있는 격이다. 호랑이와 사자도 두려움에 떨어야 하는데 선한 양이 어떻게 살아남아야 할까?

또한, 사랑하는 부모님 곁을 떠나야 하는 딸의 모습이다.

마치 '한 여인이 사랑하는 남편을 만나 결혼하였지만, 모진 시어머니와 시누이를 만나 호된 시집살이 하는 며느리의 신세다.' 며느리가 되어 보니 세상의 흐름을 아는 격이다.

수구좌파는 똘똘 뭉쳐 대통령을 괴롭히고 있다.

그들의 궤변에 비유하면 대통령의 말실수는 새 발의 피도 안 되는 조적지열鳥跡地熱새의 발로 땅을 뜨겁게 함)이다. 좌파 세력의 패거리 정치에 비유할 수 있단 말인가? 한때 모래성으로 쌓아 올린 가증스러운 지도부 때문에 대통령의 위치가 위태로운 지경에 빠지기도 했지만 점차 안정을 찾아 국제적 위상을 높여 갔다.

대통령은 미우나 고우나 자랑스러운 지도자다.

수구좌파에 의해서 무너지는 대한민국과 자유우파를 지키기 위해서 불철주야 헌신하시는 ㅈㄱㅎ 목사는 최고의 수호자이시며, 국민의힘 청년 최고위원으로 장예찬은 수구좌파의 궤변을 막아주는 데 혼신으로 뛰고 있어 빛을 발휘해 준다.

또한, 종편방송 패널과 미디어 방송(따따부따. 민영삼, 배승희, 서정욱, 성창경, 김경율, 은혜tv, 전원책, 배인규, 양영태, 고성국, 박찬종, 진성호, 김영민, 고영신, 이봉규tv, 홍철기, 김채환, 슬까방, 신의한수, 성제준, 청교도, 시대정신, 시사저널, 샤인tv, 손상대, 정성산, 국보tv, 김진tv, 팩맨, 정의구현, 최병묵, 조갑제, 황태순, 할렐루야, 확대경, 장기표, 김광일, BJ톨, 아고라, 이종근, 빅시스터, 박은주, 신동흔, 황장수, 신동훈, 정광용, 이현종, 신지호, 강신업tv, 우동균, 신혜식, 공병호, 김종혁, 위대한 이슈)은 국민을 대변하는 천군만마의 역할을 수행하고 있다.

이뿐 아니라 현장에서 발로 뛰는 우먼 파워 혈기는 대단하다.

여성의 몸으로 추운 겨울에 두꺼운 외투를 입고, 여름에는 땀에 젖은 런닝셔츠 걸쳐 입은 채 거리에서 펼치는 열변이 감명을 준다. 비가 오나 눈이 오나 칼바람을 맞으며 태극기를 흔들어 분노를 표출하는 열성 팬이다. 이들은 자유우파 정치인이 해야 할 역할을 충실히 대변하는 엄마 부대로 눈물겹도록 든든한 여걸이다.

아줌마 부대가 거리로 나가 목청을 외치는 이유가 무엇일까?

대한민국의 미래를 지키려고, 자녀의 앞날을 보듬어주기 위해서 좌파 정권에서 만연된 썩은 정치를 몰아내려는 열정이 기특하다. 한걸음에 달려가 따뜻한 커피를 나누며 노고에 치하해주고 싶다. 여유가 생기면 간식값으로 도와드릴 계획이다.

법치를 바로 세우는 데 적폐청산이라고 포장할 필요도 없다.

부정부패를 저지른 정치꾼을 무조건 엄단해서 앞으로 어떠한 정권도 불법을 저지르지 못하도록 대못을 박아 놓아야 한다. 이것이 보수 우파가 역사 앞에 추진해야 할 가장 시급한 일이다.

좌파는 사악한 악마의 패악질에 길든 카르텔이다.

좌파가 집권하고 두 명의 대통령이 감옥에 투옥됐으며, 수십 명이 '영어囹圄'의 몸으로 보냈다. 박근혜 대통령의 탄핵은 내부 변절자 반란을 겪었으면서 제2의 탄핵을 당해야 정신을 차리겠는가! 여기에서 밀리면 애국 충정의 우파는 모두 죽는다. 하이에나와 들개 무리를 물리치려면 호랑이와 사자가 되어야 한다.

보수우파의 체면을 지켜준 은인이 대통령이다.

윤석열이 총명하고, 똑똑하고, 잘 생기고, 정치 능력이 뛰어나서 대통령에 당선된 게 아니다. 하늘에서 번개와 천둥 치는 찰나에 천운이 기적으로 따라주어 기회를 잡았다. 대통령을 중심으로 똘똘 뭉쳐야 살아남는다. 이를 모르면 정치판에 기웃거릴 필요 없으니 인정하는 미덕에서 존경을 받는다.

여당으로 가지는 특혜와 프레임을 잊어서는 안 된다.

각 부처 장관은 물론이고 공공기관장, 지방자치단체장, 정부에서 운영하는 관변단체와 금융기관 등 3,000여 명 이상 정부 요직에 올라 근무하며 혜택을 받는다. 이 엄청난 프레임을 왜 모르고 대통령을 어렵게 만드는가! 이제 다음 총선에서 승리할 계획을 세워 진력을 다해 뛰어야 책임을 완수하게 된다.

수구좌파 정치 행보는 죽자고 덤벼드는 망령 카르텔이다.

이를 어떻게 극복할 것인가! 매일 밤새워 전략을 세워 대처해야 이길 수 있다. 이들은 국가 경영의 기본자세가 없는 집단으로 그들만의 공동체를 만들어 배를 채우려는 아집으로 똘똘 뭉쳤다.

조폭과 민주노총, 한국노총, 금속노조, 건설노조를 등에 업고 모략을 꾸미며 난리를 친다. 여기에 방송 3사까지 편파보도하며 보수우파를 괴롭히는데 너희들은 무엇 하고 있는가?

야당의 촌철살인을 저지르는 언행에 누가 대응하고 있는가!

여당 정치인 몇백 명이 있으면 무엇 하나! 한동훈 법무부장관 혼자 방패막이가 되어 막아주고 있는데 부끄럽지 않은가! 너무나 무거운 짐을 지고 해결하는 모습이 용맹스럽다. 그를 찾아가 커피 한잔 나누며 위로를 해주고 싶은 마음이다.

Future Korea(대한민국의 미래)!

대한민국은 정말 평화롭고 살기 좋은 나라이다.

나에게 주어진 임무에 심혈을 기울이고! 욕심을 부리지 않으며! 남에게 피해를 주지 않으면! 거리의 시민은 밝고 행복한 미소를 지으며 일상을 영위한다. 특히 정치만 잘해준다면 흠잡을 곳이 없는 영광스러운 대한민국이다. 그들 때문에 시끄러워지면 되겠는가?

두말할 나위 없이 대한민국은 정말 행복한 나라이다.

옛날에 직장에 다닐 때는 그날이 그날이라고 말하고 싶었는데 퇴직하고 쉬면서 가끔 공공장소와 번화가에 나들이 나가보면 젊음의 향기와 활기가 넘쳐난다. 너무나 평화롭고 행복한 미소가 저절로 나온다. 스스로 자부심을 가지고 열심히 일하는 모습에서 대한민국의 미래를 보는 것 같아 너무나 좋다. 여기에 고춧가루를 뿌리며 무슨 부귀와 영화를 누리겠다고 사회를 시끄럽게 하는 무리가 있어 시민과 국민은 피곤해질 수밖에 없다.

지금보다 더 살기 좋은 나라를 만들어야 하지 않겠습니까?

그런데 정치꾼은 밥그릇 싸움에 빠져 주변은 보이지 않는다.

국회의원 한 번 더 하는 게 가문의 영광으로 생각하는 머저리, 또라이를 당장에 낙동강 오리알 신세를 만들어 주어야 한다.

사람의 운명은 정해진 길로 가야 탈이 없다.

아무리 발버둥을 쳐도 그 길을 벗어나기 어렵다.

운명의 손길이 거지가 될 사람은 거지가 되어야 하고, 사업자는 사장이 되어야 하고, 나라의 녹을 먹어야 할 사람은 공무원, 법조인, 정치인, 판사와 검사, 또는 시장 군수와 대통령이 되어 나라의 미래를 담당하게 돼 있다. 하지만 대통령이 되고 싶다고 해서 국가의 지도자가 되는 것은 아니다.

그러면 대한민국의 미래는 어떻게 될 것인가?

언제까지 자유우파와 수구좌파가 싸우며 지내야 하나!

선진 인류 국가로 '국민에 의한 국민을 위한 국민의 정치!'를 잘할 수 있을까? 저질 정치로 국민을 실망에 빠지게 하는 악마 언행이 정말 지긋지긋하다. 이제 거짓과 위선의 굴레에서 벗어나 국민에게 기쁨과 희망을 주는 정치로 보답해 주었으면 좋겠다.

다음 대통령은 우파와 좌파 중에서 누가 될 것인가?

현재의 정치 상황으로 정치권을 들여다보면 복잡하기는 하다. 자유우파 그룹에서 볼 때 ㅎㄷㅎ 법무부장관과 ㅇㅅㅇ 서울시장이 떠오른다. 물론 ㄱㄱㅎ 대표와 그 밖에 여러 사람이 있겠다. 점술가에 의하면 법무부장관과 서울시장을 차기 대권후보로 점찍어두고 논쟁을 벌이고 있으니 관전 포인트가 되겠다.

좌파의 차기 주자로 ㅈㅁ을 믿고 따르는 것 같은데!

그의 운명은 조폭 우두머리 깍두기 사기꾼의 대부로 태어났다.

그런데 남의 운명을 강탈해 사기 치며 호의호식好衣好食 살아오면서 시민을 괴롭히며 삶을 영위해 왔다. 주먹의 세계에서 졸개들을 거느리고 놀아야 할 운명이었는데, 행정의 영역에 들어와 시민의 피눈물을 빨아먹은 사기꾼이다. 행정의 권력을 조폭 세계에서 주먹과 폭력으로 사용하면서 탈이 났다. 여기에 이용당하여 운명을 빼앗겨 극단적 선택으로 인생을 망친 주변인들이 불쌍하다.

조폭의 대부를 믿고 따르는 졸개들이 많은데 그는 이미 썩은 동아줄, 썩은 고목에 불과하다. 든든한 동아줄을 잡고 버티고 싶겠지만 나락으로 떨어지고 말 것이며, 썩은 고목은 버티지 못하고 쓰러져 버섯이 피어나고, 개미와 해충이 달려들어 파먹고 있다. 그는 언제가 떨쳐 버려야 암세포이므로 하루 한시가 급하다.

세간의 소문을 판단해 볼 때 ㅇㄴㅇ 총리와 ㅂㅂㄱ 법무부장관, ㅇㅅㅎ, ㅈㅇㅊ, ㅂㅇㅈ 등, 똑똑하고 현명하고 사리판단을 잘하는 인물이 많은데 왜 ㅈㅁ에게 매몰돼 헤매야 하는가?

첫 단추를 잘못 꿰는 바람에 망해가는 거다.

그 길을 따라가니 억 박자가 나면서 시끄럽기만 하다.

대중의 정치, 비전의 정치로 나서야 한다. 약한 모습을 버리고 바늘과 송곳이 되어 주변을 감싸고 있는 철의 장막을 뚫고 나와야 한다.

왜! 부정부패 쓰레기통에 빠져 헤매는 자를 보호해주려고 하나?

아무리 좌파의 패악질에 길들어 있어도 국민이 바라보면 이건 아니다. 이를 떨쳐버리고 독자 노선을 걸어야 한다. 왜! 정도와 순리를 따르지 못하는가? 노무현의 길을 선택해야 좌파가 살아난다.

김대중, 노무현 대통령이 살아있다면 ㅈㅁ를 감싸 주었을까?

현 상황을 절대로 지켜보지 않았을 거다. 뒤집어엎어 버리고 새로운 당을 만들어 뛰쳐나갔을 거다. 이게 정상적인 사람이 가지는 인성이다. 노무현은 김영삼과 대적하며 대통령이 될 수 있었다.

아닌 것은 아니고! 잘못된 것은 잘못이라는 용기가 필요하다.

이것은 미움과 배신이 아니다. 사람이 살아가는 도리이며 미래로 나가는 힘의 원천이다. 부정부패에 빠진 정치 야바위꾼을 몰아내야 차기 대권을 잡을 수 있다. 오히려 좌파의 벽을 허물어 버릴 수 있는 인물이 나와야 지도자로 우뚝 선다. 어떻게 사법 리스크에 빠져 패악질 코스플레이로 정국을 몰아가는 자와 함께할 수 있단 말인가? 이를 모르면 정계를 떠나야 한다.

필자도 공무원을 근무하면서 지방의원과 질의 응답을 한 바있다.

의원들 질문에 화나고 괘씸해서 '가만히 있지 않겠다. 한번 들이받아 버리겠다.' 생각하지만, 의회에 가면 아무 생각이 나지 않는다. 의원의 질의에 머릿속이 하얗게 되면서 당황하게 된다. 직원이 필적으로 적어 주고 도와주는 말에도 전혀 도움이 되지 않는다.

그런데 법무부장관은 야당의 질의에 당당하게 대응한다.

야당 국회의원은 망신을 주려고 벼르며 대정부 질문에 덤벼들었다. 그때마다 말도 안 되는 질문거리를 가지고 나와 열변을 토했지만 꼴좋게 망신을 당하고 물러나야 했다.

특히 ㅈㅊㄹ 국회의원의 야유는 시장 상인만도 못하다.

시장에서 채소와 과일, 생선을 팔려고 목청을 높이는 아저씨 아주머니의 결기는 대단하다. 한걸음에 달려가 구매해서 도와주고 싶은 감정이 든다. 그런데 대정부 질문을 하는데 의원석에 앉아 야유를 보내며 떠드는 꼴이 정말 가관이다. 다음 선거에서 국회의원으로 뽑아주는 시민은 접시물에 코 박고 죽어야 한다.

이의 몰상식한 행동에 법무부장관이 어떻게 대응을 해주는가?

"ㅈㅊㄹ 의원님! 야구장에 왔습니까? 왜! 자꾸 야유를 보내십니까? 질문하실 말씀이 있으면 나와서 하세요." 이렇게 받아치는 순발력은 대단한 용기의 발현이고, 아무나 대응할 수 있는 응징이 아니다. 이 말을 들은 ㅈㅊㄹ의 기분은 어떠했을까? 아무리 좌파가 공격해도 국민의 편에서 일하면 두려울 게 없다.

야당의 패륜 행위에 ㅎㄷㅎ 법무부장관은 일당백으로 대처한다.

법무부의 수장으로 무너진 법치를 바로 세우려고 고심 분투하는 장관을 비난하는 언행은 추태이다. 이는 민족의 얼을 빛내고 한글을 창제한 세종대왕과 임진왜란 때 백전백승으로 나라를 지킨 이순신 장군, 그리고 국민의 심금을 울려주는 원로 가수 이미자와 올림픽에서 금메달을 딴 피겨 선수 김연아, 아시안 게임에서 금메달을 딴 탁구 선수 신유빈을 비난하는 것과 다를 바가 없다.

젊은 기자들이 출근길을 막고 질문 공세를 퍼부어도 피하지 않고 당당하게 답변하였다. 국민의 편에서 순수의 마음으로 열정을 바치는 모습은 감동을 주기에 충분하므로 이 시대 최고 엘리트이다.

좌파는 항상 사이드에서 미친 짓거리를 해왔다.

대한민국을 건국한 이승만 대통령의 자유 민주주의 이념 정책을 비난했으며, 박정희 대통령이 경제 발전의 원동력인 경부고속도로 건설을 반대하고, 포항제철 설립을 반대했다. 최근에는 이명박 대통령의 4대강 사업을 죽기 살기로 반대하며 지랄 발광을 떨었다.

좌파의 지랄병은 어디까지 가야 끝이 나게 될까?

대통령 탄핵에 길들어 노무현 대통령을 탄핵하고, 박근혜 대통령을 탄핵하더니, 또다시 윤석열 대통령을 탄핵한다고 난리 블루스를 춘다. 게다가 국무장관과 국무총리까지 탄핵한다고 하니 미치광이가 따로 없다. 이게 정치판에서 이루어지는 좌파의 행태다.

국정을 난장판으로 만들어 무엇을 얻겠다는 수작인가?

그런다고 한자리 주어질 것 같은가! 대한민국의 미래를 누구에게 맡겨야 하는지 자명하게 나온다. 지난 좌파 정권에서 민낯이 밝혀졌으므로 국민이 답을 찾아야 한다. 좌파의 비열한 거짓 가면이 벗겨지니 가식의 실체가 드러났다. 뻔뻔한 괴물 집단 카르텔에게 더 이상 속으면 아니 된다.

우파 정권은 좌파 세력의 반대에 굴하지 않고 미래를 개척했다.

이들의 비난에 비굴하게 물러났으면 우리나라의 경제는 이만큼 발전하지 못했다. 이것만 단적으로 비교해 보아도 우파 정권이 대한민국의 미래를 이끌어 가야 할 중추적 역할을 담당했다.

수구좌파 머저리가 죽어야 대한민국이 산다.

노욕이 가득 찬 좌파 정권은 국민을 갈라치기에 안달이다.

우파 정권이 이룩해 놓은 실적의 흔적을 지워 버리려고 발광이다. 그들이 추진해온 일과 이루어 놓은 업적이 하나도 없으니 내세우고 자랑할 게 있겠나! 억지로 트집이나 잡는 또라이다.

이제 정치꾼은 정치인이 되어야 한다.

청년이여! 젊은이여! 정치하겠다고 큰 꿈을 꾸고 있다면 대한민국의 미래 발전을 위해서 무엇을 어떻게 담당해야 하는지 정신을 똑바로 차려야 한다. 눈앞에 보이는 국회의원 배지 한번 달아보려는 욕심에 혈안 떨지 말고 정의와 순리를 지켜야 한다.

불의에 저항하는 깨끗함에서 정도를 따르는 에너지가 살아난다.

사나이로 태어나 한목숨 바쳐 정치하려면 정의롭고 당당하게 국정을 이끌어주어야 한다. 청년이여! 대한민국의 심장을 뛰게 해라! 비열하고 야비함은 금물이다. '사람이 하는 일! 하늘이보고! 땅이 알고! 심판한다.' 대한민국의 미래는 청년의 것이다.

리더는 국민의 가슴을 뛰게 하는 요술쟁이!

어른을 존경하고 보살피는 미덕!

우리나라처럼 대통령을 무시하는 나라도 없다.

정말 해도 해도 너무한다고 싶을 정도이니 불쌍하다.

우리 민족의 혼과 얼을 이렇게 더럽히고 저질스럽게 해야만 하는 걸까? 아무리 고민을 해봐도 이건 아니다. 상부상조하고, 이웃을 사랑하고, 어른을 존경하는 미덕에서 위기를 극복해온 민족이다.

그런데 왜! 대통령의 가치가 땅에 떨어져야 하나?

한때 권력을 이용해 국민을 억압하며 원망하던 때가 있었다.

대통령이 국민을 괴롭히며 못된 놈으로 평가하던 때 나쁜 감정을 가지게 했었다. 철권통치하던 때는 아무런 말도 못하고 숨어 지냈다. 이제 밝은 세상이 찾아오자 너도나도 거리로 뛰쳐나와 자기 목소리를 내며 난리 치는 형국이다.

지난 세월에 당했던 시련을 복수하고픈 마음에서일까?

그들 때문에 아까운 청춘을 버리고 허송세월을 보내야 했던 과거를 생각하면 죽이고 싶도록 원망스럽기도 하다. 국가 예산을 지들 주머니 쌈짓돈 사용하듯이 흥청망청 낭비하며 지들 주머니를 채우는 데 혈안을 떨었다. 그러니 가만히 있을 국민이 어디에 있겠는가!

대통령은 국민 위에서 군림하는 자리가 아니다.

리더로 국정을 수행하는 동안 국민을 위해서 몸과 마음을 바쳐 혼신을 다해야 존경을 받는다. 사리사욕에 빠져 권력을 사적으로 사용하고 퇴임 후 무난히 지낼 수 있을 거라고 믿으면 잘못이다. 국민의 고통을 함께 느낄 수 있어야 진정한 지도자이다.

퇴임하면 연금이 빵빵하게 나오는데 무엇이 부족해서 부정부패를 저지르며 국민의 원성을 사야만 하는가! ㅈㅁ이 말처럼 10원이라도 받아먹었으면 감옥에 갈 각오해야 한다. 지도자는 국민이 잠시 부여한 권력을 위임받아 봉사하는 자리다.

대통령의 위치는 잘해야 본전이고 못하면 역적이 된다.

그만큼 책임이 크고 무겁다. 대통령이 되려고 할 때는 국민을 위해서 모든 것을 바칠 것처럼 난리를 치지만, 그 자리에 오르면 하루아침에 돌변하여 안면 몰수 180도 다른 모습으로 변한다. 악마가 되기 때문에 국민으로부터 외면받는다. 퇴임 후 받아야 할 고통을 생각한다면 권력을 함부로 누리지 못한다.

이제 대통령과 국민은 제 위치에서 존엄을 지켜야 한다.

세계 어느 나라가 국가 원수(대통령)를 이렇게 깔아뭉개고 대접하나? 너무 한다 싶기도 하다. 지도자는 그 나라의 얼굴이다. 국민이 존경해 주지 않으면 국제적으로 호응을 받지 못하게 된다.

TV을 켜면 대통령을 험담하는 야당의 언행은 너무나 지겹다.

말 한마디 행동하나 밑도 끝도 없이 그냥 비난하고 본다. 해도 해도 너무한다 싶다. 말 폭탄을 퍼부어야 이긴다고 생각을 하는 모양이다. 하지만 국민은 그의 인성이 보이기 때문에 식상하고 도가 지나치기 때문에 소름이 끼치게 할 따름이다.

패거리 정치꾼이 정말 국민을 생각하고 걱정하는 지도자가 얼마나 있을까? 그들은 제 잘난 멋에 활보하고 국민은 선거철에 필요해서 이용하는 도구로 바라보는 철면피들이다.

대통령은 하늘에서 내려주는 천운의 자리다.

윤석열 대통령처럼 검찰총장으로 맡은바 업무에 충실하다 보면 국민이 필요해서 정치권에 끌어들여 왕의 자리에 오르게 한다. 이게 자유 민주주의 나라에서 가능한 특별히 주어지는 기회다. 주어진 자리에서 묵묵히 책임을 다하면 국민이 알아서 불러낸다. 감당하지 못할 곳에 빠져 허우적대보았자 아무 소용이 없다.

　　아무리 대통령이 되려고 발버둥을 쳐도 허망한 짓이다.
　　대통령은 민심의 바다에서 태풍처럼 밀려오는 쓰나미를 이겨내고 오르는 자리다. 천심을 거역하고 허튼짓으로 위기를 극복하지 못하면 침몰하고 만다. 대통령의 자리에 오르면 안전하게 태평성대를 누릴까? 더욱 혹독한 가시방석 위에서 세상을 보듬어야 한다.
　　이때부터 위험한 지위에서 온갖 시름을 견디며 지내는 거다.
　　나무 위에 올려놓고 밑에서 흔들어 대는 꼴이니 떨어지면 큰 상처를 입는다. 과거에는 무소불위의 지위를 이용해 국민을 지휘 통솔해도 반항할 힘이 없었다. 하지만 국민의 눈높이가 높아진 만큼 밤잠을 설치며 민생을 살펴 주어야 존경을 받는다.
　　이 책을 정치꾼이 읽고 자신을 가다듬는 자가 얼마나 될까?
　　단 한 사람의 정치꾼이 정치인으로 혁신하는 지도자가 있으면 천만다행이다. 그러면 내가 책을 집필하는 한 가닥 희망의 가치를 가지기 충분하다. 별의 순간을 잡아 최고의 자리에서 권력을 누리려고 하는 자가 귀담아 주었으면 더 이상 바랄 게 없다.

이제 정치 선진화를 이루어야!

정치가 정상의 궤도에서 움직여 주었으면 좋겠다.

"정치는 국민의 생명과 재산을 보호하고 지켜주는 도구 여야지, 정치꾼의 범죄자를 지켜주는 도구여서는 아니 된다." 법무부장관께서 말했다. 이보다 더 좋은 단어를 찾아서 국민께 해줄 수 있는 말이 있을까? 왜! 저질스럽고 혐오스러운 정치꾼이 설치는 무대로 변하게 됐을까? 좌파 정권이 철면피가 벼슬자리에 올라 거들먹거리고 거짓 선동 모사꾼의 카르텔이 되고 말았다.

복지국가에 걸맞게 정치 선진화를 이루려면 정치판에서 부정부패를 몰아내고, 반대를 위한 반대, 비난을 위한 비난으로 정국을 혼란에 빠지지 말아야 한다. 위기를 조장하고 말꼬리나 잡으며 투쟁하는 정치 협잡꾼이 자리다툼하며 싸우는 곳이 아니다.

그러면 미래에 탄생하는 정권은 잘할 수 있을까?

국민의 기대에 부흥할지 지켜보고 기다려볼 수밖에 없다.

또다시 국민을 실망시키는 정치를 한다면 어떻게 될까?

복지국가로 가는 꿈은 멀어지고 희망이 없어질 것이므로 혹독한 처벌을 받아야 할 거다. 국민이 믿고 맡긴 만큼 실망과 분노가 커질 것인데 어떻게 감당을 하겠어요. 보편타당하고, 깨끗하고, 신사적으로 했으면 좋겠다. 국민을 실망시키지 말고 간절히 원하는 민원을 신속하고 정확하게 처리해 주면 된다.

아주 작은 일에서부터 어마어마하게 큰일까지 있다.

뒷동산에 등산로가 허물어지면 마대를 쌓아 정비해주고, 공원과 도로와 교량이 파손되면 즉시 보수하고, 부정부패를 저지른 정치꾼은 법의 심판에 맡겨야 한다.

눈이 오면 도로의 제설 작업을 신속하게 처리해주는 것은 물론이고,

비가 와서 집이 침수되면 보수해주는 것도 정치와 행정의 한 부분이다. 기업이 도산 위기에 처하면 자금을 지원해주어 재기할 수 있게 도와주고, 국민의 생필품이 부족하면 외국에서 수입해서라도 즉시 해결을 해주어야 정부가 할 일이다.

정치를 잘하려고 고뇌할 필요가 없다.

상식에 어긋나지 않는 일상의 생활에서 찾으면 된다.

아버지를 아버지라 부를 수 있도록 해야 하며, 엄마를 엄마라고 부르게 내버려 두는 것이다. 이를 인위적으로 막아서 정치꾼의 입맛에 맞도록 저지하기 때문에 문제다. 국민의 의식 수준이 높아진 만큼 정의롭고 깨끗하게 변화해야 함을 말하고 싶다.

정치 권력은 본능적으로 폭력성을 가지고 태어난다.

폭력은 타인의 자유와 재산을 약탈하는 데서 옵니다. 자신들의 세력을 보호하고 유지하기 위해서 정권을 계속 잡으려고 혈안을 떨며 폭력을 휘두르기 마련이다. 복지국가로 향하는 길은 정권을 잡은 세력이 폭력을 행사하지 않고 민의에 맡기는 거다.

국민이 싫어하고 반대하면 변명할 여지 없이 그만두면 된다.

뭐 잘났다고 횡설수설 열변을 토하며 구걸할 필요가 없다.

무지한 정치꾼이 폭력을 행사하며 정권을 계속 이어가려고 하니 문제가 발생한다. 국민의 뜻에 반하여 권력의 힘으로 연장하려고 한다면 그 이상의 피를 흘려야 한다.

이를 막는 방법은 선거를 통하여 정권을 바꾸어 주는 거다.

그래야 국민을 두려워하고, 민초를 위해서 정부가 존재함을 안다.

계파와 추종 세력에 의해서 정권이 유지된다면 권력을 독식하려는 욕망 때문에 패거리 정치로 이어질 수밖에 없다.

정치는 여당과 야당이 싸우며 논쟁하는 곳이 아니다.

국민의 복지증진을 위해서 정책을 수립하고 경쟁하는 데 심혈을 기울여야 한다. 즉 국민을 위해서 무엇을 할 것인가? 고민하고 해결 방법을 찾아야 한다.

개인의 욕망과 야욕에 사로잡혀 정쟁을 일삼고 있다면 '왜! 나는 정치에 몸을 담으려 하는가?' 질문하고, '국민과 미래 세대에게 무엇을 해 줄 것인가!' 답을 찾아야 한다. 공자님 같은 말이지만 이것을 모르는 정치꾼이 정국을 혼란스럽게 헤집고 다니기 때문에 국민이 피곤하다.

권력은 (왕조시대 = 독재시대 = 법치국가 = 민주주의 = 복지국가) 흘러왔다.

권력의 힘이 집권자 위주에서 국민이 주인이 되도록 변화하는 역사의 흐름이다. 우리는 민주주의 국가라고 외치고 있지만, 정치의 후진성 때문에 법치국가와 민주주의 사이에서 국민이 힘들어하면서 고통받았다.

복지국가로 가는 길에 언론의 역할은 매우 중요 하다.

언론이 정치 권력에 부화뇌동하며 함께 갈 것이 아니라, 국민의 편에서 엄격하고 냉철한 비판으로 중용의 길을 걸어야 한다. 언론은 국민의 어른으로 어설픈 지도자가 정치 정면에 나서지 못하도록 심판을 해 주어야 복지국가로 가는 데 초석이 된다.

역사는 정필 독자의 보이지 않는 손에 의해서 기록되므로 국민을 우습게 보면 큰코다친다. 정치인의 일거수일투족과 언행은 역사의 기록이므로 항상 국민을 두려워하며 국정을 수행해야 탈이 없다. 국민은 정치를 뛰어넘는 품성을 가지고 이를 극복하며 힘든 역경을 이겨냈다. 지금도 정치 폭력 불의에 저항하며 개선하려고 이에 맞서 투쟁이 이어지고 있으니 위대한 국민이다.

집필을 끝내고 출판사를 물색하던 어느 날이었다.

8살 먹은 초등학교 1학년 손자가 TV 만화를 보면서 급하게 할머니를 부르더니 하는 말이 "할머니! 할머니! 나중에 커서 대통령 되고 싶어요. 내가 대통령 되면 할머니 무엇을 사줄까?" 희망 이야기했다. 아내는 웃으며 "우리 아기! 예쁜 강아지가 커서 대통령 되려고? 응! 그때까지 할미가 살아있었으면 좋겠다."라며 응수해주었다.

나는 미소를 지으며 손자를 바라보았다.

손자의 뜻밖의 말에 가족은 한바탕 호탕하게 웃어넘겼다.

아이의 말을 듣고 '영혼의 영감이 통하는 게 있었나!' 싶었다.

손자의 말이 기특해서 자랑스럽게 보였다. 내가 정치에 관심을 가지고 심혈을 기울여 집필에 몰두하는 것을 알고 있나? 지금껏 정치에 관한 이야기는 전혀 언급하지 않았다. 나 혼자 골방에 틀어박혀 머리를 쥐어짜며 골몰하고 있을 따름인데!

손자가 대통령이 되겠다고 말하니 뜻밖이었다.

이 말을 곧이곧대로 믿고 자랑하려는 게 아니다.

영재 아기들이 되고 싶어 하는 대통령을 우리는 어떻게 대우하고 있는가! 나무 위에 올려놓고 흔들어 떨어뜨려 망신을 주려고 안달이다. 퇴임해도 편안한 생활을 못 하고 있으며, 가족과 행복한 일상을 보내지 못하게 시위가 난무하니 정말 불쌍한 존재다.

모든 국민이 우러러보는 대통령의 존영이 어떠합니까?

무시하고, 업신여기고, 비난하고, 정말 존경은 하는가?

시장에서 밥을 얻어먹으며 떠돌아다니는 걸인도 이렇게 대우하지 않는다. 야당의 공격은 그야말로 빚쟁이가 돈을 받으러 온 채무자처럼 몰아붙이니 정치 깡패 집단이다. 멀쩡한 사람을 대통령의 자리에 올려

놓고 이상한 사람으로 만들어 버리니까?

대통령을 있는 그대로 인정하고 존경하면 안 될까?

기자들의 질문은 말꼬리 잡으려고 의도하는 것은 아닌지!

물론 대통령이 미흡하게 대답하는 이유도 있겠지만, 질문하고 타박하고, 조그마한 실수도 침소봉대針小棒大하고, 대답을 거부하면 국민을 무시한다며 비난하고, 좌파의 꼬집는 질문에 피하려고 하면 그것도 모른다고 바보 취급하고, 어떻게 행동해야 대통령으로 존중한단 말인가! 말꼬리 잡으며 논평하지 말고 보이는 사실대로 받아들이고 인정해주었으면 좋겠다.

작은 실수는 애교로 봐주는 아량을 가지면 얼마나 좋은가?

어린아이까지 미래의 직업으로 가지고 싶어 하는 대통령인데 현실은 어떠한가! 욕을 바가지로 먹어야 하는 3D 업종이다. 이렇게 답변하면 이렇게 비난하고, 저렇게 이야기하면 저렇게 말한다고 따지며 망신을 준다. 대통령은 말 한마디 하려면 고역이다.

대통령의 말은 국정을 이끄는 철학이 담겨있다.

좋게 평가하고 긍정적으로 해석하는 게 언론의 역할이다.

국민이 희망을 가지도록 포장해서 평가를 해주어야 기쁨의 엔돌핀이 솟아나고 스트레스를 덜 받는다. 그런데 조그마한 말실수에 엄청난 기회를 잡은 것처럼 언론이 벌떼처럼 달려들어 비평이 난무하는 것을 보면 불쌍하다.

대통령의 존엄은 국격을 나타내는 위상이다.

세계 언론이 동시 다발로 지켜보고 있다. 무시하고 마구 대하는 태도는 나라의 국운을 떨어뜨리게 한다. 무엇이 나라와 국민을 위해서 도움이 되는지 고민하고 역할에 충실히 해주면 좋겠다.

남자라면 한번쯤 정치에 꿈을 가지게 마련이다.

특별한 사람에게 특별히 주어지는 특별한 자리인 만큼 아무나 할 수 있는 직업이 아니다. 정치하는 목적이 무엇이겠는가? 국민의 생명과 재산을 보호하는 기본 철학을 담고 있어야 한다. 그런데 대통령을 적으로 몰아붙이고, 정부를 비난하고 국민을 우습게 보는 지도자는 자격이 없으니 정권을 잡으면 아니 된다.

아기들이 생각할 수 있는 장래 직업이 수만 가지 있다.

언뜻 생각할 수 있는 가수, 운동선수(축구, 배구, 테니스, 야구, 골프, 수영, 마라톤), 과학자, 국회의원, 선생님, 교사, 기업 사장님 등! 평범한 직업에 대한 사고思考의 영역이 무지하게 많다. 무의식중에 자신의 생각을 말하고 뜻을 밝히는 손자가 대견하였다.

장래는 알 수 없는 미지의 세계이므로 무궁무진하다.

큰 뜻을 품고 노력하면 무엇이든지 될 수 있는 자유 민주주의 나라에서 사는 것은 행운이다. 손자의 꿈이 이루어지도록 영혼의 힘까지 모아서 도와주고 싶다. 내가 죽어 없어져도 우주 공간의 수많은 별이 되어 어두운 하늘을 밝히는 북두칠성이 되겠다.

그리고 깜깜한 밤에 떠 있는 별이 되어 우주를 밝히고 싶다.

우주 공간에 떠 있는 밝은 별을 한 바구니 따서 손자 손녀 후손에게 안겨주고 싶은 꿈이 간절하다. 귀중한 자손으로 태어나 주었으니 부모에 대한 효도는 다 한 것으로 본다. 미래의 세상을 밝게 비추는 빛과 소금이 되라 믿고 속삭여진다.

요즘 아기들은 영특해서 자신의 의견 표현을 잘한다.

나이가 들면서 손자 손녀는 꿈이고, 희망이고, 미래이다.

또한, 살아온 과거의 흔적이 결과로 나타난 현실에 든든한 버팀목이다. 손자 손녀가 없다면 인생은 허망한 삶이 되고 만다. 그러니 손자를 바라보면 미소가 저절로 나오며 하늘에 떠 있는 별을 따다 안겨주고 싶은 감동에 사무치게 한다.

영재 아이들이 자라는 자랑스러운 나라!

"사람의 인성이 보석이다."라고 했다.

대통령이 TV에 자주 비치니까 유명한 사람으로 보였나 보다.

어린아이가 지켜보는 자리인 만큼 한 점 부끄러움이 없도록 인성을 갖추어야 한다. 아이들에게 꿈과 희망을 심어주는 리더가 되었으면 좋겠다. 이러한 꿈은 특별한 꿈이 아니며 누구나 가질 수 있는 꿈의 세계가 되도록 정치권이 노력해야겠다. 국민이 부러워하는 훌륭한 대통령으로 지켜주었으면 바랄 게 없겠다.

그런데 현실은 어떠합니까?

좌파 정권에서 사회질서가 땅에 떨어진 지 오래됐다.

학생은 선생님을 존경하지 않으며, 선생님은 교권이 무너졌다고 걱정하고 있다. 선생님이 강의하는 교탁에 누워 핸드폰 게임 하는 학생이 있는가 하면, 법을 위반한 범죄자가 공권력(경찰과 검사)을 우습게 보고 대드는 세상이 됐다.

사회 질서가 무너진 것은 저질 정치가 만들어 놓았다.

뻔뻔하고, 철면피한 언행, 잘못을 인정하지 않는 억지 주장, 부정부패와 추악한 행동 등, 청소년이 무엇을 보고 배우겠나! 잘하라고 타이르면 '당신이나 똑바로 잘하세요. 어른은 거짓말과 뻔뻔하게 싸움만 하자나요!' 따져도 할 말이 없다.

거꾸로 되어버린 사회가 너무 부끄럽다. 상대를 인정해주지 않고 존중해주지 않는 어른의 파렴치한 행위 때문에 질서가 무너졌다. 내가 최고라는 자가당착自家撞着의 얼빠진 착각에서 오는 오만방자傲慢芳姿한 행위다. 정치꾼의 탐욕이 가혹한 사회를 만들어 놓아 너무나 서글프다.

대통령에 대한 국가 원수의 존엄이 지켜지고 있는가!

나라를 이끄는 지도자가 되려면 최소한의 양심을 가지고 부끄러운 줄 알았으면 좋겠다. 기성세대가 부끄럽게 살면서 자라나는 손자 손녀와 청소년에게 잘하라고 말을 꺼내기도 창피하다.

우리의 손자 손녀는 미래의 자산으로 금쪽같은 보배다.

세상의 무엇과 바꿀 수 없는 가치를 지닌 귀중한 존재다.

어느 때에는 부부 싸움하고 서먹서먹한 집안 분위기에 빠져 있을 때 손자 손녀의 재롱과 재치 있는 입담을 들으면 웃음꽃을 피우게 한다. 아기와 대화를 나누면 재미있고 흥이 저절로 난다. 모든 시름을 잊게 해주어 활력이 넘치는 가족관계를 형성해주는 보물이다.

놀다 보면 내가 따라가지 못하는 영역을 탐색해 보여준다.

'5살 8살 손자' 아기가 언제 어디서 배웠는지 핸드폰을 신기하게 다루면서 별의별 것을 찾아 가르쳐 준다. 즐기면서 스스로 터득하며 논다. 잠시도 가만히 있지 않는다. 재롱떨며 찾고, 만들고, 부수고, 뛰어다니고, 형제가 서로 잘하려고 다투고 요란을 피우며 즐기는 모습을 바라보면 하루해가 금방 지나간다.

핸드폰은 도깨비 요술 방망이가 됐다.

첨단 미디어 시대에 무엇이든지 해결을 해주는 요물이다.

어렸을 때 요술 방망이가 있으면 좋겠다는 생각을 가졌었다.

가난한 시절에 도깨비 요술 방망이는 원하는 것은 다해주는 것으로 믿었다. 맛있는 음식과 좋은 옷은 물론이고 돈이 필요하면 하늘에서 떨어지게 해준다고 상상을 했던 시절이다.

그 생각과 꿈이 현실로 다가와 실현이 되고 있다.

음악과 영화, 영어와 한문, 일어, 독일어 등 세계 언어를 손아귀에서 찾아서 터득한다. 돈이 필요하면 온라인으로 언제 어디서나 찾을 수 있으니 얼마나 좋은가! 은행 업무는 등산하며, 또는 안방에서 돈을 주고받으며 거래가 이루어진다. 아이들은 만화 영화와 게임에 빠져 바쁜 시간을 보낸다. 아이부터 노인에 이르기까지 핸드폰이 손에서 떠나지 않는다.

왜! 아이들이 다투며 싸우게 될까?

가만히 지켜보았는데 무엇을 잘못해서 싸우는 게 아니다.

핸드폰으로 게임 하고, 장난감 가지고 놀다가 싫증 나면 서성인다.

서로 눈치 보며 심심해지면서 싸우게 된다. "할아버지 심심해! 놀아줘요." 할 때 반응을 보이지 않고 조금 지나면 다투고 투정을 부리며 큰소리가 난다. 장난감과 책을 서로가 가지려고 빼앗으며 지지 않으려고 경쟁하는 거다.

형제, 자매가 싸우고 경쟁하며 지내는 것은 당연한 이치다.

생존 경쟁의 원리를 자라면서 배우는 첫걸음이라고 보이는 행동이다. 서로가 지지 않으려고 다투는 아이의 행동을 보면 나의 어린 시절을 떠오르게 해주니 흐뭇한 미소가 저절로 나온다.

이러한 모습을 핸드폰 카메라에 생생하게 저장돼 간직한다.

손자의 행동은 무엇을 해도 예쁘고 자랑스럽다. 한글을 깨우치면서 동화책을 읽고, 구구단을 외우며 성장하는 모습을 보면 살아있음에 감사한다. 여기서 가족이고 함께 살사는 식구임을 알게 해준다.

어느 날 함께 놀다 보니 온 집안에 장난감이 가득해 정신이 하나도 없었다. 엄마 아빠는 아이들이 원하면 무엇이든지 해준다. 그때 "이제 장난감은 그만 사고 책을 사야겠다." 말해주고 "책을 많이 읽어야 훌륭한 사람이 되는 거야!" 달래주었다. 서운하였는지 쉽게 대답하지 않았습니다.

요새 아이들은 정말 풍요롭게 자란다.

모든 것을 바쳐 뒷바라지를 해준다. 장난감은 하루이틀 가지고 놀면 싫증 나서 쳐다보지도 않는다. 그래도 백화점에 가면 장난감 코너에 뛰어가 사달라고 투정을 부리며 나오지 않는다. 무엇이든 하나 들고 나와야 집에 올 수 있다. 귀여운 손자가 애교부리면 가만히 있지 못하고 사주게 된다.

책도 엄청 많아 거실에 가득 채워 놓았다.

이 책을 모두 읽으려면 머리가 터질 지경이다. 책과 시름 하는 모습을 보면 대견합니다. 손자와 놀며 이런저런 질문에 "할아버지는 아무것도 모른다." 말하면 빙그레 웃으며 바라본다. 핸드폰에서 게임을 찾아내 가르쳐주면 귀가 번쩍하여 바라보게 된다.

유치원에서 배운 그림과 음악을 말해줄 때는 너무 귀엽다.

리액션으로 과장해서 박수를 쳐주며 잘한다고 칭찬을 해주면 좋아서 다른 것을 가지고 와서 보여준다. 그림책을 읽고, 구구단을 외우고, 더하기 빼기 곱하기 산수를 열 손가락을 접었다 폈다 하면서 풀어가는 열정을 보면 정말 영특해서 깨물어주고 싶다. 열 손가락으로 더하기 빼기 계산을 할 때는 창피함을 아는지 돌아서서 곰곰이 생각하며 웃어 보인다.

욕조에 물을 가득 담아 물속에서 함께 스킨십하며 논다.

몸을 부대끼며 닦아주면서 할아버지의 따듯한 손길을 전해준다.

아이도 물장구를 치면서 놀다 보면 목욕을 자연스럽게 한다. 옛날 어르신께서 아기들은 목욕을 할 때 쑥쑥 크는 거라고 말해주었다. 나는 그대로인데 하루가 다르게 변화하며 성장하는 모습을 바라보면 살아있음에 감사하게 될 때가 있답니다.

귀여움 떨며 나누는 대화는 환희의 기쁨에 빠진다.

노년의 인생에 손자 손녀가 없다면 삭막한 일상이 될 거다.

가족 구성원으로 함께 살아가는 행복이라고 말하고 싶다. 자라면서 세상의 이치를 깨달아가는 과정을 지켜보면 대견스럽다. 살아 있을 때 하나라도 더 가르쳐 주고 싶은 욕심이 생긴다.

또한, TV 예능 프로에서 끼의 발설은 천재다.

어른과 게임 하는 아기들의 입담을 들을 때는 정말 똑똑하고 샤프해서 깨물어주고 싶도록 사랑스럽고 귀엽다. 자신의 의견을 또박또박 정확하게 표현하는 천재들의 향연이 시청자를 놀라게 한다. 저렇게 예쁜 천재 아이가 있으면 얼마나 좋을까? 부러움에 눈을 뗄 수 없어 시청하게 된다.

우리 세대에는 한글도 깨우치지 어려운 나이다.
그런데 어른이 부르는 대중가요를 박자에 맞추어 신나게 부른다.
눈빛이 반짝반짝하며 어른과 경쟁에서 조금도 지지 않으려고 한다. 어른이 생각하지 못하는 영역까지 창의력을 발휘하며 알려준다. 우리 아기들은 음악의 천재, 수학의 천재, 과학의 천재, 영어의 천재다. 요즘 아이의 재능이 대단하다는 이야기다.

영재 아기들이 꿈을 펼치며 자라나는 행복한 나라다.
그런데 정치꾼은 어떠한 모습으로 TV에 비치고 있습니까?
TV를 켜면 깡패 집단이 모여 험담하고 비판하는 모습만 비치고 있어 부끄럽다. 말꼬리 잡으며 흠집 내고 무시하고 비난하면 되겠나? 영재 아이들이 되고 싶어 하는 꿈의 지도자 대통령을 존경하고 존엄을 지켜주어야 할 덕목이다.
정치인은 천재 아이들에게 부끄럽지 않게 행동해야 한다.
대한민국의 미래를 어떻게 가꾸어 물려주어야 할 것인가? 고민하고 답을 찾아야 한다. 언행에 떳떳하고 훌륭한 정치인으로 인자하고 어진 어른의 모습을 보여주어야 하겠습니다.

수신제가^{修身齊家} 치국평천하^{治國平天下}!

고희^{古稀}의 길목에 들어서니 세상이 보였다

인생의 희노애락^{喜怒哀樂}은 인내하며 체험하는 길이다.

"꽃의 향기는 천 리 가고, 사람의 향기는 만 리 간다." 했다.

사람의 향기는 가정을 지키고, 자녀를 낳아 키우고, 인성을 가르치며 살아가는 기쁨이다. 자녀의 탄생과 손자 손녀가 태어나니 하늘에 떠 있는 별을 따다 주고 싶은 심정이다. 자녀에 대한 사랑보다 손자 손녀에 대한 사랑이 비교되지 않을 만큼 컸다.

젊은 시절에는 직장에 다니며 경제적 투쟁을 하다 보면 가정을 돌보는 일에 소홀하였다. 바쁘게 움직이며 피곤하다는 이유로 자녀에 대한 사랑 표현이 부족했다. 나이를 먹어 새로운 생명의 탄생을 바라보니 무엇과 비교되지 않는 가치를 알게 해주었다.

손자 손녀의 탄생은 우주의 신비를 발견하는 낙원이다.

희망에 부풀었던 젊은 시절은 눈 깜짝할 사이에 지나가고, 어느덧 석양을 재촉하는 삶의 길목에서 또 다른 희망을 가지게 해주는 든든한 희망이다. 늙어지면서 인생의 끝자락에 서성이고 있는데, 내가 이 세상에 없어도 지나온 흔적을 지켜봐 줄 후손이 있다는 것은 오늘 당장 죽어도 여한이 없을 것 같은 희망이다.

이것은 내가 소중히 간직하고 읽었던 한 권의 책과 자녀들과 찍은 멋진 사진 한 장도 소홀히 할 수 없는 이유다. 이게 인생이고 미래를 지속시켜주는 원동력이다. 자녀와 손자 손녀가 없다면 살아온 지난날의 삶이 허망하게 지나갈 것이다.

오줌과 똥을 싸도 예쁘고 모든 행동이 꿈과 미래이다.

똥을 손으로 만지며 닦아주어도 더럽지가 않고 자랑스러웠다.

그 손으로 과일을 집어 먹고 밥을 먹어도 달콤한 향기로 다가온다. 언제까지 사랑의 힘으로 보살펴 줄 수 있을까? 손자는 할머니 할아버지의 존재를 어떻게 생각하고 영향을 받을까? 긍정의 효과만 물려주고 싶다. 내가 살아 있으므로 먼 훗날 할아버지의 아련한 추억이 좋은 기억으로 남아 있기 바라고 싶다.

하루가 다르게 성장하면서 변화하는 모습이 장하다.

태어나 백일에는 백설기를 해서 나누어 먹고, 돌 때는 가족 친지를 불러 간소하게 돌떡을 빚어 잔치를 베풀어 축하의 자리를 마련하고, 돌이 지나면서 기어 다니고, 걸어 다니니 게 되면서 대소변을 가리면서 완성된 사람으로 변모하는 신체 발달이 신기하다.

나이를 먹는다고 할아버지와 할머니, 아빠와 엄마가 되는 게 아니다. 인생이 살아가면서 순리와 절차를 지켜야 얻을 수 있는 벼슬이다. 독신자로 혼자 살면 죽을 때까지 오를 수 없는 명예의 자리다. 세상에 태어난 세월과 가족관계 호칭은 하늘이 내려주는 벼슬이므로 무시할 수 없는 계급이라는 이야기다.

할아버지 할머니 애교를 부리며 다가와 말을 할 때는 세상의 모든 것을 얻은 기분이다. 세상에 없었던 보물이 내게로 다가와 대화를 나누는 신비함이 느껴졌다. 그러니 새로운 생명의 탄생은 우주를 발견하는 기쁨을 주었다.

어린 시절에 할아버지 할머니와 함께했던 좋은 추억을 심어주고 싶다. 먼 훗날 추억을 떠올리면 희미한 감동으로 간직할 수 있으면 크나큰 행복이다. 어쩌면 얼마 지나지 않아 할아버지는 이 세상에 존재하지 않으니 보배로운 흔적으로 남아있게 되겠지?

나이를 먹으며 손자 손녀가 없으면 이 또한 슬픈 일이다.

자녀가 결혼하고 아이를 낳아 키우는 것은 삶을 행복하게 만들어 주는 요람이다. 아무리 세상이 풍요롭게 살아도 자손이 없다면 삶의 의미는 퇴색된다.

마음은 청춘인데 인생은 덧없이 흘러 머리에 서리가 내렸다.

거울 속에서 비치는 내 모습을 볼 때는 '나도 부모님의 뒤를 따라갈 날이 머지않았구나!' 서글퍼진다. 여행하며 머리가 하얗게 변한 이방인을 볼 때 연민의 정이 느껴지니 나를 보는 것 같다.

좌파의 유체이탈 화법을 들으면 치가 떨리게 한다.

야당의 해괴망측한 궤변의 공격을 누가 대처하고 있습니까?

대통령이 말 한마디 할 때마다 게거품을 물고 늘어지는 또라이를 볼 때는 인간의 탈을 쓰고 저럴 수 있을까? 그 업보는 후대까지 뒤집어쓰고 이어질 것인데 어떻게 감당해야 할 것인지 두렵다.

정치판을 들여다보면 진절머리가 나는 작태가 벌어진다.

잡범 사법 리스크에 빠진 쓰레기 정치꾼이 온 나라를 휘 집고 다니며 썩은 냄새를 퍼트리니 악취가 진동한다. 이를 둘러싸고 있는 국회의원은 어떠한가? 입만 열면 거짓선동으로 국민을 갈라치기 하는 이들에게 나라를 맡길 수 있겠나!

우파는 대한민국을 지켜온 뿌리이며 미래를 개혁할 가치다.

힘들게 찾아온 우파정권을 잘 이끌어가려면 『비호飛虎의 등에 탄 대통령』의 책임이 무겁다. 부족한 지식으로 좌파 정치꾼의 행적을 평가해 보았는데 지루하지 않았는지 모르겠다.

간통죄보다 무서운 이혼 소송!

결혼은 인륜^{人倫}지 대사^{大事}라고 한다.

'일생일대에 가장 큰 경사를 치른다.'라는 어른의 말씀이다.

결혼은 1+1=2가 아니라, 4가 되는 시발점으로 신랑 신부 양가부모님이 친척으로 동맹을 맺어야 하는 사돈이 생기는 덕분이다. 사돈은 멀고도 가까운 사이로 절친한 친분을 유지하며 지내는 집안이 많지 않을 거다. 젊은 남녀가 결혼하여 가정을 이루고 검은 머리가 파뿌리 될 때까지 살아야 하는 의무가 주어진다.

처음 사랑할 때에는 이 사람(배우자)이 아니면 죽고 못 살 것처럼 기대에 부풀어 미친 듯이 사랑에 빠져 관계를 유지한다. 이 달콤함이 한 평생 부부로 함께 할 수 있다면 얼마나 좋을까? 연인으로 지낼 때는 장점이던 것이 결혼하면 단점으로 보이는 순간부터 틈이 벌어진다. 살면서 뜻하지 않은 숱한 시련을 겪게 되면서 사랑은 서서히 식어가고 험난한 여정이 드리워진다.

특히 남성은 정신을 바짝 차리고 가정을 지켜야 한다.

돈과 명예가 생기면 본능적으로 딴생각에 빠지게 된다. 아내가 아이를 낳고 부부관계에 소홀해지면 그 틈을 파고드는 허튼 생각이 다른 여자를 넘보며 기웃거린다. 예쁜 여자의 스치는 바람 깃에 넘어가기 쉬운데 한눈을 팔고 넘어가면 패가망신이다. 이는 삶을 나락으로 떨어뜨리고 영어^{囹圄}의 몸으로 시궁창에 매몰되어 인생을 종 치고 만다.

아내가 모를 것 같지만 여자의 촉은 명탐정 수준이다.

잠자리에서 남자의 숨결 소리만 들어도, 거울에서 비치는 눈빛만 보아도, 출근길에 옷맵시만 느껴도 외도를 즐기는 것을 안다. 알고도 모른 척해 줄 때 멈추어야 가정에 평화가 지켜진다. 꼬리가 길면 잡히게 마련이다. 한순간의 쾌락을 좇다 보면 지옥문을 맛보게 된다. 간통죄가 없어졌다고 부부관계에 무법지대가 아니며, 가정파괴범은 보호받지 못하고 엄벌에 처한다.

이 현실에 대한 원인을 누가 제공했느냐이다.

인간의 본능을 자극하는 행위이므로 용서되지 않는다.

가정의 행복을 깨고 부부간에 갈등과 원인을 제공한 유책배우자가 되면 가정파괴범으로 무한 책임을 져야 한다. 남자든 여자든 가정을 지키는 데 걸림돌이 되면 인생을 망친다. 그나마 치유의 방법을 찾아내 타협하면 천만다행이다. 찾지 못하고 부부관계를 엉망진창으로 만들면 가정에 대한 꿈이 깨지는 거다. 여기에 시집과 처갓집까지 엉켜있으면 사생결단으로 싸움이 벌어진다.

부부 갈등에 유책 배우자는 모든 것을 잃고 헤어져야 한다.

가정과 배우자, 자녀, 돈, 명예, 친인척은 한순간에 떠나버린다. 결혼한 부부는 정신을 바짝 차리고 가정에 전념해야 지켜진다. 여자에게 희생을 강요하면 큰 오산이다.

물론 생각과 관점에 따라 차이가 있을 수 있겠지만!

제3자가 판단했을 때 어느 쪽이 더 많은 피해를 당했는가? 따진다. 옛날에는 "딸을 가진 부모가 죄인이다."라고 했는데, 지금은 "아들을 가진 부모가 죄인이다."라는 시대로 변했다.

부부의 금슬이 깨지면 지옥의 나락으로 빠지고 만다.

어느 한쪽이 삐딱선을 타고 외도와 바람을 피우면 부부관계는 끝장이 난다. 한순간에 적으로 돌변해 모든 것을 잃는다. '조강지처, 조강지남편'을 버리는 순간부터 삶은 나락으로 떨어진다. 외도로 맺어진 상간녀와 살면 행복할 것 같지만, 그 시간은 찰나에 불과하다. 이루 헤아릴 수 없는 고통을 감수해야 한다.

이혼 소송으로 가면 막장드라마 인생이 펼쳐진다.

재산권 분할 소송, 상간(여, 남) 소송, 모든 재산과 명예는 땅에 떨어지고 양육권까지 빼앗기면 패륜의 인생으로 거지가 되고 만다. 가족과 친지는 물론이고, 직장과 친구 모든 것을 잃고 쫓겨나 걸인의 신세를 면치 못한다. 쪽박 차고 구걸하다 객사한다.

헤어진 후 과거의 잘못을 참회하며 용서를 빌어도 소용없다.

두 무릎을 꿇고 눈물 콧물을 질질 짜며 받아 달라고 애원해도 이미 엎어진 물로 다시 담을 수 없다. 깨어진 쪽박을 꿰매어 사용하겠는가? 피해를 당한 쪽은 절대로 용서가 되지 않는다. 그 상처를 어떻게 용서하고 잊고 지내겠나! 사람은 영적인 동물이므로 정신적으로 당한 수모와 피해는 영원히 간직하게 된다.

원인을 제공한 쪽은 삶이 벼랑 끝으로 떨어지고 만다.

귀책사유가 되면 재산과 자녀까지 모두 빼앗겨 거지가 된다.

불륜과 외도는 육체적 쾌락을 줄지 모르지만, 영혼을 갉아먹는 파괴적 행위로 부부에게 씻을 수 없는 흔적을 남긴다. 남자를 주축으로 하던 호적제도가 폐지돼서 이혼하면 자녀는 여자의 성과 가정을 이어받아 가계家系를 꾸민다.

과거에 남자라는 이유로 가정을 막 해도 버티기는 했다.

여자는 가정을 지켜야 하는 엄마로 여겼으며, 여자라는 이유로 남편의 외도와 바람을 참고 견디며 살아야 했으니 억울하였다. 사회적 시스템이 남성 위주였기 때문에 가능했다. 하지만 지금은 패가망신의 징조로 엄청난 사태를 불러온다. 여자는 직장에 다니며 아이를 낳아 키우고, 가정에서 가사 일까지 책임지는 가장이고, 밖에 나가면 사회를 리드하는 우먼 파워 여걸이다.

나의 몸은 자동차 부속품이었다

자동차는 일상에서 없어서는 안 될 생활용품이다.

2만여 개의 부품이 조립되어 완성품이 세상 밖으로 나온다.

승용차는 기계 부품이 아니라 첨단 전자제품으로 만들어진 신기술의 집합체이다. 사람도 자동차와 마찬가지로 수십만 개의 장기 부품이 기능에 따라 역할을 발휘하므로 한 생명체로 탄생해 움직인다. 그 기능이 제대로 작동하지 못하면 병이 나고 결국은 죽는다. 운동을 하는 것은 그 역할이 잘 순환하도록 관리를 해주는 것이다.

그런데! 그런데! 어느 날 암이 찾아왔다.

이 또한 내가 겪어야 하는 과정이므로 피해갈 길은 아니다.

또 다른 삶의 계곡에 빠지게 됐으니 헤쳐 나갈 방법을 찾아야 했다. 한참 여생을 즐겨야 하는 60대 중반의 나이에 암이라니! 믿고 싶지 않았지만, 현실로 받아들였다. 아무리 관리를 잘해도 한순간의 실수로 몸에 이상이 생기면 병마와 씨름해야 한다.

암은 사람 몸속에 있는 인체 조직기능을 정상적으로 작동하지 못하도록 방해하는 나쁜 세포다. 암 선고를 받았다는 것은 죽음을 의미하는 순간이기도 하다. 요새는 별것 아니라고 하겠지만 그래도 암에 걸려 죽는 사람이 많으므로 무시할 수 없는 병마다.

어느 날 밥을 먹는데 무엇인가 목에 걸리는 느낌이 들었다.

며칠 동안 몸의 증상을 체크하며 지켜보는데 계속됐다. 음식을 먹는 게 불편하여 동네 병원에서 위 내시경 검사를 받아보았다. 검사 결과 식도에 이상 징후가 발견됐으니 대형 병원에 가서 다시 검사받아보라는 소견서를 써주었다.

바로 대학병원으로 달려가 위 내시경을 받고 조직검사를 하는 동안 일주일을 기다렸다. 검사 결과 식도암 징후가 보이니 정밀검사를 받아

보아야 했다. 정밀 검사하고 일주일을 기다렸다.

의사 선생님께서 식도암 초기이므로 방사선 치료와 항암 치료를 받을 것인지! 수술을 받을 것인지! 질문에 고민이 됐다.

어떤 치료 방법이 효과적인지 몰랐으니 조용히 있었다.

의사 선생님께서 수술을 받으면 좋아질 거라고 말하였다. 교수는 3기 정도며 장담은 할 수 없지만 수술을 받으면 완치될 거라고 했다. 전문의 교수님 의견을 따르기로 하였다. 수술실로 들어가는데 공포가 몰려 왔다. 수술을 받으면 평상의 생활을 찾을 수 있을까? 고통을 받으며 죽어야 할까? 고민도 잠깐이고 마취에 들어가 암흑의 세계에 빠져들었다.

나는 13시간의 수술을 받고 중환자실에서 회복을 기다렸다.

마취에서 깨어나는데 주식 현황판이 파랑색이었는데 갑자기 온통 빨간색으로 확 바뀌면서 깨어나 고통을 호소했다. 간호사가 달려와 진통제 주사를 놓아주어 편안해지면서 한시름 놓았다. 수술이 끝나고 항암 방사선 치료를 받으며 완치되기를 기다렸다. 약이 얼마나 독한지 손목의 혈관이 까맣게 변하였다. 밥을 먹을 수가 없으니 몸의 체중이 20kg이 빠져 뼈만 남았다.

항암치료를 받으면 암세포가 사라진다고 했는데 몇개월 지나자 폐암으로 전이됐다고 해서 오른쪽 폐 수술을 받았다. 항암치료에 의문을 가지게 됐다. 하나님을 원망하며 이 몸을 나라를 위해서 활용하시지 않고 이대로 버리시려고 하십니까? 서운하였다.

그리고 5개월 정도 지나났는데 왼쪽 폐에도 이상 징후가 보인다고 해서 또 절제 수술을 받았다. 마치 자동차 부속품이 고장 났으니 교체하고 수리하는 것처럼 느껴졌다. 몸속의 장기 부품이 낡고 병들어 기능을 발휘하지 못하면 잘라내는 것이다. 새로운 부속품으로 교체해 주는 수술을 여러 번 받아야 했으니 허망하였다.

이게 현대 의학이 가지는 기술혁신이다.

몸에서 움직이는 장기(위, 식도, 간, 신장, 콩팥, 대장, 소장, 폐)를 훤히 들여다보고 잘라내고 붙이고 교체하는 세상이 됐다. 의료 기술이 엄청 발전하여 인체의 기능을 세분해서 관리한다. 의료 기술은 죽고 싶어도 죽지 못하게 하니 인간의 수명이 두 배로 늘어났다. 병마의 실체를 모르면 시름시름 병과 싸우며 죽어야 하겠지만, 내 몸의 이상 징후 상태를 알면 살아서 가족과 함께 행복하게 지낸다.

미국은 암이 발견되면 약으로 다스리는 치료를 한다.

암이 다른 곳으로 전이 되지 못하도록 약을 사용하는 거다. 암세포가 놀 수 있는 공간을 마련해주고 그곳에서만 놀도록 해준다. 다른 곳으로 달아나지 못하도록 가두어두는 치료 방법이다. 암세포와 함께 살아가도록 관리를 해주는 거다. 다른 장기로 전이 되는 것을 막아주어 건강한 몸 상태로 보호해주는 것이다.

그런데 우리나라의 치료 방법은 다르다.

암세포가 발견되면 인정사정 봐주지 않고 절제한다.

몸에서 암이 자라지 못하도록 제거하는 기법으로 치료하는 거다. 냉장고에 있는 사과와 배가 썩으면 썩은 부분을 도려내듯이 잘라내는 수술이다. 암세포를 제거해서 다른 곳으로 전이 확대되지 못하도록 막는 방법이다. 어느 처방이 좋은 치료인지 모르겠지만, 나는 의사의 의견에 따를 수밖에 없었다.

암은 불치의 병이 아니다

수술을 여러 번 받고 불편한 몸으로 생활하고 있다.

고통을 이겨내는 생활이 힘든 여정이다.

수술대에 누울 때마다 생명을 연장하는 수술일까! 아니면 완치하는 치료일까! 걱정하며 '자동차 부품을 교체하는구나!' 상상이 들었다. 또 어느 부속품이 고장 나서 교체하게 될까? 신경이 쓰였다. 인생은 아름다운 여정이므로 잘 가꾸어야 되겠다. 몸은 점점 낡고 병들어 고장이 나겠지만, 그때마다 치료하고, 수술하며, 수리하고 신제품으로 교체하면서 현대 의학에 몸을 맡기고 살 수밖에 없음을 알게 됐다.

사람의 몸은 하루에 3,500개의 암세포가 생성되고 소멸한다.

현대 과학은 이러한 것까지 연구하고 관리하는 시대가 됐다. 건강한 사람은 이 순환의 유통이 잘 이루어져 암으로 퇴화되지 않는다. 건강한 세포가 암세포를 이기는 거다.

그런데 지치고 약해지면 혈액 순환이 느려지고 혈관이 막히게 되므로 암세포가 한곳에 머무르면 암으로 전환 된다. 내 몸의 어느 부분을 지치게 했을까? 그 부분이 나중에 암을 유발할 확률이 높다. 하루 3시 세끼 밥 먹는 습관이 매우 중요하다. 식습관에 따라 간암, 위암, 대장암, 자궁암, 식도암, 폐암으로 나타난다.

그러면 암은 예방할 수 없는 병일까?

현대 의학이 눈부신 발전을 거듭했지만 아직은 그 원인까지 규명하지 못하고 있으니 아쉽다. 세계의 석학이 암의 발병 원인을 찾으려고 연구에 골몰하고 있지만 발견하지 못한다. 경험으로 비추어 볼 때 과격한 운동과 분노의 스트레스가 원인 같다. 옛날 어르신께서 화병에 걸린 것 같다고 할 때가 있었다. 화병이 장기간 지속되면 암으로 변하는 게 아닐까? 생각을 해본다.

지금은 집중관리를 받으며 치료에 전념하고 있다.

3개월 마다 정밀 검사하며 암세포의 전이 여부를 확인하고 있다.

의사 선생님 교수와 소통하며 치료하니 안심이다. 어차피 이렇게 가야 할 운명이므로 거부할 수 없는 현실이다. 음식을 먹는 게 불편하기는 한데 조심하며 등산과 자전거를 타면서 집필에 몰두하였다.

이렇게『비호飛虎의 등에 탄 대통령!』을 집필하게 됐다.

필자는 자전거를 타고 달리는 라이딩을 무척 좋아하였다.

국토종주 왕복 2번, 4대강 라이딩 2번, 제주도 일주 3번, 울릉도 2번 다녔으니 자전거 마니아였다. 한편으로 보면 너무 과하게 운동하며 몸을 혹사시켜 지치게 했던 결과였다.

자전거를 한참 탈 때는 두려움이 없었다.

수원 광교산 헬기장과 안양시 삼막사 절까지 쉬지 않고 올라가는 재미를 여반장으로 즐겼다. 이때는 정말 젖 먹던 힘까지 혼신을 다해야 올라갈 수 있으니 현기증이 나올 정도다. 그러니 몸에서 진액이 나올 정도로 진땀을 빼며 MTB를 달렸다. 한때 자전거 라이딩에 미쳐있을 정도였다.

주말이 되면 전국의 100대 명산을 찾아다니며 등산을 하였으며, 산악자전거를 타면서 로드 길을 헤집고 다니며 시간을 보냈다. 너무 과격한 운동은 몸을 지치게 하므로 암이 찾아올 수 있으니 위험하다. 이제 나이를 먹고 쇠약해진 몸으로 심심풀이로 즐기고 있다.

한여름에 라이딩을 하면서 목이 마르고 지치게 마련이다.

그때 도로변 편의점에 들려 시원한 콜라와 캔 맥주를 구입해서 마시면 타는 갈증을 해소하는 데 이보다 좋을 수 없다. 아스팔트에서 풍겨 나오는 뜨거운 태양의 열기를 식히려고 음료수를 마시며 휴식을 가졌다. 갈증 해소는 물론이고 짜릿한 기분을 느끼게 해주어 잠시 피로를 잊었지만, 나쁜 식습관으로 식도를 자극해 주었다.

제가 암에 걸리게 될 거라고 예상했던 계기가 있었다.

한여름 8월에 제주도 일주 라이딩을 2박 3일 즐겼다. 점심때 밥을 먹으러 식당에 들어갔는데 에어컨 바람에 기절하고 말았다. 날씨가 무척 더운데 식당 문을 열고 들어서는 순간 에어컨 찬바람에 쓰러진 것이다. 에어컨을 꺼달라고 말하지 옆에 있던 손님이 더운데 왜 에어컨을 끄느냐고 항의하는 바람에 식당을 나왔다.

그렇게 밖으로 나오자 괜찮아졌다.

순간 '내 몸 어디에 암세포가 뭉치는 것은 아닐까?'

문득 불길한 예감이 들었다. 잠시 쉬면서 정신을 가다듬고 다른 식당으로 들어가 점심을 간단하게 때우고 오후 라이딩을 했다, 그 뒤로 1년 후에 암이 발견되어 수술을 받아야 했다. 생활하면서 불길하게 느끼는 예감은 틀리지 않게 다가온다는 이야기다.

이것을 '머피의 법칙 Murphy's Law'이라고 말한다.

일이 잘 풀리지 않고 오히려 꼬이기만 할 때 짜증 내는 말이다.

은연중에 스치는 나쁜 예감은 틀림없이 예상한 대로 나쁘게 이어지게 하는 논리다. 즉 '하려는 일이 원하지 않는 방향으로 진행되는 나쁜 현상!'을 이르는 말이다. 무슨 일을 추진하면서 일의 결과가 어떻게 이어질까? 예측을 해보게 된다. 이것은 연륜과 경험에서 우러나오는 삶의 지혜이므로 무시할 수 없다.

내가 좋아하는 여자는 나를 싫어하고, 내가 싫어하는 여자는 나를 좋아하고, 주식을 사면 내려가고, 팔면 올라가고, 세차하면 비가 내리고, 날씨가 좋아 등산을 하면 비가 내려 망치게 하는 등, 내가 원하는 방향의 반대로 이어지게 하는 흐름이다.

일상의 삶은 '샐리의 법칙 Sally's Law'이 되도록 해야 한다.

내가 생각하고 꿈꾸는 대로, 희망하고 설계하는 방향으로 이루어지도록 하는 것이다. 즉 '자신이 바라던 일이 뜻하는 대로 이루어지는 좋은 현상!'을 말한다. 성공하는 사람은 대체로 샐리의 법칙이 따라주었다. 이는 피나는 노력의 결과이기도 하겠지만, 운명의 손길이 하늘의 도움으로 원하는 대로 기적이 이루어진 덕분이다.

"세상은 원하는 대로 열린다." 하였으며, "꿈은 이루어진다." 했다.

또는 "두드려라, 그러면 열릴 것이다."라고 했으며, "하면 된다."

운명運命을 창조創造하는 삶!

지구 상에 존재하는 생명체는 소중하다

새로운 생명의 탄생은 천지를 창조하는 등불이다.

아무리 천박하고 보잘것없어도 생명은 소중한 것이다.

하늘을 날아다니는 독수리와 참새도! 사바나 들판을 제압하는 사자와 호랑이는 물론이고 땅속에 기생하는 지렁이와 바퀴벌레도 그만한 가치를 가지고 태어난 생명체이다.

지구 상에는 수백억 종의 생명체가 공존 공생하는 것처럼 보이지만 숨이 막히는 경쟁하면서 살아간다. 때로는 죽고 사는 생명을 담보로 존재하는 거다. 약육강식의 살육을 벌이며 살아간다. 정글의 법칙은 강한 자만이 살아남는 자연의 법칙이다.

하물며 만물의 창조자 사람의 생명은 무엇과 비교되지 않는다.

아기가 탄생하면 대문 앞에 금줄을 달아서 축하를 해주었다. 아들이 태어나면 크고 단단한 빨강 고추로 표시해주었고, 딸이 태어나면 까만 숯을 달았다. 먹고 살기 힘든 시절에 아기의 탄생을 온 마을 사람에게 알리며 축복하였다. 지금은 없어진 지 오래됐지만, 조상께서 금이야 옥이야 지켜온 가풍이 사라져 서운하다.

사람은 생명의 윤리와 인성을 지켜야 도리다.

예절을 지켜야 하고, 법치를 지켜야 하고, 예의범절을 지켜야 인간다운 생활을 영위할 수 있다. 천방지축 행동을 한다면 인간이기를 포기한 행위로 망나니라고 혹평을 한다.

인류가 살아가는 방법은 제도를 만들어 놓고 지키는 것이다.

규범을 만들어 놓고 그 범위 안에서 상생의 질서를 지켜가며 살아간다. 타인의 영역을 침범하며 개인의 자유를 영위하기 위해서 타인의 자유를 빼앗는 행위는 인간사에 있을 수 없는 짓이다.

사람이 동물적 감각으로 살아간다면 망나니가 된다.

이러한 자를 그냥 놔두면 타인에게 큰 피해를 주므로 법치로 다스려야 한다. 법치를 무시하고 안하무인격으로 살아간다면 격리시켜야 한다. 특히 정치꾼은 더 말할 이유가 없다. 당장에 잡아서 감옥에 가두어야 엄청난 피해를 막을 수 있다.

수구좌파가 하는 짓을 보면 미치고 환장할 일이다.

정치하는 놈들이 동물적 감각으로 살아가면 되겠는가?

이렇게 정치판을 흔들어 놓으며 혼란에 빠지게 하면 인간이기를 포기한 짓이다. 좌파의 패악질은 국회, 정치, 사법, 민생에 미치지 않는 곳이 없다. 좌파가 어떻게 배신하고 변절하는지 민낯을 보여주는 사례다.

절대로 두고 봐서는 아니 된다. 법치를 확립하고, 인간다운 삶을 영위하도록 법대로 처벌해야 한다. 세계 어느 나라에 좌파 세력이 난장판을 피우는 경우가 있는가?

여기까지 오는 동안 좌파의 실체를 여러 번 밝혔으니 더 이상 말하고 싶지 않다. 인간다운 삶을 영위하는 인성을 찾았으면 좋겠다. 삶을 막장드라마로 이끌지 말고 정의와 순리대로 물 흐르듯이 살아가기 바라는 마음이다.

How to live?(어떻게 살 것인가?)

초등학교 1학년 때인 것 같은데, 아이들하고 밭에서 뛰어놀다가 쇳덩어리 3개를 주웠다. 아버지께서 깜짝 놀라 바라보시고 "그것 어디서 났니?" 밭에서 주었다고 말하자 "당장 버려라! 아니다, 이리 주어라!" 망치로 마구 두드려 박살을 내버렸다. 그때는 무엇인지 모르고 장난치며 놀았는데, 지금 생각을 해보면 총알이었던 것으로 추정된다.

1950년대 태어난 세대는 6·25 전쟁의 흔적을 보고 자랐다.

초등학교와 중학교 다닐 때까지 전쟁의 흔적이 남아 도로는 파손되어 웅덩이가 파이고, 다리는 폭탄에 끊어져 신발을 벗고 물을 건너야 했다. 뒷동산에 올라가면 밭이 있었는데 학교에 갔다 오면 논과 밭으로 나가 농사일하는 부모님을 도와주었다.

1950~1960년대 태어난 촌놈은 정말 초근목피로 살았다.

마을에 한두 가구는 머슴을 두고 농사를 지었지만 대부분의 농가는 죽을 둥 살 둥 모르고 논과 밭에 나가 일했다. 나의 아버지는 워낙 부지런하셔서 밥은 굶지 않았다. 남자인 내가 배가 고프면 꽁보리밥과 수제비를 해서 밭에서 일하는 엄마와 아버지께 새참으로 가져다드리고 동생들과 나누어 먹었다.

중학교를 졸업하자마자 어린 나이에 아버지 손에 이끌려 자동차 정비공장에 들어가 기술을 배웠다. 기술을 배운다는 이유로 2년 동안 돈 한 푼 받지 못하고 고된 일을 했다. 따지고 보면 어린 시절에 노동력 착취를 당했던 것이다. 기름이 범벅이 된 옷을 입고 자동차 하체에 들어가 고장이 난 부위를 찾아 수리하였다. 그때 엄청 고생하며 고된 일과를 보내야 했다.

친구들은 고등학교에 들어가 공부하는데 나는 무엇을 하나?

특히 여자 동창이 고등학교 교복을 입고 학교 다니는 것을 볼 때는 서글픈 생각이 들었다. 자동차 정비공장이 여자고등학교 부근에 있었다. 아침이면 책가방을 들고 학교에 가는 친구들이 부러웠고, 나 자신이 너무나 초라하게 느껴졌다.

2년 정도 지나자 정신을 차려보니 이건 아니다 싶었다.

이 일을 평생 하면서 살아야 할 것인가 의문을 가지게 됐다. 이때부터 방황하는 시간을 보내게 되면서 전국을 떠돌아다니며 '어떻게 살아야 할까?(How to live?)' 엄청 고민하며 지내던 시기다. 어영부영하다가는 젊음을 보내고 희망이 없어질 것만 같았다. 사회의 낙오자가 되는 것은 아닌지 때늦은 후회가 몰아치면서 정신을 차리게 해주었다.

"이도 저도 못하면서 사랑했었다. 앞이 깜깜해서 안보이지만 당신과 나 약속이나 한듯 돌아가는 길을 지웠다. 시간은 우리 편이 아니라 해도 이제 와 왔던 길을 멈출 수 있나! 천 번이고 만 번이고 내 마음 물어보지만, 당신을 떠나서는 나도 없다고 뜨거운 가슴이 말하네!"

이 노래 가사처럼 나의 젊은 시절의 심정이었다.

가진 것, 배운 것, 배경도 없지 정말 앞이 깜깜하여 아무것도 보이지 않았다. 나를 원망하고, 엄마 아버지를 원망해도 소용이 없었다. 맨땅에 헤딩하며 부디 치고 깨어지는 고통을 이겨내야 했다.

그렇게 한동안 갈피를 잡지 못하고 떠돌이로 생활하였다.

어떻게 공부해서 직장을 다녀야 하고, 무엇을 해야만 하는가?

배경이 없고, 돈이 없다는 핑계만 가지게 했다. 그러니 무슨 일을 하겠는가! 어떻게 직장을 잡고, 어떻게 결혼하고, 어떻게 집을 마련하고, 직장에 다니며 미래의 가족을 위해서 무엇을 할 것인지 잡히는 게 아무것도 없으니 먹고 살길이 막막하였다.

풍찬노숙하며 한동안 방황하다 보니 머리가 아파 왔다.

별수 없이 다시 시골집에 들어와 조용히 농사를 지으며 부모님을 도와주었다. 가진 게 없으니 공부로 승부를 걸어야 했다. 시골에서 공부하려고 했으나 되지 않았다. 농촌의 일은 해도 해도 끝이 보이지 않는데 무슨 공부가 되겠나! 눈에 보이는 모두가 일거리였다. 이를 벗어나지 않으면 인생을 망칠 것 같았다. 아버지께서 외출한 틈에 쌀 두 가마니를 구루마에 싣고 시장에 내다 팔았다.

그 돈을 가지고 무작정 집을 나와 시외버스를 탔다.

어디로 가야 하나 목적지도 없고. 만나야 할 사람도 없었다.

시외버스를 타고 가면서 종점에 내려 생각해보기로 했다. 여러 번 시외버스로 갈아타고 해가 떨어질 무렵에 무작정 내려서 걸었다. 농번기에 바쁘게 농사짓는 농부를 만나 "어디 하루 저녁 잠 잘 데 없을까요?" 물으니 산 위로 올라가면 암자가 있으니 그곳에 가면 잘 수 있을 거라고 알려주었다.

암자에 도착하자 할머니께서 반겨주어 고마웠다.

그는 무속인으로, 나의 인상을 보고 관상을 보는듯했다.

사람은 첫 만남에서 느끼는 영혼이 통해야 다음으로 이어질 수 있다. 나는 하루 종일 밥도 못 먹고 버스 타고 시골길을 걸어서 왔기 때문에 무척 피곤해서 잠자고 쉴 곳이 간절했다. 그래서 암자는 천군만마를 얻은 기분이었다.

들고 있던 책 보따리를 내려놓으며 "제가 공부하고 싶어 왔는데 이곳에서 공부를 할 수 있겠습니까?" 거두절미하고 물으니 얼굴 한 번 보더니 즉석에서 허락을 해주셨다. 초라한 젊은 청년이 찾아와 간청하니 동정심이 생겼던 모양이다. 하늘의 기적이 따라준 것처럼 너무나 반가웠다.

이렇게 해서 조그마한 암자에서 혼자 밥을 해먹으며 피나는 노력으로 공부했다. 눈 뜨면 책을 보고, 눈을 감으면 잠깐 쪽잠을 잤다. 책상 앞에 앉아 열심히 공부하다 뒤로 바로 누우면 4시간 정도 잠자고 일어나 책을 펼쳤다. 공부는 정말 힘들고 고된 일과였다.

영어 단어와 수학 공식을 외워도 돌아서면 잊어버렸다.

역사와 세계사를 달달 외웠다고 생각했는데, 다른 책 공부하며 하루 저녁 지나면 기억에서 지워졌다. 또다시 처음부터 외우기를 반복하였다. 그래서 공부는 머리의 탱크가 커야 잘할 수 있겠다는 생각이 들었다. 왜! 나의 능력은 이것뿐이 안 될까? 머리의 탱크가 작아서 안 들어가는 것인가? 어떻게 해야 공부를 잘할 수 있을까? 어느 때에는 비관하며 포기하고 싶은 고민에 빠지기도 했다. 그럴 때마다 마음을 가다듬고 책을 들여다보기를 수백 차례였다. 정말 피나는 노력으로 열심히 공부하였다.

이렇게 10개월 정도 공부해 고졸 검정고시에 합격했다.

그리고 육군사관학교 시험을 치렀지만, 보기 좋게 떨어졌다. 벼락치기 공부했으니 정규 교육을 받은 우수한 학생과 경쟁이 되지 않았다. 아무리 열정이 넘치고 가고 싶어도 능력이 부족하니 떨어지는 것은 당연한 이치였다.

다음 해에 공무원 시험에 도전해서 합격하고 젊음을 바쳤다.

안정된 직업을 찾았으니 결혼하고 가정을 이루어 자녀를 낳아 키우며 지내게 됐다. 직장에서 숱한 시련을 겪으며 무사히 명예로운 정년퇴임 하는 기쁨을 얻었다. 황혼의 들녘에 젊은 시절을 뒤돌아볼 때 내 운명이었을까? 미소가 나온다. 퇴임하고 연금을 받으며 노년을 보내게 될 거라고 꿈에도 생각하지 못했던 영광이다.

How to die?(어떻게 죽을 것인가?)

　나는 공무원으로 직장 생활하고 정년퇴직을 하였다.

　이제 지나온 흔적을 더듬어 보며 여유를 즐기며 지낸다.

　어느덧 황혼의 들녘에서 세상을 더듬어 보는 시간이 됐다.

　퇴직한 순간부터 앞으로 '어떻게?'라는 물음표를 다시 던지게 되었다.

　'어떻게 죽을 것인가?(How to die?)' 문득 고민하며 보냈다. 젊은 시절 직장에 다니며 모든 열정을 바쳤다. 이제 퇴직하였으니 영혼의 자유를 누릴 시간이 찾아왔으니 헛되게 살면 되겠나!

　'그러니까 이제 어떻게 죽어야 할까?'이다.

　꿈과 희망이 없다는 이야기가 아니라! 보람된 삶을 살기 위해서 여생을 '무엇을! 어떻게!'라는 물음표를 던져야 했다. 젊은 시절에 앞이 깜깜해서 불안했지만, 이제 안정된 삶에 여유가 있고, 여생을 즐길 만한 기반을 닦아 놓았으니 걱정이 되지는 않았다. 하지만 그냥 주어진 삶을 무위도식하며 밥이나 축내며 살면 되겠는가?

　흔히 이웃을 위해서 봉사활동하며 살라고 편하게 말한다.

　그런데 이게 쉬운 일이 아니다. 무엇을 하든지 내 몸에 맞는 일을 찾아서 해야 엔돌핀이 솟아난다. 몸이 따라주지 않는데 억지로 참여하게 되면 변고가 따르게 마련이다. 어쩌면 퇴직 후 삶이 더 많은 시간을 보내야 하는데 허송세월하면 지루하기 때문이다. 그래서 사회를 밝혀주는 집필에 몰두하기로 했다. 그동안 몇권의 책을 집필해 발표했지만 빛을 보지 못하였다.

　나이 들면서 말장난으로 정국을 혼란스럽게 이끄는 또라이 정치꾼을 볼 때는 화가 치민다. 사회적 이슈로 떠오르는 정치 문제를 파헤쳐 보려고 심혈을 기울였다. 그리고 남북통일을 바라는 진정한 의미를 담아 작품 활동하면서 남은 인생을 마무리하려고 하는데 어떻게 진행될지 모르겠다.

인생의 황금기는 60부터 75세까지라고 한다.

젊었을 때는 직장에 얽매여 지내야 하는 수동적인 삶이었다면, 이제부터 나에게 주어진 시간으로 자동적인 삶을 선택할 수 있는 기회가 주어졌다. 젊은 시절에 가족을 위해서 열심히 살아왔으니, 이제 나를 위한 시간을 가지게 된다. 75세가 지나면 나의 의지대로 움직일 수 있는 여력이 부족하므로 남에게 의지하고 살아야 하기 때문에 살아 있어도 내 의지와 무관하다.

고희의 나이가 되어보니 하루는 길고 일 년은 짧다.

삶을 열심히 일하며 살았다고 말하고 싶지만, 문득문득 후회되는 일도 많았다. 인생을 흘러가는 물에 맡겨 놓고 어영부영 지낼 때도 있었지만, 나의 뜻에 반할 때는 거센 태풍에 파도를 일으키며 저항하며 지내던 때도 있었다.

그런데 뜻하지 않게 60 중반에 암이 찾아와 너무나 허무하였다.

인생의 황금기에 암이라니, 하나님도 무심하시지! 이 또한 인생에 지나가는 삶의 과정에 거쳐야 하는 절차라면 피해갈 방법은 없다. 당당하게 받아들고 이겨내야 했다.

내 삶의 지혜를 후세에게 넘겨주어야 하는데 고민이 됐다.

무엇을 어떻게 실행해야 가치 있는 삶이 될까? 생각하다 보면 밤잠을 설치게 한다. 나이를 먹을수록 삶의 무게가 가벼워 져야 하는데 점점 무거워지는 느낌이 든다.

참고 지내려고 해도 자제가 어려운 현실이 고달프다.

생각하면 가슴이 메이게 한다. 바보천치라고 자책을 해보지만 지나간 흔적을 지울 수가 없다. 하지만 도전하고 승리하는 보람된 일로 기쁨을 만끽할 때도 많았으니 위안으로 삼고 싶다.

사회를 변화시키는 '마중물'이 되고 싶다

필자는 '마중물'이라는 단어를 매우 좋아한다.

우리 사회를 혁신하는 데 마중물이 되려고 고군분투하였다.

'마중물'은 지하 몇십 미터 아래에 있는 물을 지상으로 끌어올리는 데 필요한 물이다. 마중물은 누군가와 연결해주는 고리가 되어준다. 지하와 지상을 이어주고, 하늘과 땅을 연결해주고, 사람과 통하게 해주고, 남녀 관계를 이어주는 중요한 역할을 한다. 직장과 사회에 나가면 곳곳에서 이러한 중책을 맡은 사람이 많다.

우리를 낳아 키워주시는 어머니께서 담당하신다.

어머니는 자녀를 훌륭하게 자라기를 하나님께 기도하고, 부처님께 빌고, 천지신명님께 감사하는 마음으로 간청을 드린다. 또한 천당으로 이끌어주시기도 하지만, 때로는 불의 지옥으로 빠지게 한다. 이만큼 어머니는 나의 분신으로 중요한 분이다. 어머니를 생각하면 가슴이 저려오고 죄를 지은 마음을 씻을 수 없다.

하나님은 "모든 사람을 보듬어줄 수 없어 어머니를 보내셨다." 했다.

우리에게 어머니가 없었다면 어떻게 됐을까? 어두운 그림자가 그려진다. 어머니의 한없는 사랑이 우리 조국을 이만큼 성장시켜 살기 좋은 터전으로 만들어 놓았다.

물론 사회를 바른길로 인도하기 위해서 노력하는 마중물이 되어주는 사람이 많았으면 좋겠다. 기독교를 운영하는 목사, 산속의 절에서 수도하는 스님, 학생을 가르치는 교수와 선생님, 법조인, 의사 등 다양한 분야에서 많은 분이 활동하고 있다. 이 중에 정치인은 국가 발전에 중요한 역할을 담당한다.

이때 혜성처럼 나타난 윤석열 대통령은 신의 한 수였다.

건국의 아버지 이승만 대통령은 한평생 조국해방을 위해서 헌신하신 독립투사였으며, 산업혁명의 기수 박정희 대통령은 초근목피草根木皮 보릿고개에서 벗어나려고 허리띠를 졸라매셨다.

대통령은 폐허의 땅에 조국 근대화를 추진하면서 백의민족을 바로 세워야 하는 고충을 극복해낸 훌륭한 지도자였다. 윤석열은 이에 버금가는 대통령으로 깨끗하게 퇴임하면 좋은 평가받도록 잘할 것으로 믿는다.

마치 경주마처럼 앞만 보고 힘차게 달렸다.

주변에 거추장스러운 피사체는 보이지 않았다.

오직 "달리는 말에 채찍을 가해라!"라는 국민의 명령을 실천에 옮기며 눈썹이 휘날리도록 뛰었다. 그 결과, 우리는 이만큼 발전하고 선진국 반열에 어깨를 나란히 할 수 있게 됐다. 그 과정에 숱한 어려움이 따르기는 했지만 슬기롭게 극복한 민족이다.

그런데 건국의 아버지를 독재자라고 폄하하고, 박정희를 쿠데타 정권으로 매도하는 세력은 좌파들이다. 대한민국을 건국하고 발전시키는 과정에 수많은 정적과 싸워가며 신생 독립 국가를 건설하는 데 많은 고초를 겪었다. 이를 재건하라는 지상 명령으로 국민의 지지를 받아 윤석열은 국가 원수의 자리에 올랐다.

역사를 새롭게 이끌어갈 '마중물'이 될 거라고 믿는다.

대통령은 국민을 천상의 위치로 끌어줄 마중물이 되어야 한다.

한 걸음 업그레이드 발전시키고 국민의 삶에 가치를 높여 주는 통일 대통령이 될 거라고 본다. 대한민국의 미래를 이끌어갈 '마중물' 리더로 역할을 충실히 잘 해주리라 믿고 싶다.

물론 윤석열 대통령을 미워하는 국민이 있으리라고 본다.

하지만 국민의 지지를 받고 어렵게 당선된 대통령이다.

아무리 미워도 그렇지 이렇게 협박하고 우리 사회를 궁지로 몰아가는 수구좌파首狗左派의 언행은 도저히 이해가 되지 않는다.

좀 어설프고, 미흡하고, 자신이 지지하는 대통령이 아니라고 해도 애증의 기간은 있다. 사생결단으로 미워하며 시위를 벌이며 막장 드라마로 이끌어 가는 것은 정치하는 사람끼리 인간적 도리가 아니다. 수구좌파가 아무리 대통령을 몰아붙여도 국민은 총명하고, 현명하고, 똑똑하므로 속지 않는다.

필자의 고향은 충청도 청양으로 '자유우파, 수구좌파' 아니다.

자유우파를 열렬히 지지하는 열성팬으로 생각하겠지만, 절대로 아니다. 지난 대통령 선거 때에는 노무현을 찍었고, 문재인도 찍었으며, 윤석열을 찍었다. 후보자의 인성을 보고 선택하였다. 하지만 좌파 정권에 너무 실망하고 개선하고픈 열망에 펜을 들게 됐다. 냉혹한 정치 현실을 고발하고 혁신할 방법을 찾고 싶었다.

절대로 자유우파自由右派의 꼬봉이 아니라는 이야기다.

노년을 한가로이 평범한 자유인으로 여생을 즐기며 보내고 있다. 좌파 세력이 너무 극성맞아 죽이고 싶도록 미워하면 어떻게 하나! 떼창으로 시위와 데모를 벌이고 나에게 테러로 위해를 가하지 않을까? 걱정된다. 하지만, 나는 식도암과 폐암, 위암이 찾아와 수술을 여러 번 받고 암과 사투를 벌이고 있으니 건드리면 송장치고 살인이 난다. 그냥 놔두어도 얼마 살지 못한다. 거슬리는 표현이 있겠지만, 생각하는 시간을 가졌으면 좋겠다.

인성을 갖추고 약자를 보호해주는 미덕이 있으리라 믿는다.

살아갈 날이 얼마 남지 않아 병마와 씨름하며 국민이 알아야 할 권리와 수구좌파首狗左派의 실체를 파헤치려고 펜을 들었다. 민생을 파탄으로 몰아가는 몰염치를 쫓아내고 정치 발전과 대한민국을 혁신할 방법을 찾아 고민하며 여기까지 왔다.

대한민국은 부정부패와 비리 정치꾼의 놀이터가 아니다.

이들은 법의 심판을 반드시 받아야 할 것이며, 진심으로 조국의 미래를 걱정하고 사랑하는 정치인이 많았으면 좋겠다. 특히 좌파 독자께서 이 책을 읽고 영혼의 자유를 누리며 좋은 세상을 만드는 지성인이 많이 나왔으면 한다. 또한, 자신을 변화시키며 개과천선改過遷善하는 기회를 가졌으면 천만다행이라고 본다.

'수구좌파首狗左派'는 '자유우파自由右派'의 지원을 받아 발행한 책이 아닐까? 색안경을 끼고 바라볼 것 같은데 절대로 아니다. 좌파가 저지르는 패악의 역사를 밝히는데 용기를 내지 않으면 계속 이어질 것 같아 과감하게 파헤쳤다.

이 책을 출간하기 위해서 천지신명께 빌고 또 빌었다.

나의 책을 읽고 감명하고 감복하는 독자가 얼마나 있을까?

하지만, 한 시대의 흐름을 역사의 흔적으로 남기고 싶은 열정을 사장시킬 수 없어 대출을 받아 출간하게 이르렀다. 어쩌면 빛을 보지 못하고 묻혀 벌일 수 있겠지만, 죽기 전에 마무리하기 위해서 이 길이 최선의 방법이었다. 몇년의 세월을 와신상담 심혈을 기울여 집필에 몰두하였는데, 이렇게 하지 않으면 기회를 놓칠 것 같은 두려움에 용기를 내야만 했다.

인생은 '마중물' 역할에서 삶의 보람이 샘솟는다.

어느덧 황혼이 저물어가는 나이에 대한민국이 어디로 가는가?!

걱정하며 '비호飛虎의 등에 탄 대통령!'을 집필하게 됐다. 정치 발전의 새로운 패러다임을 정립하고, 우리나라가 정상의 궤도에서 잘 돌아가기 바라는 진심을 담았다. 집필을 끝내고 출간하게 되니 추운 겨울에 입었던 두꺼운 외투를 벗어 옷걸이에 걸어놓고 편안한 잠자리에 드는 기분에 홀가분하다. 감사합니다.

✔ coffee break time!

집필을 끝내고 출판사를 물색하던 어느 날 이었다.

8살 먹은 초등학교 1학년 손자가 TV 만화를 보면서 급하게 할머니를 부르더니 하는 말이 '할머니! 할머니! 나중에 커서 대통령되고 싶어요. 내가 대통령되면 할머니 무엇을 사줄까?' 희망 이야기했다. 아내는 웃으며 '우리 아기! 예쁜 강아지가 커서 대통령 되려고? 응! 그 때까지 할미가 살아있었으면 좋겠다.'며 응수 해주었다.

모든 국민이 우러러 보는 대통령의 존영이 어떠합니까?

무시하고, 업신여기고, 비난하고, 정말 존경은 하는가? 시장에서 밥을 얻어먹으며 떠돌아다니는 걸인도 이렇게 대우하지 않는다. 야당의 공격은 그야말로 빚쟁이가 돈을 받으러 온 채무자처럼 몰아붙이니 정치 깡패집단이다. 멀쩡한 사람을 대통령의 자리에 올려놓고 이상한 사람으로 만들어 버리니까?

비호^{飛虎}의 등에 탄 대통령!
대한민국의 국호 수호에 헌신하시는 여러분의 노고에
깊은 감사를 드리며, 대통령께서 국정을 수행하는 데 용기를 심어
주고, 조금이나마 위로하기 위해서 이 책을 출간하게 됐습니다.

자유우파 지성인과 국민 여러분께!
수구좌파^{首狗左派} 패륜의 정치가 거짓 선동과 흉악한 악마 카르텔
집단이 불법과 패악^{悖惡}질로 대한민국이 무너지는 현상을 두고
봐서는 절대로 안 돼요. 미래의 꿈을 지켜야 할 책임이 국민의
지지와 청년의 응원이 너무나 소중합니다.

책을 소지하신 분께!
이 책은 대한민국의 심장을 뛰게 할 청년을 응원하고 미래 세대를
지지하는 책이며, 기부금(책값)을 협조해주시면
자유우파 지지하는 분께 우리의 뜻을 전하여 더 많이 공감하고
깨끗한 정치로 혁신하는 데 보답하겠습니다.

기부금은 재발행에 도움을 줍니다.

계좌번호: 농협(박의신) 352-2060-3078-23
핸 드 폰: 010 - 6323 - 3788

삶이 팍팍해서 피곤합니까? 베개 삼아 베고 한숨 주무세요!